武大国际法评论

钱绍武题

CSSCI（2014–2015年）来源集刊

武大国际法评论

WUHAN UNIVERSITY INTERNATIONAL LAW REVIEW

教育部人文社会科学重点研究基地
武汉大学国际法研究所
主办

第十九卷 · 第一期
VOL.19 No.1

WUHAN UNIVERSITY PRESS
武汉大学出版社

图书在版编目(CIP)数据

武大国际法评论．第十九卷.第一期/教育部人文社会科学重点研究基地,武汉大学国际法研究所主办．—武汉：武汉大学出版社,2016.8
ISBN 978-7-307-18447-3

Ⅰ.武…　Ⅱ.①教…　②武…　Ⅲ.国际法—研究　Ⅳ.D99

中国版本图书馆 CIP 数据核字(2016)第 181725 号

责任编辑:林　莉　　　责任校对:汪欣怡　　　版式设计:马　佳

出版发行:**武汉大学出版社**　(430072　武昌　珞珈山)
(电子邮件:cbs22@whu.edu.cn　网址:www.wdp.com.cn)
印刷:武汉中科兴业印务有限公司
开本:787×1092　1/16　印张:24　字数:466 千字　插页:1
版次:2016 年 8 月第 1 版　2016 年 8 月第 1 次印刷
ISBN 978-7-307-18447-3　定价:49.00 元

武大国际法评论

（第十九卷　第一期）

编辑部邮箱：whuilr@ whu. edu. cn　whuilr@ 163. com

通 信 地 址：武汉大学法学院

《武大国际法评论》编辑部

邮政编码：430072

Wuhan University International Law Review

Vol. 19　No. 1

E-mail: whuilr@ whu. edu. cn　　whuilr@ 163. com

Address: Editorial Board of Wuhan University International Law Review,
School of Law, Wuhan University, Wuhan 430072

武大国际法评论

学术顾问

（按姓氏音序先后排序）

Wuhan University International Law Review

Editorial Advisory Board

目　　录

一、专论

二、边界问题专题

三、"一带一路"专题

四、国际投资专题

五、案例评析

TABLE OF CONTENTS

Articles

Boundary Issues

One Belt One Road

International Investment

Case Study

一、专 论

中国加入《国际司法救助公约》可行性研究

□ 何其生 * 杨 羽**

内容摘要：1980 年海牙《国际司法救助公约》是世界上第一部专门就国际司法救助事项作出规定的国际性条约，其扩大了国际司法救助的适用对象和范围，保障了外国公民的司法权。随着我国公民出国人数的持续增长，加入公约对我国具有现实必要性。根据公约的规定，国际司法救助可归纳为：缔约国的中央机关、转递机关、法院或其他负责机关对于符合条件的外国当事人给予诉讼及承认与执行判决阶段的法律援助，免费转递救助申请和免除认证文件，禁止因外国证人或专家到达缔约国出庭之前的行为进行逮捕和拘留，以及在免除担保、免除逮捕、获得记录和判决书等方面给予国民待遇，以保障其实现法律赋予的权益。对照《公约》和我国现行的法律援助制度，两者在原则上并无巨大的分歧。虽然我国加入《公约》并无实质性障碍，但我国应在统一国际司法救助的概念、衔接法律援助与司法救助的关系和保障国际司法救助的实施三方面进行改进。

关键词：国际司法救助公约　司法救助 法律援助　可行性

目　次

---

* 武汉大学国际法研究所教授，博士生导师。

** 武汉大学国际法研究所博士研究生，现任职于湖北省高级人民法院民三庭。

一、背景及问题的提出

近年来，我国综合国力不断增强，公民出国人数持续增长。据公安部出入境管理局统计，2014 年，全国边防检查机关共检查出入境人员 4.9 亿人次，与 2013 年同期相比(以下简称“同比”)增长 7.95%。内地居民出入境人数突破 2 亿人次，同比增长 18.7%。① 据教育部统计数据显示，2014 年我国出国留学人员总数为 45.98 万人，与 2013 年相比，出国留学人数增加 4.59 万人，增长了 11.09%。② 2013 年我国出国留学人员总数与 2012 年相比，增加 1.43 万人，2007 年至 2011 年，我国出国留学人数连续 4 年增长比例均超过 20%。③ 截至 2014 年，我国出国留学总人数达到 351.84 万人。国家旅游局统计数据也显示，2014 年，我国公民出境旅游人数突破 1 亿人次。④ 2013 年，我国公民出境人数达到9 818.52万人次，同比 2012 年增长 18.0%。⑤

出国人数的快速增加，不仅意味着我国公民涉外民商事交往的发达，也意味着我国公民在国外的司法活动日益频繁，寻求国际司法救助的需求不断提升，但我国

① 公安部出入境管理局：2014 年出入境人员和交通运输工具数量同比稳步增长，资料来源于 http：//www.mps.gov.cn/n16/n84147/n84196/4311409.html，2015 年 11 月 23 日访问。

② 2014 年去国外上学人数超 45 万，资料来源于 http：//www.jybest.cn/zt/t/01.shtml，2015 年 11 月 23 日访问。

③ 《中国教育在线 2014 年中国留学趋势报告》，资料来源于 http：//www.eol.cn/html/lx/2014baogao/content.html，2015 年 11 月 23 日访问。

④ 人民网：中国内地公民出境旅游人数 2014 年首次突破 1 亿人次，资料来源于 http：//travel.people.com.cn/n/2014/1203/c41570-26141388.html，2015 年 6 月 18 日访问。

⑤ 旅游局：2013 年中国旅游业统计公报，资料来源于 http：//www.cnta.gov.cn/html/2014-9/2014-9-24-%7B@hur%7D-47-90095.html，2014 年 11 月 30 日访问。

公民在国外是否享有与当地国民相同待遇的司法救助权却没有制度性的保障。

1980年海牙《国际司法救助公约》(Convention on International Access to Justice，以下简称《公约》)是世界上第一部专门就国际司法救助事项作出规定的国际性条约，1988年5月1日生效，目前已有32个缔约国，发达国家如捷克、芬兰、法国、卢森堡、荷兰、西班牙、瑞士、瑞典等；发展中国家如阿尔巴尼亚、白俄罗斯、波黑、保加利亚、克罗地亚、立陶宛、塞尔维亚、黑山等。①《公约》确立的是无歧视国民待遇原则②，即保证不使外国人或在一国无居所或住所的人的这种地位，成为在该国寻求司法救助受到歧视的理由③。司法救助制度是人权保障的一项基本制度，也是维护司法公正的重要手段。特别对于我国来说，多年来都是向外移民的国家，数以千万计的华侨同胞在国外学习、工作和生活，建立国际司法救助制度既彰显我国对人权保护的重视，又有利于我国公民境外人权的保障和实现。批准加入《公约》的利弊以及《公约》的规定是否与国内现有的制度兼容是本报告研究的重点。

二、《公约》规定与我国立法、实践的比较

(一)国际司法救助的内涵和概念

1. 司法救助的内涵

在我国，目前立法上尚没有"国际司法救助"的概念，不同人对于"司法救助"的概念也有不同的理解。实践中根据给予救助主体的不同，基本可以分为法院给予的"司法救助"和司法行政机关给予的"法律援助"。理论上对于"司法救助"的内涵也颇有争议，广义的司法救助既包括法院对诉讼费用的减免，又包括司法行政机关对经济困难或特殊案件的当事人免费提供诉讼或非诉讼法律帮助的行为。狭义的司法救助是指对经济确有困难的当事人实行诉讼费的缓交、减交或免交。本文根据海牙国际私法会议网站上我国对于《公约》官方翻译中的提法，称之为"司法救助"，

---

① 公约的32个缔约国名单可见海牙国际私法会议网站 http：//www. hcch. net/index_en. php ?act=conventions. status&cid=91，2015年11月23日访问。

② See Gustaf Möller，Explanatory Report on the 1980 Hague Access to Justice Convention，adopted on Oct. 1983，p. 266，available at http：//www. hcch. net/upload/expl29. pdf，visited on 30 Nov. 2015.

③ See the Hague Conference，Outline of the Convention of 25 October 1980 on International Access to Justice，adopted on Mar. 2004，p. 1，available at http：//www. hcch. net/upload/outline29e. pdf，visited on 30 Nov. 2015.

这里的司法救助采用广义上的理解，既包括法院给予的诉讼救助，又包括司法行政机关给予的法律援助。以下对司法救助、法律援助、诉讼救助之间的关系作简要分析。

(1)司法救助与诉讼救助

《最高人民法院关于对经济确有困难的当事人予以司法救助的规定》将法院对困难当事人实行诉讼费用的缓交、减交、免交定义为司法救助，① 因该救助发生在诉讼阶段，且本文中为了与广义的司法救助概念区分，将其称为诉讼救助。

(2)司法救助与法律援助

关于法律援助，1997 年司法部下发的《关于开展法律援助工作的通知》曾对法律援助的定义有所涉及，并指出法律援助是“在国家设立的法律援助机构的指导和协调下，律师、公证员、基层法律工作者等法律服务人员为经济困难或特殊案件的当事人给予减、免收费提供法律帮助的一项法律制度”。但这一定义的表述并不严谨，没有准确反映法律援助的内容、性质等核心内涵，因此，它不能作为法律援助的定义使用。根据我国立法规定和司法实践，法律援助的负责机关是法律援助机构；援助对象是满足一定经济困难的条件或属于特殊案件的自然人或法人。援助主体应该包括律师、基层法律工作者、公证员、志愿者等法律服务人员。援助内容包括诉讼事务(如委托代理、代写法律文书)和非诉讼事务(如法律咨询、公证证明)等。因此，法律援助的概念可以归纳为法律援助机构对经济困难或特殊案件的当事人，组织律师、基层法律工作者、公证员、志愿者等法律服务人员免费提供诉讼或非诉讼法律帮助以保障其实现法律赋予的权益。从上述概念可知，法律援助包含在司法救助之中，本文讨论的司法救助内涵应包括法律援助和诉讼救助。

2. 国际司法救助的概念

前已述及，我国没有“国际司法救助”的相关规定，因此，对其定义的探讨主要从《公约》的规定入手。《公约》中具体规定的国际司法救助内容主要有：(1)法律援助、② 法律咨询；③ (2)文件免除认证；④ (3)免费转递、接收法律援助申请或

---

① 2000 年最高人民法院《关于对经济确有困难的当事人予以司法救助的规定》第一次对“司法救助”的涵义作出了规定，而后 2005 年最高人民法院《关于对经济确有困难的当事人提供司法救助的规定》对“司法救助”的涵义进行了修订，目前我国立法上对司法救助的定义是指人民法院对于当事人为维护自己的合法权益，向人民法院提起民事、行政诉讼，但经济确有困难的，实行诉讼费用的缓交、减交、免交。

② 《公约》第 1 条。

③ 《公约》第 2 条。

④ 《公约》第 10 条。

者对之作出决定；① (4)在某一缔约国获得法律援助者免费在缔约国间送达文件，并且在任何其他缔约国寻求承认或执行判决时，应当有权获得法律援助；② (5)享有与缔约国国民相同的免除担保权利，且诉讼费用支付命令免费在缔约国内执行的人(包括法人)；③ (6)享有与缔约国国民相同的获取公共登记机关记录和判决书副本的权利；④ (7)享有与缔约国国民相同的免除逮捕和拘留的权利；⑤ (8)禁止对在缔约国出庭的证人或专家因到达该国前的任何行为进行起诉、拘留或者实施人身自由的其他限制。⑥

根据上述内容，《公约》下的国际司法救助具有如下特征：

(1)国际司法救助的主体是缔约国，负责机构包括缔约国的中央机关、转递机关、法院和其他司法救助负责机关；

(2)国际司法救助的方式有提供法律服务(如法律援助、法律咨询)、便利法律程序(如文件免除认证、免费转递和送达法律援助文件)、确保与缔约国国民享有相同的国民待遇及作为证人或专家出庭时的豁免；

(3)国际司法救助的对象包括缔约国国民、缔约国的常住居民以及在将要或已经开始诉讼程序的缔约国内曾有惯常居所的人，包括法人；

(4)《公约》涉及的国际司法救助的事项除民事和商事外，还包括行政、社会和税务；

(5)国际司法救助的程序是由当事人提出申请，再由转递机关转交给适当的中央机关；

(6)国际司法救助的条件《公约》没有规定，根据《公约》的精神，由缔约国根据国内法来确定。

结合前述《公约》所规定的国际司法救助的内容，它与我国司法救助相同之处在于负责机构都是一国法院或其他主管机关，也均需当事人提出申请，救助的方式也都包括提供法律咨询、代理、减免诉讼费等法律便利和服务，其目的是为了使法律赋予的权利得以实现。但二者在救助范围、救助方式、救助程序及救助条件等方面仍存在一定差异，下文将结合《公约》的内容进行讨论。

---

① 《公约》第 11 条。

② 《公约》第 13 条。

③ 《公约》第 14、15 条。

④ 《公约》第 18 条。

⑤ 《公约》第 19 条。

⑥ 《公约》第 20 条。

(二)国际司法救助的适用范围

1.《公约》的主要内容

在对事的适用范围上,《公约》适用于民事商事项和行政、社会以及税收法律方面的问题。① 在对人的适用范围上,《公约》适用于缔约国的国民、常住居民以及在将要或已经开始诉讼程序的缔约国内曾有惯常居所的人(第 1 条第 1、2 款)。根据莫勒(Gustaf Möller)的解释性报告,这一修改主要原因是某些国家规定司法救助仅给予在该国有惯常居所的人,而不论其的国籍。故《公约》第一条第一款将缔约国的司法救助义务扩展至其在国外定居的本国国民。因此,第一条第一款中的人,既包括缔约国的国民,也包括在缔约国有惯常居所的非缔约国国民。②《公约》第一条第二款将司法救助扩展至在缔约国没有国籍和不再拥有惯常居所的人,规定在缔约国没有国籍或不惯常居所的人,在将要或者已经开始诉讼程序的缔约国内曾有惯常居所,如果诉因是基于他们在该国的前惯常居所而产生,则也应享有司法救助的权利。这一条款避免了当事人因之前居住在缔约国产生的问题后由于其移居到非缔约国而丧失司法救助权的情况,如当事人在之前居住的缔约国内因雇佣合同而产生解雇或社保问题的情形。③《公约》将诉讼费用担保免除的适用对象亦作了同样的扩大,并包括法人。④

2.《公约》同我国法律体系的衔接

对于我国司法救助是否适用行政诉讼问题。首先,在诉讼费的减免方面,根据 2005 年最高人民法院发布的《关于对经济确有困难的当事人提供司法救助的规定》第二条的规定,行政案件明确可以申请司法救助。然后,在法律援助方面,根据《法律援助条例》第十四条的规定,请求国家赔偿以及请求给予社会保险待遇、最低生活保障待遇或者请求发放抚恤金、救济金的事项均属于法律援助的范围。因此,在我国,司法救助适用于行政事项。

对于惯常居所地的问题,随着全球经济一体化趋势的不断增强,惯常居所地逐渐成为法律选择的重要连结因素,这也符合国际社会关于属人法立法规制的趋势。在我国《涉外民事关系法律适用法》中,住所作为连结点被否决,国籍的限定被弱

① 《公约》第 1 条第 3 款。

② See Gustaf Möller, Explanatory Report on the 1980 Hague Access to Justice Convention, p. 266.

③ See Gustaf Möller, Explanatory Report on the 1980 Hague Access to Justice Convention, p. 267.

④ 《公约》第 14 条。

化，仅作为替补性或者选择性的连结点出现在其中的10个条文中；惯常居所地已发展成为最重要的属人法。可见，《涉外民事关系法律适用法》的规定使惯常居所成为我国在处理涉外民商事案件时最主要的连结点。因此，《公约》中对常住居民和曾在该法院所属的缔约国有惯常居所的人列为法律援助的对象与我国立法是不冲突的。

对于法人能否成为司法救助的对象问题，从审判工作实践来看，法人作为我国司法救助的对象，有先例可循。如最高人民法院2000年3月17日作出的《海南省高级人民法院〈关于减收积压房地产案件受理费申请执行费的请示〉的函》，同意截止2000年12月31日，对海南的积压房地产案件按50%减收案件受理费和申请执行费。这类案件的司法救助对象大都为各商业银行的法人。① 而且法人作为担保免除的适用对象在我国也是没有问题的。我国签订的民商事司法协助条约中就有类似的规定，例如，《中华人民共和国和阿尔及利亚民主人民共和国关于民事和商事司法协助的条约》第3条第1款规定，不得因对方国民是外国人或在其境内没有居所而要求提供诉讼费用保证金和担保；第3条第2款明确规定上述条款适用于对方法人。

（三）国际司法救助的内容

根据《公约》的规定，国际司法救助包括以下内容：

1. 法律援助和法律咨询

(1)《公约》的主要内容

《公约》第1条规定了符合条件的当事人在缔约国内进行民商事诉讼中享有法律援助的权利，这里的“法律援助”在不同国家有不同的含义。例如，在普通法系国家，它包含律师费的救助；而在其他国家可能并不包括律师费，只包含诉讼费的救助。《公约》的这一条款并没有限定“法律援助”(Legal Aid)的具体涵义，这是因为《公约》的目的并不在于统一各国关于法律援助的国内法规定，而是为了消除非缔约国国民或在缔约国无惯常居所的人在该国寻求司法救助时享有与当地国民一样的无歧视待遇。该条款虽然要求在缔约国内进行的民商事诉讼过程中，但另一方面，这里的诉讼过程的含义很广泛，既包括在法院的审判阶段，又包括在判决的承认与执行阶段。②

---

① 曹雪莲. 对完善中国法律援助制度的理性思考[G]//贾午光. 法律援助制度改革与发展——2012—2013年度全国法律援助征文选辑. 北京：中国民主法制出版社，2013：434.

② See Gustaf Möller, Explanatory Report on the 1980 Hague Access to Justice Convention, p. 265.

《公约》第 2 条规定的是法律咨询，即如果寻求咨询的人身在寻求咨询的国家内，第 1 条中有权获得法律援助的人也有权获得法律咨询。之所以规定寻求咨询的人要身在寻求咨询的国家内，是因为一些国家也将身在国内作为本国国民和惯常居民获得法律咨询的条件，但就算缔约国给予身在国外的本国国民和惯常居民法律咨询的权利，《公约》也没有强加缔约国给予身在国外的外国人法律咨询的义务。法律咨询通常视为诉讼程序之外或之前的法律援助，在一些国家，法律咨询并没有局限在诉讼程序中。在民商事、行政和税收方面，特别是家庭、继承、保险、税收等问题上，如果当事人能及时获得有资质人员的法律咨询，这些问题往往很容易解决。当这些问题解决后，法律咨询作为诉讼的先行阶段能减少诉讼中法律援助的需求。①

尽管大多数缔约国都有法律咨询的相关规定，但在法律咨询的提供方式、经济地位相对弱势的人是否能获得法律咨询的问题上，各国的差别很大。因为在一些国家，一些方面的法律咨询不是由公共机关负责，而是由私人组织负责。因为各国对于法律咨询规定上存在差异，所以《公约》没有给出"法律咨询"的具体定义。《公约》的目的不在于统一各国关于法律咨询规定，而是使身处在该国的外国人，拥有与本国国民一样的待遇。②

(2)《公约》同我国法律体系的链接

对于法律咨询，我国《法律援助条例》第 2 条规定："符合本条例规定的公民，可以依照本条例获得法律咨询、代理、刑事辩护等无偿法律服务。"由此可见，我国的法律援助已包含有法律咨询服务，寻求法律援助的外国人在我国享有法律咨询的权利，对此我国立法与《公约》的规定是一致的。

2. 文件免除认证及免费转递、接收法律援助申请和决定

(1)《公约》的主要内容

《公约》的第 10 条和第 11 条规定："根据第一章转递、接收的法律援助申请及决定等文书，不应收取任何费用，并应当免除认证或者其他任何类似的形式要求。"这一规定既减轻了国际司法救助当事人的诉讼成本，又简化了对转递文件进行认证和其他类似形式的要求。"其他类似形式"包括了 1961 年海牙《关于取消外国公文认证要求的公约》中的规定。③ 海牙的许多公约中都有免除认证的规定，如 1980 年《国际诱拐儿童民事方面公约》第 23 条。

---

① Ibid, p. 267.

② Ibid, pp. 267-268.

③ See Gustaf Möller, Explanatory Report on the 1980 Hague Access to Justice Convention, p. 279.

(2)《公约》同我国法律体系的衔接

《公约》这两个条款的设计有利于当事人更便捷地进行涉外诉讼。我国虽没有国际司法救助的相关立法，但从国内的司法救助立法精神来看，给予当事人更大范围的便捷是一致的，并且我国签订的有关民事司法协助条约一般也给予对方国民免除认证的便利。例如，《中华人民共和国和阿尔及利亚民主人民共和国关于民事和商事司法协助的条约》第 26 条"认证的免除"规定："通过本条约第 5 条规定的联系途径转递的文件，免除任何形式的认证。文件应当由主管机关签署、盖章。"《中华人民共和国和巴西联邦共和国关于民事和商事司法协助的条约》也有类似的规定。①因此，该条款在我国适用不存在困难。

3. 在一缔约国获得法律援助者免费在缔约国间送达文件，并且在另一缔约国寻求承认或执行判决时有权获得法律援助

(1)《公约》的主要内容

《公约》第 13 第 1 款规定，根据《公约》第 1 条获得法律援助的申请人在诉讼程序中如需在任何其他缔约国送达文件的，不论以何种方式均不得收取费用，包括送达法律援助申请书和相关调查报告。这一条款与 1954 年《民事诉讼程序公约》(Convention on Civil Procedure)第 24 条相对应，② 并规定了向专家和翻译人员支付费用两个例外情况。莫勒(Gustaf Möller)的解释性报告中指出这里的翻译费主要指的是口译，而不应包括书面翻译。③

第 13 条第 2 款将在某一缔约国诉讼程序中已根据第 1 条规定获得法律援助申请人的权利范围延伸至作出判决之后、在其他缔约国寻求承认和执行的阶段。④ 该

---

① 《中华人民共和国和巴西联邦共和国关于民事和商事司法协助的条约》第 28 条规定：为适用本条约的目的，由双方法院或者其他主管机关制作或者证明，并且通过第五条规定的联系途径转递的文件，免除任何形式的认证。

② 1954 年《民事诉讼程序公约》第 24 条规定：准予缔约国的一个侨民司法救助时，有关他的诉讼要在其他缔约国内不论采取何种方式进行送达，请求国不用将费用偿还给被请求国。上款规定除付给鉴定人的酬金外，也适用于嘱托。

③ See Gustaf Möller, Explanatory Report on the 1980 Hague Access to Justice Convention, p. 279.

④ 类似的规定在承认与执行外国判决公约中非常常见。例如，1971 年《外国民商事判决承认和执行公约》(Convention on Recognition and Enforcement of Foreign Judgments in Civil and Commercial Matters)第 18 条规定，在原审国已获得司法救助的一方当事人，应按照被请求国法律在承认或执行外国判决的任何诉讼中获得司法救助。1968 年《布鲁塞尔关于民商事案件管辖权及判决执行的公约》(Convention on the Jurisdiction and Enforcement of Judgments in Civil and Commercial Matters)第 44 条规定：申请人经判决法院给予司法救助者，在第 32 条至第 35 条规定的程序中，也应准予司法救助，无需再作审查。

款允许保留，如果一国对此保留，其他缔约国可以根据第 28 条第 2 款第 6 项的规定拒绝对保留国的国民和惯常居民适用这一条款。这一条款之所以允许保留是因为一些代表感觉接受该条款将带来非常深远的财政影响。有的代表指出，在承认与执行公约中对法律援助的范围予以扩展和在司法救助公约中对法律援助作出扩展，两者之间是有巨大差别的。由于有的国家会在承认与执行过程中重启诉讼程序，所以承认与执行外国判决的费用可能会很高。代表们还提出可能出现在某一缔约国获得法律援助者去另一缔约国申请承认或执行时并不符合承认与执行国的法律援助条件的情况。而且，在缔约国内获得法律援助的当地国民或惯常居民，该规定也给予了根据《公约》第 1 条获得国际司法救助者更多的权利。①

(2)《公约》同我国法律体系的衔接

对国际司法救助当事人而言，该条款进一步减轻他们的诉讼成本，给予了更大的便利，这与国际司法救助的精神相吻合。我国是 1965 年《关于向国外送达民事或商事司法文书和司法外文书公约》(以下简称《海牙送达公约》)的缔约国，该公约第 12 条第 1 款规定：对于缔约国的诉讼文件的送达或通知，不必支付或偿还手续费用或被请求国的服务费用。因此，该条款在我国的适用不存在问题。

从《诉讼费用缴纳办法》第 4 条②、第 6 条③和第 10 条④可见，申请执行外国法院判决和涉外仲裁裁决的申请费用属于司法救助中诉讼费用的范畴，是可以申请司法救助的。另外，法律援助的服务也并没有要求是在判决作出前这一阶段，所以在承认和执行阶段也是可以接受免费的代理和咨询服务，从而得到相应的法律援助。因此，缔约国国民若申请在承认与执行阶段获得法律援助，只要符合我国对申请人的条件要求，应该是没有问题的。但这个条款的关键在于免除了承认与执行国审查申请人是否符合本国申请条件的程序，即若当事人在判决作出国已批准获得法律援助后，再到另一个国家寻求判决的承认与执行，只要这两个国家都是《公约》

---

① See Gustaf Möller, Explanatory Report on the 1980 Hague Access to Justice Convention, pp. 279-280.

② 《诉讼费用缴纳办法》第 4 条规定：国家对交纳诉讼费用确有困难的当事人提供司法救助，保障其依法行使诉讼权利，维护其合法权益。

③ 《诉讼费用缴纳办法》第 6 条规定：当事人应当向人民法院交纳的诉讼费用包括：(1)案件受理费；(2)申请费；(3)证人、鉴定人、翻译人员、理算人员在人民法院指定日期出庭发生的交通费、住宿费、生活费和误工补贴等。

④ 《诉讼费用缴纳办法》第 10 条规定：当事人依法向人民法院申请下列事项，应当交纳申请费用：(1)申请执行人民法院发生法律效力的判决、裁定、调解书，仲裁机构依法作出的裁决和调解书，公证机构依法赋予强制执行效力的债权文书……(8)申请承认和执行外国法院判决、裁定和国外仲裁机构裁决。

的缔约国，那么已获得法律援助的当事人无需进一步被审查而有权获得判决承认与执行国提供的法律援助。这个条款在一定程度上削弱了缔约国对申请人能否获得法律援助的决定权，有超出本国立法规定范围提供法律援助的可能，对我国的法律援助及司法救助规范及司法实践产生了一定的影响和挑战。但因该款属于可以保留的情况，我国可以根据情况进行保留。

4. 诉讼费用担保的免除及诉讼费用支付命令的执行

(1)《公约》的主要内容

第 14 条将免除诉讼费用担保的范围由缔约国国民扩展至缔约国常住居民及在缔约国有惯常居所的非缔约国国民，并明确该条款不仅适用于自然人还适用于法人。该条规定，在某一缔约国有惯常居所的人包括法人在另一缔约国法院或法庭作为原告或诉讼参与人时，不得仅以其属于外国国籍或在该国无住所或居所而要求提供任何形式的担保、保证金或押金。然而，《公约》中没有对法人的惯常居所进行规定，这个问题就由缔约国国内法来解决。① 作为一项必要的补充，《公约》第 15 条规定了原告败诉情况下，是诉讼费用支付判决得以执行更为便捷的措施。

(2)《公约》同我国法律体系的衔接

关于该条款在我国的适用，我国签订的有关民事司法协助条约中一般规定了免除担保条款。例如，《中华人民共和国和阿尔及利亚民主人民共和国关于民事和商事司法协助的条约》第 3 条"诉讼费用担保"规定：一方对于另一方国民，不得因为该人系外国人或者在其境内没有住所或者居所而要求该人提供诉讼费用保证金和任何名义的担保存款。本条第 1 款的规定亦适用于在任何一方境内并依该方法律成立的法人。

由此可见，我国在非本国国民免除担保问题上与《公约》的规定是一致的。

5. 记录和判决书的取得

(1)《公约》的主要内容

《公约》第 18 条规定，缔约国的国民及惯常居民可以在其他任何缔约国内，依照与该国国民同等的待遇和条件，享有取得公共登记或机关登记内容的摘录和民商事判决书的抄本。如有必要，有权获得上述文件的认证。

(2)《公约》同我国法律体系的衔接

---

① 在 1971 年《外国民商事判决承认和执行公约》中已经提到法人"惯常居所"的问题，该公约的附加议定书(Supplementary Protocol to the Convention on Recognition and Enforcement of Foreign Judgments in Civil and Commercial Matters)对法人的惯常居所给出了定义，即法人的所在地、成立地及主营业地应认为是它的住所或惯常居所。然而该定义并不必然适用于公约。See Gustaf Möller, Explanatory Report on the 1980 Hague Access to Justice Convention, p. 281.

2005年最高人民法院、司法部《关于印发〈民事诉讼法律援助工作的规定〉的通知》第10条规定："人民法院应当支持法律援助机构指派或者安排的承办法律援助案件的人员在民事诉讼中实施法律援助，在查阅、摘抄、复制案件材料等方面提供便利条件，对承办法律援助案件的人员复制必要的相关材料的费用应当予以免收或者减收，减收的标准按复制材料所必须的工本费用计算。"根据该规定，我国法院是允许当事人查阅、摘抄和复印与案件相关的材料的，这里的材料并没有排除判决书的副本。而我国的工商登记部门也是对外公开和接受当事人的查询，当事人可以根据案件需要查询到与案件主体相关的工商登记信息，并未对外国人和本国人区别对待。

6. 在免除逮捕和拘留方面享有国民待遇

(1)《公约》的主要内容

《公约》第19条禁止在民商事案件中对任何缔约国国民或惯常居民使用逮捕和拘留措施作为执行手段或预防性措施，如果该国在同等情况下对其国民亦不行使此种措施的话。该条款是由1954年《民事诉讼程序公约》第26条①修订而来，其将非歧视原则由缔约国国民扩展至缔约国的惯常居民。这样做的优点在于：如果一国有拘禁债务人的规定，那么，在该国有惯常居所的外国人在诉讼程序中将不再受到与该国国民不同的歧视待遇。②

(2)《公约》同我国法律体系的衔接

根据我国《民事诉讼法》第5条的规定，"外国人、无国籍人、外国企业和组织在人民法院起诉、应诉，同中华人民共和国公民、法人和其他组织有同等的诉讼权利义务。外国法院对中华人民共和国公民、法人和其他组织的民事诉讼权利加以限制的，中华人民共和国人民法院对该国公民、法人和其他组织的民事诉讼权利实行对等原则。"因此，《民事诉讼法》第10章规定的对妨害民事诉讼的强制措施条款，缔约国国民可与我国国民享有同等待遇。由此可见，我国与《公约》的态度是一致的。

7. 关于保护证人或专家安全的规定

(1)《公约》的主要内容

---

① 1954年《民事诉讼程序公约》第26条规定：在民事或商事方面，拘留不论作为执行手段或仅作为保全措施，凡不适用于本国国民的也不能适用于缔约国的外国国民。在国内有住所的本国国民为撤销拘留所能引用的理由，即使它是在外国产生的，也应对缔约国国民具有同等效力。

② See Gustaf Möller, Explanatory Report on the 1980 Hague Access to Justice Convention, p. 286.

《公约》第 20 条禁止对在缔约国作证的其他缔约国的证人或专家就其到达该国之前发生的任何行为对其进行逮捕或拘留，其规定缔约国国民或者惯常居民在作为证人或专家经传唤时享有一定的豁免。虽然 1970 年《关于从国外调取民事或商事证据的公约》(Convention on the Taking of Evidence Abroad in Civil or Commercial Matters，以下简称《海牙取证公约》)规定了域外取证问题，但是证人或专家亲自到国外出庭有时还是非常必要的。如果被传唤的证人或专家存在到作证国受到起诉、拘留或者人身自由及其他限制的危险时，被传唤的证人或专家往往不愿出庭。这一条款解决了这个问题，规定了缔约国的国民或者惯常居民，经另一缔约国的法院、法庭或者获得法院批准的一方当事人指名传唤作为证人或专家而在该国出庭时，不得因该人在到该国前的任何行为或者有罪判决在该国领土内受到起诉、拘留或者人身自由及其他限制。①

值得注意的是，该条只适用于证人或专家经另一缔约国的法院、法庭指名传唤或者获得批准的一方当事人指名传唤的情形，这是为了防止证人或专家被一方当事人指名传唤不是为了诉讼程序的需要而是为了消除进入该国不受起诉等人身自由限制的危险。第 2 条规定了豁免的时间节点，即应当始自确定证人或者专家听证日之前 7 天，在司法当局通知该人不再需要出庭之日起连续 7 天后，该人在有机会离开的情况下未离开该国，或者离开后又自愿返回的，豁免应当终止。②

(2)《公约》同我国法律体系的衔接

在我国签订的有关民事司法协助条约中，一般也规定了对方国民作为证人、鉴定人的保护和豁免条款。例如，《中华人民共和国和匈牙利共和国关于民事和商事司法协助的条约》第 11 条规定：经传唤在提出请求的缔约一方司法机关出庭的证人或鉴定人，不论其国籍如何，不得因其在离开被请求的缔约一方领土前的犯罪行为或被判定有罪而在提出请求的缔约一方境内对其起诉、拘留，或者采取其他限制人身自由的措施。对此种人员亦不得因其证词或鉴定而予以起诉、拘留或惩罚。如经传唤机关告知已不再需要其出庭之日起连续 30 日，证人或鉴定人有机会离开却仍在提出请求的缔约一方境内停留，或离开后又返回提出请求的缔约一方领土，前款规定的豁免则应予以终止。上述期间不应包括证人或鉴定人因其所不能控制的原因而未离开提出请求的缔约一方领土的时间。

因此，该条款在我国适用也不存在困难。

① See Gustaf Möller, Explanatory Report on the 1980 Hague Access to Justice Convention, p. 286.

② Ibid, p. 287.

(四)国际司法救助的程序及条件

1. 申请文书的转送

《公约》的目的之一在于提供便捷、低廉的方式来向域外转递法律援助申请书,① 通过建立缔约国中央机关(Central Authority)和转递机关(Transmitting Authority)来完成文书的送达。《公约》第3条和第4条共同建立起一套法律援助申请及相关材料的转递和处理机制，这一机制在国际层面对当事人具有相当重要的实践意义。②

海牙国际私法会议在1965年《海牙送达公约》和1970年《海牙取证公约》中就引入建立中央机关负责接收缔约国送达和取证申请的机制。为了保证中央机关机制在法律援助申请的转递过程的适用性，《公约》第3条第1款规定，各缔约国应该指定一个中央机关接收和处理根据本公约提出的法律援助申请。为了便于申请的递交，各缔约国(与1965年《海牙送达公约》、1970年《海牙取证公约》规定一样)应该只指定一个中央机关。这一规定只有在联邦制国家以及具有一个以上法律制度的国家才可以例外。根据《公约》第3条第2款的规定，这些国家可以指定一个以上中央机关，这点与1965年《海牙送达公约》、1970年《海牙取证公约》的规定相同。③

《公约》第4条规定了转递机关的指定，要求各缔约国应该指定至少一个转递机关用于将法律援助申请转递给中央机关，这是基于缔约国内的各地的行政权划分的考虑。缔约国可以指定中央机关为转递机关，也可指定其他机关或其他机关与中央机关一起作为转递机关。④

---

① See Gustaf Möller, Explanatory Report on the 1980 Hague Access to Justice Convention, p. 263.

② *Ibid*, p. 268.

③ 这种例外是因为联邦制国家存在宪法上关于联邦政府和各州之间的权力分工问题。而具有多个法律制度的国家若只允许指定一个中央机关则存在因为地方分权而出现实践中的困难。因指定一个以上中央机关而导致的实践问题很容易解决。例如，某一缔约国分别指定了六个或更多的中央机关，国际司法救助申请人所在的缔约国的转递机关很可能递交给无权处理的中央机关。在这种情况下，第3条第2款的后半段提供了解决方案。收到申请的中央机关因为熟悉本国的规定，所以可以很快知晓申请是否属于自身的权限范围，若其无权处理，也知晓哪个中央机关有权处理并将该申请转递给该缔约国有权处理的中央机关。类似的条款在1970年《海牙取证公约》第6条也有规定。See Gustaf Möller, Explanatory Report on the 1980 Hague Access to Justice Convention, p. 269.

④ *Ibid*, p. 270.

实践中，在国际民事司法协助上，我国多指定司法部作为中央机关，司法部在收到外国文书后转发给最高人民法院，由最高人民法院转发给各高级人民法院。而文书发出机关则具有多元化。① 而且，我国已与《公约》32 个缔约国中的 8 个国家签订双边司法协助条约，② 其中均约定了法律援助或司法救助的相关内容。这些条约中的国际司法救助实践可以为日后我国加入《公约》提供丰富而有益的经验。

2. 国际司法救助的条件

关于国际司法救助的条件，《公约》并没有规定实质性的内容，也没有要求各国的实体法修改相同，而由各国根据国内法来确定。我国立法对法律援助或司法救助对象设置两个条件，满足其一即可，即当事人属于特定人群③或案件属于特定的类型。④

根据莫勒(Gustaf Möller)的解释性报告，《公约》不要求申请人必须是以完全贫困为条件，而代之以考察申请人经济状况，⑤ 即并不要求法律援助的申请人一贫如洗，而是考察如果不给其提供救助其是否能够承担诉讼费用，建立的是一种部分地

---

① 2003 年，最高人民法院就指定北京市、上海市、广东省、浙江省、江苏省高级人民法院作为文书发出机关。参见《最高人民法院关于指定北京市、上海市、广东省、浙江省、江苏省高级人民法院依据海牙送达公约和海牙取证公约直接向外国中央机关提出和转递司法协助请求和相关材料的通知》(法办[2003]297 号)。

② 与我国签订双边司法协助条约的 8 个国家分别是：保加利亚、法国、立陶宛、波兰、罗马尼亚、西班牙，白俄罗斯、塞浦路斯。

③ 在我国，可以给予司法救助的对象主要为：(1)残疾人、患有严重疾病的人；(2)最低生活保障对象、农村特困定期救济对象、农村无保供养对象或者领取失业保险金人员，但须无其他收入的；(3)国家规定的优抚、安置对象；(4)社会福利机构、敬老院、有福医院、精神病院、SOS 儿童村、救助管理站、特殊教育机构等社会公共福利单位；(5)孤寡老人、孤儿；(6)进城务工人员；(7)因自然灾害等不可抗力造成生活困难，正在接受社会救济，或者家庭生产经营难以为继的；(8)见义勇为者因见义勇为行为致使自身合法权益受到损害的；(9)兜底条款：其他因经济困难需要司法救助的。是否属于经济困难，应该由受理司法救助申请地的法院和法律援助机构确定。

④ 在我国，可以给予司法救助的案件类型主要为：(1)依法请求国家赔偿的；(2)请求给予社会保险或者最低生活保障待遇、追索劳动报酬和经济补偿金的；(3)请求发放抚恤金、救济金的；(4)请求给付赡养费、抚养费、扶养费的；(5)因生产事故、交通事故、医疗事故、工伤事故、产品质量事故或者其他人身伤害事故致受损伤请求赔偿的；(6)因见义勇为或为保护社会公共利益致使自己合法权益受到损害请求赔偿的；(7)起诉行政机关违法要求农民履行义务的；(8)因家庭暴力、虐待、遗弃，合法权益受到侵害，请求司法保护的；(9)兜底条款：需要给予司法救助的其他情形。

⑤ See Gustaf Möller, Explanatory Report on the 1980 Hague Access to Justice Convention, p. 263.

提供免费法律援助制度，只免除当事人所承担不了的那部分费用。① 我国对于特定的案件类型给予法律援助也不苛求申请人的经济条件，这点与《公约》的精神是一致的。而且，从《公约》的缔约国可以看出，发达国家和发展中国家的数量相当。发达国家的申请人若根据《公约》到发展中国家申请国际司法救助，则应按照发展中国家规定的经济认定标准，因此，《公约》制定的规则对发展中国家来说并非是不利的。

三、我国加入《公约》的利弊分析

对照《公约》和我国现行的司法救助制度，两者虽有差异，但在原则上并无巨大分歧，加入《公约》无实质性障碍。随着我国公民不断涌入国外，我国对《公约》的需要是毋庸置疑的，而且这种需要将会日益迫切。

(一) 加入《公约》，对我国的有利因素

1. 加入《公约》，有利于提升我国人权司法保障体系在世界范围内的的公信力

司法救助是一个国家依法而治、文明进步、人权得到切实保障的重要标志，我国最新通过的《中共中央关于全面深化改革若干重大问题的决定》，要求完善人权司法保障制度，健全司法救助制度。司法救助制度从诞生之日起就与司法人权密不可分。加入《公约》，让外国人在《公约》的范围内享有与我国公民相同的、无歧视的司法救助权，这体现了我国人权保障的程度和法治建设的进步。

2. 加入《公约》，有利于保障我国公民在境外的司法权

近年来，我国公民大量涌入国外，其在国外参与诉讼的几率会大大提高。有时面对国外高额的诉讼费用，我国当事人若无法获得法院地国的司法救助，将会陷入非常不利的境地。尽管我国与 36 个国家签订了民(商)事司法协助协定，其中约定了提供对方公民司法救助的义务，但我国与民商事往来较多的国家，如德国、法国等《公约》的缔约国却没有签订类似的司法协助协定。因此，加入《公约》有利于保障我国公民在《公约》缔约国境内司法救助的权利。

3. 加入《公约》，有利于完善我国国际司法救助制度

目前我国没有国际司法救助的相关规定，国际司法救助制度是我国司法救助制度的重要配套机制。目前我国将完善司法救助制度作为全面深化改革、全面推进依法治国的重要任务之一，这对我国建立国际司法救助制度是一个良好的契机。因

---

① 参见杜焕芳：《国际民商事司法与行政合作研究》，武汉大学 2005 年博士学位论文，第 97 页。

此，加入《公约》、借鉴《公约》中国际司法救助的规定，既有利于推进我国国际司法救助制度的建立，又可以促进我国立法与国际法相衔接。

(二)我国加入《公约》的困难和应对

我国若要正式加入《公约》，应该在以下三个方面进行改进：

1. 统一国际司法救助的概念

前已述及，我国实行的是“司法救助”和“法律援助”两套操作模式，其中法律援助仅限于司法行政部门提供的代理等法律服务，不包括诉讼费用的缓交、减交、免交。而《公约》中的法律援助，从《公约》的目的来看，概念外延和内涵均大于我国规定的法律援助。若我国要加入《公约》，应尽量与《公约》订立目的保持一致，对我国法律法规和司法解释中“法律援助”和“司法救助” 概念进行梳理。

首先，根据《公约》及我国的现行规定，可将司法解释中的“司法救助”包含在“法律援助”的范畴之内，将法院对于当事人实行的诉讼费用缓交、减交、免交纳入为法律援助的一部分，对法律援助的内涵进行扩展。

其次，2014 年中共中央政法委员会、财政部、最高人民法院、最高人民检察院、公安部、司法部关于印发《关于建立完善国家司法救助制度的意见(试行)的通知》中提到的国家司法救助概念、救助金方式与本文探讨的司法救助的概念和方式完全不同，① 但用语类似，容易引起混淆，建议将该通知更换成其他提法，保持司法救助概念与《公约》一致。

再次，我国已与 36 个国家签订了民(商)事司法协助协定，这些协定中，有的使用“法律援助”字样，② 如《中华人民共和国和阿尔及利亚共和国关于民事和商事司法协助的条约》第 4 条；③ 有的使用“法律救助”字样，如《中华人民共和国和塞浦路斯共和国关于民事、商事和刑事司法协助的条约》第 3 条；④ 有的使用“司法救

---

① 该通知第 3 点规定：“国家司法救助以支付救助金为主要方式，重点解决符合条件的特定案件当事人生活面临的急迫困难。”

② 使用“法律援助”字样签订司法协助协定的国家还有：巴西、秘鲁、朝鲜、韩国、阿根廷、立陶宛、突尼斯、老挝、越南和埃及。

③ 《中国和阿尔及利亚关于民事和商事司法协助的条约》第 4 条“法律援助和诉讼费用”规定：任何一方国民在另一方境内，在遵守另一方法律的条件下，有权享有与另一方国民同等的法律援助或者诉讼费用减免。

④ 《中国和塞浦路斯关于民事、商事和刑事司法协助的条约》第 3 条“诉讼费用的减免和法律救助”规定：经请求，缔约一方公民在缔约另一方境内应在与缔约另一方公民相同的条件下和相同的范围内，享受诉讼费用的减免和获得法律救助。

助”字样,① 如《中华人民共和国和摩洛哥王国关于民事和商事司法协助的协定》第2条。② 这些用语从协定的内容上看，涵义并没有明显的差别，建议今后若签订此类司法协助协定，应尽量同一涵义使用统一的术语。

2. 法律援助与司法救助的衔接

鉴于我国采用“司法救助”与“法律援助”两套操作模式，存在着法院与司法行政机关在具体司法救助的实施过程中不协调及程序繁杂等问题，实践中，司法救助和法律援助是两个独立的申请审查程序，当事人若想获得法律援助和法院的司法救助，必须向该两个主体提交申请，接受两次审查，而且法院与司法行政机关所要求的具体要求和材料不尽相同，为此当事人往往疲于奔波，给当事人维权带来一定阻碍。这与《公约》最大限度提供当事人便利的初衷是不相适应的，也是和国际惯例不统一的。2005年最高人民法院、司法部出台了《关于印发〈关于民事诉讼法律援助工作的规定〉的通知》，其第7条规定：“当事人以人民法院给予司法救助的决定为依据，向法律援助机构申请法律援助的，法律援助机构对符合《法律援助条例》第10条规定情形的，不再审查其是否符合经济困难标准，应当直接做出给予法律援助的决定。”且第8条进一步规定：“当事人以法律援助机构给予法律援助的决定为依据，向人民法院申请司法救助的，人民法院不用再审查其是否符合经济困难标准，应当直接做出给予司法救助的决定。”虽然根据上述规定，当事人在申请法律援助(或司法救助)审查通过后，再申请司法救助(或法律援助)的，可以不用被审查经济情况，但当事人仍然需要分别向两个主体提出申请、提交材料，并有可能出现在法律援助和司法救助中，只有一个通过审查的情形。这既增加了当事人诉讼成本，拖延了当事人的诉讼时间，又造成了法律援助与司法救助的不同步。因此，我国若要加入《公约》，应克服因两种制度的分割而带来的问题，将司法救助和法律援助统一审查主体、统一审查程序和审查条件，实现法律援助和法院司法救助一体化，为国际司法救助当事人提供最大限度的便利。

3. 国际司法救助的实施

国际司法救助的实施需要从程序设立和经费保障两方面入手。

(1)国际司法救助的程序

近年来，我国司法救助制度的运行取得了一定的效果，但其发展总体仍处于起

---

① 使用“司法救助”字样的8个国家是摩洛哥、希腊、泰国、保加利亚、土耳其、西班牙、意大利和比利时。

② 《中国和摩洛哥关于民事和商事司法协助的协定》第2条“司法救助”中规定：“缔约一方国民在缔约另一方境内，可以与缔约另一方国民同等的条件下和范围内申请司法救助或减免诉讼费用。”

步阶段,① 国际司法救助程序尚未建立。我国若要加入《公约》，需要指定一个中央机关和若干个转递机关。结合国际司法协助的实践，可考虑由司法部作为中央机关，司法部在收到外国司法救助申请后转发给最高人民法院和各司法厅，同时最高人民法院转发给各高级人民法院。然后由诉讼所在地的法院和法院援助中心根据我国法律规定进行审查和决定。由于目前国际司法救助程序的不明确，加上语言的沟通直接影响了国际司法救助制度功能的发挥。因此，国际司法救助需要通过立法的形式予以制度化，这样才能有效增强国际司法救助规范的法律效力和实施力度。

(2)国际司法救助的经费

根据《公约》的规定，缔约国须免费转递法律援助申请及决定等文件，给予潜在的更多法律援助申请人提供法律服务，或提供在其他缔约国已获得法律援助的申请人在本国寻求判决承认与执行时的法律援助。这些都会增加法律援助经费支出，所以现行的法律援助经费制度也将受到一个比较大的挑战，目前我国国际司法救助经费存在如下问题：

首先，尚未有专门渠道保障国际司法救助经费的来源。《法律援助条例》中对经费的规定仅限于对法律援助提供“财政支持”，但对于国际司法救助没有明确的态度，其经费来源目前没有立法上的保障和支持。国际司法救助资金是决定国际司法救助制度法治化的关键问题，是国际司法救助工作有效开展的前提。《法律援助条例》第 3 条第 2 款规定，“法律援助经费应当专款专用”，因此在财政拨款时应考虑到国际司法救助的经费。

其次，与国外相比，我国法律援助财政拨款水平相对较低。虽然近年来我国法律援助经费逐年增长，而且从发展趋势来看，增长还比较迅速。2009 年为 6.7 亿元，2010 年为 10.08 亿元，2011 年为 12.77 亿元。② 但是总的来说，我国法律援助经费还是不足的，人均法律援助金额不足 1 元。相应地，西方国家为实行法律援助每年花费大量的资金。以美国为例，2009 年法律服务公司获得联邦政府拨款为 3.9 亿美元，2010 年为 4.2 亿美元，2011 年联邦预算为 5.17 亿美元。③ 相对于美国的人口数，其人均法律援助金额是我国的 7 倍以上。目前我国司法救助资金不能满足实际需求④，所以国际司法救助的资金保障更加困难。

---

① 陶凯元. 深化改革推进司法救助制度法治化[N]. 人民法院报，2015-11-18(5).

② 中国法律援助网：全国历年法律援助数据图，资料来源于 http：//www.chinalegalaid.gov.cn/China_legalaid/content/2010-08/27/content_2263187.htm？node=24953，2014 年 11 月 30 日访问。

③ 朱昆. 美国法律援助制度[J]. 北京政法职业学院学报，2011(2)：90.

④ 陶凯元. 深化改革推进司法救助制度法治化[N]. 人民法院报，2015-11-18(5).

最后，经费来源主要在于财政支持，其他来源数额较少，且没有形成稳定的长效机制。国际司法救助的经费筹集可以向国外取经，如加拿大的安大略省要求每名律师每年要缴纳 267 加元用于法律援助服务。① 而有些国家，公民可自愿投保法律保险。例如，在瑞士，公民和公司向保险公司购买法律保险，如果发生法律纠纷要打官司，则由保险公司向律师支付费用。② 这样也可以在一定程度上解决法律援助的经费问题。

为了应对可能存在的经费问题，我国需要从收支两方面来努力：一是建立和完善法律援助最低经费保障制度，③ 特别应将国际司法救助的经费列入到政府的财政预算中；二是积极扩展法律援助经费的海外捐助体系，加大宣传我国国际司法救助成果，增强我国的华侨同胞以及接受过我国法律援助的外国当事人所在国国民对我国法律援助的了解和支持；三是建立国际司法救助实习制度，建议那些通过司法考试、擅长国际法知识和外语的人员，或者是国际法专业学生到法律援助中心从事国际司法救助工作。通过扩展经费来源和节省经费支出两方面的努力，使国际司法救助经费问题逐渐得到改善。

4. 结语

《公约》的规定与我国立法和司法实践并不存在难以兼容的情况。为了努力缩小我国法律援助工作与《公约》的差距，当前迫切需要做的就是规范国际司法救助的概念、加强司法救助与法律援助的衔接、建立国际司法救助制度、切实保障国际司法救助财政支持，从而推进我国民商事司法救助制度的国际化发展。

The Feasibility for China to Ratify the Convention on International Access to Justice

Abstract: Convention of 25 October 1980 on International Access to Justice is the first international convention on the international access to justice worldwide. The convention expands the scope and objects of legal aid, guarantees foreigners' rights to justice. With the continued growth in the number of people going abroad, it is necessary to ratify the Convention. The Convention covers: central authorities, transmitting

① 郑自文，左秀美．法律援助资金筹集方式及可行性研究[J]．中国司法，2004(4)：65.

② 郑自文，左秀美．法律援助资金筹集方式及可行性研究[J]．中国司法，2004(4)：65.

③ 徐晓娟．中国民事法律援助制度的价值、现状及完善建议[J]．经济研究导刊，2009(9)：248.

authorities, courts and other relevant agencies of contracting states providing legal aid, transmitting international application for free, exempting the application from certification, prohibiting arrest and detention of foreign witnesses and experts because of any act or conviction occurring before his arrival in the state, and providing national treatment on obtaining copies of entries and decisions, exemption from deposit and arrest to qualified foreigners during litigation or recognition or enforcement of foreign judgment. Comparing the provisions of the convention and current Chinese regulations on legal aid, there are no difference in principle. Although China has no substantial obstacles to ratifying the convention, it is necessary to improve by unifying the domestic law concept with the Convention, integrating legal aid with litigation assistance and implementing the system of international access to justice.

Key words: Convention on International Access to Justice; access to justice; legal aid; feasibility

巴西仲裁立法改革：友好型仲裁机制的优化*

□ 赵懿先**　魏　丹***

内容摘要：巴西1996年颁布的《仲裁法》在实施了19年后，首次于2015年经历修改并在同年7月生效。《仲裁法》修改的内容主要包括仲裁范围的扩大，允许公共机构成为仲裁当事人，优化仲裁员选定方式，增强仲裁庭和仲裁员的权限，支持其发出临时措施的决定，并开创了仲裁函制度，改善了仲裁和司法的衔接与沟通。巴西不断放宽法院对仲裁活动的监督，充分尊重当事人意思自治，吸收联合国示范法更新的内容，加强了仲裁的友好性及为当事人提供高效国际商事仲裁服务的能力。在中国企业走出去的大趋势下，随着经贸投资的增加必然带来更多的商事纠纷，巴西仲裁制度的发展路径也对同为新兴市场国家的中国未来仲裁法的修改完善有积极的借鉴意义。

关键词：巴西　仲裁法　商事仲裁 金砖国家

目　　次

---

* 本文为中国法学会部级法学研究一般课题“中国在巴西投资法律风险防控”(CLS2015C68)的成果。

** 华东政法大学金砖国家法律研究院助理研究员兼办公室主任。

*** 澳门大学法学院教授。

一、引言

1996年，巴西第一部国内《仲裁法》(1996年9月23日第9307号法律，以下简称《仲裁法》)①开始实施。其主要以1988年的西班牙《仲裁法》和1985年联合国国际贸易法委员会《国际商事仲裁示范法》(UNCITRAL Model Law)为蓝本。② 巴西商事仲裁制度由此确立。当年制定这部《仲裁法》的立法目的包含两个方面：一方面更新了原有的巴西《民法典》和《民事诉讼法典》关于仲裁制度的条款、为引入现代仲裁制度奠定基础；另一方面是为了配合南方共同市场(Mercosur)一体化中争端解决的需要，根据南方共同市场《关于解决争议的巴西利亚议定书》规定，为贸易争端建立仲裁法庭，各成员国国内法律须做出相应配合。

这部法律确立了管辖权自裁原则、允许仲裁依据的适用法范围，既包括法律也包括公平原则、商业习惯等，以当事人合意为前提，亦可进行“友好仲裁”；同时巴西既允许机构仲裁，也允许临时仲裁；以仲裁裁决制作地为标准区分国内和国外仲裁，不考虑纠纷本身是否包含涉外因素。这些规定与我国仲裁制度有较大不同，1996年《仲裁法》在借鉴《示范法》的基础上尝试将现代性仲裁制度与巴西原有立法

① 详细了解巴西《仲裁法》，除了1996年9月23日第9307号法律本身之外，还可参考以下主要著作和资料：Arbud, André de Albuquerque Cavalcanti, (2008), *Homologação de Sentenças ArbitraisEstrangeiras*, São Paulo, Ed. Altas; Bara Bressolin, Umberto, (2006), *Revelia e seus Efeitos*, São Paulo, Ed. Altas; Bittar, Flávia, Braga Neto, Adolfo, "As Instituições Arbitrais no Brasil", Gazeta Mercantil, Caderno Legal, 26 de Janeiro de 2005, p. 1; Carmona, Carlos Alberto, (2009), *Arbitragem e Processo: Um Comentário à Lei N°9. 307/96*, 3ª Edição, Revista, Atualizada e Ampliada, São Paulo, Ed. Altas; Dolinger, Jacob, Tiburcio Carmen, (2003), *Direito Internacional Privado: Arbitragem Comercial Internacional*, Rio de Janeiro, Ed. Renovar. 英语文献可参考如Cristina Schwansee Romano, *The* 1996 *Brazilian Commercial Arbitration Law*, 5(1) Annual Survey of International and Comparative Law, 27 (1999).

② Jonathan C. Hamilton, *Three Decades of Latin American Commercial Arbitration*, 30(4) University of Pennsylvania Journal of International Law 1099-1114 (2009).

体系融合，体现了巴西特色。

然而1996年《仲裁法》实施成效方面并不顺利，在确立仲裁制度的过程中也遇到了一些问题。首先，巴西社会当时对商事仲裁文化没有完全养成。《仲裁法》刚刚颁布不久，就遭遇到了违宪质疑。有意见认为，巴西联邦《宪法》保证了公民的司法诉权，可是《仲裁法》的某些条款却限制了这一权利的行使。在联邦最高法院合宪审查的结论作出之前，《仲裁法》在这5年中一直处于有争议的状态，极大地影响了其实施。直到2001年，联邦最高法院才最终确认《仲裁法》完全符合巴西联邦《宪法》，仲裁并非限制或禁止公民的司法诉权，而是仅仅反映了基于当事人意思自治的一种优先解决纠纷的途径。① 这一判决终于为2001年以后的巴西仲裁实践提供了一个安全和值得肯定的宪法依据，扫清了《仲裁法》实施的障碍。另外，巴西并没有在1996年颁布《仲裁法》时加入《承认及执行外国仲裁裁决公约》(即1958年《纽约公约》)，因此，根据当时的法律，在有关外国仲裁裁决与执行时要求申请人在仲裁所在地的司法机构先完成仲裁裁决的承认才可向巴西申请。因此资料显示巴西最高法院8年间仅受理了5件有关外国裁决承认与执行的申请。直到2002年，巴西批准了《纽约公约》，且并未做出任何保留，这一情形才逐渐改观。虽然司法实践做出了相应调整，但这些改革同合宪审查的成果一样，仍需要以修改国内法的方式确定下来。

最后，立法界、学术界、仲裁执业界对巴西仲裁法的推广和实施态度谨慎，而巴西司法界却采取了积极态度，推动商事仲裁文化的形成，例如，巴西高等法院恪守对外国仲裁裁决不做实质性审查，谨慎避免债务人以涉及巴西公共政策为由抗辩；② 高院法官也多次说明在巴西《仲裁法》生效之前所签署的合同里如果存在仲裁协议，则此法可溯及既往，当事人之间的争议依仲裁解决。③ 总体来看，巴西采取了支持仲裁发展的策略，国内法院通过众多的司法案例逐步确立起接纳仲裁的基本共识。这亦是巴西仲裁制度发展中的一个特色。

---

① Renata Brazil-David, *An Examination of the Law and Practice of International Commercial Arbitration in Brazil*, 27(1) Arbitration International 58-59 (2011). Jonathan C. Hamilton, *Brazilian Supreme Court Upholds* 1996 *Arbitration Law*, 15(5) International Dispute Resolution 5-6 (2011).

② 如International Cotton Trading Limited v Odil Pereira Campos Filho；Bouvery International S/A v ValexExportadora de Café Ltda及Grain Partners v Coopergrão等案件高院也不断澄应当限于审查其形式要件。

③ Superior Tribunal de Justiça, Sentença estrangeira contestada N.°349/JP (2005/0023892, SEC349/JP), REsp 933371/RJ (2007/0050090-8), REsp 934771/SP (2007/0063183-9).

二、巴西《仲裁法》修订原因简析

巴西《仲裁法》在实施了19年之后，首次于2015年经历修改，以期从制度层面更加优化仲裁环境并进一步推动仲裁的使用。

(一)国内的立法需要

1. 以立法的形式巩固仲裁实践成果

在巴西法律现代化的演进中，20世纪90年代初期巴西的仲裁文化较为薄弱，民众对仲裁知之不深，国内也尚未培育出良好的仲裁环境，因此，立法者在起草《仲裁法》时，偏向于谨慎改革，保守立法，加上法律界本身对仲裁制度没有形成统一认识，所以一些法律规定模糊、语焉不详。例如，已并购的公司曾签订的仲裁协议是否有效，仲裁中的时效如何计算，等等;① 也存在一些法律用语不确切的地方，如以"决定 Decretação"，指代"声明书 Declaração"，"仲裁协议 convenção de arbitragem"与"仲裁承诺 compromisso arbitral"混用的情况。经过十几年的发展，曾经在学术界有较大争议的内容慢慢达成共识，法院也形成了较为统一的司法见解。特别是2001年联邦最高法院判决《仲裁法》合宪，学界呼吁尽快以立法的形式认可判决结果;② 又如1996年《仲裁法》第35条规定，承认外国仲裁裁决须经巴西联邦最高法院确认，但在2004年的司法改革以后，实际上已转为由巴西高等法院审理承认外国仲裁裁决案件。因此，为了推广实践中的积极做法并巩固现有成果，强化仲裁，将仲裁建设为平行于司法的纠纷解决机制，需要通过法律修改，将普遍接受的规则转化为正式法律渊源。

2. 减缓司法压力

有学者统计：巴西现行的法律规范和条例多达18万，法律繁复司法程序冗长，效率较低是一直以来的困扰。根据巴西司法委员会9月份公布的国家法律数据来讲，截止到2014年全国仍有7 120万诉讼案件正在审理。对于每一位法官来说，每人平均每年都收到大约4 200项诉讼案件，正在处理或进行审判的案件多达1 600项，平均每天(包括节假日)须审结4.4个案件。然而全国每年仍有2 890万的新案

---

① Fernando Eduardo Serec & Antonio Marzagão Barbuto Neto, *Foreign Arbitral Awards Submitted for Confirmation From* 1996 *to* 2010, in Brazilian Arbitration: The Booming Years, 39 (2014).

② Renata Brazil-David, *An Examination of the Law and Practice of International Commercial Arbitration in Brazil*, 27(1) Arbitration International 58-59 (2011). Jonathan C. Hamilton, *Brazilian Supreme Court Upholds* 1996 *Arbitration Law*, 15(5) International Dispute Resolution 5-6 (2011).

件进入司法程序。① 由此可见，巴西的诉讼程序繁琐和诉讼案件的数量庞大，法院系统任务繁重。

相比司法诉讼而言，仲裁的发展潜力是巨大的。仲裁的发展，很大程度上弥补了巴西司法环境中长期缺乏具备专业技术的法官，难以审理日益复杂的经济案件这一问题，特别是在能源、石油、基建等几大领域尤为明显。法院系统审理争议焦点涉及高度复杂的技术问题的案件更是耗时甚巨。从时间和成本相比，根据某一律所给出的统计，在巴西经历以合同强制执行的一审和上诉判决的时间约为2 160天，还不包括执行判决的时间，而中国走完相同程序的时间通常只有巴西的五分之一。与诉讼相比，巴西仲裁的时间则大大缩短，经仲裁员确认的默认规则须在 180 天内完成仲裁程序，此外当事人还可以修改这一时间限制。因此，通常在高级法院承认执行裁决的过程会从 2 个月到 14 个月不等，执行仲裁裁决程序完成的时间(直到扣押财产最终卖出)大概需要两年时间，与巴西司法系统对典型的商事纠纷胜诉判决的执行相比，后者所有流程走完差不多需要 5—10 年。②

因此国内对 ADR 有迫切需求，完善仲裁制度减少法院压力，形成为当事人解决纠纷的低成本高效率的机制，推广仲裁促进国家法院的畅通运作，也是这次法律修订的重要考量。

3. 国内立法改革的背景

《仲裁法》修改的另一个原因与巴西民事程序法的立法改革密切相关，作为 ADR 中重要组成，仲裁法的修订是伴随着《民事诉讼法》、《调解法》等法律修改的过程进行的，以配合民事程序法律体系的完善。③此外，近些年来巴西注重以法律形式推进国内经济体制的深化改革。例如，同很多转型国家相似，巴西国内不少著名大型公司是混合资本制，这些国有或公营企业在国内占很大的经济比重。在与私营企业的纠纷中，一方面国有大公司善于借助行政机构和行政执法的力量取胜；另一方面地方法院审判时能否不受实力强大、经验丰富的当事人的影响，妥善处理经济、政治和社会因素，也是一大困扰。因此能否通过制度安排，允许这些法人实体以仲裁的方式解决纠纷，削弱其在市场中过度的竞争潜力，扶持私营企业，也是这次立法考虑的一个因素。因此，我们会看到 2015 年《仲裁法》修改中第一个部分就

---

① 卢西亚诺·梅代罗斯：巴西律师协会金砖国家委员会委员，《巴西立法的新举措在金砖国家争议解决中的表现》会议论文发表于《第二届金砖国家法律论坛》，2015 年 10 月 14-16 日，中国，上海。

② Fernando Eduardo Serec & Antonio MarzagãoBarbutoNeto, *Brazilian Arbitration in a Nutshell* (2008), in Brazilian Arbitration: The Booming Years, 11-13 (2014).

③ 巴西 2005 年的《民事诉讼法典》经 2015 年 3 月 16 日第 13.105 号法律修订。

引入了允许公共机构仲裁的条款。

（二）对国际仲裁法趋势的积极回应

有学者认为示范法是重要的软法，通过实践逐渐形成了一套相对成熟的示范性的国际立法模式。① 通过创制及修订私法规范的统一，保障了国际民商事法律的安全价值，符合韦伯提出的法律的可预测性有利于交易安全的基本观点。② 巴西将2006年示范法中的重要规则转化为国内法，吸收先进的仲裁理念，增强了法律规范的稳定性和固定性。特备是强调临时措施的制度转化为正式法律渊源，促进法律统一化国际化，符合市场发展的需要，增强了仲裁的友好环境。

从经济发展角度而言，随着对外贸易与投资的不断增长以及经济一体化的程度不断深入，仲裁在解决各类商事纠纷的作用显得越来越重要。联合国贸易和发展大会公布的2015年《世界投资报告：国际投资体制改革》显示，作为拉美最大的经济体、金砖国家之一的巴西在吸引外国投资的排名中，位于全球排名第7位，在发展中国家及转型经济体中排名第5位。③ 与此同时，巴西对外投资规模也在逐渐增加。④ 根据统计，巴西已经成为国际商会仲裁院继美国、德国和法国之后的第四大客户。⑤ 在国际商会仲裁院受理的所有拉美国家案件中，55%的当事人是巴西人，25%以巴西为仲裁地。⑥ 越来越多的巴西公司广泛参与到国际经济贸易中，大多数

---

① 赵秀文．论软法在调整国际商事交易中的作用［G］//陈安．国际经济法论丛（第2卷）．北京：法律出版社，1999：117-128．

② See Yixian Zhao, The Evolution of the Land System in China (Wildy, Simmonds and Hill Publishing 2014).

③ United Nations Conference on Trade and Development, World Investment Report 2015: Reforming International Investment Governance 5, 2015, available at http://investmentpolicyhub.unctad.org/Publications/Details/134, visited on 9 Nov. 2015.

④ 巴西在非洲的直接投资近些年不断增长，尤其是在非洲葡语国家安哥拉和莫桑比克以及加纳等国，参见 United Nations Conference on Trade and Development, World Investment Report 2015: Reforming International Investment Governance 5, 2015, available at http://investmentpolicyhub.unctad.org/Publications/Details/134, visited on 9 Nov. 2015.

⑤ Clint A. Corrie, *International Commercial Arbitration in Brazil*, 35 Comparative Law Yearbook of International Business 113-157 (2013). See also Jean Kalicki and Suzana Medeiros, *Investment Arbitration in Brazil: Revisiting Brazil's Traditional Reluctance towards ICSID, BITs and Investor-State Arbitration*, 24(3) Arbitration International 423-443 (2008).

⑥ Arthur W. Rovine, Contemporary Issues in International Arbitration and Mediation: The Fordham Papers 2011249(Martinus Nijhoff Publishers 2012).

巴西公司不得不根据外国仲裁制度的要求接受商事仲裁,① 尽快完善本国的仲裁法，而吸引更多的外国公司选择巴西为仲裁地，使用巴西仲裁制度，不仅是将仲裁视为商事服务经营的一种战略，长远来看对巴西公司也降低了他国法律文化等沟通成本，更为便利。

三、2015 年巴西《仲裁法》的改革

自 2013 年开始，巴西成立了仲裁法修订委员会，《仲裁法》的修改被正式提上日程,② 主要目的就是把法院的司法见解和十多年来形成的实践成果用立法的方式固定下来，并积极吸收采纳示范法的最新修订和国际商事仲裁规则的最新发展成果。委员会主席由巴西高院 Luis Felipe Salomao 法官担任，委员会的组成还包括一名前最高法院法官，一名巴西联邦审计法院(Tribunal de Contas da União)成员，一名 1996 年仲裁法案起草者和十几名仲裁界杰出代表(如律师主要来自巴西仲裁员协会)。在成立的半年内，委员会探讨广泛的法律修改议题：包括仲裁前禁令、裁决的无效、协议对未签字方的效力、公共机构参与仲裁、仲裁员的选定与资质要求、消费者合同、劳动者合同涉及的仲裁以及集体仲裁等内容。但修法的基本原则是严格遵守现有的仲裁法法律框架，并非全面改革，强调这次法律的修改要从文本上体现出巴西经济发展的大环境并且适应 2002 年的《民法典》和 2004 年以来的司法改革。③ 2014 年 5 月 26 日，巴西副总统签署了有关巴西仲裁法修订案，修订后的《仲裁法》自 2015 年 7 月 27 日生效。这一次仲裁法的修订有意识地保留了 1996 年《仲裁法》的结构和基本精神。一些微调使《仲裁法》将近年实践中的常用做法固定化、法律化，如法院裁决的执行程序、巴西高院对外国仲裁裁决的承认与执行，如上文所述，这项内容在 2004 年进行宪法性修订之前是由联邦最高法院来裁定的。

2015 年《仲裁法》修改的主要内容如下：

(一)公共机构与仲裁

1996 年《仲裁法》最大的争议焦点之一就是公共主体是否能够作为当事人一方

① “The Importance of Arbitration”, *Revista de arbitragem e mediação*. Ano 4, n. 12, jan-mar/2007, p. 14.

② 参考巴西高等法院网站资料，http://www.stj.jus.br/portal_stj/publicacao/engine.wsp?tmp.area=398&tmp.texto=111503&tmp.area_anterior=44&tmp.argumento_pesquisa=arbitragem.

③ Fernando Eduardo Serec & Antonio MarzagãoBarbutoNeto, *Change A Winning Team*? in Brazilian Arbitration: The Booming Years 15 (2014).

参与仲裁程序。而这次修正中非常清晰明确地允许公共机构使用仲裁。2015 年《仲裁法》第 1 条规定："无论是直接或间接的公共行政均可将纠纷提交仲裁。"①但"涉及公共机构的仲裁必须依照法律作出，遵守公开性原则"。换句话说，同其他公共事务一样，仲裁必须公开透明，而不能依照衡平原则进行涉及行政主体的仲裁，以免公众利益受损。② 巴西的这一立法修改也呼应了联合国贸易法委员会近些年来所倡导的国际投资领域新变革"透明度规则"。此外，在可仲裁性上，无论是公共机构或是私主体的强制性要求相同，公共机构参与仲裁的前提仍然是第 1 条中规定的"纠纷涉及的是可自由处分的权利，即财产性如商事、经济金融类权利"。

除了规定国家的公共部门可以参与到仲裁的过程中，间接公共行政如巴西石油和天然气公司等也可作为仲裁的当事人，早前巴西高院在司法实践中也认定了间接行政可适用仲裁的方式解决纠纷，如 AES Uruguaiana Empreendimentos Ltda v Companhiaestadual de Energia Elétrica CEEE；TMC Terminal Multimodal S/A v Ministério do Estado da Ciência e Tecnologia；Companhia Paranaense de Gás Natural - Compagas v Consórcio Carioca Passarelli 等案。③

2015 年《仲裁法》的修改规定了直接行政机构可以仲裁，意味着明确了允许巴西政府签署仲裁协议，这一修法意义不仅仅是扩大了申请仲裁的主体。由于巴西很少批准双边投资协议，也未签署《解决国家与他国国民间投资争端公约》，④ 因此，有观点认为这次修法可以弥补对外资保护较少的情况，从事实上同意了政府以仲裁方式解决纠纷，⑤ 亦是鼓励外资引入的方式。执行新修改的《仲裁法》，在涉及投资者与政府部门签订的大型投资项目的合同中，允许政府机构使用仲裁来解决可处置的财产权利争议，有利于加强外国投资者的信心。外国投资者将有更多国际化视

① Art. 1º § 1º Aadministraçãopúblicadireta e indiretapoderáutilizar-se da arbitragem para dirimirconflitosrelativos a direitospatrimoniaisdisponíveis. § 2º A autoridade ou o órgão competente da administração pública direta para a celebração de convenção de arbitragem é a mesma para a realização de acordos ou transações. " (NR).

② Art. 1º § 3º Aarbitragem que envolva a administraçãopúblicaserásempre de direito e respeitará o princípio da publicidade. " (NR)及巴西联邦宪法第 37 条。

③ Joaquim T. de Paiva Muniz & Ana Tereza Palhares Basílio, Arbitration Law of Brazil: Practice and Procedure, APP B-9 (Juris Publishing, Inc. 2006).

④ 魏丹. 解析巴西双边投资协定的策略[J]. 武大国际法评论，2014(16).

⑤ Felipe Sperandio, *The Brazilian Arbitration Act* 2015—*what's changed*? *in*Lexis ® PSL Arbitration pp1-6 on 18 June 2015, available at Arbitration pp1-6 on 18 June 2015, http://www.mondaq.com/brazil/x/407550/Arbitration+Dispute+Resolution/The+Brazilian+Arbitration+Act+2015+Whats+Changed, visited on 25 Jun. 2015.

角的选择，在合同中订明仲裁地及适用法等问题，越来越确保了仲裁或者裁决的有效性或者可执行性，变成有法可依的解决冲突的有效机制。

（二）仲裁庭的组成：有关仲裁员的选定

当事人意思自治原则在1996年巴西《仲裁法》中就得到体现，如选择仲裁员的数量、他们的资质及任选的方式等。然而，长期以来，巴西一些仲裁规则对仲裁员的选定有严格限制，即只能从机构提供的仲裁员名册中选择。举例来说，巴西和加拿大商会仲裁与调解中心就规定：禁止当事人委任的仲裁员名册以外的仲裁员，除非获得商会主席的特批。2015年《仲裁法》第13条规定："双方当事人可以经协商一致，避免仲裁机构的限制性规定，可选择非名册上的仲裁员。"①修法过程中一些仲裁机构认为公权力不恰当的介入了仲裁机构和申请者之间的民事活动，而且强调仲裁机构预先核准并提供的仲裁员名册确保了仲裁员的专业素质，从而保证了仲裁质量。但是，笔者认为，这一修改还是非常有必要的。巴西《仲裁法》本身就允许临时仲裁，当事人可以选择心仪的仲裁员，而此时机构仲裁中再以名册的方式限制仲裁员的选择并不利于推广仲裁的使用。在ITA有关拉丁美洲仲裁机构调查（ITA Inaugural Survey of Latin American Arbitral Institutions）的结果显示，绝大多数地区仲裁机构由本地仲裁员构成并运作。这一立法鼓励了更多的新仲裁员执业并避免利益冲突。②因此这次修改可以吸引更多的专业人士参与仲裁，经由机构仲裁的平台，利用机构仲裁的资源和较为完善的程序，培养丰富的仲裁经验，构建友好型仲裁制度。另一方面，这一修改充分体现了当事人意思自治原则，双方可以经协商一致，避免仲裁机构的限制性规定。根据2015年《国际商事仲裁调查报告：改善与创新》的结果显示，38%的受访者认为仲裁最有价值的特点在于"仲裁员的可选择性"，在选择最心仪的仲裁地时，"仲裁员的能力和对仲裁的熟悉程度"，作为排名第二

---

① Art. 13 § 4º As partes, de comum acordo, poderão afastar a aplicação de dispositivo do regulamento do órgão arbitral institucional ou entidade especializada que limite a escolha do árbitro único, coárbitro ou presidente do tribunal à respectiva lista de árbitros, autorizado o controle da escolha pelos órgãos competentes da instituição, sendo que, nos casos de impasse e arbitragem multiparte, deverá ser observado o que dispuser o regulamento aplicável.

② ITA, (2011) The Inaugural Survey of Latin American Arbitral Institutions, p. 12；以及克劳迪奥·芬克尔斯坦：《巴西的仲裁实践》，《第二届金砖国家法律论坛》（会议论文），2015年10月14-16日，中国，上海。

的因素，高于“是否拥有更好的地方仲裁机构”这一因素。① 仲裁员选择的自由范围越广，越有利于当事人更为便利地运用仲裁这一措施。而我国《仲裁法》并未对是否能任选名单外的仲裁员予以规定，以《中国国际经济贸易仲裁委员会仲裁规则》(2015 版)和《北京仲裁委员会仲裁规则》(2015 版)为例，这两个机构均规定当事人需根据仲裁员名册选择仲裁员，如当事人指定仲裁名册以外的仲裁员，需仲裁委员会主任批准等。② 另一方面这一修改使得当事人可选择在各领域行业专家作为仲裁员，发挥他们在诸如跨境投资、离岸金融、新兴技术等前沿领域的经验和专业优势，提升纠纷解决的可能性和公平性。此外，这一法律修改可以推广仲裁的广泛使用，逐步改变目前有经验的仲裁员较少的情况，为培养更多的有丰富经验和技能的仲裁员打下基础。显然巴西通过《仲裁法》修改的方式，放宽了指定仲裁员的自由，不受所选仲裁机构规则的限制，体现了商事仲裁的适应性，呼应了当事人不断变化的需求，体现了对仲裁的支持。

(三)临时措施与仲裁函

联合国国际贸易法委员会将法院参与到仲裁程序中来的情况分为两类：第一类是仲裁员的指定、申请回避及仲裁员委任终结、仲裁庭管辖权和撤销仲裁裁决；第二类则包括法院协助取证、承认仲裁协议以及包括仲裁协议与法院下令采取的临时措施的兼容性、法院下令采取的临时措施、承认和执行临时措施、以及承认和执行仲裁裁决等问题。③ 因此，临时措施有关的制度设计既反映了法院与仲裁庭的权限划分，也体现了法院对仲裁的支持程度。2006 年示范法修改最大的条文就体现在仲裁庭采取临时性措施的权力的规定。④

在 1996 年之前，巴西学界普遍不支持仲裁庭拥有权限采取临时性措施，1973 年的民事诉讼法典第 1086 条和 1087 条也作出了明确禁止。当时，只有极少数巴西

---

① Queen Mary University of London, 2015 International Arbitration Survey: Improvements and Innovations in International Arbitration (2015), available at http://www.arbitration.qmul.ac.uk/research/2015/index.html, visited on 1 Nov. 2015.

② 《中国国际经济贸易仲裁委员会仲裁规则》(2015 版)第 26 条，和《北京仲裁委员会仲裁规则》(2015 版)第 18 条。而《中国国际经济贸易仲裁委员会仲裁规则》(2015 版)对香港仲裁中心则采取了放宽规定，第 76 条明确允许当事人在仲裁名册以外选择仲裁员。

③ 为了防止仲裁程序受到法院不可预测的或破坏性的干涉，《国际商事仲裁示范法》第 5 条规定：凡法院可能干预的情况都列在示范法中，即由本法管辖的事情，任何法院不得干预。

④ 赵秀文.《国际商事仲裁示范法》对临时性保全措施条款的修订[J]. 时代法学，2009(3).

学者持相反观点，支持仲裁庭拥有采取临时措施的权力。① 1996年《仲裁法》公布时，可惜在巴西还没有形成良好的仲裁文化，《仲裁法》根本没有跟从示范法的国际标准，在第22条第4款关于仲裁庭是否有权采取临时性措施的表述上存在模糊和歧义，导致学界继续对这一观点进行激烈争论。直至巴西高等法院形成了一项判决先例，确认了仲裁庭采取临时措施的权力，学界的争论才宣告平息。②

巴西仲裁法有一大优点，就是除非当事人明确表示，法律从没限制仲裁员行使权限。而2015年修法的目的是为了推广使用仲裁。2015年法律修改为第22条A、B款分别规定"在仲裁庭组成之前，当事人可以向法院申请临时措施。如果相利害关系人未能在法院批准采取临时措施的裁定作出的30日内申请仲裁，那么临时措施将解除。一旦仲裁开始，那么申请临时措施就需要由仲裁庭决定。仲裁庭可以支持、修改或撤回临时措施。"③

这一修改，也是对2006年修订的《国际商事仲裁示范法》的积极回应，2006年版的《示范法》第4章详细规定了临时措施和初步命令，如仲裁庭可经一方当事人请求发出临时措施，责令当事人维持或恢复原状、不对仲裁程序造成危害、保全资产以备执行、保全证据等行为。为防止当事人阻挠临时措施，当仲裁庭认为事先向临时措施所针对的当事人披露临时措施请求有可能阻挠这种措施目的时，仲裁庭可以下达初步命令。初步命令自仲裁庭下达该命令之日起20天后失效。初步命令对当事人具有约束力，但不由法院执行。④

---

① 少数学者以 Clóvis do Couro e Silva 和 Carlos Alberto Carmona 为代表。SILVA, Clóvis do Couto e., ComentáriosaoCódigo de Procasso Civil, São Paulo: RT, 1982, rol. XI, t. II, n. 695, p. 604-606. CARMONA, Carlos Alberto. A arbitragem no processo civil brasileiro, São Paulo: Malheiros, 1993. pp. 108-109.

② STl, Rsp n2 1297974/Rl, Rol. Ministra Nancv Ancirighi, Terceira Turma, julgaria em 12. 06. 2012, de 19. 6. 2012. Logo em seguida, STJ, AgRg-MC n 1 9. 226/MS, 3 T., Rei. Mm. Massami Uyeda, ReIt pio Ae. Mm. Nancy Andrighi, julgado em 21. 06. 2012, D)e 29. 06. 2012.

③ Art. 22-A. Antes de instituída a arbitragem, as partes poderão recorrer ao Poder Judiciário para a concessão de medida cautelar ou de urgência.

Parágrafo único. Cessa a eficácia da medida cautelar ou de urgência se a parte interessada não requerer a instituição da arbitragem no prazo de 30 (trinta) dias, contado da data de efetivação da respectiva decisão.

Art. 22-B. Instituída a arbitragem, caberá aos árbitros manter, modificar ou revogar a medida cautelar ou de urgência concedida pelo Poder Judiciário.

Parágrafo único. Estando já instituída a arbitragem, a medida cautelar ou de urgência será requerida diretamente aos árbitros.

④ 《国际商事仲裁示范法》第17条至第17I条。

《示范法》还规定，仲裁庭发出的临时措施应当被确认为具有约束力，并且除非仲裁庭另有规定，应当向有管辖权的法院提出申请后加以执行。受理承认或执行请求的法院不应在作出这一裁定时对临时措施的实质内容进行审查，拒绝承认与执行的理由受到了《示范法》的严格限制。此外，法院也可以下令采取临时措施，法院发布与仲裁程序有关的临时措施的权力应当与法院在法院诉讼程序方面的权力相同，不论仲裁程序的进行地是否在本国境内。法院应当根据自己的程序，在考虑到国际仲裁的具体特征的情况下行使这一权力。①

这次巴西《仲裁法》的修改完善了保全措施的使用，也改善了仲裁员与法院的沟通机制。引入有关保全措施的新规定，本质上来讲避免了由于当事人申请，导致法院和仲裁庭在同一时段就同一事项作出裁定的可能，以仲裁庭组成为分界点，之前由法院采取临时措施，组成后交由仲裁庭行使该权力，理顺了程序也充分体现了司法权对仲裁的尊重。有观点认为修法后，一些仲裁机构的规则会与《仲裁法》第22条存在冲突，例如，ICC 规则(第 28 条第 2 款)和 LCIA 规则(第 25 条第 3 款)在特定情况下，皆允许双方在仲裁庭组成后向法院申请临时措施和强制性措施。② 但根据《示范法》和《仲裁法》的指引，即使一方当事人在仲裁庭成立后向法院申请临时措施，法院亦应根据自己的程序，驳回当事人的请求。从司法实践来看，在最近十年，巴西高院在有关统一巴西各个地方州立法院有关仲裁事项的判决意见上也做出了卓越贡献。例如，在 ItarumãParticipações S/A v. Participaçõesem Complexos Bioenergéticos S/A - PCBIOS 案件中，争议方要求法院采取保全措施，但法院认为当事人既然已选择仲裁解决争议，使用仲裁这一方式并不影响对紧急问题的分析和考虑，于是将程序发回给了仲裁员，由其考虑相关的保全措施。③

值得一提的是，巴西虽然可以照搬 2006 年示范法的规定，但是立法者却没有这样做，立法者有意确保仲裁开始之前的可预见性，因为仲裁庭成立还需要一段时间，而现实中存在大量在仲裁庭成立之前就有采取临时性措施的请求。法律修订允许双方当事人在仲裁庭尚未组成时，向法院申请临时措施。法院作出采取临时措施裁定的 30 天内，该措施仍然有效。当仲裁庭一经组成，其就拥有了决定临时措施的绝对管辖权，双方只能向仲裁庭申请保全，仲裁庭就被赋予了受理、修改、或解

① 《国际商事仲裁示范法》第 17 条至第 35 条。

② Felipe Sperandio, *The Brazilian Arbitration Act* 2015—*what's changed*?, *in* Lexis ® PSL Arbitration, 18 June 2015, pp. 1-6, available at http://www.mondaq.com/brazil/x/407550/Arbitration+Dispute+Resolution/The+Brazilian+Arbitration+Act+2015+Whats+Changed, visited on 25 Jun. 2015.

③ Superior Tribunal de Justiça, REsp 1297974/RJ (2011/0240991-9).

除法院执行的保全措施的权力。这一规定体现了巴西立法者在权衡示范法文本后的精心考量。

另外，1996年巴西《仲裁法》允许仲裁员向法院寻求帮助，敦促强制第三方证人出庭作证，法院可运用司法力量强制证人出庭。而2015年仲裁法在第22条C款中延续了这一规定，并界定了仲裁函的定义和使用。仲裁庭可以向所在地国家的法院发出仲裁函，① 来执行或者确保与仲裁裁决相关的内容在当地得到执行。仲裁函是仲裁庭向法院发出的正式函件，仲裁庭可以通过仲裁函与法院保持沟通，含义在于允许仲裁员以仲裁函的方式向法院提出直接采取执行措施的申请。例如，通知证人作证、协助执行、要求银行(第三方)冻结仲裁当事人的银行账号等，② 这是将仲裁庭与法院沟通方式正式化，以便法院与仲裁庭更好地合作，运用其固有的司法权力来支持仲裁。如果双方当事人协商一致，仲裁不公开审理，则法院亦确保仲裁函的保密性。

与中国相比较而言，中国《仲裁法》没有赋予仲裁庭作出有关保全措施的权力，也未赋予仲裁庭命令采取临时措施和初步命令的权力，无论是财产保全，还是证据保全，仲裁庭均无权作出裁定，而是由仲裁机构将当事人要求采取保全措施的申请，转交给对此有管辖权的法院作出裁定。2012年我国民事诉讼法修改将“责令作出一定行为或者禁止作出一定行为”纳入法院可采取的临时措施范围，但我国仲裁法还没有进行相应的修订。另一方面，对于当事人在申请仲裁之前，不能直接向法院申请此项措施。相比较而言，《中国国际经济贸易仲裁委员会仲裁规则》(2015版)和《北京仲裁委员会仲裁规则》(2015版)规定了当事人有权依据所适用的法律或双方当事人的约定申请紧急仲裁员程序，以决定采取必要或适当的紧急性临时救济措施。其法律逻辑在于基于当事人自愿达成的仲裁协议约定适用贸仲规则，而贸仲规则规定了仲裁庭决定临时措施的权利，构成了当事人之间的约定，也就赋予了仲裁庭决定临时措施的合法性。这一尝试非常有意义，顺应了国际仲裁发展的新趋势，然而在我国将来修改仲裁法时，能以立法的形式赋予仲裁庭采取临时措施的权力，将更有利于仲裁的发展，为当事人提供更为全面的救济程序。此外，中国也没有将仲裁庭与法院沟通的形式以仲裁函等方式固定化。根据国际商事仲裁2015年

---

① Art. 22-C. O árbitro ou o tribunal arbitral poderá expedir carta arbitral para que o órgão jurisdicional nacional pratique ou determine o cumprimento, na área de sua competência territorial, de ato solicitado pelo árbitro.

Parágrafo único. No cumprimento da carta arbitral será observado o segredo de justiça, desde que comprovada a confidencialidade estipulada na arbitragem.

② 卢西亚诺·梅代罗斯:《巴西立法的新举措在金砖国家争议解决中的表现》,《第二届金砖国家法律论坛》(会议论文),2015年10月14—16日,中国,上海。

调查(2015 International Arbitration Survey)显示，79%的受访者认为，仲裁员作出临时紧急措施的可执行力度是影响他们选择仲裁地的最重要因素之一。① 因此不难看出巴西仲裁法的这次修改在程序上强化了仲裁的效益，也更进一步体现了立法体系与司法系统对仲裁的广泛支持，值得我国借鉴。

(四)部分裁决与国内仲裁裁决的撤销

此次巴西《仲裁法》的修改终结了有关部分裁决有效性的争议，曾有质疑认为仲裁庭的权力因届满而消灭，那么对于仲裁庭未裁决部分是否影响已作出裁决的效力？此次修法首先明确了仲裁庭的管辖权的消灭是以裁决完双方当事人所有主张之后而终结的。2015 年《仲裁法》第 23 条规定：仲裁庭可以做出部分裁决。此外，当事人和仲裁员可同意延长做出最终裁决的时间期限。② 第 33 条规定："如果仲裁庭未能就当事人申请的所有仲裁事项加以仲裁，当事人可以向法院寻求救济。在这种情况下，法院可以要求仲裁庭进入程序并对遗漏的仲裁事项作出裁决。"③

谈到部分裁决，按照法律规定，其中如果是由于对裁决未能说明理由或未能满足法律规定的形式要件的，仲裁裁决超越当事人协商一致的仲裁事项范围的和仲裁裁决对当事人申请的仲裁事项有遗漏的，未作出审查决定的这几种情形，法院可以

---

① Queen Mary University of London, 2015 International Arbitration Survey: Improvements and Innovations in International Arbitration (2015), available at http://www.arbitration.qmul.ac.uk/research/2015/index.html, visited 1 Nov. 2015.

② § 1º Os árbitros poderão proferir sentenças parciais.

§ 2º As partes e os árbitros, de comum acordo, poderão prorrogar o prazo para proferir a sentença final." (NR).

③ Art. 33. A parte interessadapoderápleitearaoórgão do PoderJudiciáriocompetente a declaração de nulidade da sentença arbitral, noscasosprevistosnesta Lei.

§ 1º A demanda para a declaração de nulidade da sentença arbitral, parcial ou final, seguirá as regras do procedimento comum, previstas na Lei nº 5.869, de 11 de janeiro de 1973 (Código de Processo Civil), e deverá ser proposta no prazo de até 90 (noventa) dias após o recebimento da notificação da respectiva sentença, parcial ou final, ou da decisão do pedido de esclarecimentos.

§ 2º A sentença que julgar procedente o pedido declarará a nulidade da sentença arbitral, nos casos do art. 32, e determinará, se for o caso, que o árbitro ou o tribunal profira nova sentença arbitral.

§ 3º A declaração de nulidade da sentença arbitral também poderá ser arguida mediante impugnação, conforme o art. 475-L e seguintes da Lei nº 5.869, de 11 de janeiro de 1973 (Código de Processo Civil), se houver execução judicial.

§ 4º A parte interessada poderá ingressar em juízo para requerer a prolação de sentença arbitral complementar, se o árbitro não decidir todos os pedidos submetidos à arbitragem." (NR)

将仲裁裁决发回原仲裁庭重新仲裁。而其他法定情形则可能会导致整个仲裁裁决被撤销。在2015年修法中规定：法院作出有关仲裁裁决的撤销时，必须说明是否发回原仲裁庭重新仲裁。在法律修改前，如果仲裁庭未能就所有申请事项仲裁，法院有权发回仲裁庭，要求其重新仲裁全部事项，这显然是不合理的。而这次法律修改中认可部分裁决，不仅避免了浪费司法和仲裁资源，同时为当事人提供了申请补充仲裁的选择权，理顺了重新仲裁与撤销仲裁裁决间的法律关系。另外，针对仲裁裁决的撤销当事人需在收到裁决之日起90天内提出异议申请，2015年《仲裁法》强调无论异议针对的裁决是部分裁决还是最终裁决。就此而言，这次的法律修改解决了在最终裁决做出前是否可以申请撤销部分裁决的可能性的有关争议。

（五）仲裁范围的扩大

除了必须符合可仲裁性的要求外，巴西在几大领域均对仲裁的使用进行了限制，如消费关系、劳动法和特定反垄断问题。① 2015年《仲裁法》修改中，立法者在仲裁法修订草案中建议扩大仲裁范围，允许格式合同、消费合同和劳动合同适用仲裁。② 巴西总统最终对试图扩大仲裁范围的立法草案行使了否决权，沿用了现有法律规定在格式合同、消费者合同和劳动合同中对仲裁使用的限制。

而2015年《仲裁法》修改明确扩大仲裁的范围是公司纠纷。在过往仲裁实践中，无论是仲裁执业者或是申请者都曾为同一问题争执不休，即公司章程中的“仲裁条款”能否约束全部股东？特别是后加入公司的股东，加入公司的行为是否意味着这些股东也对先订立的公司章程中“仲裁条款”作出了同意的决定？这次法律修改明确了这一问题，即“仲裁条款”对所有股东具有约束力，允许公司透过修改章程来引入仲裁的机制，来解决公司以及股东的任何纠纷。同时法律也包括了赋予那些投票反对公司章程中加入仲裁条款的股东退出公司的权利，为了保护中小股东的利益，如果中小股东不同意在公司章程中引入仲裁的话，在30天内可享有退股权，由其他股东回购其手上的股份。如果公司修改章程时加入了“仲裁条款”，而股东未行使退出权，或股东加入公司时章程中已经包含“仲裁条款”，此视为股东已经同意用仲裁方式解决公司纠纷。值得一提的是，这次仲裁法修改的同时，巴西《公司法》也作出了相应修改，表明允许公司章程中规定“仲裁条款”，避免了立法冲

---

① 参见乌利亚律师事务所拉丁美洲网络：《国际仲裁指南：拉丁美洲概述》，2014年6月，第25页；Paulo G. Fagundes Visentini & AndrÉ Luiz Reis Da Silva, *O Brasil e o multilateralismo econômico, político e ambiental: o governo Lula* (2003-2010), 53 Rev. Bras. Polít. Int. 2010, pp. 54-72.

② 巴西《仲裁法》草案第4条。

突。现在，如果股东在公司将仲裁协议写入章程后，仍选择不退出公司；或者这些股东视为已经同意用仲裁方式解决其纠纷。这一条款也解决了股东间纠纷运用仲裁方式解决的同意问题，提供了新的纠纷解决途径，这样也会更加友好和便利。通过预先设计的条款，减少了沟通成本，推广了仲裁制度，鼓励了仲裁的使用。为当事人高效便利解决商事纠纷提供多一项选择，简化程序，降低成本。

(六)仲裁的程序优化及推广

有关时效方面，1996 年《仲裁法》规定仲裁申请受理的确立时间即全体仲裁员接受该案的选定(或指定)的时间。也就是说以独任仲裁员或首席仲裁员(三名仲裁员组成的仲裁庭)接受当事人就特定纠纷选定时开始起算。这次法律修改引入了有关时效的规定，第 19 条澄清了仲裁庭的组成是中断诉讼时效的行为，仲裁一经受理，仲裁申请的日期即是诉讼时效中断之时。①

此外，如上文提到的有关外国仲裁裁决的承认与执行，在 2004 年以前是由巴西联邦最高法院作出的，而 2004 年以后交由巴西高级法院管辖。在 2015 年《仲裁法》的修改中，第 35 条和第 39 条规定了外国仲裁裁决在巴西的承认与执行由高级法院管辖。② 这是对 2004 年以来巴西仲裁实践的法律化，同时贯彻了巴西法院支持仲裁的坚定立场，并不断完善友好型仲裁司法管辖区的发展。

然而，2015 年《仲裁法》的修改中，并没有明确提出放宽对仲裁协议(即"仲裁条款"和"仲裁承诺")的形式要求。《纽约公约》中对仲裁协议的形式要件作出书面形式的要求，1996 年巴西《仲裁法》亦跟随了这一规定。而随着电子商务和电子通信的发展，传统意义的书面形式已不能满足实践的需求。因此 2006《国际商事仲裁示范法》修正案的第 7 条为各国提供了两个备选案文：一则强调任何形式记录下来的，无论是以口头方式、行为方式还是其他方式订立的，即为书面形式。电子通

---

① § 1º Instituída a arbitragem e entendendo o árbitro ou o tribunal arbitral que há necessidade de explicitar questão disposta na convenção de arbitragem, será elaborado, juntamente com as partes, adendo firmado por todos, que passará a fazer parte integrante da convenção de arbitragem.

§ 2º A instituição da arbitragem interrompe a prescrição, retroagindo à data do requerimento de sua instauração, ainda que extinta a arbitragem por ausência de jurisdição." (NR).

② "Art. 35. Para ser reconhecida ou executada no Brasil, a sentença arbitral estrangeira está sujeita, unicamente, à homologação do Superior Tribunal de Justiça." (NR).

"Art. 39. A homologação para o reconhecimento ou a execução da sentença arbitral estrangeira também será denegada se o Superior Tribunal de Justiça constatar que:..."

信①所含信息可以调取以备日后查用的，或仲裁协议如载于相互往来的索赔声明和抗辩声明中，且一方当事人声称有协议而另一方当事人不予否认的，即为满足了仲裁协议的书面形式要求。而案文二则完全没有提出对仲裁协议必须符合形式要件的要求。2015 年巴西《仲裁法》的修改没有体现这一趋势，仍保留了需书面形式的规定，也未从立法上为这一规定提供扩大解释，这一小小遗憾仍需在司法实践中不断探讨。

根据国际商事仲裁 2015 年调查(2015 International Arbitration Survey)显示，在诉讼与诸多类型的替代性纠纷解决机制中，90%的受访者更偏好选择国际商事仲裁作为其争端解决机制。② 64%的受访者认为仲裁最可取要素之一在于仲裁可避免特别法律体系或法院可能的干预，同时受访者选择仲裁地点的主导性原因也在于仲裁地法律结构：法律体系的中立性和公正性，国内仲裁法，过往执行仲裁协议和承认仲裁裁决的情况。而 2015 年巴西《仲裁法》的修改，在很大程度上回应了当事人不断变化的需求，体现了商事仲裁较强的适应性和以当事人为主导的特性。既改善了国内仲裁法律制度，进一步增强可执行性，避免了法院可能的干预，加强了临时措施的力度，在 2015 年修改《仲裁法》的同时，也在其他方面进一步改善了国内法律体系，例如新民诉法规定设立审前调解机制。③ 巴西对外资持越来越开放的欢迎态度，而仲裁制度在巴西十几年来起到了越来越重要的作用，仲裁作为一种非司法性质的纠纷解决方式，在全球化过程中本身就受到了商事活动和投资者的青睐，而巴西顺应这一潮流继续展现其拥抱仲裁的开放态度。

四、结语

巴西商事仲裁的逐步繁荣正好伴随巴西经济近些年的稳定发展而发生。作为拉丁美洲最大的国家以及新兴市场，巴西的各种大型基建工程、国际技术转让、国际融资项目以及国际并购项目越来越多。随着贸易额和投资额不断增加，可以预测，仲裁在巴西将会成为更加受欢迎的争端解决机制。

对于当事人而言，虽然选择外国仲裁机构有一定的优势，但是，如果在巴西有

① “电子通信”是指当事人以数据电文方式发出或类似手段生成、发送、接收或储存的信息，这些手段包括但不限于电子数据交换、电子邮件、电报、电传或传真。

② Queen Mary University of London, 2015 International Arbitration Survey: Improvements and Innovations in International Arbitration (2015), available at http://www.arbitration.qmul.ac.uk/research/2015/index.html, visited on 1 Nov. 2015.

③ 具体参见第 13.105/2015 号法律即巴西新《民事诉讼法典》和第 13.140/2015 号巴西《调解法》。

需要保护的资产，那么，选择在巴西仲裁也可以避免法院承认裁决书在时间上产生的拖延。因此，2015 年巴西《仲裁法》的修改，从国内仲裁制度出发，为投资者提供了更多的保护。

从立法层面来看，虽然巴西引入商事仲裁制度的时间较晚，但其发展速度和成就令人瞩目。通过对比巴西《仲裁法》和联合国《国际商事仲裁示范法》以及《纽约公约》的文本可以看出：尽管巴西的商事仲裁制度维持了自身一定的特色，但是仍称得上是“仲裁友好型”的立法，包含了诸如“仲裁庭自裁管辖”、“临时仲裁”、“仲裁条款独立”等国际通行的原则。2015 年 7 月 27 日生效的巴西《仲裁法》修正案延续了 1996 年《仲裁法》的基本结构，避免了不必要的或过于激进的改革，亦避开了可能的利益集团间的冲突，整体修法体现了非常稳健的特点，而小幅微调的内容大多是认可十几年来巴西仲裁实务中的做法，将其纳入正式法律制度的方式非常务实。

巴西仲裁法的修改强化了当事人意思自治，扩大了仲裁庭的权限。从立法精神上来说，加强了仲裁的友好性；从程序方面来说，提高了程序的效率，改善了仲裁和司法的衔接与沟通。司法系统秉承对商事仲裁服务友好开放态度，放宽对仲裁的监督，加大执行仲裁裁决的力度，而立法支持实践，不断增加为境内外当事人提供国际仲裁服务的能力。此外，随着中国企业走出去和经贸投资的高速发展，很多学者呼吁我国也应将商事仲裁定位为专业服务，并吸引更多的国际商事活动当事人将纠纷放在自己国家仲裁，① 通过比对同为新兴市场的国家——巴西完善仲裁法的历程，对中国仲裁法的修改有积极的借鉴意义，也有利于推广中国的商事仲裁。

巴西是最大的葡语系国家，同时中国是巴西最大的贸易伙伴。了解巴西仲裁制度的改革和发展，对中国企业走出去投资有重大意义，通过学习和交流，减少摩擦并建立高效解决纠纷机制，加强与以巴西为首的金砖国家的法律合作，② 始终是中国外交政策的优先方向之一，亦为我国参与国际间经贸交流夯实了基础。

① 沈四宝、薛源：《论我国商事仲裁制度的定位及其改革》，《法学》2006 年第 4 期；董世忠：《国际商事仲裁理念的最新发展》，资料来源于中国国际经济贸易仲裁委员会 http://www.cietac.org.cn/hezuo/dsz.htm，2015 年 11 月 1 日访问。

② Yixian Zhao, *Profissionais Jurídicos Bilingues Chinês e Português e Direito e Desenvolvimento nos Países dos BRICS*, 3.ª Conferência FORGES Fórum da Gestão do Ensino Superior nos Países e Regiões de Língua Portuguesa, Recife, Brazil, Dec. 2013.

Reform of the Brazilian Arbitration Law: Improving the Arbitration-friendly Jurisdiction

Abstract: After 19 years, the 1996 Arbitration Law of Brazil has been revised for the first time, and the 2015 Arbitration Law was promulgated and entered into force in July 2015. The amendments include allowing public administration to submit disputes to arbitration, improvement of appointment of arbitrators, enhancing the power of arbitral tribunals and arbitrators, supporting them to issue "arbitral letter" to the courts and other interim measures, and improving cooperation between arbitration and judiciary. Brazil has successively created an arbitration-friendly jurisdiction with full respect for the autonomy of the parties, introduced the updates of the UN model law, and strengthened the ability to provide the parties with efficient services for international commercial arbitration. Since more Chinese enterprises take interest in overseas investments, giving rise to more commercial disputes, the Brazilian path of arbitration system's development may provide inspiration for China and other emerging market economies.

Key words: Brazil; Arbitration Law; commercial arbitration; BRICS countries

遇难船避难准入制度的沿革及对我国的启示

□ 郭 萍* 吴胤槟**

内容摘要：当船舶在海上遭遇海难，并且危及船上人命及财产安全时，往往会选择临近沿海国请求避难或救助并进行修理。但是如果遇难船载运油类、有毒有害等货物时，沿海国往往基于环境保护及安全需要，拒绝遇难船进入避难地的请求。国际上先后发生 1999 年“The Erika”、2001 年“The Prestige”等案件，这些油轮均因为被沿海国相继拒绝进入避难地而最终沉没大海，导致更为严重的海洋环境污染损害后果。一些国际组织也纷纷呼吁沿海国应当为这些遇难船舶提供适当的避难地。一方面是遇难船无助地试图寻求包括避难地在内的救助，一方面是沿海国冷冷地以各种借口拒绝。如何平衡船舶安全与海洋环境保护之间的各方利益，一直是国际社会不懈努力的目标。本文首先从遇难船准入问题的由来作为切入点，从历史沿革以及国际公约的相关规定，提出目前国际立法在解决遇难船避难地准入方面存在的障碍和问题，并分析国际社会对于遇难船避难地问题的对策和我国目前的应对情况，最后提出相关应对机制构建的建议和对策。

关键词：遇难船 避难准入 人命安全 环境污染

目 次

* 大连海事大学法学院，教授，博导。
** 中国人民财产保险股份有限公司福建省分公司，法学硕士。

一、引言

船舶在海上航行，面临许多海上风险。当一艘船舶在海上遭遇海难，首先需要面对的是如何减少损失。综合社会、经济、环境、安全等各方因素考虑，遇难船进入避难地进行修理或救助，是减少损失的最好途径。如果仅仅涉及遇难船舶人员安全，沿海国一般会倾情相助，提供避难地。但是一旦遇难船舶载运包括原油在内的一些危险有毒害货物，可能会危及海洋环境威胁时，沿海国往往会以环境保护及海上安全为由拒绝遇难船进入本国港口或者拒绝提供避难地。因此一些遇难船因无合适地点避难，而最终沉没，甚至因沿海国采取强行干预措施而遭受更严重的财产及环境污染损害。本文在对遇难船避难准入问题进行梳理的前提下，进一步分析探讨国际上应对这一问题的现实及发展动态，结合我国现有立法状况，提出我国应对避难船准入问题的一些启示。

二、遇难船避难准入问题的缘由及制度发展

所谓遇难船避难准入，是指当船舶遭遇海难等事故，需要对其进行援助，请求进入附近沿海国港口或其他地方避难，沿海国根据不同情况判断是否准许遇难船舶进入其港口或其他地方避难。

对于遇难船进入沿海国避难的权利(以下简称“避难权利”)，其形成的基本出发点是为了保护人命安全。① 由于船上人员的安全和船舶本身的安全紧密关联，因此救助和保护遇难船人员的生命就要救助和保护遇难船本身，当然包括准许遇难船舶进入避难地。② 以下沿着历史的脉络对该“避难权利”存在的形式及做法进行考察和梳理。

---

① Derry Devine, *Ships in Distress — A Judicial Contribution from the South Atlantic*, 20 Marine Policy 229 (1996); Alan Vaughan Lowe, *The Right of Entry into Maritime Ports in International Law*, 14 San Diego Law Review 597, 610 (1976-1977); Sophie Caggiaguidi-Fahy, *The Law of the Sea and Human Right*, 19 Sri Lanka Journal of International Law 85 (2007).

② Aldo Chircop, *Living with Ships in Distress — A New IMO Decision-Making Framework for the Requesting and Granting of Refuge*, 2 World Maritime University Journal of Maritime Affairs 31 (2004).

(一)从历史脉络考察“避难权利”

1. 16世纪之前——部分习惯做法

很多习惯起源的证据都可以从古希腊、古罗马和古迦太基的文学作品和法典，或者中世纪欧洲国家的法典中寻到踪迹。据学者研究，最早描述对遇难船舶进行善意救助的是《奥德赛》和《埃涅伊德》两部文学作品。①

在中世纪，由于缺乏海上训练及相关航海知识、冬季航行的限制、频发的海盗、火灾以及食物储备困难等因素，使得当时的航海贸易活动充满各种风险和困难。② 尽管当时没有关于避难地专门规定的法典，主要存在一些有关共同海损方面的习惯规定，但是援助遇难船舶已经成为各国普遍共识。例如1063年意大利《特拉尼海事条例》被认为是最早规定遇难船问题的地中海海事习惯法，明确允许遇难船在恶劣天气情况下有权进入通常被禁止进入的港口，但沿海国没有义务要接受或允许船舶进入。③ 1150年法国《阿尔勒斯港航海法》第105条规定，居住在近海的渔民必须对遇难的另一阿尔勒斯居民拥有的船舶进行救助。④ 此后，最具有影响力的中世纪海事习惯法——1266年法国《奥列隆惯例集》第29条规定，地方当局有义务对遇难的船员和财产提供救助。⑤《奥列隆惯例集》所规定的原则被各海事大国广泛承认。但是这些文献并没有提供足够的证据表明“避难权利”构成国际习惯，也没有明确沿海国准许此种进入的义务。

2. 17世纪至第二次世界大战前——双边协议方式

1648年威斯特法利亚和会结束了欧洲30年战争，也开创了现代欧洲外交新格局。很多国家在该和会上缔结双边海运贸易条约，并在之后的300年中成为国际外交的主要方式。⑥ 在这些条约中，很多都包含有关遇难船及对遇难船上船员和货物待遇的条款。如1654年英国和瑞典签订的和平贸易条约，第6条规定，“在一国军

① Aldo Chircop, Places of Refuge for Ships — Emerging Environmental Concerns of a Maritime Custom 168-169 (Martinus Nijhoff 2006).

② W. Ashburner, The Rohdian Sea Law exli-clii (Clarendon Press 1909).

③ Rene-Jean Dupuy and Daniel Vignes, Handbook on the New Law of the Sea, Volume1, 62-63 (Martinus Nijhoff, 1991).

④ Aldo Chircop, The Customary Law of Refuge for Ships in DistressPlaces of Refuge for Ships — Emerging Environmental Concerns of a Maritime Custom 172 (Martinus Nijhoff 2006).

⑤ Aldo Chircop, Places of Refuge for Ships: Emerging Environmental Concerns of a Maritime Custom 173-174 (Martinus Nijhoff 2006).

⑥ Aldo Chircop, Places of Refuge for Ships: Emerging Environmental Concerns of a Maritime Custom 176-177 (Martinus Nijhoff 2006).

舰或是商船遭受暴风雨、海盗追及、敌方袭击或其他紧急情形下，另一国有义务提供避难港、道路或海岸作为避难地，一方需尽最大人道主义对待另一方遇难船舶，应当允许遇难船在避难地申请修理，并以合理的价格获得补给，但无论如何，遇难船均应当遵守当地的法律和习惯”。① 英国和美国在 18 世纪和 19 世纪与很多国家都签署了类似的双边条约，包括与欧洲其他国家、北非和中南美国家。② 直到第二次世界大战之前，双边条约中约定遇难船避难待遇问题一直是条约中的一项重要内容。③

3. 第二次世界大战后至今——多边协议方式

二战之后，如关贸总协定的建立，使得各国之间使用双边海运贸易条约日渐减少。④ 虽然，这些多边协议很少明确提及遇难船进入权问题，但是“国民待遇”和“最惠国待遇”条款，实际上起着允许缔约国遇难船舶进入其他缔约国港口的效果。比如，美国和希腊在 1951 年双边海运贸易条约中，约定“任何一方遇难船舶应当被准许进入另一方最近的港口或避难地”,⑤ 由于美国和希腊均为关贸总协定的缔约国，也使得其他缔约国可享受此种遇难船舶避难权利。

显然，不论是根据中世纪文献或惯例集，还是后来的双边条约或者多边条约，都可以推论出所有国家有义务准许遇难船舶进入其港口或其他避难地，不论其是否存在条约义务。⑥ 但是还不能够说明遇难船享有“避难权利”构成国际习惯。⑦ 首先，双边条约只能约束缔约国双方。即使某些权利被包含于一些多双边条约中，并

---

① Treaty of Peace and Commerce between Great Britain and Sweden, Article 6.

② Treaty of Friendship, Commerce and Navigation between the United Kingdom of Great Britain and Ireland and Colombia, Article 20; Treaty of Friendship, Commerce and Navigation between the United Kingdom of Great Britain and Ireland and Mexico, Article 12; Treaty of Friendship, Commerce and Navigation between the United Kingdom of Great Britain and Ireland and Honduras, Article 12.

③ Aldo Chircop, Places of Refuge for Ships — Emerging Environmental Concerns of a Maritime Custom 200-201 (Martinus Nijhoff 2006).

④ Patricia Birnie and Alan Boyle: International Law and the Environment 689-699(2nd ed. Oxford University Press 2002).

⑤ Treaty of Friendship Commerce and Navigation between the United States of America and Greece, Article 22.

⑥ See McDougal Myres and William Bourke, The Public Order of the Oceans 110 (Martinus Nijhoff 1987).

⑦ Louise de la Fayette, *Access to Ports in International Law*, 11 (1) International Journal of Maritime and Coastal Law 17 (1996); ZeynepUcar, *Places of Refuge and the Obligation to Accommodate Ships in Distress* 10 (LLM Thesis McGill University (2006); S McDougal Myres and William Burke, The Public Order of the Oceans 110 (Martinus Nijhoff 1987).

不能当然地认为创设了一种国际习惯。① 另外，如果遇难船“避难权利”普遍存在，那么在众多的双边条约或者多边条约中，应当明确指出，而非“犹抱琵琶半遮面”。其次，从19世纪50年代开始，越来越多的国家，特别是沿海国已经开始质疑它们是否有义务为遇难船舶提供避难地，尤其是在遇难船舶船员没有生命危险，而遇难船舶或其载运的货物会对沿海国的海上环境造成严重危害的情况下。1978年的the Urquiola案②以及the Andros Patria案③，1979年的the Atlantic Empress案④，遇难船寻求进入沿海国避难地都遭到了沿海国的拒绝。

综上所述，对遇难船提供避难地，特别是考虑到人命案全因素准许其进入港口，历史上曾为大多数国家所承认，但随着时代的发展，救助手段的进步，对于人命救助与财产救助的区分，出于对遇难船舶海洋环境污染威胁以及残骸清除资金方面的考虑，以及各国对于海上环境保护意识的增强，原先的一些做法也已经发生了改变。

(二)从国际公约角度考察

从20世纪初开始，在海事法领域，多边国际公约开始逐渐成为常态。虽然在众多的公约中，很少有直接提及遇难船舶或避难地的内容，但其相关规定会涉及遇难船舶是否有权进入沿海国港口，或者说沿海国是否有义务准许遇难船舶进入其港口或其他避难地的问题。

1.《联合国海洋法公约》有关避难船准入的规定

《联合国海洋法公约》第8条第(2)款规定了无害通过权。另外，当用于国际航行的海峡被划入沿海国根据领海基线确定的领海时，《联合国海洋法公约》(以下简称《海洋法公约》)第34条第(1)款同样规定了通过此种海峡的无害通过权。⑤ 因此，遇难船舶进入一国港口或内水的避难地是否属于无害通过就成为争议的焦点。

根据《海洋法公约》第18条的规定，此种“无害通过”的目的在于“穿过领海但

---

① Alan Vaughan Lowe, International Law 9 (Oxford University Press 2007).

② Jack Devanney, The Consequences of Providing and refusing Refuge, available at http://www.c4tx.org/ctx/public/refuge.pdf, visited on 3 Dec. 2015.

③ George Kasoulides, *Vessels in Distress: Safe Have for Crippled Tankers*, 11 Marine Policy 184-185 (1987).

④ Richard Shaw, *Places of Refuge: International Law in the Making*, 9 Journal of International Maritime Law 159 (2003); Dennis Bryant, *U.S. Policy Regarding Places of Refuge*, Maritime Reporter 18 (2007).

⑤ Rainer Lagoni, *Encyclopaedia of Public International Law*, in R Bernhardt (ed), Internal Waters, Max Planck Institute (Elsevier Service Publisher 1989).

不进入内水或停靠内水以外的泊船处或港口设施”或者“驶往或驶出内水或停靠这种泊船处或港口设施”。很明显，此种通过领海的目的是临时“经过”的需要，而不是使领海作为航行的目的地。① 因此，如果一艘遇难船舶进入沿海国领海是为了寻求避难地，那么这种“通过”不属于《海洋法公约》第 18 条所规定的范围之内。

此外，如果船舶“持续不停且迅速”通过领海，还必须符合《海洋法公约》第 19 条有关无害的条件。第 19 条第(2)款详细列举了“损害沿海国和平、良好秩序或安全”的情形。最后一项的兜底条款是“与通过没有直接关系的任何其他活动”，其所涵盖的范围非常广泛。② 所以，如果一艘遇难船舶穿过沿海国领海是为到达避难地，那么此种行为可以被认为是“与通过没有直接关系的”活动。

因此，如果一艘遇难船舶的领海通过不符合《海洋法公约》第 18 条无害通过的目的，或者符合无害通过目的，但不符合“持续不停和迅速”进行的要求，又或者此种通过构成“有害”，那么沿海国可以根据《海洋法公约》第 25 条第(1)款的规定，在其领海内采取必要的步骤以防止非无害通过。这些步骤可以包括拒绝进入领海，在领海以违法为由扣押船舶，或者附其他条件才允许船舶进入其内水。这些强加措施或条件要求，同样适用于欲进入避难地的遇难船舶。因此根据《海洋法公约》第 18 条、第 19 条的规定，沿海国享有阻止遇难船舶进入其内水避难地的权利。

此外，根据《海洋法公约》第 XII 章第 5 节的规定，沿海国有采取措施阻止、减少和控制海上污染的权利与义务。③ 而且根据第 194 条和第 195 条的规定，沿海国有义务采取一切措施阻止这种污染损害，并保证防止这种损害从一个区域转移到另一个区域。④ 因此，沿海国可以出于保护环境的需要，采取措施授权或者拒绝在其领海或专属经济区的遇难船舶进入该国港口或其他避难地，但这并非沿海国的义务。

综上所述，《海洋法公约》没有直接规定沿海国有设立避难地的义务，是否允许遇难船舶进入该国内水或避难地，完全根据沿海国的意愿。

2.《国际救助公约》下有关遇难船避难准入的规定

1989 年《国际救助公约》第 11 条规定，“在对诸如允许遇难船舶进港或向救助

① Wilmoed van der Velde, *The Position of Coastal States and Casualty Ships in International Law* 479, 481 (CMI Yearbook 2003).

② ZeynepUcar, Places of Refuge and the Obligation to Accommodate Ships in Distress 38-39 (LLM Thesis McGill University 2006).

③ Alan Jin, *The Regulation of Vessel-Source Marine Pollution*: *Reconciling the Marine and Coastal State Interests*, 1 Singapore Journal of International and Comparative Law 335, 363 (1997).

④ Alan Jin, *The Regulation of Vessel-Source Marine Pollution*: *Reconciling the Marine and Coastal State Interests*, 1 Singapore Journal of International and Comparative Law 479, 484 (1997).

人提供便利等有关救助作业的事项作出规定或决定时，缔约国应考虑救助人，其他利益方同当局之间合作的需要，以保证为拯救处于危险中的生命或财产及为防止对总体环境造成损害而进行的救助作业得以有效、成功的实施”。可是这种考虑救助人需要的规定，更像是一种“空洞的劝告”①，实际上没有赋予沿海国允许遇难船舶进入避难地的义务。

3. 其他国际公约有关遇难船避难准入的规定

除了《海洋法公约》和《国际救助公约》之外，还有一些国际公约的规定间接涉及遇难船避难准入问题。

1990 年《国际油污防备、反应和合作公约》(以下简称 OPRC)规定，所有缔约国有义务在其主权范围内制定油污污染应急计划②，而且要求悬挂缔约国船旗船舶上的船长对任何船舶排油或可能排油的事件及时报告给最近的沿海国。③ 沿海国一旦接到这种报告，应当对事件进行评估，对可能造成的损害采取相应措施。④ 因此 OPRC 没有明确要求缔约国准许遇难船舶进入的义务，仅仅是作为考虑因素之一，以决定是否将准许遇难船舶进入避难地作为一项应对措施。⑤

1969 年《国际干预公海油污事件公约》及其 1973 年议定书要求沿海国，在发生海上事故或与这种事故有关的行为后，如有理由预计到将造成重大的有害后果，则可在公海上采取必要的措施，以防止、减轻或消除由于油类物质造成污染或污染威胁而对其海岸或有关利益产生的严重而紧迫的危险。同样，该公约仅仅赋予缔约国可以在公海上采取相关干预措施，以保护海洋环境，但与其是否设立避难地没有任何直接关联。

1974 年《海上人命安全公约》(以下简称 SOLAS 公约)明确规定，对于海上遇险人员，无论国籍或地位如何，均应提供帮助。同时规定应当对海上遇险人员在其能力和限度内，提供人道主义帮助。⑥ 并且 2004 年修订案中增加的《国际船舶和港口保安设施规则》(International Ship and Port Facility Security Code, ISPS Code)中⑦，

---

① Nicholas Gaskell, *The 1989 Salvage Convention and the Lloyd's Open Form of Salvage Agreement*, 16 Tulane Maritime Law Journal 20 (1991).

② International Convention on Oil Pollution Preparedness, Response and Co-operation, Art. 3.

③ International Convention on Oil Pollution Preparedness, Response and Co-operation, Art. 4.

④ International Convention on Oil Pollution Preparedness, Response and Co-operation, Art. 5.

⑤ Richard Shaw, *Places of Refuge — International Law in the Making*? 329, 332 (*CMI Yearbook* 2003).

⑥ 刘正江. 国际海事条约汇编(第十卷、第十一卷补充本)[G]. 大连：大连海事大学出版社，2012：22.

⑦ Keith Michel, War, Terror and Carriage by Sea 752 (Lloyd's of London, 2004).

要求所有船舶应当遵守该规定，否则船舶将有可能被沿海国拒绝进入港口。①

综上，现行一些国际公约则更多地从海洋环境保护、航行安全及反恐的需要，强调沿海国干预或限制船舶进入本国港口的权利。

二、遇难船避难准入问题的应对机制及其分析

困扰沿海国并屡屡成为拒绝遇难船进入避难地的主要原因可以归纳为以下几个方面：第一，遇难船风险的不确定性。如果船舶遭受严重的损害并装载危险货物，尤其是大型油轮，其可能造成重大油污事故。沿海国出于对其海上环境保护和海上安全需要，往往会拒绝遇难船进入其避难地。第二，双方权利义务规定属于立法空白。对于遇难船而言，在何种情况下享有申请进入沿海国避难地的权利，在其等待批准或进入避难地过程中应当履行哪些义务都不甚明确。对于沿海国而言，在考虑遇难船避难申请或者准许其进入本国领海、内水的过程中，可以享有哪些权利以及履行何种义务也没有任何规定。而这些权利义务的不明确，又会直接影响下一步双方责任归属及赔偿问题。第三，责任划分及赔偿问题不明确。当沿海国准许遇难船进入其避难地，并最终造成了沿海国海洋环境污染或其他财产损害的，应当由哪一方承担，承当何种程度的责任，以及赔偿范围及适用的法律如何，遇难船舶是否依然可以享受海事赔偿责任限制等等，这些都未有明确的法律规定或公约规定。

(一) IMO 对遇难船避难准入问题的应对

早在 20 世纪 80 年代，国际海事组织(IMO)法律委员会在起草《1989 年救助公约》时，就已经涉及遇难船避难准入问题。由于 1999 年 the Erika 案的发生，IMO 海事安全委员会的一个工作组在 2000 年讨论该案相关问题时，再次提及避难船准入议题。时隔不久，2001 年 1 月又发生了 The Castor 案，船舶在地中海上拖航了一个多月才找到一处地方可以实施起浮作业。同年 11 月，在西班牙海域发生的 The Prestige 溢油案更是引起了 IMO、国际海事委员会(CMI)和国际社会对避难地问题的高度关注。为此，IMO 在 2003 年通过了两项决议，即《需要援助船舶的避难地指南》(以下简称《指南》)和《海上援助服务指南》，希望能够平衡沿海国和遇难船在避难地问题上的利益，保障遇难船舶和人员能够安全，减少对于环境造成的

① International Convention for the Safety of Life at Sea, Art. 2. 5. 4.

威胁。①

IMO《指南》主要由以下几个部分构成：1. 一般规定，包括目的、背景、《指南》的目标以及一些基本定义；2. 对需要避难船舶的船长或救助人行动要求的指导；3. 对于沿海国行为的指导；4. 适用的国际条约(附录一)；5. 遇难船风险评估以及提供避难地的指导(附录二)。

《指南》还为各个成员国提供了在决策遇难船避难准入时的一些参考因素。当《指南》能够广泛被沿海国和遇难船船长或救助人使用时，双方能够对事件的处理作出一致的协调措施。所有当事方都能知道他们应当采取何种措施，以及应当做何种准备。沿海国能够制定紧急预案应对，而且沿海国能够客观准确的评估避难地将要承受的风险，而遇难船舶也能够在沿海国同意进入避难地时得以迅速进入合适的避难地。② 同时，依据这些参考因素，决策者可以更加客观的作出判断，使得决定更具有正当性，不论决定是根据国内政治、经济情况或者法院决定作出的。③

同样 IMO《指南》自身也存在着一些不足之处。作为没有约束力的《指南》虽然容易得到各国接受，但是也会因此丧失法律强制执行力。因此，船长或者救助人即使遵照《指南》要求的程序行事，也很可能会被拒绝进入避难地。此外，《指南》本身仅仅提供一些供沿海国参考是否批准遇难船准入的因素，不影响沿海国在此之外再增加一些其他不相关的参考因素。④ 再者，《指南》没有涉及对沿海国的罚则问题，虽然《指南》的出台可能给予沿海国"道德"上的义务去适用《指南》，但是如果沿海国选择不适用《指南》的规定 或者不履行《指南》的内容，无需承担任何责任。最后，《指南》中没有明确规定作出是否准许避难决定的主体。除非作出决定的是独立的个人或机构，否则决定是否作出很可能会面临政治压力的影响。⑤ 即各国政

① CMI, Places of Refuge: Submitted by the Comite Maritime International (CMI) LEG 89/7, adopted on 19 Aug. 2004, available at http://http://www.sjofartsverket.se/upload/4174/89-7.pdf, visited on 3 Dec. 2015.

② Michael Custom, Current IMO Position on Places of Refuge, Savage and Wreck Removal, 4, adopted on 15 Feb. 2002, available at http://www.amsa.gov./au/amsa/haven/julian.pdf, visited on 3 Dec. 2015.

③ Matthias Ganzer, Legal Framework — Emergency Towage, Pollution Response, Place of Refuge, 24, adopted on 23 Feb. 2009, available at http://www.Havriekommando.de/aktuelles/Expertenkonferenz/Vortraege/Expertenkonferenz01_Matthias_Ganzer.pdf, visited on 3 Dec. 2015.

④ Proshanto Mukherjee, *Refuge and Salvage*, in Aldo Chircop and Olof Linden (eds), Places of Refuge for Ships: Emerging Environmental Concerns of a Maritime Custom 271, 291 (Martinus Nijhoff 2006).

⑤ Zeynep Ucar, Places of Refuge and the Obligation to Accommodate Ships in Distress 27 (LLM Thesis McGill University 2006).

府可能会基于政治方面的因素，而做出拒绝遇难船准入的决定。

(二) CMI 对遇难船避难准入问题的应对

CMI 认为无论是根据 IMO 的《指南》还是根据目前的国际公约，都没有要求沿海国在遇难船避难地准入问题上有义务进行合理的风险评估。由于 CMI 担心类似于 The Erika、The Castor、The Prestige 的案件将来还有可能发生，因此提出应当起草一个新的公约或具有约束力的国际文件来解决此类问题。基于此，CMI 在 2009 年 1 月 23 日第 95 届大会上提交了一份报告以及一份《关于避难地问题的草案》(以下简称《避难地问题草案》)。① 尽管该草案最终未获得通过，但是就遇难船避难准入问题的研究仍然具有很高的参考意义。

如果说 IMO 有关避难船准入的相关文件更多的是从操作层面，供船长、救助人以及沿海国予以风险评估和考虑的话，则 CMI《避难地问题草案》则更加侧重从遇难船准入的条件、合理拒绝后的民事赔偿责任，遇难船造成相关损失的责任承担及担保等方面做出细化的规定。

《避难地问题草案》第 3 条(a)款规定，任何主管当局在收到需要援助船舶的避难请求时，都应当准许其进入，除非该主管当局有合理的理由拒绝。而目前多数的沿海国都趋向于认为其有权拒绝需要援助船舶的进入。根据《避难地问题草案》的规定，实际是将为遇难船提供避难地作为沿海国的一项义务，除非该沿海国有合理的理由拒绝。而根据前文分析，不论是从历史沿革的角度，还是现有生效的国际公约的规定，目前沿海国都不存在为遇难船提供避难地的绝对国际义务，也没有任何一个国际公约赋予沿海国存在此项国际义务。因此《避难地问题草案》实际上是对现行国际习惯以及国际公约相关规定的一项重大变革和挑战，事实上赋予了沿海国一项新的义务，也正是由于这种重大的变革，也在一定程度上成为阻碍各国政府批准通过《避难地问题草案》的一个主要原因之一。

1. 有关遇难船避难准入条件问题

考虑到遇难船准入问题的复杂性，《避难地问题草案》也不企图在现行国际机制上走的太远，因此并没有赋予遇难船进入避难地的绝对权利，仍然赋予沿海国保留某些情况下拒绝遇难船进入避难地的权利。为此，《避难地问题草案》第 3 条(b)款和(c)款时，对这些保留条件进行明确规定。尽管经过充分的讨论，鉴于各国以及代表船东、港口、保险以及海难救助人各方利益团体对于(b)款和(c)款最终并

① CMI, available at http://www.comitemaritime.org/Places-of-Refuge/0, 2733, 13332, 00.html, visited on 3 Dec. 2015.

未达成一致，所以 CMI《草案》对(b)款和(c)款提供了 3 种不同方案。①

三种不同方案都认为，如果沿海国经过评估，有合理的理由认为船舶的状况或者船上的货物在准许进入避难情况下产生的风险大过拒绝其进入的风险，那么沿海国是可以拒绝遇难船进入本国领海的。② 三种方案的区别主要在于，提供担保与拒绝遇难船进入之间的关系如何平衡。在第一种方案之下，明确规定如果遇难船没有提供保险凭证或其他财务担保，则沿海国不能仅仅因为这一项内容作为拒绝遇难船进入的合理理由。在第二种方案下，是否存在保险或其他财务担保是沿海国评估是否准许遇难船舶进入的参考因素，但不能成为拒绝遇难船进入的理由。也就是说，遇难船没有担保本身不能成为沿海国拒绝其进入或迟延作出决定的理由。在第三种方案下，如果遇难船没有提供合理足够的财务担保或者提供保险凭证，则表明存在承担责任的风险，沿海国在经过风险评估作出决定时，可以作为拒绝遇难船进入的理由。③

2. 遇难船及沿海国责任承担问题

对于责任的归属，《避难地问题草案》认为如果沿海国主管当局合理的准许遇难船船舶进入避难地，由此造成的船舶、货物、第三方人身或财产的灭失或损害，沿海国主管当局无须承担赔偿责任。④ 而如果沿海国主管当局拒绝遇难船进入避难地，由此造成另一国家、船东、救助人、货主遭受损失的，沿海国主管当局应当对此承担赔偿责任，除非沿海国主管当局能够举证证明其作出拒绝接受的决定符合《避难地问题草案》第 3 条(b)款的规定。⑤

3. 担保问题

关于担保问题，也是各利益方意见分歧较大的一个焦点问题。因此《避难地问题草案》第 7 条也提供了三个不同方案的条文规定。根据第一个方案，沿海国主管当局在决定同意遇险船准入的同时，可以要求该遇险船舶的所有人就可能产生的责任问题，提供相应的保险凭证或者由国际互保协会集团之下的会员单位—船东互保协会提供相应的担保或者提供其他可以被认可的保险人、银行或金融机构提供的担保。上述担保保障的数额不得超过经修订的 1976 年海事赔偿责任限制公约的相关责任限额规定。此外该方案第二款规定不影响沿海国主管当局根据其他相关国际公

---

① Stuart Hetherington, Introduction 159-160, adopted on 2 Dec. 2009, available at http: // http: //www. comitemaritime. org/Uploads/Yearbooks/YBK_2009. pdf, visited on 3 Dec. 2015

② The Draft Instrument on Place of Refuge, Art 3.

③ The Draft Instrument on Place of Refuge, Art 3.

④ The Draft Instrument on Place of Refuge, Art 4.

⑤ The Draft Instrument on Place of Refuge, Art 5.

约要求提交相关证书或财务担保的权利。第二个方案，大部分内容与第一个方案相同，只是在第一方案的一、二款中间增加了一款规定，即一旦根据有关海事赔偿责任限制公约的规定，索赔数额不能享受责任限制，则应当根据第7条第(1)款的相关规定确定合理的数额以补偿沿海国主管当局承担的赔偿责任。第三个方案中有关保险及财务担保的数额，没有跟海事赔偿责任限制公约挂钩，而是规定其数额应当与经评估风险预计可能承担的责任相当的一个合理数额。

也就是说国际社会对于遇险船舶应当提供保险或其他财务担保的问题已经达成共识，只是对于该保险或财务担保保障的数额如何确定问题以及是否应当与现行有关海事赔偿责任限制公约挂钩等问题尚没有达成统一意见。

三、遇难船避难准入机制对我国的启示

我国现行立法，对于遇难船避难准入问题的规定并不明确。《海上交通安全法》第11条规定："外国籍非军用船舶，未经主管机关批准，不得进入中华人民共和国的内水和港口。但是，因人员病急、机件故障、遇难、避风等意外情况，未及获得批准，可以在进入的同时向主管机关紧急报告，并听从指挥。"从条文规定看，当船舶遇难时，即使没有获得主管机关批准，仍然有权在进入我国内水和港口的同时向有关主管机关紧急报告，并根据主管机关的指挥进入指定的内水和港口。这里需要注意的是，遇险的外国商船进入我国内水或港口避难的前提条件并没有要求获得相关批准，只是在进入的同时紧急报告且听从指挥即可。《海上交通安全法》第38条还规定，"主管机关接到求救报告后，应当立即组织救助。有关单位和在事故现场附近的船舶、设施，必须听从主管机关的统一指挥。"明确规定了主管机关对于遇难船舶的救助义务。

由于《海上交通安全法》制订于20世纪80年代，因此近年来修改该法律的呼声不断。根据2014年4月15日交通运输部"交法发[2014]89号"有关"交通运输部关于提请审议《中华人民共和国海上交通安全法》修订送审稿的请示"的文件(以下简称《海上交通安全法修订稿》)，第39条规定……因人员急病、机件故障、遇险、避风等意外情况，可以在进入港口或者海上泊船处、避难地的同时向海事管理机构紧急报告，并听从其指挥。外国籍船舶进入内水或港口可能对内水或港口的安全、良好秩序和海洋环境造成威胁的，海事管理机构应当不予批准。尽管该修订稿尚未通过，但是从上述条款用语变化，可以看出我国对外国籍遇难船舶避难准入也是附加了航行安全、良好秩序以及保护海洋环境等条件因素。

《海洋环境保护法》第71条规定："船舶发生海难事故，造成或者可能造成海洋环境重大污染损害的，国家海事行政主管部门有权强制采取避免或者减少污染损

害的措施。对在公海上因发生海难事故，造成中华人民共和国管辖海域重大污染损害后果或者具有污染威胁的船舶、海上设施，国家海事行政主管部门有权采取与实际的或者可能发生的损害相称的必要措施。”当遇难船对于我国海洋环境实际或可能发生损害时，主管机关则可以采取相应的必要措施阻止遇难船舶的进入。

因此，从我国现行立法上看，若遇难船没有且没有潜在可能对我国海洋环境造成损害或者构成内水、港口安全或良好秩序威胁时，则遇难船在紧急报告主管机关后，听从主管机关的指挥，可以进入我国内水和港口；若遇难船已经或者可能造成海洋环境的损害，则主管机关有权采取相应的措施，阻止遇难船的进入。但几乎所有的遇难船舶都是有造成海洋环境污染损害的可能，因此现行《海上交通安全法》和《海洋环境保护法》对于遇难船的规定存在冲突。当然如果将来《海上交通安全法》能够修订，或者采用《海上交通安全法修订稿》中的表述，则与《海洋环境保护法》的冲突将不复存在。

由于目前关于遇难船进入避难港问题，既不存在相关的国际习惯，也没有生效的国际公约对此作出明确规定。虽然一些国际组织已经在21世纪初开始着手考虑解决这个问题，但是国际立法活动进展依然不容乐观。因此通过各个沿海国国内立法或者建立相关机制的方式是应对遇险船舶避难准入问题的现实选择。

目前，澳大利亚、加拿大和英国等都已经建立起遇难船舶的避难准入制度，如澳大利亚运输委员会(Australian Transport Council，ATC)在2003年5月通过了由国家计划管理委员会颁布的《国家海上避难地风险评估指南》①，加拿大于2007年7月通过了《国家避难地应急预案》；② 英国建立了“海上救助与应对国家代表大臣”，专门负责决定遇难船避难准入问题。③ 欧盟方面，在Erika Ⅰ、Ⅱ和Ⅲ④一揽子决议中就有关遇难船舶避难准入问题作出规定，要求欧盟成员国充分参照IMO相关指南的规定，建立起相应的遇难船舶准入制度。

针对前述有关遇难船准入问题的现实以及国际社会的一些应对机制和发展趋

① Australian Maritime Safety Authority, National Plan Annual Report 2002-2003 6 (AMSA, 2003), available at http：//ww. amsa. gov. au/marine_environment_protetion/National_Plan/Annual_Report/AR_2002-2003/Admin. pdf, visited on 3 Dec. 2015.

② PORCP, Transport Canada National Places of Refuge Contingency Plan available at http：//www. tc. gc. ca/marinesafety/TP/TP14707/menu. htm, visited on 3 Dec. 2015.

③ Maritime and Coastguard Authority, 'Secretary of States Representative for Marine Salvage and Response-SOSREP)', available at www. mcga. gov. uk/c4mca/mcga07-home/emergencyresponse/mcga-pollutionresponse/mcga-dops_cp_sosrep_role. htm, visited on 3 Dec. 2015.

④ AlekaMandaraka Sheppard, *Maritime safety* (*EU-IMO legislation*)：*recent development*, 12 Journal of International Maritime Law 262, 264 (2006).

势，笔者提出如下几点启示：

第一，应当通过国际公约明确规定沿海国准许遇难船避难准入的问题。要解决遇难船避难地问题，首先应当通过国际立法明确规定沿海国有义务准许遇难船进入其避难地。由于遇难船目前不能根据国际习惯，或者根据现行有效的国际公约的明确规定，进入一国避难地，沿海国也无明确的义务准许此种避难申请，因此只有通过专门的国际立法，或者通过修改目前已有公约的方式，才能填补法律空白，从而最终彻底解决遇难船避难地问题。而在国际立法或公约修订中，应当明确沿海国准许避难船准入的条件，处理好要求避难船提供适当担保与沿海国风险评估之间的关系。既不能造成避难船过多的经济负担，也要避免沿海国动辄以拒绝遇难船避难进入本国港口为借口，从而背离了解决遇难船避难准入问题的初衷。因此希望我国政府能够积极参与相关国际公约的立法活动，并能够充分发挥我国的话语权，明确我国对于遇难船准入问题的立场和关切所在。

第二，我国应尽快建立遇难船风险评估机制。沿海国建立遇难船的风险评估机制，是建立遇难船避难准入制度的基础条件。如果沿海国没有一套健全完善的遇难船风险评估机制，那么沿海国在收到遇难船避难准入申请时，基于安全、环境保护等诸多因素的考虑，将会本能的倾向于拒绝遇难船进入避难地。因为没有一套有效健全的风险评估机制，对于遇难船准入可能导致的风险无法进行准确评估，准许遇难船避难进入更是无从谈起。在对如何进行遇难船的风险评估中，应当注重遇难船一方以及沿海国一方应当采取的措施以及相关程序的细化。例如，明确遇难船方及其救助人应尽哪些事项的告知义务，或是如何配合沿海国的行动，沿海国方对遇难船进行风险评估应具体考虑哪些风险因素，等等。

在遇难船方及其救助人应尽告知义务中，遇难船船长或者其救助人首先应当将船舶遭受的困境情况报告给沿海国，使得沿海国有关主管当局能够准确对此进行风险评估，以判断当事船舶是否属于“需要援救船舶”，并根据导致船舶陷入困境的事实情况，例如火灾、爆炸、搁浅、碰撞、污染以及其他情况等，最终确定该遇难船舶是保持呆在原地、继续航程、进入避难地或者被拖到远海。在确认有必要进入沿海国避难地的情形下，沿海国应当同意其准入申请。

第三，沿海国在准许避难船进入避难地的同时，应当制订避难地应急预案。在制订避难地应急预案中，应当综合考虑避难地自然条件因素以及环境和相关社会因素。对于环境和社会因素，主要是评估遇难船进入本国沿海将对陆地人员和公众安全的影响情况，以及在特定水域造成污染可能产生的影响，特别是对该水域渔业、海产养殖业、旅游业等的影响程度。对于自然条件需要考量的因素，主要是评估拟提供避难地当地的主要气候条件、潮汐情况、水深情况、航行特点等。

因此建议我国相关主管部门借《海上交通安全法》修订之际，能够明确并构建我国有关遇险船舶风险评估机制，并最终为我国主管部门就遇险船舶准入作出决定方面提供法律依据。

第四，明确沿海国及避难船责任并完善赔偿机制。义务与权利对等，与责任相适应。首先应当明确沿海国承担责任的边界和范围。如果沿海国当局拒绝遇难船的避难进入，由此造成另一国、船舶所有人、救助人、船上货物所有人或其他人遭受灭失或损害，沿海国当局应当对此种灭失或损害承担赔偿责任，除非沿海国当局能够证明其拒绝的决定是合理的。如果经过合理的风险评估，沿海国准许遇难船进入本国沿海避难，由于遇险船舶造成海洋环境损害、遇险船舶本身以及船上货物的灭失或损害，或者遇险船舶造成第三方人身或财产损失的，沿海国不应当承担任何赔偿责任，而应当由遇险船舶及其所有人承担风险。因此作为风险承担的保障机制，沿海国有权要求遇险船舶提供相关责任保险凭证或相应的足额财务担保。在责任保险或财务担保方面，有关船舶污染损害赔偿民事责任方面的公约已经提供了有效的机制和先例，例如《1992 年油污损害民事责任公约》、《1992 年设立油污损害赔偿基金国际公约》、《2001 年燃油污染损害民事责任国际公约》，等等。

因此我国可以在修订《海上交通安全法》时，增加有关遇险船舶提供相应责任保险或财务担保的规定，并在综合考虑风险评估机制的基础上，明确其保险或担保数额的确定范围。

各国已经意识到在世界范围内解决遇险船舶避难地问题的重要性、迫切性和国际性。但是由于涉及内水及港口的航行安全、海洋环境保护等方面的考虑，在有关遇险船舶避难准入的问题上又持有相对审慎的态度。在彻底解决遇险船舶避难地准入问题上，国际社会仍然还有一段艰难的路要走。但是并不影响各个国家通过国内立法尽快对该问题做出明确规定。

Evolution of Places of Refuge for Ships in Distress and Implications for China

Abstract: If a ship is in distress endangering the safety of life and properties on board, the ship in distress usually chooses to apply for nearby places of refuge for assistance and repairing. However, the coastal states usually refuse the application for refuge for the sake of environment protection and safety, especially if there are crude oil or HNS cargo on board the ship in distress. In the infamous case, such as "the Erika" (1999), "the prestige" (2001), tankers had been refused access for refuge by coastal states and sunk, causing much more serious ocean pollution. Some international organizations call that all coastal states provide places of refuge for ships in distress. On one hand, helpless ships in distress try to find all assistances including place of refuge, on the other hand, almost all coastal states refuse the application from the ships in distress. Therefore, how to balance the safety of ships in distress and the protection of ocean environment is always the target for the international community. The paper traces the background of this problem as well as some international conventions, and points out the problems and obstacles in solving the access to refuge by ships in distress, analyzes the current international and Chinese solutions and presents some suggestions and proposals in final part.

Key words: ships in distress; places of refuge; safety of life; environment pollution

我国外国法查明途径的拓展与革新

□ 王贵枫*

内容摘要：我国既有外国法查明途径是改革开放初期创设的，现在已远不能满足我国法院适用外国法的需要，成为制约涉外民商事审判效率的瓶颈问题。在现阶段，我们可以根据实际情况，依托法学院校创建多元的外国法查明研究中心，同时搭建法院系统自身的外国法查明平台，为查明外国法开拓新途径，提高查明效率。对于涉港、涉澳案件，也可以请求港、澳中联办协助查明香港法和澳门法。对于既有外国法查明途径，应当加以规范和完善，继续发挥其应有的作用，同时，对各种外国法查明途径应加以整合，厘清其效力位阶，构建多元、便捷、高效的外国法查明途径体系。

关键词：外国法查明　查明途径　涉外民商事审判

目　次

---

* 西南政法大学国际法学院2012级博士研究生，重庆市南岸区人民法院法官。

基金项目：重庆市社会科学规划培育项目《重庆市涉外民商事司法环境优化机制研究》（2014PY25）；国家社科基金一般项目《法院地法倾向对策研究》（14BFX190）。

一、引言

在涉外民商事审判实践中，法院依据冲突规范选择涉外民商事关系应予适用的准据法，通常会有两种结果：法院地法与外国法。如果准据法为法院地法，则落入"法官知法"的范围，由法官依司法认知决定法律适用；而如果准据法为外国法，则法官就需要确定外国法是否存在及其具体内容。① 外国法查明的功效直接关乎国际私法的可行性。② 然而，长期以来，外国法查明问题一直困扰着我国各级法院，查明效果并不理想。③ 究其原因，固然与外国法纷繁复杂，超出法官的认知范畴有关，但更为重要的原因是我国没有建立起一套便捷、高效的外国法查明途径。摆在我国法院面前的客观现实是，外国法多元繁杂的状况仍将长期存在，而外国法查明难题却不能一直回避。因此，要破解外国法查明难题，拓展与整合外国法查明途径是我国法院的不二选择。

外国法查明是国际私法的基本问题，④ 也受到我国学者热情关注。但学者们往往倾心于外国法的性质、外国法查明责任的分配、外国法的解释、外国法适用错误的救济等问题，而对我国既有外国法查明途径的实施困局则关注不足，对如何完善制度建构以破解外国法查明难题更是鲜有论及。其实，外国法查明途径之于外国法查明制度犹如宝塔之基，如果没有畅通的外国法查明途径，即便公平合理的外国法查明责任也无法落实，外国法的解释和外国法适用错误的救济也无从谈起，而外国法究竟是事实还是法律的性质之辩也只能是于事无补的书斋之论。本文在检讨我国现有外国法查明途径的基础上，着重探讨构建新的外国法查明途径，并将外国法查明途径作为一个系统进行整合，以期对我国外国法查明难题的破解有所助益。

---

① 需要说明的问题：(一)本文所讨论的仅是民事诉讼程序中外国法的查明途径问题，不涉及仲裁程序和行政程序中外国法的查明途径。(二)本文如无特别说明，"外国法"一词系指其广义，即包括了港澳台法律，同样，外国法查明也包括了港澳台法律的查明。

② See Richard Fentiman, *English Private International Law at the End of the 20th Century: Progress or Regress?*, in Symeon C. Symeonides, Private International Law at the End of the 20th Century: Progress or Regress? 187-188 (Kluwer Law International 2000).

③ 参见林燕萍、黄艳如. 外国法为何难以查明——基于《涉外民事关系法律适用法》第10条的实证分析. 法学 2014(10): 116.

④ See Jacob Dolinger, *Application, Proof, and Interpretation of Foreign Law: A Comparative Study in Private International Law*, 12 (1) Ariz. J. Int'l & Comp. L. 225 (1995).

二、我国现有外国法查明途径之检讨

我国现行立法对外国法查明途径未作明确规定，即使《中华人民共和国涉外民事关系法律适用法》(以下简称《法律适用法》)对此也未置一词。不过，1988年《最高人民法院关于贯彻执行〈中华人民共和国民法通则〉若干问题的意见(试行)》(以下简称《意见》)第193条规定："对于应当适用的外国法律，可通过下列途径查明：1. 由当事人提供；2. 由与我国订立司法协助协定的缔约对方的中央机关提供；3. 由我国驻该国使领馆提供；4. 由该国驻我国使馆提供；5. 由中外法律专家提供。通过以上途径仍不能查明的，适用中华人民共和国法律。"①这是目前我国有关外国法查明途径的主要渊源。然而，《意见》规定的五种途径由于自身具有缺陷和不足，未能有效解决外国法查明的实践难题，外国法查明依然是制约我国涉外民商事审判效率的"瓶颈"问题。

1. 由当事人提供外国法

实践中，当事人一般是向法院提供某外国律师就外国法的内容和理解提出的法律意见，当事人及其代理人自己就外国法提出意见则是少数情况。② 但由于利益驱动，当事人及其代理人对法律提出偏狭的理解甚至故意曲解法律十分常见，故由当事人提供外国法，难以确保外国法原意不为提供方一己私利所遮蔽。此外，也有很多案件当事人不能提供外国法，这一途径也不是法院查明外国法的万用药方。

而且，在《法律适用法》的视阈下，"由当事人提供外国法"是外国法查明责任的分配方式，而非外国法查明途径。③ 在当事人选择适用外国法时，法院诚然可以

---

① 1987年10月19日，最高人民法院公布的《关于适用〈涉外经济合同法〉若干问题的解答》第2条第11款规定："在应适用的法律为外国法律时，人民法院如果不能确定其内容的，可以通过下列途径查明：1. 由当事人提供；2. 由我驻该国的使、领馆提供；3. 由该国驻华使、领馆提供；4. 由中外法律专家提供。"随着《涉外经济合同》的废止，该解答也失去法律效力。

2007年7月23日，最高人民法院公布的《关于审理涉外民事或商事合同纠纷案件法律适用若干问题的规定》第9条规定："当事人选择或者变更选择合同争议应适用的法律为外国法律时，由当事人提供或者证明该外国法律的相关内容。人民法院根据最密切联系原则确定合同争议应适用的法律为外国法律时，可以依职权查明该外国法律，亦可以要求当事人提供或者证明该外国法律的内容。当事人和人民法院通过适当的途径均不能查明外国法律的内容的，人民法院可以适用中华人民共和国法律。"该规定因与《法律适用法》冲突，已被最高人民法院废止。

② 高晓力. 涉外民商事审判实践中外国法的查明[J]. 武大国际法评论，2014(2)：335.

③ 《法律适用法》第10条规定："涉外民事关系适用的外国法律，由人民法院、仲裁机构或者行政机关查明。当事人选择适用外国法律的，应当提供该国法律。不能查明外国法律或者该国法律没有规定的，适用中华人民共和国法律。"

要求当事人提供外国法，而在当事人未选择时，查明外国法的责任就自然地落在了法官身上，法官可否要求当事人提供外国法？如果法官要求当事人提供，是否意味着法官将查明外国法的责任转嫁给了当事人？这是否与《法律适用法》的立法意图相冲突？《法律适用法》及《最高人民法院关于适用〈中华人民共和国涉外民事关系法律适用法〉若干问题的解释(一)》对此并无明确的答案，这无疑会给法官造成一定困扰。

2. 通过条约途径查明外国法

通过条约途径查明外国法，从表面上看是一种十分理想的外国法查明途径。而且，我国与他国缔结的民商事司法协助条约也普遍规定了"交换法律资料"，有些更为明确地规定了一国法院可以请求缔约对方提供相关法律资料。例如，1994 年《中华人民共和国和西班牙王国关于民、商事司法协助的条约》第 27 条规定："缔约双方法院可就某一具体案件，通过中央机关请求缔约另一方提供有关此案件的法律资料。"尽管如此，我国法院采用条约途径查明外国法的案例仍不多见，其主要原因有二：

(1)从数量上看，我国与他国缔结的民商事司法协助条约并不可观。根据外交部官网提供的数据，① 截至 2015 年 11 月，我国与其他国家缔结并已生效的民商事司法协助条约仅有 17 项，民商事和刑事(综合性)司法协助条约也只有 19 项，而且缔约对方不包括美国、日本、德国、英国等主要贸易伙伴国。这在客观上决定了许多涉外民商事案件无法通过条约途径查明外国法。

(2)通过条约途径查明外国法，程序比较繁琐。以我国基层人民法院的查明为例，其请求单程传递程序为：基层人民法院→高级人民法院→最高人民法院→司法部→缔约对方司法部→缔约对方主管机关。缔约对方将查询结果再按原途反馈给提出请求的基层人民法院。一项请求从提出到收到反馈意见，大约要经过十道程序，其中有些程序还可能出现反复。繁琐、冗长的程序直接影响了案件的审判效率，也影响了法官采用条约途径查明外国法的积极性。

3. 通过使领馆途径查明外国法

通过使领馆查明外国法，使领馆对所涉案件情况应有基本的了解，对案件法律关系应有初步的分析，这样才能比较准确地查找出外国法，而这对使领馆来说是比

---

① 参见《中国与外国缔结的司法合作类条约一览表(已生效)》，资料来源于 http://www.fmprc.gov.cn/mfa_chn/ziliao_611306/tytj_611312/wgdwdjdsfhzty/t1215630.shtml，2015 年 12 月 28 日访问。

较困难的。① 因此，我国法院通过使领馆途径查明外国法的情况并不多见。近年来，理论界和司法部门都逐渐认识到，通过使领馆途径查明外国法不但程序繁琐，而且缺乏智力保障，难以取得预期效果，所以强调此种途径的声音已很微弱。

而且，使领馆途径无法适用于对港澳台法律的查明。而我国内地法院受理的涉港、涉澳、涉台案件占所有涉外案件的近一半，② 对港澳台法律的查明也是我国内地法院涉外司法实践中的重要任务。使领馆途径对于港澳台法律查明的天然缺位，使得其可适用空间大大缩小。

4. 由法律专家提供外国法

由法律专家提供外国法，符合社会分工专业化要求，而且法律专家的权威性也使得其提供的外国法更为准确、可靠，容易为案件当事人接受。在司法实践中，也确实出现过由法院委托法律专家提供外国法的情况。③

尽管如此，在目前的司法实践中，由法院自行委托法律专家提供外国法的情况并不多见。④ 其主要原因是，我国外国私法和比较私法的研究相当滞后，研究水平也难以尽如人意；没有建立起外国法专家库，法院选聘外国法专家缺乏可操作性标准。为慎重起见，法院也不愿贸然自行委托法律专家。由法律专家提供外国法的优越性，还主要停留在理论探讨层面。

《意见》第193条规定的五种外国法查明途径，是改革开放初期制订的，虽然涵括了几乎当时所有的外国法查明途径，但仍烙下了深刻的时代局限性。以条约查明途径为例，《意见》公布之时，我国与他国缔结并生效的民商事司法协助条约只有《中华人民共和国和法兰西共和国关于民事、商事司法协助的协定》，⑤ 从当时的眼光看，这种途径也主要是“以备后用”。由此可见，《意见》规定的外国法查明

① 郭玉军. 近年中国有关外国法查明与适用的理论与实践[J]. 武大国际法评论，2007(2)：7.

② 2013年，全国法院审结涉外案件16723件、涉台案件5601件、涉港案件8347件、涉澳案件812件，涉港澳台案件占所有涉外案件的比重约为46.88%。参见最高人民法院：《人民法院工作年度报告(2013)》，法律出版社2014年版，第26-27页；2014年，全国法院审结涉外民商事案件15780件、审结涉港澳台案件13999件，涉港澳台案件占所有涉外案件的比重为47.01%。参见最高人民法院：《人民法院年度工作报告(2014)》，资料来源于http：//www.court.gov.cn/fabu-xiangqing-13848.html，2015年12月28日访问。

③ 郭玉军. 近年中国有关外国法查明与适用的理论与实践[J]. 武大国际法评论，2007(2)：11-12.

④ 高晓力. 涉外民商事审判实践中外国法的查明[J]. 武大国际法评论，2014(2)：336.

⑤ 《意见》于1988年4月2日公布，《中华人民共和国与法兰西共和国关于民事、商事司法协助的协定》于1988年2月8日生效。

途径，似乎是不得已而为之的草创之举，但其能否堪当重任恐怕是《意见》的发布机关也无法预知的。

三、我国外国法查明途径之拓展

我国涉外民商事审判实践日新月异，涉外民商事案件盈万累千，而既有外国法查明途径则渐显强弩之末之钝感，已远不能满足我国法院适用外国法的需要。“世易时移，变法宜矣。”因此，我们亟需创新外国法查明途径，提升涉外民商事审判法律适用水平。

(一)组建多元的外国法查明研究中心

外国法查明是一项极为繁重的工作。① 有些国家为保证及时查明外国法，授权并鼓励法院积极寻找专业机构的协助。比如希腊国际私法规定，法院可以自由选择获取外国法的方式，包括向科研机构寻求帮助。② 而德国的外国法查明实践更具代表性。在德国，外国法被视为法律，由法官负责查明。法官一般是通过查阅书籍等方式来查明外国法，当通过个人努力仍无法查明时，可以咨询相关专业机构，比如马克斯-普朗克比较私法与国际私法研究所(Max Planck Institute for Comparative and International Private Law，以下简称“马普研究所”)及德国各大学设立的比较法研究所。③ 但马普研究所的职责与使命是独立自主地开展外国私法与比较私法研究，提供法律意见并不是其职责。法院如果咨询马普研究所，需要与该所签订合同并支付相应费用，该所才依约在其学术研究范围内提供法律意见(Legal Advice)。而且，马普研究所一般只向法院和其他机构提供外国法意见，而对基于商事纠纷或欲在外国法院提起诉讼的个人申请者则不予提供。④ 目前，我国对外国法有精深研究者主要集中于高等学校法学院系等研究机构，这是我国法院查明外国法不可忽视的依靠力量。我们可以参考域外经验，依托这些机构创立外国法查明研究中心作为法院系统的智库，协助法院查明外国法。

目前，我国已有创立外国法查明研究中心的尝试，如上海市高级人民法院与华

---

① See Csongor I. Nagy, Private International Law in Hungary 50 (Kluwer Law Internationl 2012).

② See Spyridon Vrellis, Private International Law in Greece 47 (Kluwer Law Internationl 2011).

③ See Trevor C. Hartley, *Pleading and Proof of Foreign Law: the Major European Systems Compared*, 45 (2) Int'l & Comp. L. Q. 275-276 (1996).

④ http://www.mpipriv.de/en/pub/about_us/important_contact_persons/legal_advice.cfm, visited on 28 Dec. 2015.

东政法大学合作成立的华东政法大学外国法查明研究中心、最高人民法院民四庭与中国政法大学合作成立的中国政法大学外国法查明研究中心。但新成立的两家外国法查明研究中心，由于其研究力量有限，所能接受的外国法查明请求数量和所能提供的外国法范围也都是有限的。而且，两家外国法查明研究中心的法院系统的参与者分别是上海市高级人民法院和最高人民法院民四庭，并不是最高人民法院本身，它们提供的外国法查询结果还缺乏足够的权威。华东政法大学外国法查明研究中心立足于服务上海市法院系统，能否服务于其他法院及服务于其他法院时其查明结果效力如何，目前还不明朗。

因此，比较理想的设立方式是由最高人民法院牵头或许可，组建多元的外国法查明研究中心，避免过度同质化。

1. 依托全国知名法学院校成立若干综合的外国法查明研究中心。我国法学院校中传统的“五院四系”及后起新秀如清华大学法学院等，科研实力较强，具备查明外国法的条件。最高人民法院可以结合这些院校的地域分布、科研力量专业分布等情况，选取其中若干所，授权组建综合性的外国法查明研究中心，发挥外国法查明的智库作用。

综合性的外国法查明研究中心，以服务区域性地方法院为重点，也可以结合学科优势，为其他区域地方法院提供外国法查明服务。如西南政法大学东盟法律研究中心，致力于东盟法律研究已有多年，并取得了一定科研成果，如组建西南政法大学外国法查明研究中心，不但可以为西南地区各级地方法院提供外国法查明服务，也可以应其他地方法院的请求，提供东盟各国法律的查明服务。

2. 依托民族地方法学院系成立特色的外国法查明研究中心。我国部分民族地方法学院系，可以结合民族语言优势和法学研究能力，组建特色的外国法查明研究中心。如延边大学位于吉林省延边朝鲜族自治州，是朝鲜族的地方院校，该校法学院教师队伍利用地域优势和语言(韩语)优势开展朝鲜韩国法研究，已成为该院特色;① 该校法学院还成立了“中韩法律之窗”，并聘请了若干韩籍学者,② 对韩国法律有较强的研究与查明能力。而我国涉韩民商事案件也较多，尤其集中于延边朝鲜族自治州中级人民法院,③ 最高人民法院可以考虑以延边大学法学院为依托成立“韩国法查明研究中心”。

特色的外国法查明研究中心以查明和研究与民族地方同族的特定国家相关法律

① http://law.ybu.edu.cn/index.php?id=147，2015年12月28日访问。

② http://law.ybu.edu.cn/index.php?id=105，2015年12月28日访问。

③ 通过中国裁判文书网检索，从2014年4月1日至2015年12月28日，吉林省延边朝鲜族自治州中级人民法院公布的涉外案件裁判文书已达256条记录。

为主要工作内容，以服务民族地方法院为己任，也可以应其他法院的请求提供法律查明服务。

3. 最高人民法院组建自己的外国法查明研究中心。最高人民法院内部也有一支科研能力较强的队伍，而且他们也具有较为丰富的司法实践经验，可以组建自己的外国法查明研究中心，作为其他外国法查明研究中心的补充，为本院和地方法院提供外国法查明服务。比如台湾地区与大陆同宗同源，语言相同，大陆法学界和司法系统对台湾"法律"相对比较熟悉，不需要建立专门的机构查明台湾法律，但如果各地法院对应适用的台湾"法律"有不同的理解时，就可以请求最高人民法院的外国法查明研究中心提供权威解释。

各类外国法查明研究中心均应定位为我国法院涉外民商事审判的服务机构，着力构建和维护与法院系统的良好合作关系。通过程序设计，既要保证外国法查明研究中心提供的外国法质量，又要提高外国法查明效率，使法院乐于通过外国法查明研究中心来查明外国法。

"由外国法查明研究中心提供外国法"应作为一种全新的外国法查明途径，以中心名义接受委托与提供查询结果，由中心对提供的外国法质量负责。各类外国法查明中心都可以接受法院委托，协助查明外国法；依托法学院系组建的外国法查明研究中心也可以开展商业运作，接受当事人委托，向当事人提供外国法查询服务。

外国法查明研究中心查明外国法的工作，实际上是由具体科研人员负责的，查询人员应当具有什么资质？查询人员与《意见》第 193 条规定的"法律专家"有何区别？外国法查明研究中心提供的外国法效力如何？不同外国法查明研究中心提供的外国法如果相互矛盾，该如何进行解决？各类外国法查明研究中心相互间关系如何？这些问题，可以由最高人民法院出台相应的文件予以明确和规范。

（二）搭建与共享外国法查明平台

法官作为涉外民商事案件的裁判者和外国法查明责任的主要承担者，外国法查明是其分内之事，因此，不能将外国法查明工作一概委托给他人，而应当积极尝试自行完成外国法查明任务。近年来，我国各地法院招录了大批优秀法律人才，其中一些不仅具有良好的外语能力，而且还具有一定外国法和比较法知识，具有一定的外国法查明能力。但我国很多法院几乎没有任何外国法信息来源，法官即使有自行查明外国法的能力，也是束手无策。

外国法信息来源是多元的，其中最基础的当是文本来源，包括外国法数据库、外国法介绍资料、相关法律著述等。文本来源也是我国高校法学院系及其下属机构包括前述外国法查明研究中心，开展外国法查明与研究的主要凭藉。法学院系所具有的外国法信息来源，我国法院系统同样也可以获得。最高人民法院非常有必要，也完全有可能搭建起外国法查明的平台，开放给各地法院，供法官们查明与研究外国法之用。

其实，最高人民法院已初步具备了搭建外国法查明平台的基础。目前，最高人民法院图书馆收藏了1 200余册外文图书，包括英文、俄文、日文、韩文等外文原版法律书刊；1 400余册港台原版图书，其中部分为法律图书；还购买了Lexis外文法律数据库和Westlaw外文法律数据库服务。① 尤其是，外文法律数据库为查询外国法律法规、判例、法学期刊提供了便捷。最高人民法院可以继续充实其外国法信息资源，尤其是电子信息资源，与地方法院共享；地方法院也可以将其掌握的外国法信息资源，通过平台与其他法院共享，充分发挥信息资源的效用。

在网络技术高度发达的今天，图书文本的电子化及电子资源的便利化都已不成问题。而且全国法院都在普遍使用各种网络服务系统，② 已经积累了不少成熟经验。最高人民法院可以利用网络技术搭建“数字图书馆”等形式的平台，集中外国法信息资源，并实现信息资源的网络远程查阅。

外国法查明是一项复杂的工作，单凭外国法文本来源有时可能无济于事。但是，法院系统外国法查明基本平台的搭建与共享，可以为各地法官自行查明和研究外国法提供初步的物质条件。如果由法官自行查明外国法，可以有效避免其他查明途径所需的繁琐、冗长程序，提高审判效率。涉外法官若致力于外国法的学习和研究，将会提升他们查明外国法的能力，也必将提升我国涉外民商事案件的法律适用水平。

(三)由港澳中联办提供港澳法律

香港和澳门回归祖国之后，与内地的经贸联系日益紧密，人员往来更为频繁。与此相伴，内地法院受理的涉港、涉澳案件也逐渐增多，尤其是涉港案件，2013年已达8 300余件。③ 而由于历史原因，香港和澳门保持了与内地不同的法律制度，特别是香港属于传统的普通法系地区，判例法在其法律体系中占有重要地位。面对数量庞大的涉港、涉澳案件，内地各级法院适用香港法和澳门法的机会也大大增加，而查明香港法和澳门法也逐渐成为内地法院查明外国法(外域法)的重要内容。

我国既有的外国法查明途径在查明其他国家法律时所面临的障碍，在查明香港

① 参见《最高人民法院图书馆简介》，资料来源于 http：//www. court. gov. cn/jianshe-xiangqing-58. html，2015 年 12 月 28 日访问。

② 现在全国法院普遍使用“审判管理系统”，各地法院广泛采用“OA 邮件传输系统”和“飞秋及时通讯系统”。

③ 最高人民法院. 人民法院年度工作报告(2013)[R]. 北京：法律出版社，2014：26.

法和澳门法时也同样存在。特别是，使领馆途径和外交途径在查明其他国家的法律时，还有一定的适用空间，但对于香港法和澳门法根本无适用的可能性；而且，我国内地与港、澳地区之间也没有关于协助查明对方法律的安排。但内地法院在查明香港法和澳门法时也有类似的途径可以被开拓和利用，例如可以利用中央人民政府驻香港特别行政区联络办公室(以下简称香港中联办)和中央人民政府驻澳门特别行政区联络办公室(以下简称澳门中联办)来查明香港法和澳门法。① 以下仅以香港中联办为例探讨由其查明香港法的可行性。

香港中联办是中央人民政府驻香港特区的办事和联络机构，其地位类似于中国驻外国大使馆和领事馆，实际政治地位甚至还要高于我国驻各国大使馆。② 香港中联办内部设有法律部，其官网上也公布了一些重要的香港法律。促进香港和内地的司法协助良性互动是发展两地关系的一个方面，也是香港中联办的职责所系，目标所在。因此，由香港中联办协助内地法院查明香港法，也符合香港中联办的政策目标。

如果外国法的实际提供者具有与该外国法相关的实践经验，其所提供的外国法往往也更为可靠，所以，许多国家都比较重视法律从业者在查明外国法中的作用。例如，在新西兰，查明外国法的常用方式是由外国法的从业者向法庭提供有关外国法的证据资料；而外国法从业者通常是指外国法的执业律师，但是在实践中，对律师外的其他人——只要他们具有外国法的实践知识——所提供的外国法资料，法院也会予以采纳。③ 又如，在毛里求斯，外国法被视为事实，由精通外国法实务的专家证人来提供，或者由有关外国法的立法文件和教科书来证明。④ 香港中联办长期在香港的法律制度环境下开展工作，与香港各部门、各团体保持着沟通和协作，有条件吸纳法律学者、律师、退休法官等法律专业人士成立香港法查询机构，协助查明香港法；其所提供的香港法查明结果应当是比较权威和可靠的。

香港中联办是中央人民政府的派出机构，隶属于内地行政序列，只是其办公地点在香港，管辖事项是涉港事宜。因此，我国法院系统与香港中联办之间的合作是我国国家机构之间的合作，较之于与他国或港、澳相关机构之间的合作会更便捷、

① 我国外交部驻港澳特派员公署，其性质类似于我国驻其他国家的代办处，也可以查询港澳法律。其可行性，本文不予探讨。

② 香港中联办的性质是国务院派出机构，在行政级别上是正部级单位，而我国驻外大使馆的性质是外交部派出机构，在行政级别上最高为副部级单位。

③ See Anthony H. Angelo, Private International Law in New Zealand 100 (Kulwer Law International 2012).

④ See Anthony H. Angelo & Victor Glover, Private International Law in Mauritius 60 (Kulwer Law International 2012).

更高效，形式也可以更灵活。

通过香港中联办和澳门中联办查明香港法和澳门法，可以由各高级人民法院直接与港、澳中联办函接，减少中间环节，提高查询效率。

四、我国外国法查明途径的规范与整合

我国外国法查明途径是开放的，① 除《意见》规定的五种途径之外，法官和当事人也可以通过互联网、外国法数据库等途径来查明外国法，同时也可以参考相关的法律著述、法律介绍资料等。但是，除法官自行查明外，这些途径可以被《意见》规定的途径所吸收，不宜作为独立外国法查明途径而存在。

为更好地实现查明外国法之目的，我们不但需要拓展外国法查明途径，实现外国法查明途径的多元化，为法官结合具体案件选择可行的途径创造条件。我们还需要对既有途径进行规范和完善，厘清各种途径之间的位阶关系，构建和谐的外国法查明途径体系。

(一) 规范和完善现有外国法查明途径

虽然《意见》第193条规定的五种外国法查明途径实施效果不甚理想，有些途径甚至极少实际采用过，但是，在新的外国法查明途径创建并发挥应有作用之前，这些途径仍有保留的必要性。而且，既有外国法查明途径经过适当改造和完善，仍然可以发挥应有的作用。

1. 将当事人提供外国法明确为恒定的外国法查明途径

有学者认为，《意见》规定的“由当事人提供外国法”只是对外国法查明责任的分配，② 而《法律适用法》更是明确地将其视为外国法查明责任的分配方式，那么对“由当事人提供外国法”这一表述究竟该如何定性呢？其实，“由当事人提供外国法”具有双重性质：一方面，在当事人选择适用外国法时，它是外国法查明责任的分配方式，当事人负有提供外国法之责，当事人未提供外国法的则适用我国法律，但同时它也是法官查明外国法的具体途径，即它是外国法查明责任和查明途径的竞合体；另一方面，在当事人未选择适用外国法时，应当由法官负责查明外国法，而法官可以采取多种途径进行查明，其中之一就是要求当事人提供外国法，此时它又可以作为单纯的外国法查明途径而存在。

因此，我们可以将“由当事人提供外国法”提升为恒定的外国法查明途径。需

① 肖永平. 论英美法系国家判例法的查明和适用[J]. 中国法学，2006(5)：122.

② 焦燕. 我国外国法查明新规之检视[J]. 清华法学，2013(2)：165.

要明确的是，在当事人未选择适用外国法而应由法官负责查明外国法时，法官如果采取由当事人提供的方式进行查明，该种途径应当是辅助性质的，不能仅以当事人未提供外国法就认定不能查明外国法。因为，如此一来，本应由法官负担的外国法查明责任就转嫁给了当事人。

为提高由当事人提供的外国法质量，有必要对这一途径进行适当限制，以强化其规范性。如果当事人提供的外国法来自国外(或域外)，应当经我国驻外使领馆、行业组织等机构认证或公正，来自国内的则应当由实际提供机构签章，增强其真实性和可靠性。如果由当事人或其代理人自行查询而得，则需要向法院提供外国法的信息来源，以便法官审查核实。当然，一方当事人所提供的外国法，应当经庭审质证，听取另一方当事人的意见；是否采信，由法官视具体情况而定。

2. 简化条约途径查明流程

通过条约途径查明外国法，实际负责外国法查找工作的通常是缔约对方的最高司法机关及其司法人员，查找的结果应当是较为权威的。而且，一旦法官采取此种途径，通常都会有一个明确且符合外国法客观实际的查明结果。我国与其他国家缔结并已生效的民商事司法协助条约已有 17 项，并且还在逐渐增加；部分已生效民商事和刑事司法协助条约也赋予了我国法院请求缔约对方提供相关法律的权力。因此，通过条约途径查明外国法仍具有一定的潜力。

最高人民法院可以制作详细的操作手册，指导地方各级法院制作标准、规范的外国法查询请求函及相关资料(尤其是译文)，尽量避免因返工延误时间。取消高级人民法院的审核环节，各级地方法院将其请求及资料直接报至最高人民法院，节省中转时间。充分利用网络技术，实行查询请求及反馈意见的即时传送，提高传送效率。

3. 将使领馆途径定位为查明外国法的最后途径

世界上有二百多个国家，各国法律体系繁杂，再加之语言障碍，即使穷尽其它所有途径也未必能有效查明每个国家的每部法律。但仅就已与我国建立外交关系和领事关系的国家而言，一般彼此都在对方境内设有使馆(及领馆)，通过对方驻华使馆或我国驻对方使领馆查询对方相关法律，理论上是可行的。虽然通过使领馆途径查明外国法，使领馆对案件事实缺乏了解会造成一定的查找困难，但不妨将其作为我国法院查明外国法的最后途径。

需要指出的是，通过使领馆途径查明外国法，也面临着手续繁琐、中间环节多、时间冗长等问题，法院系统内部也需要裁汰中间环节，革新传送方式，提高查明效率。

4. 完善法律专家制度

外国法查明研究中心的查询人员并不能涵括所有的法律专家，法律专家制度在外国法查明问题上仍有独立存在的必要。虽然《意见》第193条规定法院可以通过中外法律专家查明外国法，但我国并没有建立起法律专家制度，故而法院采取此种途径查明外国法时面临诸多障碍。因此，有必要完善法律专家制度。

首先，建立法律专家库，明确法律专家资格。入库专家应当熟悉某一外国某一民商事法律学科，由专家简介对此加以明确。法律专家应当在其专长领域内提供外国法查询服务，人民法院也应依法律专家的专长领域委托其查找外国法。其次，建立专家意见的审查与排除制度。法律专家出具的外国法查询意见不能当然地作为裁判案件的依据，法院应当建立专家意见的审查与排除制度。再次，确立法律专家责任制度。为确保法律专家勤勉、尽职地提供外国法，应当确立责任制度，督促法律专家谨慎履行职责，尽到适当注意义务，避免错误地提供外国法。

(二)厘定外国法查明途径的效力位阶

在审判实践中，通过不同途径获取的外国法可能会出现歧义。如2012年赛奥尔航运有限公司诉唐山港陆钢铁有限公司错误申请海事强制令损害赔偿纠纷案,①针对船东在英国普通法下是否就滞期费享有留置权的问题，原告赛奥尔航运有限公司提供的相关英国法规则与法官自行查明的英国法规则便存在冲突。随着外国法查明途径的拓展及现有外国法查明途径的激活，这种歧义出现的几率会进一步增加。当法院不能确定何者为外国法本意时，该如何取舍？这可以通过赋予各种查明途径不同位阶的方式加以解决，即通过高位阶途径查明的外国法效力最强，其他次之。外国法查明的根本目的在于获取客观的外国法，而查明途径的权威性、专业性、中立性直接决定着获取的外国法的客观性与准确性，也内在地决定着各种查明途径自身的效力位阶。

首先，通过条约途径查明的外国法效力最强。通过条约途径查明外国法，外国法的实际提供者往往是缔约对方的司法机关及其司法人员，他们通常属于国内法的精英，对其国内法的实际适用有着独到的见解和准确的把控。法院适用外国法，必须完全按照该外国的法院适用其法律那样加以适用,② 当然首先也应当按照该外国的法院理解其法律那样加以理解。外国法院如何理解和适用其法律？恐怕外国法所属国的司法机关最有发言权。因此，当通过不同途径查明的外国法相互歧义时，通过条约途径查明的外国法应当最为权威。

其次，通过法律专家或外国法查明研究机构查明的外国法效力位阶高于通过使

① 天津市高级人民法院(2012)津高民四终字第4号民事判决。

② [德] 马丁·沃尔夫. 国际私法(上)[M]. 李浩培，汤宗舜，译. 北京：北京大学出版社，2009：240.

领馆途径查明的外国法。领事馆查明途径属于官方或半官方的外国法查明途径，本应具有较强的权威性，但法律的查找和确定是一项专业性较强的工作，使领馆工作人员的法律专业素养无疑要低于法律专家和外国法查明研究机构的专业工作人员。即使领事馆将被请托的法律查询工作转委托给法律专业人员去完成，接受转委托的实际查询人员，他们的法律素养也只是接近或相当于法律专家和外国法查询机构的专业人员。因此，通过使领馆途径查明的外国法，其权威性要低于通过法律专家和外国法查明研究机构查明的外国法。

再次，当事人提供的外国法效力位阶应当最低。民事诉讼在很大程度上讲是当事人之间的利益之争。为趋利避害，当事人通常会穷尽其手段和途径，争取个人利益最大化。如果当事人明知其欲提供的外国法对自己不利，宁愿不予提供，而所提供的通常是对自己有利的。所以，当事人所提供的外国法有时是部分的、片面的，有时甚至是已废止的。换言之，当事人所提供的外国法的客观性缺乏制度保障，往往需经对方当事人质证和法官审核方能确定。而且，对当事人所提供的外国法的实际出处不宜做过于苛刻的要求，不可避免地具有一些随意性。因此，总体而言，当事人提供的外国法，其权威性缺乏智力支持，其效力也缺乏相应的保障，故其效力等级应最低。

五、结语

外国法查明途径是整个外国法查明制度的基石，其设立和调整应当与时俱进，及时反映涉外民商事审判实践的需要。我国内地法院每年审理的涉外民商事案件已达数万起，涉外民商事审判实践已进入新的历史阶段，对外国法查明的功效也提供了更高要求，如果外国法查明途径仍局限于《意见》所设定的框架之下，则如逆水行舟，不进则退。但我国外国法查明难题的形成是多年累积的结果，无灵丹妙药可于一朝一夕之间将其化解。不过，我们可以结合实际情况，完善既有外国法查明途径，创立新的查明途径，提高外国法查明效率，涉外民商事审判法律适用水平的提高应当是可以寄予厚望的。

Expanding and Renovating Chinese Ways to Ascertain Foreign Law

Abstract: The existing Chinese ways to ascertain foreign law were set up at the beginning of reform and opening up. But with the passage of time, they can't meet the needs of Chinese courts to apply foreign law, and has become a bottleneck for the trial of cases with foreign elements. At this stage, in order to expand new ways and improve the efficiency to ascertain foreign law, centers can be set up for foreign law study and ascertainment, and, at the same time, the mechanism of the court system be set up to ascertain foreign law. For the cases involving Hong Kong or Macao, we can take advantage of Hong Kong and Macao Liaison Offices to ascertain the law of Hong Kong and Macao. Current ways should be improved and ranked in respect of binding force, in order to build a harmonious system of ways to ascertain foreign law.

Key words: ascertainment of foreign law; ways to ascertain foreign law; the trial of civil and commercial cases with foreign elements

硬化国际金融法的探索

——金融稳定理事会(FSB)的视角

□ 顾　宾*

内容摘要：随着2008年全球金融危机远去，二十国集团领导的国际金融监管改革面临“执行难”问题。各国执行国际金融监管改革的广度、深度、方式和时间表参差不一，导致互相之间恶性竞争，改革目标落空，可能引发新一轮金融危机。造成“执行难”问题的根源是国际金融法的软法传统。本文提出“四维度理论”，主张从义务、强度、授权、执行等四个维度硬化国际金融法，解决国际标准的执行问题。笔者建议推进建设强有力的金融稳定理事会，以金融稳定理事会为中心完善多边金融监管体系，并设想借鉴世界贸易组织(WTO)争端解决机制，建立适用于国际金融监管的争端解决机制。

关键词：G20　金融稳定理事会　软法　机构化　同行审议

目　次

* 北京外国语大学法学院讲师。本文的英文原文见于 GU Bin & LIU Tong, *Enforcing International Financial Regulatory Reforms*, 17(1) Journal of International Economic Law (Oxford University Press, 2014)。本文在原文基础上有改动，并更新了数据资料。本文得到北京外国语大学基本科研业务费资助。

一、引言

2008 年国际金融危机充分展现了金融全球化的负面影响。应对危机的经验告诫我们，只有强化国际金融领域监管与协调力度，才能确保国际层面的监管改革在国内得以落实。

自这次危机以来，二十国集团（G20）肩负起国际金融监管改革的领导责任。① G20 通过成立金融稳定理事会（Financial Stability Board，FSB）监督各国实施国际金融监管改革的进度。FSB 通过开展同行审议（Peer Review）认定的实施层面存在的主要问题是：第一，G20 监管改革目标不能完全落地；第二，各国实施 G20 监管改革目标的情况不一致，导致监管套利或碎片化。

为了防止危机再次发生，我们必须勇敢面对这些问题。解决问题的办法就是强

① G20 成立于 1997 年亚洲金融危机之后，其时参会人员为各国财长和央行行长。2008 年 G20 第一次领导人峰会举行，成为全球金融监管改革的“发动机”，为应对全球金融危机发挥关键作用。G20 为应对金融危机、促进世界经济复苏、推动国际金融货币体系改革发挥了重要作用。至今 G20 领导人峰会举行 10 次。http：//g20. org/gyg20/G20jj/201510/t20151027_871. html（2015 年 12 月 27 日访问）。另参见本文第五（三）部分的讨论。

化 G20 监管改革的执行力度。①但是，“执行”不能自我实现，“执行”只是国际金融法诸多维度中的一个维度。只有全面硬化国际金融法，才能有效强化执行力度。

为了硬化国际金融法，需要了解国际金融法的属性。国际金融法主要是软法，对主权国家没有约束力。虽然经过金融全球化多年发展，国际监管不断推进，国际金融法呈现部分硬化迹象，在 2008 年金融危机期间尤其明显，但令人遗憾的是，随着金融危机远去，监管者开展国际监管合作的热情减退，软法硬化趋势逐渐消退。本文呼吁保持国际金融法硬化的方向。

硬化国际金融法是改革国际金融法的核心。② 本文提出硬化国际金融法的“四维度理论”。四个维度分别是义务(Obligation)、强度(Stringency)、授权(Delegation)和执行(Enforcement)。“义务”指具有约束力的规则要求；“强度”指更为苛责的规则要求；“授权”指由第三方机构管理该规则；“执行”指确保规则实施的纪律措施。四个维度相互促进，可形成硬化国际金融法的合力。比如为了确保执行效果，可以规定高强度、有约束力的义务，并由一个独立机构确保实施。

四维度理论受到学者 Kenneth Abbott“三维度法律化理论”(Three-Dimensional Legalization)启发。三维度指义务(Obligation)、精确度(Precision)和授权(Delegation)。③ 四维度和三维度首先区别在“强度”(Stringency)和“精确度”(Precision)。强度和精确度均描述义务内容，精确度是在质和量之间作出选择，而强度指较高程度的量化要求。Abbott 在描述“精确度”时举例说，“行车速度不得超过 50 英里/时”的要求比“谨慎驾驶”的要求更为精确。另一方面，如果把“50 英里/时”改为“30 英里/时”，则规则变得更加严苛，强度更大。强度要求对当前金融监管改革尤其必要。这两个理论的第二个区别在于“授权”和“执行”。Abbott 认为“授权”包括争端解决机制，而笔者把争端解决机制归为一个新的维度“执行”，同时在这个维度下包含其他因素。“执行”对作为软法的国际金融法尤为重要。

---

① 本文用词“执行”(enforcement)指硬化国际金融法的一个具体维度(dimension)，但也用来一般性代指硬化效果。

② Trachtman 教授提出国际金融监管硬化的若干优势：硬法激发人们守法，因为它关乎法律体系的完整性；硬法更易于建立正式的惩戒机制；硬法条件下的独立机构也是保持金融稳定的必然选择。Joel P. Trachtman, *The International Law of Financial Crisis: Spillovers, Subsidiarity, Fragmentation and Cooperation*, 13(3) Journal of International Economic Law 725, 736-737, 739 (2010).

③ Abbott 没有单独提出“执行”维度，因为他只探讨“规则和程序的特征，不探讨效果”。他认为把“执行”作为法律化一部分将无法“探讨法律化能否增强规则实施或履行效果”。关于 Abbott 三维度法律化理论，参见 Kenneth W. Abbott, etc., *The Concept of Legalization*, 54(3) International Organization 401-419 (2000).

本文第二部分指出国际金融监管改革存在突出的执行问题。为了说明这个问题，这部分以三个关键领域监管改革作为例证。第三部分指出国际金融法的软法属性是导致执行问题的根源。这部分讨论国际金融监管采取软法形式的考量、优势以及问题所在，说明软法形式并非最优选择。第四部分介绍软法硬化的四个维度，结合包括国际金融法在内的国际经验展开论述。第五部分讨论 FSB 硬化国际金融监管的努力，包括同行审议和机构化改革。第六部分提出强化 FSB 机构能力和执行能力的若干建议措施，包括进一步推动机构化，建立争端解决机制，以及严肃成员惩戒纪律。第七部分是结论。

二、国际金融监管改革“执行难”案例

2008 年金融危机跨越国界，监管当局因此在国内和国际两个层面提高了监管标准。在国际层面，G20 设定宏大的监管原则要求各国实施。G20 在匹斯堡峰会明确指出：“我们承诺一道行动来提高资本标准，实施有约束力的国际报酬标准以结束过分冒险行为，改进场外衍生品市场，并设计使得全球性大公司为自己冒险行为负责的更为有力的机制。全球性金融机构适用的标准应当与其失败的成本相符。为了实施这些改革，我们应当为自己制定严格而精确的时间表。”①

总体上，G20 下的 FSB 负责国际金融监管改革。其具体职责是设定全球标准，监督标准实施，协调各国之间、国际监管机构之间、各国与国际监管机构之间的行动。

G20 实施监管标准的目的是使得“我们的国内监管机构实施全球标准的方式是一致的，确保公平竞争的环境，避免市场割裂，避免保护主义和监管套利”。② 但是，根据 FSB 实施进展报告，不同国家在实施全球标准时，在实施的广度、深度、方式以及时间表方面存在巨大差别。这些差别见于大多数的金融部门。本文选择最受关注的三个问题予以说明，它们是：系统重要性金融机构处置问题、场外衍生品市场阳光化，以及金融机构高管薪酬改革。

(一) 系统重要性金融机构处置

系统重要性金融机构一旦经营失败，会对整个金融系统造成严重破坏。对于全球性的系统重要性金融机构(G-SIFIs)而言，它们活动范围跨越国界，当在一国境内破产时，必然对跨国子公司或母公司造成重大影响。例如，雷曼兄弟控股公司的

① G20, Leaders' Statement: the Pittsburgh Summit, 24-25 Sep. 2009, p. 2.

② G20, Leaders' Statement: the Pittsburgh Summit, 24-25 Sep. 2009, p. 7.

破产来得措不及防，使得处置程序一再推迟，债权人损失巨大。如果事前有所准备，则会减小因雷曼的破产对更大范围的金融系统造成的影响。①

G20在2009年匹斯堡峰会上首次提到跨境处置问题，要求系统重要性金融机构在国内监管当局的督促下，制定国际间协调一致的处置计划。② FSB随后于2011年11月通过了《有效处置金融机构的关键要素》(简称《关键要素》)作为新的处置制度国际标准。③ G20领导人明确承诺其国内处置制度应当与《关键要素》保持一致。④

《关键要素》列出12项要素作为各成员国处置制度的必要组成部分。⑤其中最为重要的要素包括跨境危机管理组、⑥特定机构跨境合作协议、⑦复苏与处置计划以及所有全球系统重要性金融机构的可处置性评估。⑧ 作为处置计划的组成部分，处置策略是实现其他重要要素的基础。全球系统重要性金融机构的处置策略应当在

---

① 关于有序清算雷曼兄弟的设想，参见 *The Orderly Liquidation of Lehman Brothers Holdings Inc. under the Dodd-Frank Act*，5(2) FDIC Quarterly (2011)，available at https：//www. fdic. gov/bank/analytical/quarterly/2011_vol5_2/lehman. pdf，visited on 20 March 2016.

② G20，Leaders' Statement：the Pittsburgh Summit，24-25 Sep. 2009，p. 9.

③ FSB，Key Attributes of Effective Resolution Regimes for Financial Institutions，October 2012，available at http：//www. financialstabilityboard. org/publications/r_111104cc. pdf，visited on 20 April 2013.

④ FSB，Resolution of Systemically Important Financial Institutions：Progress Report，p. 3，November 2012，available at http：//www. financialstabilityboard. org/publications/r _ 121031aa. pdf，visited on 20 April 2013.

⑤ 这12项要素包括：范围；处置权力；抵消，净额结算，担保，客户资产分账管理；保障(即“债权人不得因清算受损失”)；处置过程中营运经费；跨境合作的法律框架条件；跨境危机管理组(CMGs)；特定机构跨境合作协议(COAGs)；可处置性评估；复苏与处置规划(RRP)；以及信息接触和共享。

⑥ “跨境危机管理组”指全球系统重要性金融机构的母国和主要东道国的有权监管者之间实现信息分享、合作和协调的机制。

⑦ “特定机构跨境合作协议”指为了支持跨境危机管理组的活动，在规划和危机应对阶段母国和相关东道国监管者开展合作的目标和程序。

⑧ “复苏与处置规划”是对全球系统重要性金融机构与其他系统重要性机构提出的要求。复苏规划由企业起草，描述企业面临极端压力时恢复经营的各项选择。处置规划由监管者起草，规定使用处置权力的方式，以期保留企业的系统重要性职能，确保企业处置不会造成严重市场扰乱，避免给纳税人造成损失。可处置性评估由监管者实施，用来评估处置策略的可行性与公信力，监管者还需要考虑企业处置对金融体系可能造成的影响。FSB，Resolution of Systemically Important Financial Institutions：Progress Report，pp. 13-14，November 2012，available at：http：//www. financialstabilityboard. org/publications/r_121031aa. pdf，visited on 20 April 2013.

2012年底前完成。①

FSB认为,《关键要素》的总体实施情况“令人振奋”。迄今为止，全球系统重要性金融机构的复苏和处置计划实施进展明显。② 但是，从FSB关于处置制度的同行审议报告可以看出,《关键要素》的实施总体上处于“早期阶段”,③ 在不同国家之间实施进展差别很大。例如，美国《多德-弗兰克法案》(Dodd-Frank Act, DFA)第二部分规定“有序清算权力”，强制要求系统重要性金融机构制定处置计划。欧盟通过了银行复苏和处置制度草案，对欧盟范围实施步调一致的改革非常关键。④澳大利亚于2008年引进存款保证制度，最近又提议强化处置其他金融机构(如保险公司)和金融集团内部不受监管的实体的能力。德国的改革包括转移和过桥银行权力，以及建立特殊的重组基金，引进由两个步骤组成的银行复苏和重组程序。瑞士的改革包括制定复苏和处置计划、过桥银行制度，以及把瑞士金融市场监督管理局(FINMA)的处置权力扩大到保险公司和其他类型金融机构。⑤

《关键要素》在国家层面的实施至少出现如下一些问题：第一，一些国家的处置制度只适用于商业银行，但是非银行金融机构同样可能属于系统重要性金融机构，其中包括投资银行和中央清算所。⑥ 第二，许多国家的处置制度在能否适用于外国银行的分支机构方面并无明确规定，而这个问题在银行业全球化背景下非常重

① FSB, Resolution of Systemically Important Financial Institutions: Progress Report, p. 1, November 2012, available at http://www.financialstabilityboard.org/publications/r_121031aa.pdf, visited on 20 April 2013.

② FSB, Resolution of Systemically Important Financial Institutions: Progress Report, pp. 1, 14, November 2012, available at http://www.financialstabilityboard.org/publications/r_121031aa.pdf, visited on 20 April 2013.

③ FSB认为实施进展之所以缓慢，是因为《关键要素》规定要素是全新国际标准，实施这些要素需要国内法规配合，其中一些要素尚需澄清。参见 FSB, Thematic Review on Resolution Regimes: Peer Review Report, 11 April 2013, p. 37.

④ European Commission, Proposal for a Directive of the European Parliament and of the Council Establishing a Framework for the Recovery and Resolution of Credit Institutions and Investment Firms, available at http://ec.europa.eu/internal_market/bank/crisis_management/index_en.htm, visited on 20 April 2013.

⑤ FSB, Resolution of Systemically Important Financial Institutions: Progress Report, pp. 5-7, November 2012, available at http://www.financialstabilityboard.org/publications/r_121031aa.pdf, visited on 20 April 2013.

⑥ FSB, Thematic Review on Resolution Regimes: Peer Review Report, 11 April 2013, p. 38.

要。这是因为，全球性银行可能在母国境外开展主要业务，① 它们一旦陷入困境，有效的跨境处置安排对于东道国和母国金融稳定至关重要。第三，一些国家尚未实施属于《关键要素》的重要处置制度，包括自救权力(bail-in)、强制暂停或提前终止金融合同的权力。② 第四，各国尚未指定负责跨境处置事宜的协调机构，或者尚未设立给予外国处置指令相应效力的便捷程序。③ FSB 表示，跨境协调缺失“是一项重大缺陷，因为这可能减损有关资产负债的处置制度的法律明确性，破坏跨境机构处置策略的有效实施。”④

由于监管当局监管义务和能力缺失，跨境处置事宜可能引发未来金融市场的系统性风险。学者 Simon Johnson 在评价 2012 年美国第一批大银行提交联邦存款保险公司(FDIC)和美联储 11 份“生前遗嘱”时指出，⑤ 这些“遗嘱”应当返工重新起草，因为它们本身就是下一次金融灾难的“蓝图”。Johnson 如此评价，主要是因为这些“遗嘱”缺少对跨境处置计划的描述。⑥ 美国监管当局也表达了类似的担忧。⑦

在大西洋彼岸，欧洲在处置制度方面也没有达到 G20 的要求。欧洲采用应急资本制度(Contingent Capital)作为改进处置制度的方法尚不理想，⑧因为应急资本无

① 例如瑞士联合银行和瑞士信贷集团作为瑞士两家最大的银行，它们的国内业务只占总业务额很小部分。与此同时，也可能出现一国银行业以外资为主的情况，例如新西兰 85%的银行资产为澳大利亚所有。Michael Krimminger, Banking in a Changing World: Issues & Questions in the Resolution of Cross-Border Banks, September 2005, p. 5, available at http://papers. ssrn. com/sol3/papers. cfm? abstract_id = 872431, visited on 18 April 2014.

② FSB, Press Release: FSB publishes peer review on resolution regimes, 11 April 2013, p. 1.

③ FSB, Thematic Review on Resolution Regimes: Peer Review Report, 11April 2013, p. 38.

④ FSB, Thematic Review on Resolution Regimes: Peer Review Report, 11 April 2013, p. 38.

⑤ 《多德——弗兰克法》第一部分要求制定系统重要性金融机构的处置规划。但在第一轮处置规划提交过程中，一些银行除了依规定提交第一部分规定的处置规划外，同时提交《多德——弗兰克法》第二部分规定的替代规划。http://www. federalreserve. gov/bankinforeg/resolution-plans. htm, or http://www. fdic. gov/regulations/reform/resplans/index. html, visited on 20 April 2013.

⑥ Simon Johnson, Banks' Living Wills Don't Defuse Systemic Risk, http://www. bloomberg. com/news/2012-07-08/banks-living-wills-don-t-defuse-systemic-risk. html, visited on 20 April, 2013.

⑦ Financial Times, US Raises Stakes on Bank Crisis Plans, 27 Feb. 2013.

⑧ 应急资本是公司发行的负债，在一定时点可以转化为股票。在公司损失承担排序中，应急资本债权人先于纳税人承担损失。

法避免由大银行处置引发的系统性风险。①

(二)场外衍生品阳光化

场外衍生品是2008年金融危机的重要根源。② 从美国金融危机调查组的报告可知，场外衍生品从三个方面助推金融危机蔓延：第一，信用违约掉期(Credit Default Swaps，CDS)作为场外衍生品的重要类型，有力推动房贷抵押证券化浪潮;③ 第二，以信用违约掉期为基础合成的担保债权凭证(Collateralized Debt Obligation，CDO)允许针对同一证券多次下注;④ 第三，系统重要性金融机构之间发生百万个各种类型衍生工具合约，这些合约由于市场不受监管而无人知晓，加剧了不确定性和恐慌。⑤

为了规范这个不受监管的场外衍生品世界，G20领导人在2009年匹斯堡峰会声明：所有标准化的场外衍生品合约应当最迟不晚于2012年底在交易所或电子交易平台酌情交易，并通过中央对手方清算。场外衍生品合约应当向交易库(Trade Repositories)报告。非中央清算合约应当适用更高资本要求。⑥

---

① Michael S. Barr, Ending Too Big to Fail, Testimony before the Subcommittee on Financial Institutions and Consumer Credit Committee on Financial Services, US House of Representatives, 14 June 2011.

② 衍生品是一种金融工具，其价格由资产、汇率、指数、特定事件等基础产品的价格决定，其作用在于对冲商业风险或在价格波动中投机获利，而不具备股票那样的投资功能。最常见的衍生品是场外调期产品，以及场内远期和期权产品。与场内远期和期权交易不同，场外市场不受监管。由于交易不透明，场外市场的价格发现功能也非常有限。无论从交易量、交易金额、风险暴露角度，衍生品发展都是过去十年金融市场最显著的特点。衍生品在金融危机中以高杠杆率和结构复杂而闻名。Financial Crisis Inquiry Commission (FCIC), The Financial Crisis Inquiry Report, Conclusions, *xxiv*, 45-46.

③ CDS在金融危机中是一种关键性场外衍生品。CDS买家通过定期支付卖家一定费用，将基础贷款的违约风险转移给卖家，在出现违约或约定的信用事件时由卖家向买家支付贷款金额。CDS常被比作保险，但与保险不同，首先是保险要求投保人对保险标的存在保险利益，而CDS买家不需要对基础贷款享有任何利益；第二，保险公司应当依法设立保险损失准备金，但CDS由于不受监管而没有这项要求。

④ CDO是一种结构化金融工具，用于购买、组合金融资产包括处于高风险档位的一些抵押支持证券。由于抵押产生高杠杆率，特别是抵押贷款的首付率较低时更是如此，而CDO的基础又是抵押支持的证券，由此CDO呈现极高杠杆率的特点。

⑤ Financial Crisis Inquiry Commission (FCIC), The Financial Crisis Inquiry Report, Conclusions, *xxiv-xxv*.

⑥ G20, Leaders' Statement: the Pittsburgh Summit, 24-25 Sep. 2009, p. 9.

这项声明提出三个具体要求：标准化场外衍生品应当在交易所交易并完成中央清算；所有场外衍生品应当完成报告程序；非中央清算的场外衍生品适用更高资本要求。① 这项改革是要把隐秘的场外衍生品世界搬到阳光底下，并鼓励尽量多的场外衍生品完成中央清算。此外，时间表明确设定在2012年底。FSB稍后发布了使这项改革措施便利实施的21条建议。②

为了监督各国实施场外衍生品改革的情况，FSB陆续发布了五个进展报告。③ 总体看，没有成员国在2012年底前全面实施G20要求，只有不到一半的成员国制定了实施改革要求的法律框架。④ 此外，2015年FSB主席呈G20报告显示，各国实施场外衍生品改革要求的进度和程度仍有差别，可能导致监管套利和碎片化。⑤

首先，各国在实施改革要求时纷纷打折扣。例如，美国法中关于中央清算要求的规定虽然包括主要的资产类型和金融机构，但也不适当地允许一些例外。其中包括：外汇掉期和远期被豁免强制中央清算，总资产小于100亿美元的小型金融机构以终端用户身份掉期对冲风险的，豁免强制清算。⑥ 加拿大正在审查是否需要将外汇掉期和远期豁免强制中央清算，以和美国政策保持一致。⑦ 此外，加拿大并不愿意对所有金融机构适用中央清算要求，这与G20要求相悖。欧盟中央清算要求覆盖所有资产类型，但是一些养老金安排被暂时排除在外。⑧ 欧盟法允许非金融终端

---

① 2011年G20要求对非中央清算衍生品征收保证金（margin）。G20, Cannes summit final declaration, 4 Nov. 2011, www.g20civil.com/documents/Cannes_Declaration_4_November_2011.pdf, visited on 11 May 2013.

② FSB, Implementing OTC Derivatives Market Reforms, 25 Oct. 2010, http://www.financialstabilityboard.org/publications/r_101025.pdf, visited on 20 April 2013.

③ FSB自2011年4月起每六个月发布一份有关场外衍生品改革实施进度报告。

④ FSB, Press release: FSB publishes fifth progress report on implementation of OTC derivatives market reforms, 15 April 2013, p. 1.

⑤ FSB, Financial Reforms — Achieving and Sustaining Resilience for All, 9 Nov. 2015, p. 3, http://www.fsb.org/wp-content/uploads/FSB-Chairs-letter-to-G20-Leaders-9-Nov.pdf, visited on 27 Dec. 2015.

⑥ FSB, OTC Derivatives Market Reforms: Fourth Progress Report on Implementation, 31 Oct. 2012, p. 91, http://www.financialstabilityboard.org/publications/r_121031a.pdf, visited on 20 April 2013.

⑦ FSB, OTC Derivatives Market Reforms: Fourth Progress Report on Implementation, 31 Oct. 2012, p. 90, http://www.financialstabilityboard.org/publications/r_121031a.pdf, visited on 20 April 2013.

⑧ FSB, OTC Derivatives Market Reforms: Fourth Progress Report on Implementation, 31 Oct. 2012, pp. 90-91, http://www.financialstabilityboard.org/publications/r_121031a.pdf, visited on 20 April 2013.

用户在特定范围从事具有投机属性的衍生品活动，这比美国的终端用户豁免规定更为宽松。①

特别需要注意的是，跨境监管协调工作进展缓慢。②场外衍生品活动是全球性的，这些活动的交易对手方可能位于不同国家，从而可能选择在境外清算所清算合约。设想一项衍生品交易由位于美国和欧盟的交易对手方完成，该交易是在美国的清算所清算，还是在欧盟的清算所清算？如果美国视欧盟的清算所规则为“等效”，但欧盟没有同等对待美国的清算所规则，则该交易很有可能移至欧盟清算。因此，一致的跨境活动规则有利于消除不必要的规则重叠、冲突和监管套利。尽管人们一直向这个方向努力，③ 但收效甚微。④ 大西洋两岸的清算规则存在分歧，需要各国通过实施 G20 改革要求予以解决。⑤

（三）金融企业高管薪酬改革

大型金融机构高管薪酬问题是引发全球金融危机的重要原因。⑥ 金融领域薪酬问题反映并刺激了过度冒险行为。改革薪酬政策是以促进金融稳定为目的的国际金

---

① Hal S. Scott, A Medium Term (5-10 Year) Vision for the Financial Stability Board, FSB Roundtable, Mexico City, 13 April 2012, http://capmktsreg.org/2012/04/financial-stability-board-roundtable-speech-by-hal-scott/, visited on 20 April 2013.

② 跨境监管协调工作进展缓慢，给同时遵守多国监管要求的具体交易或市场参与者带来不确定性。FSB, OTC Derivatives Market Reforms: Fifth Progress Report on Implementation, 15 April 2013, pp. 45-47.

③ 例如，在 2013 年 4 月 19 日召开的 G20 峰会上，各国财政部长和央行行长向美国施加压力，要求允许“替代履行”（substituted compliance），即一旦美国商品期货交易委员会（U. S. Commodity Futures Trading Commission, CFTC）认定外国规则与美国规则相当，则外国公司免受美国规则管辖，如不需要再向美国监管当局申请登记。Financial Times, US Asked to Finalize Derivatives Rules, 20 April 2013.

④ FSB, OTC Derivatives Market Reforms: Fourth Progress Report on Implementation, 31 Oct. 2012, p. 8, http://www.financialstabilityboard.org/publications/r_121031a.pdf, visited on 20 April 2013.

⑤ 一些监管者同意采取“两相比较适用较严格规则”的原则来处理监管漏洞，也即必须履行清算和交易义务而不得豁免。例如，欧盟养老基金施行豁免清算的规定，当欧盟交易方与负有清算义务的非欧盟相对方交易时，则欧盟养老基金不得适用豁免规定，交易必须清算。OTC Derivatives Regulators Group, Report to the Meeting of G-20 Finance Ministers and Central Bank Governors of 18-19 April 2013, p. 6, http://ec.europa.eu/internal_market/financial-markets/docs/derivatives/130418_odrg-report-g20_en.pdf, visited on 12 May 2013.

⑥ FSB, Implementing the FSB Principles for Sound Compensation Practices and their Implementation Standards: Progress Report, 13 June 2012, p. 4.

融监管体制改革的重要内容。这项改革旨在使得薪酬与长期价值创造相匹配，而不是与过度冒险行为相匹配。①

2009年金融稳定论坛(FSB前身)发布了《稳健薪酬原则和实施标准》(简称《原则和标准》)，对稳健薪酬原则进行了量化。G20领导人分别在2009年4月伦敦峰会和2009年9月匹斯堡峰会表态支持该《原则和标准》。《原则和标准》由9项原则和15项实施标准组成，归为三类，分别是：薪酬管理、薪酬与谨慎冒险行为相匹配，以及利益相关方监督与参与。

关于薪酬管理，公司董事会和独立雇员必须控制、监督、审查薪酬体系的设计和运行。② 大型金融机构应当设立薪酬委员会代替董事会来监督薪酬体系的设计和运行。③

关于薪酬与谨慎冒险行为相匹配，薪酬水平应当与所有类型的冒险行为挂钩，包括一些难以量化的风险，如流动性风险、声誉风险以及资本成本。例如，在大型金融机构，复杂的薪酬池及其分配应当与支撑冒险行为所需资本的成本和数量相匹配，应当与商业行为中流动性风险的成本和数量相一致。

关于利益相关方监督与参与，监督人员应当在评估公司风险时考虑薪酬水平。公司一旦没能实施稳健的薪酬制度，需要立即采取补救措施。公司应当披露薪酬制度以便所有利益相关方提出建设性意见，④ 这些利益相关方包括公司相对方、监督人员以及其他公共参与者。⑤

FSB负责监督一国当局及其企业实施《原则和标准》的情况。2011年FSB通过同行评估项目调查了成员国监管机构和70家有影响的银行、经纪自营商。⑥ 截至2012年6月，几乎所有FSB成员实施了《原则和标准》要求，它们或者通过国内立法实施，或者通过事后监管实施。但是，各国实施程度并不一致。例如，俄罗斯与印度尼西亚的相关法规还在接受审查，尚未颁行。阿根廷、巴西、中国、印度和土

---

① G20, Leaders' Statement: the Pittsburgh Summit, 24-25 Sep. 2009, p. 8.

② FSB, FSB Principles for Sound Compensation Practices, Principles 1, 3. Also see FSB, Implementing the FSB Principles for Sound Compensation Practices and their Implementation Standards: Progress Report, 13 June 2012, p. 34.

③ FSB, FSB Principles for Sound Compensation Practices-Implementation Standards, Standard 1.

④ FSB, FSB Principles for Sound Compensation Practices-Implementation Standards, Standard 18.

⑤ FSB, FSB Principles for Sound Compensation Practices, Principle 19.

⑥ FSB, 2011 Thematic Review on Compensation: Peer Review Report, p. 1.

耳其决定不实行某些标准，理由是这些标准不适用本国或不符合国内法(例如劳动法)。①

总体看，实施《原则和标准》共有两条路径：事前立法和事后监督。事前立法指事前规定细节要求，而事后监督指采用高度原则化的要求为公司提供较大灵活空间，并授予监督者较大自由裁量权。新加坡和属于 FSB 的六个欧盟成员(法国、德国、荷兰、英国、意大利、西班牙)采用事前立法模式，而澳大利亚、加拿大、中国香港地区、日本和美国采用高度原则化的事后监督模式。② 采用不同模式体现不同的商业文化。③ 但是这些不同模式导致地区间银行家薪酬的巨大差别。例如，最近欧盟议会有史以来首次严格限制银行家分红上限。④ 与此同时，美国银行高管薪酬却在 2012 年增加 70%，⑤ 华尔街雇员平均现金分红增加 9%。⑥ 批评者认为欧盟限制分红的立法行为是作茧自缚，可能逼迫金融人才流向纽约或亚洲。

三、“执行难”问题的根源：软法

执行问题在所有法律领域都是难题，在软法和国际法领域更是如此。通过研究以上三个国际金融监管改革领域的实施情况，笔者认为，国际金融法律改革在各国的实施情况，无论是实施广度、深度、方式和时间表都存在巨大差别。本文关注国际金融监管改革，探索具有软法属性的国际金融标准执行难题的解决之道。

为什么国际社会从一开始采用了软法形式来构建国际金融法？这些软法能否硬化？如果能，怎么硬化？我们试图在本部分以及第四、五部分探讨这些问题。

在国际社会中，国家之间通过一定形式和程度的法律化(Legalization)来安排彼此关系。法律化是国家增强国际承诺可信度的主要手段。⑦ 法律化水平在软法和硬

---

① FSB, Implementing the FSB Principles for Sound Compensation Practices and their Implementation Standards: Progress Report, 13 June 2012, p. 5.

② See FSB, 2011 Thematic Review on Compensation: Peer Review Report, pp. 9-11.

③ Chris Brummer, Soft Law and the Global Financial System: Rule Making in the 21st Century 254 (Cambridge University Press 2012).

④ 欧盟法限定工资与浮动收入比率为 1∶1，在征得股东会明确批准后可以升至 2∶1。Financial Times, EU agrees to cap bankers' bonuses, 28 Feb. 2013.

⑤ The Economist, The World This Week: Business, 23 Feb. 2013.

⑥ Financial Times, Wall Street bonuses rise 9% amid job cuts, 26 Feb. 2013.

⑦ Beth A. Simmons, *The Legalization of International Monetary Affairs*, 54 (3) International Organization 574 (2000).

法两端之间进行空间移动，移动的维度包括义务、强度、授权和执行。① 例如，从授权维度观察法律化水平，低水平的授权可能是通过国际协商机制来推动成员国开展政治谈判，而高水平的授权则可能是通过成立具有较强司法能力或独立行政能力的国际机构来推动国际协作。

如果从两个极端看，低水平的法律化指四个维度的安排都很弱，是为软法；而高水平的法律化则在四个维度的安排都很强，是为硬法。软法和硬法之间存在连续的区域，所以软法和硬法的选择不是非此即彼。② 可以参考软法来澄清硬法，③ 也可以用软法的形式向硬法过渡。④ 但是，软法形式有其自身优势。

(一)软法形式的考量

主权是选择软法形式的主要考量因素。国际法的本质是各国同意让渡其主权要素。当一国考虑选择软法还是硬法来规定其国际义务时，主权是它最为看重的，因为这直接关系该国是否能对相关事务行使最高管辖权。为了不受国际承诺约束，一国在签订国际文件时采用限定性语言如“各方意图”或者“力求达成”，而不采用“应当”或者“必须”等措辞。⑤ 有的国际文本明确表明自身“不具有法律约束力”，见于《巴塞尔委员会章程》⑥《FSB 章程》⑦以及其他国际文本。⑧

与此同时，国际规则可能穿越主权，达至主权国家甚至不愿意介入的私有金融部门。例如，为了改革金融企业高管薪酬纪律，金融企业承诺出台比以往更严格的

---

① 学界存在国际法维度的不同理论。除了前面提到的 Abbott 理论，Pauwelyn 教授提出软法的三维度理论：输出非正式性(条约抑或标准)、过程非正式性(基于非正式网络，抑或基于条约的国际组织)、参与者非正式性(国家抑或国内监管者) Joost Pauwelyn et al., *An Introduction to Informal International Lawmaking*, in Joost Pauwelyn et al. (eds), Informal International Lawmaking 15-20 (Oxford University Press 2012).

② Kenneth W. Abbott and Duncan Snidal, *Hard and Soft Law in International Governance*, 54 (3) International Organization 423 (2000).

③ 例如，一国监管者可以用巴塞尔资本要求来澄清国内金融法。

④ 参见本文第四(一)部分。

⑤ “应当”(should)在法律文本中有时也仅表达相对态度，例如在 G20 金融宣言和联合国文件中，“应当”不再具有法律约束力。

⑥ 《巴塞尔委员会章程》(2013)第 1(3)条“法律地位”规定，“巴塞尔委员会没有正式的超国家权力。它的决议不具有法律效力，而依靠成员承诺实施。”

⑦ 《FSB 章程》第 23 条“法律效力”规定，“章程无意创设法律权利或义务。”

⑧ 例如，2009 年《科威特宣言》宣布成立主权财富基金国际论坛。该宣言规定，“本论坛不是超主权的正式机构，本论坛活动没有任何法律效力。”

银行高管薪酬监督和披露制度。① 根据该承诺，FSB 可以监督金融企业，对违反承诺的行为点名批评。

选择软法的另一个原因是金融监管具有不确定性。国际金融改革具有全新、复杂和变动的特点。金融规则通常规范创新产品、投资工具或者投资策略，这些规范可能造成的影响并不明确。② 而在无法预测其国际承诺后果时，一国监管者通常感到不安，因此在参与国际金融规范时，倾向于接受软法。以金融企业高管薪酬为例，美国认为薪酬竞争是保持其金融创新的重要动力，同时认为薪酬竞争鼓励冒险行为并导致金融危机发生，所以，美国在实施 G20 匹斯堡宣言时，谨慎地选择了基于原则的监督方式。

（二）软法形式的优势

选择软法有其自身优势，主要体现在规则制定和实施两方面。③ 首先，以软法形式制定规则切实可行，且节约时间。④ 各国谈判专家定期出席标准制定会议，随着时间推移而增进互信。这些谈判人员以专业人士为主，人员规模通常相对较小，有利于快速达成一致意见。由于金融市场创新速度快，建立快速的规则制定模式显得尤为必要。

第二，软法实施具有灵活性。国际社会允许各国依据国内形势调整国际承诺，国内形势包括该国发展阶段、发展偏好、国内政治格局等。软法形式反过来也有利于促成国际承诺，并促成国际承诺实施。⑤

例如，并非所有国家认为金融企业高管薪酬是导致该国金融危机的重要原因。巴西的银行只有一个股东或一小撮股东；⑥ 印尼、意大利、日本的银行体系内部薪

① FSB, 2011 Thematic Review on Compensation: Peer Review Report, p. 1.

② Chris Brummer, *Why Soft Law Dominates International Finance—and Not Trade*, 13 (3) Journal of International Economic Law 633 (2010).

③ 漆彤教授认为软法优势在于：降低缔约成本；降低主权成本；缓和分歧；灵活性；简单快速；扩大参与性；渐进性。

李仁真. 国际金融法新视野[M]. 武汉：武汉大学出版社，2013：449.

④ Mario Giovanoli, International Monetary Law: Issues for the New Millennium 41-42 (Oxford University Press 2000).

⑤ 有学者认为，比起履行硬法，人们履行软法的记录更好，因为软法具有道德判断、互惠属性、报复可能、事前同意以及预期规则合理等特点。Joost Pauwelyn et al. (eds), Informal International Lawmaking 146, 509 (Oxford University Press 2012).

⑥ See FSB, Implementing the FSB Principles for Sound Compensation Practices and their Implementation Standards: Progress Report, 13 June 2012, p. 9.

酬差别不大;① 中国还没有把股票作为薪酬形式;② 日本的银行雇员倾向于为一个雇主打工很长时间。③ 这些国家的高管薪酬水平通常不会太高。允许这些国家在改革薪酬体系时采取更加灵活的方式，将有助于树立国际金融监管改革的公信力。

软法有利于一国在法律化条件不成熟时予以灵活处理。④ 它允许一国享有例外、保留、过渡期或便捷退出的权利，从而有利于推进国际金融监管改革。⑤ 例如，中国和美国处于影子银行和衍生品市场的不同发展阶段。由于中国的金融市场整体处于初创阶段，过于严格的资本充足率、杠杆率或报告要求可能因为不适当增加交易成本而损害中国金融企业利益，但在美国却有助于其消除系统性风险。

软法有利于一国在法律化条件不成熟时寻找其他出路。当形势变化时可以退出承诺，可以选择不实施协议或只实施协议的部分内容，还可以在执行实施国际承诺的国内法时打折扣。⑥ 最著名的例子即是《多德-弗兰克法案》，美国在相关细则实施时间表和具体内容方面并没有完全遵守国际金融监管改革要求。⑦

(三)软法形式的问题

国际金融监管软法形式的效率不高。各国选择软法主要是出于政治经济学考量和历史路径依赖。⑧ 从政治经济学角度看，尽管理想状态下的国际协作必然产生潜在收益，但是推动国际合作的因素还是各国自身利益以及金融业参与者的力量，其

---

① FSB, Implementing the FSB Principles for Sound Compensation Practices and their Implementation Standards: Progress Report, 13 June 2012, p. 34.

② FSB, Implementing the FSB Principles for Sound Compensation Practices and their Implementation Standards: Progress Report, 13 June 2012, p. 34.

③ FSB, Implementing the FSB Principles for Sound Compensation Practices and their Implementation Standards: Progress Report, 13 June 2012, p. 34.

④ See Kenneth W. Abbott and Duncan Snidal, *Hard and Soft Law in International Governance*, 54(3) International Organization 445 (2000).

⑤ See Chris Brummer, *Why Soft Law Dominates International Finance—and Not Trade*, 13(3) Journal of International Economic Law 635 (2010).

⑥ Chris Brummer, *Why Soft Law Dominates International Finance—and Not Trade*, 13(3) Journal of International Economic Law 635-636 (2010).

⑦ 例如，美国没有遵守其场外衍生品改革和金融企业高管薪酬改革的国际承诺，参见本文第二部分。

⑧ 参见 Pierre-Hugues Verdier, The Political Economy of International Financial Regulation, University of Virginia School of Law Public Law and Legal Theory Research Paper Series No. 2012-32 (*Indiana Law Journal*, Vol. 88, forthcoming 2013).

中包括国内监管者、金融产业以及大国力量。① 这些参与者们互相协商、谈判，形成彼此能够接受的最低尺度的共同点，逐步发展成为现今的金融系统。具体讲，国际金融监管改革需要关照国内监管者维护金融主权的利益；需要维护金融产业期望各国法规融合以发展跨境金融业务的利益；以及需要关注大国倾向于松散而非集中管理模式的偏好。②

以政治经济学理论为基础，从平面视角观察国际金融体系，发现经过各种力量相互妥协而生的体系未必符合理想状态下的国际协作模式，可能会造成效率不高的问题。

国际金融监管体系也有历史路径依赖问题。历史路径依赖指最初的制度设计约束后续制度演进，阻止旧制度依照新情况进行调整。③ 历史路径依赖导致国际金融监管改革非常困难。虽然制度的最初设计往往并不完善，④ 但是，路径依赖使得其他更为有效的选择难以被采用。⑤ 这主要有三方面原因：心理上，各种力量依据现有的“心理图谱”决定行动，导致既有的不正确观点持续下去；⑥ 政治上，这些力量倾向于把已有成绩归功于最先的制度设计，认为使其受益的是历史安排而非激烈变革；⑦ 从网络角度看，不同机构之间相互作用、相互交织，强化了彼此身份认同，阻碍了变化发生。⑧

---

① Pierre-Hugues Verdier, The Political Economy of International Financial Regulation, University of Virginia School of Law Public Law and Legal Theory Research Paper Series No. 2012-32 (*Indiana Law Journal*, Vol. 88, forthcoming 2013), pp. 22-30.

② Pierre-Hugues Verdier, The Political Economy of International Financial Regulation, University of Virginia School of Law Public Law and Legal Theory Research Paper Series No. 2012-32 (*Indiana Law Journal*, Vol. 88, forthcoming 2013), p. 4.

③ Pierre-Hugues Verdier, The Political Economy of International Financial Regulation, University of Virginia School of Law Public Law and Legal Theory Research Paper Series No. 2012-32 (*Indiana Law Journal*, Vol. 88, forthcoming 2013), p. 20.

④ 出现这种情况的原因是，制度经妥协达成，往往满足短期利益，而由此生发不良情形，违背了制度设计的初衷。

⑤ Orfeo Fioretos, *Historical Institutionalism in International Relations*, 65 (2) International Organization 376 (2011).

⑥ See Pierre-Hugues Verdier, The Political Economy of International Financial Regulation, University of Virginia School of Law Public Law and Legal Theory Research Paper Series No. 2012-32 (*Indiana Law Journal*, Vol. 88, forthcoming 2013), p. 21.

⑦ Orfeo Fioretos, *Historical Institutionalism in International Relations*, 65 (2) International Organization 376 (2011).

⑧ See Pierre-Hugues Verdier, The Political Economy of International Financial Regulation, University of Virginia School of Law Public Law and Legal Theory Research Paper Series No. 2012-32 (*Indiana Law Journal*, Vol. 88, forthcoming 2013), p. 21.

历史路径理论为国际金融监管发展提供了合理解释。① 布雷顿森林体系曾经在现代金融体系中居于核心地位。该体系的谈判者认为没有必要建立监管私有国际金融业务的制度。这是因为国际货币基金组织(IMF)对私有资本流动给予了严格限制，私有国际金融业务无从发展。② 然而，因1970年固定汇率体系崩溃，金融全球化起步，出现许多旧体系无力应对的新的跨境监管挑战。由于相关国际机构缺位，许多国家的监管者只得自己采取措施应对新挑战。③ 这些监管者组成非正式网络(Informal Network)，通过制定软法标准应对跨境挑战。④

至今，软法一直主导国际金融法的发展。⑤ 虽然软法在跨境监管和法规融合方面做出贡献，⑥ 但在一些重要金融领域难以促成国家之间一致行动，表现不佳。⑦ 2008年金融危机表明，软法无力确保规则高度一致和一贯实施，⑧ 因此无力在全球环境下提供公平竞技平台。⑨

---

① Pierre-Hugues Verdier, The Political Economy of International Financial Regulation, University of Virginia School of Law Public Law and Legal Theory Research Paper Series No. 2012-32 (*Indiana Law Journal*, Vol. 88, forthcoming 2013), p. 21.

② 布雷顿森林体系下资本账户之所以受到控制，而没有像经常账户那样被允许自由流动，首先是资本账户可控有利于国家经济政策自主，其次有助于保持固定汇率体系和自由贸易，第三是战后重建资本主要来自官方而非私人投资。Pierre-Hugues Verdier, The Political Economy of International Financial Regulation, University of Virginia School of Law Public Law and Legal Theory Research Paper Series No. 2012-32 (*Indiana Law Journal*, Vol. 88, forthcoming 2013), p. 7.

③ Pierre-Hugues Verdier, The Political Economy of International Financial Regulation, University of Virginia School of Law Public Law and Legal Theory Research Paper Series No. 2012-32 (*Indiana Law Journal*, Vol. 88, forthcoming 2013), p. 22.

④ 选择软法的优势在于，国际网络得以建立，同时国家主权得以保留。在全球化背景下，这种国际网络变得更加强大。

⑤ See Pierre-Hugues Verdier, The Political Economy of International Financial Regulation, University of Virginia School of Law Public Law and Legal Theory Research Paper Series No. 2012-32 (*Indiana Law Journal*, Vol. 88, forthcoming 2013), p. 22.

⑥ 国际银行业、证券业和保险业各自领域监管改革与发展说明，软法标准有利于跨境监督和监管融合。

⑦ 参见本文第二部分。

⑧ 金融领域的软法标准若停留在纸面而不予实施，则只能给人们带来错误的安全感。Mario Giovanoli, International Monetary Law: Issues for the New Millennium 44 (Oxford University Press 2000).

⑨ 例如，巴塞尔资本规则具有较高的“强度”，但是由于巴塞尔规则不具有执行力，美国、俄罗斯、阿根廷仍然在同时实施巴塞尔协议Ⅰ和Ⅱ，与此同时其他国家已经完成实施巴塞尔协议Ⅲ。The Basel Committee on Banking Supervision (BCBS), Report to G20 Financial Ministers and Central Bank Governors on monitoring implementation of Basel III regulatory reform, April 2013, pp. 15-19.

四、软法硬化的四个维度

软法形式通常具有良好的社会基础。根据社会心理学解释，软法总体上符合人类动机、需求、情感和道德逻辑，因此能够有效促成符合社会监管目的的行为。① 孟子讲，“徒法不足以自行”，就是指法律必须符合社会关系需求。而经软法硬化方式实现的法律满足了这一要求。

软法硬化包括四个维度：义务、强度、授权和执行。良好的硬化效果往往需要四个维度相互协调。以国际金融法为例，为了应对金融全球化及避免下一次金融危机，国际金融监管改革应当通过一个或多个维度实现软法硬化。

为了建立改革国际金融监管体系的有效框架，我们需要借鉴不同领域的改革经验。以下是发生在各领域的软法硬化案例，其中包括国际金融监管领域。

(一)义务的维度

学者 Abbott 在《国际治理中的硬法和软法》一文中提及国际法从义务的维度硬化的一个例子：有害物质出口限制法律化。② 1980 年联合国粮农组织和联合国环境署分别发布了关于有害物质和杀虫剂跨境流通的软法性质的“行动守则”和“指南”。随着人们对有害物质出口发展中国家的担忧加深，1989 年粮农组织和环境署共同要求出口此类物质必须事前征得发展中国家同意。在 1992 年里约热内卢会议上各国试图强化这种“同意”机制，但是没有取得效果。此后几年，各国授权粮农组织和环境署制定相关协议，并于 1998 年最终批准该协议。这个例子体现了各国和国际组织从义务维度逐步硬化国际法所作的努力。

从义务维度硬化国际法的另一个例子是国际货币监管的法律化。第二次世界大战以前，金本位主导国际货币体系，国际货币监管以软法形式为主，法律化并不存在。③ 国际货币监管的法律化起步于 1946 年，至 1971 年达到顶峰。布雷顿森林体

---

① Deborah E. Rupp, Cynthia A. Williams, *The Efficacy of Regulation as a Function of Psychological Fit: Reexamining the Hard Law/Soft Law Continuum*, 12(2) Theoretical Inquiries in Law 585 (2011).

② See Kenneth W. Abbott and Duncan Snidal, *Hard and Soft Law in International Governance*, 54(3) International Organization 444 (2000).

③ 其时货币政策往往采用外交宣言和公报形式，而没有采用法律形式。Beth A. Simmons, “The Legalization of International Monetary Affairs,” *International Organization*, 54, 3, 2000, at 575-77.

系就各国货币政策规定了三项条约义务,① 它们包括建立和维持币值稳定;② 确保成员国经常项目交易不受限制;确保统一的汇率体系。③ 这三项义务中以稳定币值最受关注,但在 1977 年《IMF 章程》第二修正案中被正式废除。④ 如今,基金成员国在执行对外货币政策时尚需遵守剩余两项义务。⑤

在国际金融法领域,虽然总体上没有约束力,但是一些相关的国际监督机制正在逐步成为强制性要求。例如,IMF 和世界银行一起开展的"金融部门评估规划"(FSAP),作为监督国际标准实施的重要项目,经过十年软法形式的发展,从 2010 年起成为拥有系统重要性金融部门的 25 个国家的强制性要求。⑥ FSB 也有类似的监督标准实施的机制,FSB 成员国必须接受强制性评估。有权国际机构对相关成员国实施强制评估,旨在确保金融体系健康、开放。

(二)强度的维度

国际社会普遍认为,国际金融法是软法:义务水平低、实施采取自愿原则,授权程度低,各国实施状况千差万别。但是,国际金融法的发展呈现逐步硬化的趋势。最著名的例证是巴塞尔资本管理委员会("巴塞尔委员会")主导的资本充足率监管要求。国际银行资本监管主要从强度的维度逐步硬化。

自 1988 年巴塞尔协议 I 制定以来,银行资本要求经历三个发展阶段。当初美国和英国银行业监管者倡议制定巴塞尔协议 I,是因为他们看到竞争对手日本银行因核心资本率较低而获利丰厚。巴塞尔协议 I 要求所有银行至少满足资本充足率两项要求中的一项——银行应当具有不少于其风险加权资产 4%的第一类资本(Tier I Capital),或者第一类或第二类资本总和不得低于其风险加权资产的 8%。⑦ 这两项要求用来衡量银行账表资本金与风险加权资产的比率。

2004 年巴塞尔协议 II 出现,旨在改革巴塞尔协议 I 的风险权重制度。巴塞尔

---

① Beth A. Simmons, *The Legalization of International Monetary Affairs*, 54(3) International Organization 600 (2000).

② 参见《IMF 章程》第 IV (4)条。

③ 关于后两项义务,参见《IMF 章程》第 VIII (2)(a)条和第 VIII(3)条。

④ 该事件标志着布雷顿森林体系崩溃。

⑤ Beth A. Simmons, *The Legalization of International Monetary Affairs*, 54(3) International Organization 580 (2000).

⑥ 关于"金融部门评估规划",参见本文第五(一)部分。

⑦ 第一类资本质量最高,包括普通股和利润留存,而第二类资本包括附属债务和优先股。Chris Brummer, Soft Law and the Global Financial System: Rule Making in the 21st Century 214 (Cambridge University Press 2012).

协议I没能细化区分同一风险类别下债权人面临的不同风险。例如在巴塞尔协议I下债权人面对政府和公司时风险权重是相同的。巴塞尔协议II解决了这个问题，区别了面对政府和公司的不同风险。此外，巴塞尔协议II允许系统重要性银行(Systemically Important Banks，SIBs)开发适合自身的风险权重实证模型，由此把资本要求更加直接地与资产面临的实际风险相挂钩。巴塞尔协议II不仅基于以上信用风险计算资本要求，也考虑市场和经营风险。① 除了以上资本要求(支柱一，Pillar One)，还有开发监管评估(支柱二)以及透明度和市场纪律(支柱三)。② 巴塞尔协议II页码达347页，比巴塞尔协议I多十倍，③ 内容更为复杂。④

2010年金融危机期间，巴塞尔委员会制定了俗称巴塞尔协议III的一揽子措施。巴塞尔协议III从三个方面对银行提出要求：资本、杠杆率以及流动性。巴塞尔协议III的资本要求更为严苛。它保留了巴塞尔协议I和II第一类资本、第二类资本要求，还采用全新的、更为严格的最低普通股标准。⑤ 巴塞尔协议III规定，各银行需要不晚于2019年备齐7%普通股、8.5%第一类资本，以及10.5%总资本。⑥

杠杆率要求是巴塞尔协议III新加的规则。⑦ 它要求第一类资产的杠杆率为3%，⑧ 即贷款不得超过银行资本33倍。杠杆率要求是对银行资本充足率的二次检验。

在流动性要求方面，巴塞尔协议III引进两个流动性比率。其中一个是流动性覆盖比率(Liquidity Coverage Ratio)，旨在确保银行在市场压力下能够提供流动性30天；另一个是净稳定资金比率(Net Stable Funding Ratio)，旨在增强更长时期的

① 巴塞尔协议II的市场风险，首先指机构有效处置资产前资产的贬值程度。经营风险来自机构内部，包括不适格、欺诈和管理失误。Chris Brummer，Soft Law and the Global Financial System：Rule Making in the 21st Century 217 (Cambridge University Press 2012).

② 支柱二要求监管者评估银行内部资本充足状况，支柱三要求银行披露其资本结构、资本充足率、利率风险以及其他要素。

③ See Chris Brummer，Soft Law and the Global Financial System：Rule Making in the 21st Century 215 (Cambridge University Press 2012).

④ BCBS，International Convergence of Capital Measurement and Capital Standards，available at：http：//www.bis.org/publ/bcbs128.pdf，visited 20 April 2013.

⑤ Hal S. Scott，International Finance 588 (Foundation Press 2012).

⑥ 这三个指标均包括2.5%资本防护缓冲资金，而资本防护缓冲资金全部由普通股构成。

⑦ 美国实施杠杆率要求很长时间。巴塞尔协议III第一次把去杠杆要求上升为国际规则。

⑧ 这个比率低于美国标准4%~5%，置美国银行于竞争劣势。See Hal S. Scott，International Finance 589 (Foundation Press 2012).

抗压能力。① 流动性要求旨在确保类似于2008年由雷曼兄弟破产引发的流动性紧张不再发生。

三个巴塞尔协议一路走来争议不断,② 相关义务更加细节化、全面化,③ 也因此更加严苛。这种强度不断加大的趋势虽然不能完全避免金融风险，却能起到有效防范的作用。因此，巴塞尔协议发展史是从强度维度实现软法硬化的典型案例。

(三)授权的维度

从授权维度硬化国际法的典型案例是世界贸易组织(WTO)的成立。WTO前身是关税与贸易总协定(GATT)，成立于1946年。GATT是临时性贸易协议，旨在建立管理国际贸易流动的正式国际组织。GATT的临时性状态一直持续到1994年WTO成立才结束。从GATT到WTO，国际贸易法从授权的维度得以硬化。贸易管理权由WTO代为行使。由成员国主导的秘书处拥有800名左右雇员，为WTO开展以下活动提供平台：贸易自由化谈判；通过发布贸易政策审议报告监督成员国贸易政策；开展贸易援助项目以推动发达国家和发展中国家之间贸易流动。④

从授权维度硬化国际法时，国际机构之间的合作通常是非常重要的。例如，WTO作为多边贸易监管机构，需要处理各种贸易相关事项，包括环境、劳工、汇率等。为了更好履行相关职能，WTO需要与其他国际机构合作。作为非联合国组织成员，WTO通过“联合国系统主要行政官员协调会”(United Nations System Chief Executives' Board for Coordination, CEB)向联合国系统所属组织征询意见，其中包括联合国环境署、国际劳工组织以及IMF。⑤

在国际金融法中，国际机构之间的合作也是常见的。银行业、证券业和保险业

---

① BIS, Basel Committee on Banking Supervision reform-Basel III, available at: http://www.bis.org/bcbs/basel3/b3summarytable.pdf, visited on 20 April 2013.

② 巴塞尔协议I鼓励冒险的短期信贷行为，而巴塞尔协议II表明信用评级和银行自有风险权重体系不足。巴塞尔协议I和巴塞尔协议II均鼓励贷款向特定经济领域流动，例如房贷抵押的资本权重仅为50%，最终诱发房地产市场泡沫。巴塞尔协议III被认为在资本要求和全球实施最后期限方面过于宽松。See Chris Brummer, Soft Law and the Global Financial System: Rule Making in the 21st Century 229, 263 (Cambridge University Press 2012). Also see Hal S. Scott, International Finance 592 (Foundation Press 2012).

③ 例如，“资本”这个基本概念在巴塞尔协议III谈判过程中被重新讨论，并得以进一步完善和细化。See Hal S. Scott, International Finance 589 (Foundation Press 2012).

④ 除了授权维度，WTO还从执行维度硬化国际贸易法，即通过争端解决机制执行具有准司法性质的裁决，并对不履行裁决的行为授权成员国报复。

⑤ 根据WTO协议第V(1)条，WTO不属于联合国系统。关于WTO和联合国系统关系，参见http://www.unsceb.org/content/who-we-are，2013年5月11日访问。

三个国际组织于1996年成立"共同论坛"(Joint Forum),应对共同面对的监管任务。① 自2008年国际金融危机以来,在G20主导下这些组织之间合作更加频繁。例如,银行和证券两个监管组织共同发布了有关非中央清算衍生品保证金要求的研究成果。② 而FSB根据2010年巴塞尔委员会报告和建议文件,发布了有效处置制度的12项特征。③ 也有执行协作的案例。例如,世界银行和IMF一度把遵守国际组织制定的标准作为批准贷款的条件。④

尽管国际金融机构之间存在合作关系,但是这种合作关系总体上呈现碎片化。在2009年4月伦敦峰会上,G20领导人指定FSB为金融监管的核心协调组织。⑤ FSB应当承担起这项领导职责,与其他国际组织(包括IMF和国际清算银行)和标准制定机构(巴塞尔委员会、国际证监会组织和国际保险监督官协会)一道推进国际金融监管的法律化。

(四)执行的维度

我们首先需要区别两个概念"执行"(Enforcement)与"实施"(Implementation)。⑥ "执行"作为一个法律概念,指有权机构为适用约束性法律规范而采取措施。"实施"作为事实描述类概念,指通过国内立法或其他手段,使法律得以落实。

执行可能采取各种方式。例如,WTO执行其贸易规则有三种途径:对其160个成员实施定期贸易政策审议;向争端方发出争端解决报告;授权成员实施贸易报复。在国际投资领域,国际仲裁机构依据双边投资协定(Bilateral Investment Treaties, BITs))作出裁决,再根据《纽约公约》或《华盛顿公约》强制要求各国实施

① 这些监管者包括巴塞尔委员会、国际证监会组织和国际保险监督官协会。关于共同论坛参见 http://www.bis.org/bcbs/jointforum.htm,2013年5月11日访问。

② BCBS and IOSCO, Margin requirements for non-centrally cleared derivatives, second consultative document, issued for comment by 15 March 2013, http://www.bis.org/publ/bcbs242.pdf, visited on 11 May 2013.

③ 参见本文第二(一)部分。

④ 参见本文第四(四)部分。

⑤ G20, London Summit—Leaders' Statement, 2 April 2009, http://www.g20.org/documents/final-communique.pdf, visited 11 May 2013.

⑥ Mario Giovanoli, International Monetary Law: Issues for the New Millennium 46 (Oxford University Press 2000).

裁决。①

国际金融法领域的执行机制向来软弱。首先，实施主要依靠自愿。一国没有义务实施国际金融标准，尽管不实施可能招致来自伙伴国的压力。其次，国际金融法缺少一个司法或准司法的机制，无法对一国措施是否符合国际金融监管改革作出有效判断。与此同时，国际社会一直没有放弃努力，试图通过提升执行力来硬化国际金融法。反洗钱金融特别行动组(Financial Action Task Force，FATF)的同行审议机制即为明证。

FATF是致力于反洗钱和反恐金融的国际组织。其成员同意接受监督并实施FATF的评估结果。监督程序是实地考察成员国，并对成员国政府官员和私有企业开展为期两周的全面访谈。FATF评估团队得出的结论摘要公布在官方网站，成员国原则同意全面公布评估报告。② 事实证明，FATF的监督机制运作良好。

除了监督机制，制裁是另一项更为激进的推动执行的措施。往往首先采取资本制裁或其他制裁形式，如果不起作用，再免除其成员国资格。关于资本制裁，IMF和世界银行批准贷款的依据是申请方是否实施国际标准。如果申请方违反国际承诺，有可能无法得到贷款。③ 除了资本制裁，还有其他制裁形式，例如1987年美国和英国为了迫使日本接受巴塞尔协议I，威胁要把日本银行赶出各自市场。21世纪早期FATF为了制裁乌克兰和瑙鲁从事洗钱活动，对与两国人员有关的金融活动予以严厉限制或禁止；如今FATF对伊朗实施类似制裁措施，理由是伊朗为恐怖活动资金转移提供便利。④

另一项推动执行的措施是免除成员资格，在实践中很少使用，只见于极端形势。IMF和世界银行只在1954年开除过一个成员：捷克斯洛伐克。⑤ 最近IMF审查阿根廷是否提供不当的通胀数据，警告阿根廷若不能限期整改，将会升格惩罚，

① 关于投资者——东道国仲裁裁决执行问题，参见Jeswald W. Salacuse，The Law of Investment Treaties 372 (Oxford University Press 2010).

② See Chris Brummer，Soft Law and the Global Financial System：Rule Making in the 21st Century 168-169 (Cambridge University Press 2012).

③ 反对意见认为，依靠IMF实施贷款制裁无助于增强实施效果，因为IMF迫使成员国履行国际金融标准的做法未必见效。Daniel E. Ho，*Compliance and International Soft Law：Why Do Countries Implement the Basel Accord*? 5(3) Journal of International Economic Law 680 (2002).

④ See Chris Brummer，Soft Law and the Global Financial System：Rule Making in the 21st Century 152-153 (Cambridge University Press 2012).

⑤ Chris Brummer，Soft Law and the Global Financial System：Rule Making in the 21st Century 154 (Cambridge University Press 2012).

直至免除其成员资格。① 2000 年 FATF 暂停奥地利成员资格，迫使奥地利通过新法取消匿名银行账户。②

五、FSB 软法硬化的实践

以上从四个维度考察了软法硬化的国际经验，现在我们分析在国际金融监管改革领域 FSB 对软法硬化作出的努力。FSB 是国际金融监管改革实施的主要协调与监督机构。从执行维度，FSB 主要采用同行审议机制履行职责。同行审议包括国别审议(Country Review)和专题审议(Thematic Review)，前者主要参考金融部门评估规划(FSAP)。本部分除了谈 FSB 在执行维度的实践，还从授权维度介绍 FSB 机构化进展。

(一)从金融部门评估规划(FSAP)谈起

金融部门评估规划是全面评估金融稳定和发展的一项重要工具，它主要分析成员的金融部门监管框架与国际最佳操作标准的符合程度。③ 金融部门评估规划最早见于亚洲金融危机，当时人们已经认识到金融部门和宏观经济稳定关联密切。该规划需要成员国申请，在发达国家由 IMF 实施，在发展中国家由 IMF 和世界银行共同实施。④

金融部门评估规划作为双边监督机制，一度采取国家自愿参与原则。这与 IMF 协定第 IV 条规定的强制性监测原则形成鲜明对比。⑤ 金融部门评估规划本质上是技术援助，须经成员国申请才能启动，体现 IMF 的咨询职能而非监管职能。⑥ 金融

---

① The Economist, The World this Week, 9 Feb. 2013, p. 8.

② US Department of State, Money Laundering and Financial Crimes, http://m.state.gov/md959.htm, visited 24 March 2013.

③ Sean Hagan, *Enhancing the IMF's Regulatory Authority*, 13 (3) Journal of International Economic Law 961 (2010).

④ The IMF and the World Bank, The FSAP after Ten Years: Experience and Reforms for the Next Decade, 28 Aug. 2009, p. 7.

⑤ IMF 协定是 IMF 的组织章程，其第 IV 条规定的协商制度指 IMF 在大范围内对一国经济实施强制性监测。金融部门评估规划为落实第 IV 条协商要求提供参考，但由于该规划具有自愿性，且属于与世界银行的合作项目，因此不构成第 IV 条监测要求的法定内容。The IMF and the World Bank, The FSAP after Ten Years: Experience and Reforms for the Next Decade, 28 Aug. 2009, pp. 22, 28.

⑥ See Sean Hagan, *Enhancing the IMF's Regulatory Authority*, 13(3) Journal of International Economic Law 961 (2010).

部门评估规划的自愿特性导致两个问题：第一，优先评估落空。除非一国监管者申请，IMF和世界银行无权把评估资源优先配置给最为脆弱、急迫的国家。① 第二，该评估规划的自愿特性导致其无法纳入IMF协定第Ⅳ条双边监测机制。

金融部门评估规划的自愿特性是一柄双刃剑。一方面，自愿特性促成成员国广泛接受该评估规划，至今已有125个国家参与该评估规划。另一方面，因其自愿特性不能对未参与评估规划的国家进行评估规划，如2008年金融危机前美国还没有参与该评估规划，② 人们就无从预测这次最大规模的金融危机。③

2009年是金融部门评估规划实施十周年，其时金融危机势不可挡。成员国呼吁对评估规划实施三方面改革：第一，根据成员国系统重要性倾斜配置评估资源，以确保所有系统重要性成员进入评估体系；④ 第二，评估规划应当增强透明度，除非是列为保密类的市场敏感信息，评估报告的所有内容应当公开出版；⑤ 第三，及时更新评估规划报告以调整评估项目优先性，提供更为深入的评估以实现跟进，扩大评估规划内容把宏观审慎风险分析纳入进来，强化非现场监督机制。⑥

为了促成具有系统重要性金融部门的成员国接受金融部门评估规划的评估，IMF需要推动该评估规划纳入第Ⅳ条监测机制。⑦ 2010年9月，IMF执董会通过决议，强行要求25个具有系统重要性金融部门的成员国每五年接受一次评估。⑧

---

① 例如，美国作为2008年金融危机发源地，在金融危机前从来没有自愿接受金融部门评估规划评估。See The IMF and the World Bank, The FSAP after Ten Years: Experience and Reforms for the Next Decade, 28 Aug. 2009, p. 46.

② 美国和中国分别于2010年和2011年完成各自第一份金融部门评估规划报告。美国的报告参见 http://www.imf.org/external/pubs/ft/scr/2010/cr10247.pdf，中国的报告参见 http://www.imf.org/external/pubs/ft/scr/2011/cr11321.pdf.

③ See The IMF and the World Bank, The FSAP after Ten Years: Experience and Reforms for the Next Decade, 28 Aug. 2009, p. 4.

④ The IMF and the World Bank, The FSAP after Ten Years: Experience and Reforms for the Next Decade, 28 Aug. 2009, p. 22.

⑤ The IMF and the World Bank, The FSAP after Ten Years: Experience and Reforms for the Next Decade, 28 Aug. 2009, p. 38.

⑥ The IMF and the World Bank, The FSAP after Ten Years: Experience and Reforms for the Next Decade, 28 Aug. 2009, p. 6. 金融部门评估规划确定优先性本身就是一项耗时、耗资源的活动。

⑦ IMF, The Fund's Mandate - The Legal Framework, 22 Feb. 2010, pp. 7, 28, footnote 10, http://www.imf.org/external/np/pp/eng/2010/022210.pdf, visited 20 April 2013.

⑧ 评估活动频率是影响评估效果的重要因素。See Pierre-Hugues Verdier, The Political Economy of International Financial Regulation, University of Virginia School of Law Public Law and Legal Theory Research Paper Series No. 2012-32 (*Indiana Law Journal*, Vol. 88, forthcoming 2013), p. 60.

这就意味着金融部门评估规划正式成为 IMF 监测机制组成部分，评估规划以风险为依据，评估资源实现合理配置。①

（二）**FSB 同行审议：执行的维度**

2008 年金融危机高潮时期，G20 成立 FSB 来监测国际金融监管改革的落实情况。如前所述，FSB 依靠同行审议机制监督实施。同行审议包括两部分：专题审议和国别审议。②

FSB 专题审议聚焦特定金融专题的实施情况和有效性。相关专题源于标准制定机构制定的国际金融标准、FSB 在影响全球金融稳定的特定领域认可的政策，以及对国际金融稳定极为重要但尚未制定国际标准或政策的其他领域。专题审议的目的是评估实施效果，以及给出建议以推动全面实施。

FSB 国别审议聚焦成员国实施国际金融监管改革的情况和有效性。该审议配合并支持 IMF 和世界银行的金融部门评估规划，评估特定国家实施金融部门评估规划所提建议的情况。③④ 但是，相比金融部门评估规划，FSB 评估范围可以收窄，仅需聚焦那些与其促进金融稳定的职能有关的内容。国别审议也可能聚焦那些金融部门评估规划没有关注但时下热门的话题。⑤ FSB 成员承诺，每五年接受金融部门评估规划的一次评估，并在每次评估后两到三年内接受 FSB 同行审议。⑥

至今共开展 10 个专题审议和 16 个国别审议。⑦ 这 10 个审议专题是处置制度、风险管理、薪酬做法、住房抵押承销与出售、风险披露、存款保险制度、减少对信用评级机构依赖、监管系统重要性银行的框架与方式，以及场外衍生品交易报告制

---

① IMF, Factsheet: The Financial Sector Assessment Program (FSAP), 30 Sep. 2012, http://www.imf.org/external/np/exr/facts/fsap.htm, visited 20 April 2013.

② FSB, Handbook for FSB Peer Reviews, 12 March 2015, pp. 1-2, http://www.financialstabilityboard.org/publications/r_120201.pdf, visited 27 Dec. 2015.

③ FSB, Country Review of Mexico, 23 Sep. 2010, p. 3, http://www.financialstabilityboard.org/publications/r_100927.pdf, visited 20 April 2013.

④ 在这个意义上，有评论认为同行审议项目虽然具有创新性，也不过是用来服务金融部门评估规划的。

⑤ See FSB, Handbook for FSB Peer Reviews, 12 March 2015, p. 2, http://www.financialstabilityboard.org/publications/r_120201.pdf, visited 27 Dec. 2015.

⑥ FSB, Press Release: FSB Completes Peer Review of Italy, 7 Feb. 2011, p. 1, http://www.financialstabilityboard.org/press/pr_110207b.pdf, visited 20 April 2013.

⑦ http://www.fsb.org/publications/peer-review-reports/?mt_page=1, visited 27 Dec. 2015. 10 个专题审议中有两个以薪酬做法为专题。FSB, A List of Peer Reviews, http://www.financialstabilityboard.org/list/fsb_publications/tid_141/index.htm, visited 14 April 2013.

度。被审议的国家包括南非、墨西哥、西班牙、意大利、澳大利亚、加拿大、瑞士、美国、英国、印尼、德国、荷兰、俄罗斯、中国、沙特阿拉伯与土耳其。关于中国的审议表明，中国需要在宏观审慎框架下厘清各金融监管机构职责并加强彼此协作和信息共享机制，鼓励资本市场和机构投资者作为银行融资的替代方案。①

与金融部门评估规划相比，同行审议的执行更为有力，其执行手段包括互相评估、同行压力、透明度要求、对微观审慎监督和监管做法的有效性的整体审议。首先，同行审议是强制性的。根据《FSB 章程》第 6.1 条规定，所有 FSB 成员承诺定期接受同行审议。②

第二，同行审议传递压力。FSB 内部同行首先以开放坦率的态度讨论报告，然后把报告提交 FSB 决策机构即全会批准。在全会上如果报告得到明显多数支持，该报告即通过。③ 如果某成员实施进展滞后，则施以同行压力推动实施。推动实施的措施包括 FSB 向该成员去函、全会与该成员开展讨论，或者在 FSB 官方网站公开表达全会的担忧。④

第三，同行审议是公开透明的。同行审议结果，包括任何相关评估，应当予以公布。⑤ 高度市场敏感信息在报告公布前需要删除，但敏感信息应当严格定义，范围不得过于宽泛。⑥ 同行审议性质上是一种“点名羞辱”（Name and Shame）手段。由于其强制要求范围广、披露和透明度要求高，同行审议要比通常的“点名羞辱”手段约束力更强。

（三）FSB 机构化：授权的维度

G20 还从授权维度硬化国际金融监管改革，即 FSB 机构化。1997 年七国集团

---

① FSB, Peer Review of China, 13 Aug. 2015, http://www.fsb.org/2015/08/peer-review-of-china/, visited 27 Dec. 2015.

② 《FSB 章程》第 6.1 条规定，成员承诺“定期接受同行审议，所用数据包括 IMF 和世界银行公布的金融部门评估规划报告”。http://www.financialstabilityboard.org/publications/r_120809.pdf，2013 年 4 月 20 日访问。

③ See FSB, Handbook for FSB Peer Reviews, 12 March 2015, p. 12, http://www.financialstabilityboard.org/publications/r_120201.pdf, visited 27 Dec. 2015.

④ FSB, Handbook for FSB Peer Reviews, 12 March 2015, p. 13, http://www.financialstabilityboard.org/publications/r_120201.pdf, visited 27 Dec. 2015.

⑤ FSB, Handbook for FSB Peer Reviews, 12 March 2015, p. 3, http://www.financialstabilityboard.org/publications/r_120201.pdf, visited 27 Dec. 2015.

⑥ FSB, Handbook for FSB Peer Reviews, 12 March 2015, p. 12, http://www.financialstabilityboard.org/publications/r_120201.pdf, visited 27 Dec. 2015.

财政部长和央行行长宣布成立金融稳定论坛(Financial Stability Forum, FSF, 即 FSB 前身), 旨在推动各国之间、国际监管机构之间、各国与国际监管机构之间合作, 实现金融稳定。2008 年金融危机来临, 金融稳定论坛表现出软弱和协商的属性, 不足以应对危机。而且, 金融稳定论坛成员代表性不足, 无力解决所面临的困难。于是 G20 达成共识, 要求建立涵盖成员国范围更广泛、更加机构化的组织代替金融稳定论坛, 最终促成 2009 年 FSB 成立。① FSB 职能是推动落实国际金融监管改革要求, 实现金融稳定。②

2012 年 6 月, FSB 向 G20 洛斯卡沃斯峰会提交报告,③ 建议从以下几个方面增强 FSB 机构能力。

第一, FSB 应当谋求协会类法人机构身份。④ 首先在国际清算银行(BIS)总部协议下取得豁免身份, 随后寻求与瑞士当局签订独立的总部协议。⑤

第二, FSB 寻求财政自治。在继续依赖国际清算银行提供办公场所和全额资助同时, FSB 应当着手考虑, 一旦与国际清算银行的协议终止, 即开始对成员实施收费以维持自身运作。

第三, FSB 寻求加强内部治理。FSB 由全会、主席以及秘书长领导的秘书处组成。2013 年 2 月, FSB 制定《议事规则》, 有效增强了内部治理和透明度。

---

① 参见 FSB 历史, http: //www. financialstabilityboard. org/about/history. htm, 2014 年 4 月 16 日访问。

② 参见 FSB 职责, http: //www. financialstabilityboard. org/about/mandate. htm, 2014 年 4 月 16 日访问。

③ FSB, Report to the G20 Los Cabos Summit on Strengthening FSB Capacity, Resources and Governance, 12 June 2012, http: //www. financialstabilityboard. org/publications/r _ 120619c. pdf, visited 20 April 2013.

④ 国际机构的法律身份分为三类: 第一类是依照总部所在国法律设立传统的公司形式, 例如国际清算银行和亚洲开发银行; 第二类是依照政府间协议设立的组织, 例如世界银行、东盟组织、国际劳工组织和 WTO; 第三类是协会类组织, 如国际证监会组织和国际保险监督官协会。第三类机构化最弱, FSB 从第三类起步。See Hal S. Scott, A Medium Term (5-10 Year) Vision for the Financial Stability Board, FSB Roundtable, Mexico City, 13 April 2012, http: //capmktsreg. org/2012/04/financial-stability-board-roundtable-speech-by-hal-scott/, visited on 20 April 2013.

⑤ 2013 年 1 月 28 日, FSB 依照瑞士法成为协会类组织。http: //www. financialstabilityboard. org/press/pr_130128. pdf, 2013 年 3 月 24 日访问。

根据 FSB 报告，目前成立以条约为基础的国际间政府组织的时机尚不成熟，① 因此 FSB 主张采取渐进、温和的方式推进机构化。

六、软法硬化的方向：建设强有力的 FSB

目前，世界金融局势稍趋稳定，但单边主义势头发展迅猛，对 G20 金融监管改革的落实构成挑战。② 我们需要增强国际金融监管协调工作。正如 FSB 主席 Mark Carney 所说，“一个适应能力强大的全球体系有助于赢得各方信赖，并推动实现强有力的、可持续的均衡增长。”③建立这样的体系需要以 FSB 为中心。④ 具体讲，我们应当从两个维度增强全球协作：强化 FSB 机构能力（“授权维度”），并推动国际金融监管改革的执行力建设（“执行维度”）。⑤

① See FSB, Report to the G20 Los Cabos Summit on Strengthening FSB Capacity, Resources and Governance, 12 June 2012, http://www.financialstabilityboard.org/publications/r_120619c.pdf, visited 20 April 2013.

② Council on Global Financial Regulation (CGFR), Practical Measures for Enhancing International Financial Regulatory Coordination, April 2011, The Purpose of the Report, p. ii, http://www.cgfr.org/images/cgfr-initial-report.pdf, visited 21 April 2013. Also see a series of policy letters issued by Institute of International Finance (IIF), available at http://www.iif.com/emp/policyltrs/, visited 1 May 2013.

③ Mark Carney, Progress on Financial Reforms, A Letter to G20 Ministers and Central Bank Governors, 15 April 2013.

④ G20 承诺把 FSB 建设成为“完全的永久组织”，并组建成为国际经济治理的第四根支柱。其他三根支柱是 IMF、世界银行和 WTO（美国财政部，2009 年）。不仅美国表态支持 FSB，中国也支持增强 FSB 力量，因为中国有意“在 FSB 扮演积极角色，并积极参与 FSB 标准制定活动”。中国人民银行：《2012 年中国金融稳定报告》，第 24 页，http://www.pbc.gov.cn/image_public/UserFiles/goutongjiaoliu/upload/File/%E4%B8%AD%E5%9B%BD%E9%87%91%E8%9E%8D%E7%A8%B3%E5%AE%9A%E6%8A%A5%E5%91%8A%EF%BC%882012%EF%BC%89.pdf, 2013 年 3 月 24 日访问。

⑤ 有学者指出，一些领域（例如系统重要性金融机构处置领域）存在突出的执行问题，因此这些领域规定的义务应当具有法律约束力，即义务维度应当加强。但是，由于政治意愿缺失，强化义务的相关条件并不具备。See Pierre-Hugues Verdier, The Political Economy of International Financial Regulation, University of Virginia School of Law Public Law and Legal Theory Research Paper Series No. 2012-32 (*Indiana Law Journal*, Vol. 88, forthcoming 2013), p. 62.

(一)强化 FSB 机构能力

2008 年金融危机教育我们，建设强大的永久性国际金融机构是必需的。① 这样的机构负责确定国际间不一致的政策措施并提出减少监管套利的建议，从而有助于实施国际金融监管改革要求。FSB 自 2009 年诞生之日起即肩负此重任。但是该机构至今只有六名工作人员，与其重任严重失配。因此，在 2012 年 FSB 提交 G20 有关增强机构建设的报告的基础上，笔者呼吁以更快步伐建设更为强大的 FSB。笔者建议包括三点：扩充秘书处，投票制度正式化，以及资金来源多元化。②

首先，G20 应当支持扩充 FSB 秘书处。③ 目前秘书处人员配置严重不足，难以履行职责。④ 为了有效实施监督职能，秘书处需要像 IMF 的金融部门评估规划那样，开展必要的现场检查，为此需要增加人员配置。⑤

另外，FSB 应当与其他国际监管机构通力合作，特别是与 IMF 和世界银行的金融部门评估规划合作。这不仅有利于节约资源，而且能够避免国际标准制定机构之间职能重叠。毕竟，FSB 以协调为主要职能，而不是以标准制定为主要职能。因

---

① 该观点见于 Carmen Reinhart & Kenneth Rogoff, "Regulation Should Be International," *Financial Times* (Nov. 18, 2008); Barry J. Eichengreen, "Out of the Box Thoughts about the International Financial Architecture," IMF Working Paper (2009); Peter Boone & Simon Johnson, "Will the Politics of Global Moral Hazard Sink Us Again?" *The Future of Finance* 247, 269 (2010); and Eric J. Pan, "The Challenge of International Cooperation and Institutional Design in Financial Supervision: Beyond Transgovernmental Networks," 11 *Chicago Journal of International Law* 243 (2010), cited from Pierre-Hugues Verdier, The Political Economy of International Financial Regulation, University of Virginia School of Law Public Law and Legal Theory Research Paper Series No. 2012-32 (*Indiana Law Journal*, Vol. 88, forthcoming 2013), p. 2, footnote 3.

② 这三项建议受益于 Scott 教授启发，特此致谢。See Hal S. Scott, A Medium Term (5-10 Year) Vision for the Financial Stability Board, FSB Roundtable, Mexico City, 13 April 2012, http://capmktsreg.org/2012/04/financial-stability-board-roundtable-speech-by-hal-scott/, visited on 20 April 2013.

③ 参见本文附录"FSB 章程：改革建议"，主题一"秘书处"。

④ 这些核心职责包括：组织同行审议；向各国监管者提出建议；协调标准制定机构之间、各国监管者之间、标准制定机构与各国监管者之间的监管关系；等等。

⑤ FSB 同行审议不包括现场检查，但是当接受审议的国家提出现场检查申请，或现场检查有助于实现审议目的时，FSB 现有人员配置就无法满足要求了。See FSB, Handbook for FSB Peer Reviews, 12 March 2015, p. 10, http://www.financialstabilityboard.org/publications/r_120201.pdf, visited 27 Dec. 2015.

此，FSB 不需要规模过于庞大的秘书机构。①

第二，决策机制应当正式化。② FSB 的决策机制是全体协商一致，③ 呈现非正式的决策特点。④ 其弊端是使得少数派意见获得不当影响，不当拖延时效性很强的金融改革方案出台。因此，建议在经协商无法达成一致意见的情况下，采取正式投票方式进行决策。

为了提升机构运行效率，FSB 应当逐步采用简单多数投票原则，除非涉及理事会章程、资金来源、新成员加入、制裁等重大事项应当采用绝对多数票原则。⑤ 正式、规范、透明的投票制度是一个机构成熟的标志，也是机构公信力建设的重要内容。

第三，FSB 应当开发自己的经费来源。⑥ 国际组织获取资金的途径包括：第一，成员自愿捐助，有的是资本份额的形式，更多则是会费的形式；第二，私有资助，包括借款机制或贷款利息（如 IMF）；第三，特定的储备性基金资助，这些基金的资金来源可能是内部也可能是外部，例如国际清算银行储备性基金是其净利润的年度比例。FSB 目前由国际清算银行提供经费，不属于以上三种的任何一种。

FSB 提交 G20 洛斯卡沃斯峰会的报告显示，FSB 正在考虑收取会费作为未来经费来源。会费可以作为储备性基金，仿效国际清算银行投资并获取收益，以进一步增强 FSB 经费的独立性。目前迫切需要回答的问题是何时开始征收会费，以及在成员之间如何分配会费。考虑到 FSB 机构建设的重要性、迫切性以及现实进度，笔者建议不晚于 2017 年 6 月开始征收会费，届时 FSB 已经成立八年。会费分担应

① See Council on Global Financial Regulation (CGFR), Practical Measures for Enhancing International Financial Regulatory Coordination, April 2011, p. 4, http://www.cgfr.org/images/cgfr-initial-report.pdf, visited 21 April 2013.

② 参见本文附录“FSB 章程：改革建议”，主题三“投票”。

③ 《FSB 章程》第 9 条（2012 年 6 月生效）规定，FSB 全会决议须经协商一致通过。

④ See Council on Global Financial Regulation (CGFR), Practical Measures for Enhancing International Financial Regulatory Coordination, April 2011, p. 5, http://www.cgfr.org/images/cgfr-initial-report.pdf, visited 21 April 2013.

⑤ 该投票机制见于许多国际组织，例如 IMF、国际清算银行、国际劳工组织、国际保险监督官协会、欧洲复兴银行、亚洲开发银行和非洲开发银行。See Hal S. Scott, A Medium Term (5-10 Years) Vision for the Financial Stability Board, FSB Roundtable, Mexico City, 13 April 2012, http://capmktsreg.org/2012/04/financial-stability-board-roundtable-speech-by-hal-scott/, visited on 20 April 2013.

⑥ 参见本文附录“FSB 章程：改革建议”，主题二“经费”。

当与成员经济规模、金融市场活跃程度和金融稳定状况成正比。① 为此 G20 需要指派工作组为 FSB 设计可持续的经费框架。

本文在第四(三)部分已经讨论，不同机构之间协作是授权维度的重要延伸。FSB 是国际金融监管的核心协调机构，因此有必要规范 FSB 与国内监管当局之间、FSB 与其他国际金融机构之间的互动关系。首先，借鉴“联合国系统主要行政官员协调会”(CEB)，建立国际金融监管机构论坛。论坛是国际金融监管者最高水准的协调论坛，由 FSB 主席担任论坛主席。其成员包括主要国际金融组织和标准制定机构。论坛不仅为协调成员金融监管政策提供平台，也为 G20 应对全球金融挑战、特别是系统性风险和道德风险挑战提供便利。第二，建立“新兴市场顾问组”来代表新兴金融市场利益。在可预见的未来，新兴市场在全球金融体系和市场中的分量越来越重，需要在 FSB 政策制定和实施框架下发出更强音。② 第三，FSB 的同行审议项目与 IMF 的金融部门评估规划之间的协作关系应当规范化。协作形式包括谅解备忘录或者信函交换方式，以此节约资源，提高发现金融监管漏洞的效率。

(二)强化 FSB 执行力

1. 建设国际金融监管的争端解决机制

本文第二部分说明，各国实施国际标准的进度不一，存在潜在监管套利。各国实施国际金融监管改革的广度、深度、方式和时间表参差不一，导致互相之间恶性竞争，改革目标可能落空，甚至引发下一次金融危机。另一类监管纠纷是东道国实施金融保护主义政策，对外国企业提出严苛要求。例如，美国正在讨论一项立法草案，拟对美国境内的外资银行施加更高资本要求。③ 欧盟监管者对此表示担忧，因

---

① 此处提议的会费分担原则受到《FSB 章程》第 11 条“FSB 全会席位分配标准”启发。《FSB 章程》第 11 条规定，“全会分配给成员的席位应当反映国家经济规模、金融市场活跃程度以及国家金融稳定安排”。

② 成立 FSB“新兴市场顾问组”的提议，受到国际证监会组织“新兴市场委员会”启发。IOSCO, IOSCO to progress reform agenda under new leadership, Sydney, 1 April 2013, IOSCO/MR/11/2013, pp. 3, 8, http://www.iosco.org/news/pdf/IOSCONEWS273.pdf, visited 12 May 2013. FSB 成立“新兴市场顾问组”的必要性参见 Council on Global Financial Regulation (CGFR), Practical Measures for Enhancing International Financial Regulatory Coordination, April 2011, pp. 9, 12, http://www.cgfr.org/images/cgfr-initial-report.pdf, visited 21 April 2013.

③ Enhanced Prudential Standards and Early Remediation Requirements for Foreign Banking Organizations and Foreign Nonbank Financial Companies, 77 Fed. Reg. 76, 628 (proposed 28 Dec. 2012) (Docket No. R-1438, RIN 7100 AD 86). Available at http://www.gpo.gov/fdsys/pkg/FR-2012-12-28/pdf/2012-30734.pdf, visited 1 May 2013. 该立法草案至今尚未生效，http://federalreserve.gov/bankinforeg/reglisting.%20htm#YY, 2013 年 12 月 11 日访问。

为以德意志银行为代表的一些欧资银行持有的资本额远远低于该草案要求。① 欧盟监管者回应称，一旦该草案通过并付诸实施，将报复美国银行在欧盟的分支机构。② 各国被迫自保，造成全球金融市场碎片化。

为了应对监管纠纷，FSB 通过同行审议项目发现问题，并提出纠正建议。但是，如果各国监管者决定不实施这项纠正建议，则 FSB 无能为力。

为了应对执行无力的问题，有人呼吁建立具有执行效力的、相互认可的机制，以解决不同国家之间潜在纠纷或者分歧。③ 也有人呼吁，借鉴贸易和投资领域经验，建立国际金融领域"申诉和争端解决的官方平台"。④ 得益于国际金融监管改革逐步硬化的趋势，FSB 应当借鉴 WTO 争端解决机制，建立适用于国际金融监管争端的有效处理机制。

WTO 争端解决机制是解决国际争端的典范。该机制工作原理如下：由 WTO 争端解决机构就 WTO 成员特定被诉贸易措施作出裁决，并建议履行裁决的方式，而由违约方选择具体的履行办法。

通常违约方在裁决通过后 30 日内表达履行裁决的意愿。如果立即履行不可行，则应当确定一个"合理履行期限"。该期限由争端双方协商或者仲裁决定，但不得超过 15 个月。违约方应当在该期限确定后六个月起向争端解决机构报告其履行裁决的情况。

WTO 制度的威慑力在于，如果违约方没有适当履行裁决，则胜诉方可以请求争端解决机构授权报复违约方，中止胜诉方向违约方的相当减让义务。授权机制使得双边报复合法化，区别于国际金融领域常见的单方发起、睚眦必报现象。WTO 报复机制体现理性且具有公信力，因为该机制不仅保护胜诉方的胜诉成果，也充分

---

① 通常，银行依总体水平判定资本充足率。但根据美国立法草案，银行的分支机构需要单独满足资本充足率要求，则德意志银行在美业务尚需 200 亿美元资本额才能满足此要求。The Economist, The great unraveling, 20-26 April 2013, p. 78.

② Financial Times, EU warns US on bank "protectionism", 22 April 2013.

③ See Council on Global Financial Regulation (CGFR), Practical Measures for Enhancing International Financial Regulatory Coordination, April 2011, pp. 6, 27, http://www.cgfr.org/images/cgfr-initial-report.pdf, visited 21 April 2013. 但 CGFR 并不主张 FSB 获得执行权。CGFR 认为，FSB 应当出版并向成员国政府报告其关于金融保护主义和监管套利的决定，但不应当强迫成员纠正不当行为。CGFR 如此主张，是为了在 FSB 权力和国家主权之间取得平衡。See CGFR, pp. 11, 20. 应当区别如下三个概念：法律(law)、法律效力(legal effects)和可执行性(enforceability)。法律，以及非法律的标准和准则，都具有法律效力；但只有法律是可执行的。国际金融法作为软法，其执行问题本身是一个有争议的问题。

④ See Joel P. Trachtman, "The International Law of Financial Crisis: Spillovers, Subsidiarity, Fragmentation and Cooperation," *Journal of International Economic Law* Vol. 13 No. 3, 2010, at 740.

关切不履行裁决方的合理诉求，即后者可以通过申请仲裁来挑战授权报复的水平。当然，报复是 WTO 争端解决机制的最终依托，首选还是由违约方主动履行裁决。①

FSB 与 WTO 在监督实施(履行)方面具有相似之处。FSB 对实施国际标准过程中存在差距和不足的成员作出建议和决定。② 这些建议和决定通过 FSB 报告予以公布。③ 随后，FSB 监督成员实施这些建议和决定的情况。④

FSB 通过监督实施机制，推动国际标准跨境跨部门协调一致实施。如果有成员认为，由于其遵守国际标准而导致在没有同步遵守标准的其他成员面前丧失竞争优势，该成员可以向 FSB 申诉。⑤

遗憾的是，G20 尚未明确授权 FSB 作出具有约束力的建议和决定，在建议和决定得不到实施时 FSB 也不能授权成员方报复。⑥ 其中原因不难理解：国际金融监管缺乏执行传统，即使监管者有意强化执行力，但其没有一贯的意志力。⑦ 毕竟，FSB 尚处于需要制定标准和加强监管合作的政治承诺建设阶段。⑧

目前可以考虑两方面的改革。⑨ 首先是事前改革(Ex Ante Reform)，成员在 FSB 章程中明确承诺遵守 FSB 提出的建议和决定。第二是事后改革(Eex Post

---

① Andrew Guzman and Joost Pauwelyn, International Trade Law 136 (second edition, Wolters Kluwer Press 2012).

② See FSB, Handbook for FSB Peer Reviews, 12 March 2015, p. 2, http://www.financialstabilityboard.org/publications/r_120201.pdf, visited 27 Dec. 2015.

③ FSB, Handbook for FSB Peer Reviews, 12 March 2015, p. 12, http://www.financialstabilityboard.org/publications/r_120201.pdf, visited 27 Dec. 2015.

④ FSB, Handbook for FSB Peer Reviews, 12 March 2015, p. 13, http://www.financialstabilityboard.org/publications/r_120201.pdf, visited 27 Dec. 2015.

⑤ 例如，在 2013 年 4 月 19 日召开的 G20 峰会上，来自德国、法国、英国和日本的财政部长和央行行长向美国同行施压，督促美国认真考虑其他国家的改革建议，避免与其他国家发生跨境监管冲突。如果存在争端解决机制，这些国家可以选择向 FSB 争端解决机构申诉来解决争端。参见 Financial Times, US Asked to Finalize Derivatives Rules, 20 April 2013.

⑥ 当前，对于没有有效实施 FSB 建议措施的国家，FSB 可以公布名单予以施压。FSB, Promoting global adherence to regulatory and supervisory standards on international cooperation and information exchange: progress report, 29 April 2011.

⑦ 如前所述，2008 年金融危机的背影尚未远去，监管者开展国际金融监管合作的积极性已经减退。

⑧ See Council on Global Financial Regulation (CGFR), Practical Measures for Enhancing International Financial Regulatory Coordination, April 2011, p. 11, http://www.cgfr.org/images/cgfr-initial-report.pdf, visited 21 April 2013.

⑨ 参见本文附录“FSB 章程：改革建议”，主题四“争端解决”。

Reform)，当具体建议和决定作出后，相关成员明确表态支持，如同在贸易纠纷中败诉方表态履行裁决。如果需要，FSB 可以就“合理实施(履行)期限”作出裁决。

效仿 WTO 的报复制度应当在未来择时引进。时机选择取决于以上所提两项改革的进度和效果。金融法领域报复制度的适用案例如下：如果美国对欧盟企业苛以不适当负担，违反美国在 G20 改革框架下的承诺，则经过 FSB 授权，欧盟可以对美国企业中止履行对等承诺。需要注意的是，报复制度的前提条件是存在最低水平的多边协议。

在此期间，也就是在引进报复制度之前，应当允许 FSB 采取比现在更为快捷的“点名羞辱”措施。① 例如，FSB 主席向违反承诺的成员去函施压的，不应当视为“极端情况”而必须事先征得全会一致批准。相反，FSB 主席应当有权依据同行审议小组的评估报告，独立作出去函决定。

2. 实施成员资格制裁制度

强化执行力的另一项措施是成员资格制裁。前面讨论过，成员资格制裁在一些国际组织是常见的，比如 FATF 和 IMF。在 IMF，成员资格丧失意味着无法获得 IMF 贷款，IMF 由此获得强大执行力。但是 FSB 没有相应资本作为制裁工具，所以确保 FSB 决议执行的方法之一是寻求 IMF 协助。也就是说，FSB 一旦作出剥夺成员资格的决定，IMF 即停止向该成员发放贷款。② G20 应当明确支持这项监管合作机制。从 IMF 和 FSB 就国际标准的监管合作历史看，两个机构应当有可能在成员制裁方面取得进一步合作。

需要注意的是，成员资格制裁是在极端情况下使用的措施。因为剥夺成员资格是极端严厉的措施，IMF 使用该措施时也是警告多于适用。③ 目前，FSB 使用该执行机制的时机尚不成熟，因为 FSB 尚处于发展初期，主要任务还是吸收新成员。待将来使用该机制时，FSB 应当遵循“警告为主”原则。

七、结论

国际金融法至今保留软法传统。但是，随着资本充足率、反洗钱和反恐金融国际规则的发展，国际金融法正在经历一个逐步硬化的过程。事实上，这个硬化过程在不同维度发生着，包括义务强制性、规定严苛性、成员资格制裁以及强大的监测实施体系。

① “点名羞辱”措施适用于争端解决和同行审议两种情况。

② 参见本文附录“FSB 章程：改革建议”，主题五“成员资格制裁”。

③ 参见本文第四(四)部分的讨论。

在金融危机期间，国际金融法的硬化进程提速。从1997年亚洲金融危机到2008年全球金融危机，国际监管改革措施日趋严密，其中包括完善巴塞尔资本充足规则、建立并大幅修订“金融部门评估规划”、建立金融稳定论坛并随后将其机构化进而建立FSB、持之以恒地改进FSB同行审议项目，等等。由于各项硬化措施，国际金融法作为国际法的一个复杂而隐蔽的子部门似乎已经成为事实上的硬法。巴塞尔协议对于主权国家尤其具有执行力。①

但是，就在2008年金融危机阴霾尚未完全散去的时候，监管者开展国际监管合作的热情减退。单边和保护主义势头持续发展，国家之间的分歧不断增加，国际监管的努力萎缩，国际金融市场呈现碎片化。这种势头是短视而有害的，因为它对G20金融监管改革的落实构成挑战。

学者Giovanoli曾经把国际金融的软法标准比作漏雨的茅草房。天气晴朗时一切正常，遇上倾盆大雨则顷刻垮塌。② 2008年全球金融危机证实了Giovanoli的预言。人们应当对国际金融监管合作的现状保持警惕：它非常脆弱，可能再次诱发金融危机。

你如何去推动国家采纳一项标准？如果标准被采纳，你又如何监督标准的实施？在国际经济中放眼望去，国际监管框架还很幼稚。如果有人问：为什么国际金融危机以如此的规模和频率发生着？……我以为，我们缺少一个有力的国际监管和法律框架。③

G20金融监管改革欲取得成功，建立完整的执行框架是关键。FSB应当担此重任。④ 强大的FSB是实施改革的组织保障，而具有公信力的争端解决机制是提升执行力的必然选择。

---

① 巴塞尔资本充足率要求不具有法律约束力，而由各国自愿实施。有评论认为，巴塞尔协议的成功说明“成员承诺”比“法律约束力”更加有效。FSAP项目曾经调查市场参与者对国际金融软法的使用情况，以5分为满分，巴塞尔核心原则得分为3.39，为各项国际金融软法得分最高之一。

李仁真. 国际金融法新视野[M]. 武汉：武汉大学出版社，2013：466.

② Mario Giovanoli, International Monetary Law: Issues for the New Millennium 59 (Oxford University Press 2000).

③ Mario Giovanoli, International Monetary Law: Issues for the New Millennium 59 (Oxford University Press 2000), quoting S Fischer, *Capital Account Liberalization* in IMF, Current Developments in Monetary and Financial Law i, 2 (1999).

④ 参见FSB职责，http://www.financialstabilityboard.org/about/mandate.htm，2016年3月13日访问。

附录　　**FSB 章程：改革建议**

主题	FSB 章程（2012 年 6 月生效）	改革建议
一、秘书处	第 22 条	FSB 秘书处的人员配置应当与其维持全球金融稳定的核心职能相匹配。（增补为第 22.9 条）
二、经费	SCBR 的职能是……在中期为全会指定、评估、建议 FSB 独立筹措经费的各项选择，以补充国际清算银行提供的经费。（第 17.3 条）	(1) FSB 应当不晚于 2017 年 6 月征收会费作为经费来源； (2) 会费应当与成员经济规模、金融市场活跃程度以及金融稳定状况成正比； (3) FSB 秘书处负责管理会费。秘书处设立基金，适度投资会费以实现保值增值目的。
三、投票	全会使用协商一致方式作出决定。（第 9.2 条）	全会使用协商一致方式作出决定。经协商无法达成一致意见的，以简单多数投票方式作出决定，但以下事项须获得 3/4 成员同意方可通过：章程修改，经费修改，投票权修改，成员资格制裁。
四、争端解决	不存在	(1) 成员应当承诺实施 FSB 建议； (2) 成员由于遵守国际标准而在面对没有同步遵守标准的其他成员时丧失竞争优势的，该成员可以向 FSB 申诉； (3) 相关成员应当在 FSB 建议通过后 30 日内，通知 FSB 其实施该建议的意向； (4) 若立即实施不具有可行性，相关成员应当通过以下方式获得实施合理期限：该成员提议并经 FSB 批准；与争端各方成员协商确定；或仲裁决定； (5) 败诉方没有适当实施 FSB 建议的，胜诉方可以请求 FSB 授权报复，允许胜诉方中止履行对败诉方的等量义务； (6) 败诉方可以申请仲裁以裁决 FSB 授权胜诉方报复的水平是否适当。
五、成员资格制裁	不存在	FSB 决定剥夺会员资格的，世界银行和 IMF 应当终止向相关会员贷款。

Enforcing International Financial Regulatory Reforms: The Perspective of FSB

Abstract: The G20-led international financial regulatory reforms against the 2008 financial crisis have encountered major problems in national implementation. Nations differ vastly in regards of approach, degree, scope, and timetable of implementing international standards in most financial sectors. The implementation problem tends to induce states to race to the bottom, making international financial regulatory reforms in vain, and even laying the ground for the next financial crisis. The implementation problem is rooted in the tradition of "soft law" standards in international finance. This article calls for keeping the right momentum of hardening international finance law along possible dimensions of obligation, stringency, delegation, and enforcement. The article specifically advocates improving the multilateral financial regulation via a stronger Financial Stability Board and a credible dispute settlement mechanism borrowing the WTO experience.

Key words: G20; FSB; soft law; institutionalization; peer review

CISG中的卖方补救权研究

□　俞彦韬*

内容摘要：卖方补救权是CISG中平衡买卖双方当事人利益的重要机制，在公约违约救济体系中的地位举足轻重。补救权基于约定或法律规定产生，后者统一以合理性为其边界；法定补救权的行使令卖方负担补救履行的义务，令买方负担协作义务；补救权能够影响或者对抗买方与之不相容的救济选择，它不仅优先于买方的减价权以及履行请求权，而且决定着损害赔偿的最终范围；此外，不履行被合理补救的可能性以及卖方提供补救的明确意愿原则上能够排除根本违约的构成，从而间接影响买方宣告无效权的成立。通过这一权利的设置，公约确保了卖方赚取原合同下全额价款的第二次机会。

关键词：CISG　补救权　违约救济

目　　次

* 俞彦韬，清华大学法学院2015级博士研究生。本文在参加第三届“北仲杯”全国高校商事仲裁有奖征文大赛答辩后，根据答辩组王红松、李仕春、韩世远、赵秀文、宋连斌等老师的宝贵意见进行了修改，在此致谢。当然，文责自负。

一、引言

在一个适用《联合国国际货物销售合同公约》(以下简称“公约”)的交易中，如果卖方不履行其依据合同或公约所负的义务，则买方可以寻求以下几种救济：①请求实际履行(或在货物不符合合同时请求修理或交付替代货物)；②主张减价；③宣告合同无效;[①] 请求损害赔偿。[②] 以上几种救济手段之中，前三种相互冲突，不能并存，它们之间又不存在位阶关系，只是构成要件的宽严程度不同，故在满足各自构成要件时，买方享有选择权。[③]

然而，买方的救济手段选择对于卖方的影响很大，尤其是宣告合同无效和减价，都将使卖方无法获得原合同下的全额价款。为了平衡买卖双方当事人的利益，公约第 34、37、48 条[④]规定了卖方的补救权，赋予处于违约状态的卖方“亡羊补牢”的机会。通过行使补救权，卖方可以对抗买方的救济选择，强迫买方在补救期间内严守合同，并在成功补救了违约之后，保有原合同下其所期待的盈利。由此可见，卖方补救权制度在公约的违约救济体系中处于举足轻重的地位，不了解它，就难以厘清这一体系的脉络，在规范的适用上也易生讹误。时至今日，各国法院及仲裁庭针对上述条文积累了大量裁判例，许多疑难问题得到了澄清，然而，由于这些条文模糊的用语、较为概括的规定方式以及违约补救问题自身的复杂性，多头解释的情形及其风险依然存在。这样的局面与公约第 7 条 1 款促进适用统一性的要求尚

---

① 公约上“宣告合同无效”相当于我国法语境下的“合同解除”，而与自始、当然、确定的“合同无效”无关。

② See CISG Art. 45(1), 46, 49, 50, 74-76.

③ Vgl. Müller-Chen, in: Schlechtriem/Schwenzer (Hrsg.), Kommentar Zum Einheitlichen UN-Kaufrecht, C. H. Beck, 2013, § 45 Rn. 12.

④ 如无特别说明，本文引用的条文均来自公约。

有一段距离。有鉴于此，本文将尝试依托现有裁判观点，对公约补救权制度的适用难点进行整理，体系化地呈现该制度的全貌，以期对正在参与规则形成的我国法院和仲裁庭有所助益。

补救权制度作为双方当事人之间的利益平衡机制，必须能够容纳个案中对双方利益状态的具体考量，故其制度设计需要保有一定的弹性，这难免以一定程度上牺牲规则的安定性为代价。对于需要尽可能确定地开展贸易活动的市场主体而言，上述不安定性需要引起足够的重视，以便事先进行妥当的安排，避免纠纷、控制风险。对于应当如何进行这样的安排，本文也将提供一些参考。

二、补救权的规范体系及构成要件

(一)概说

公约以三个条文的篇幅规定了卖方的补救权：第 34 条 2、3 句规定了履行日期前交付单据与合同不符时卖方予以“纠正”的权利，第 37 条规定了履行日期前交付货物不符合合同时卖方的补救权，二者可称为“期前补救权”；第 48 条规定了卖方于履行日期后主动补救义务违反的权利，可称为“期后补救权”。其中，第 34 条 2、3 句以及第 37 条规定的两种期前补救权，并没有本质的区别。公约 1978 年草案①中本没有关于单据瑕疵补救权的规定，在维也纳会议上，加拿大代表提出对草案第 35 条(对应正式文本第 37 条)进行修改，将其适用范围扩及单据与合同不符的情形。② 该提案虽最终被采纳，③ 但正式文本从条文的体系出发，没有对第 37 条做出上述修改，而是以该条文为范本增设第 34 条 2、3 句，落实了上述提案的精神。有鉴于此，上述两项规定应当一体把握。

期前补救权的构成要件主要有：①卖方放弃期限利益提前履行，但货物或单据有瑕疵；②买方接受了提前履行而没有行使可能存在的拒绝受领权；③补救不会给买方造成不合理的不便或不合理的开支。期后补救权的构成要件主要有：①义务的履行期已经过；②存在不履行义务的情形；③补救不会给买方造成不合理的迟延、不合理的不便或预付费用偿还的不确定性。

除了上述法定的补救权之外，公约并不禁止买卖双方以协议的方式对违约后的

---

① UN, DOC. A/CONF. 97/5.

② UN, DOC. A/CONF. 97/C. 1/L. 116.

③ See Official Records of the United Nations Conference on Contracts for the International Sale of Goods 309-310 (United Nations Publication, 1981).

补救事宜进行约定，这样的协议有时构成对公约相关规则的排除适用(第 6 条)，有时则构成对原合同的变更(第 29 条 1 款)，卖方依协议将获得约定的补救权。

在法定补救权的规范体系中，第 48 条 2—4 款的地位引起了学说上的争议，需要予以特别说明。除此之外，还应注意到，上述两种补救权的第三个构成要件虽然列举的情形不尽相同，但却构成了一个统一的合理性基础，它对于法定的、甚至约定的补救权，都具有一定的限制作用。这也是一个需要在下文中进一步明确的问题。

(二)第 48 条 2—4 款：独立的补救权基础?

公约第 48 条 2 款规定，卖方可以为自己的补救指定一段期间并要求买方做出是否接受的答复，买方如不欲接受补救，必须及时地表示拒绝，否则需受这一期间的约束；该条第 3 款则将附有期间设定的补救通知与前款规定的要求答复的期间设定相等同，对该通知的沉默同样发生接受补救的效果；该条第 4 款则规定上述要求或通知必须到达始生效力，从而构成对第 27 条的例外。对于这一系列规定的理解，学说上存在分歧。

多数观点①将第 2—4 款解读为一个与第 1 款相互区别的独立的补救权发生基础，其适用不以第 48 条 1 款补救权的存在为前提。这意味着，即使该条 1 款的构成要件未被满足(即补救本不具有合理性)，买方也必须及时做出拒绝表示，才能避免受到卖方所设定的补救期间的约束，一旦补救期间因为买方的沉默或明示的接受而产生约束力，卖方就获得了一个额外的补救权。此外，第 48 条 2—4 款的适用也不会对该条 1 款产生影响，即使买方拒绝了卖方设定的补救期间，也不会使后者丧失其依据该条 1 款而获得的补救权——言外之意：无论第 48 条 1 款补救权的要件是否满足，买方都可以任意拒绝卖方的补救期间设定而无需给出理由。②

反对意见认为，第 48 条中并不存在两种不同的补救权，该条第 2 款以下不过

① Müller-Chen, in: Schlechtriem/Schwenzer (Hrsg.), Kommentar Zum Einheitlichen UN-Kaufrecht, C. H. Beck, 2013, § 48 Rn. 24; Huber, in: Kröll et al., UN-Convention on the International Sales of Goods (CISG) Art. 48 para. 29 (C. H. Beck · Hart · Nomos 2011); Honnold/Flechtner, Uniform Law for International Sales under the 1980 United Nations Convention 430 (4th ed., Wolters Kluwer 2009).

② See Huber, in: Kröll et al., UN-Convention on the International Sales of Goods (CISG) Art. 48 para. 34 (C. H. Beck · Hart · Nomos 2011); Saenger in: Ferrari/Kieninger/Mankowski u. a., Internationales Vertragsrecht, C. H. Beck, 2011, § 48 Rn. 12.

是关于补救权行使程序的规定。① 遵循此思路，将发生以下两方面结果：首先，如果第 48 条 1 款补救权的要件未满足，则该条 2—4 款的规则不能适用，因而即使买方未及时拒绝补救建议，也无需受卖方设定的期间约束，只有其明示同意，才发生约定的而非法定的补救权；② 其次，如果第 48 条 1 款的要件已满足，且卖方指定的期间在合理范围之内，则买方不能拒绝卖方依据该条 2—4 款设定的补救期间，阻碍后者行使其权利。③

从条文结构出发，第 48 条 2—4 款紧接规定构成要件的第 1 款之后，确实有明确补救权如何行使的作用，但是其功能不限于此。④ 公约起草者设置这些条款是为了让希望补救的卖方得以尽快澄清权利状态，降低徒劳支出补救费用的风险。出于此种立法目的，补救的相对方被科以更为严格的协助要求：他必须及时表露拒绝的意思，否则受到补救通知的拘束。参考贸易法委员会秘书处对公约 1978 年草案的评注，可知这种澄清权利状态的需要至少存在于两种情形：其一，由于买方的宣告无效权优先于卖方的补救权，⑤ 故即使第 1 款的要件完全满足，卖方也仍需明确买方是否打算行使该权利；其二，由于补救是否满足第 1 款的合理性要求，常常取决于一些卖方无从知晓的个案情形，故卖方需要明确买方是否认可补救权的存在。⑥依据上文多数观点，即使依第 48 条 1 款补救权能够成立，买方也能够任意拒绝卖

① Vgl. Schnyder/Straub, in: Heinrich Honsell (Hrsg.), Kommentar Zum UN-Kaufrecht, Springer, 2010, §48 Rn. 38；同旨亦见于焦富民、陆一：《协作理念与债务人治愈权的构造》，《扬州大学学报·人文社会科学版》2009 年第 2 期，第 70 页。

② Vgl. Schnyder/Straub, in: Heinrich Honsell (Hrsg.), Kommentar Zum UN-Kaufrecht, Springer, 2010, §48 Rn. 40.

③ Vgl. Schnyder/Straub, in: Heinrich Honsell (Hrsg.), Kommentar Zum UN-Kaufrecht, Springer, 2010, §48 Rn. 56.

④ 否则这些条款的功能就仅限于确定实施补救的具体时间，那么其应当表述为“如果卖方要求买方表明他是否接受卖方在其所指定的期间内履行义务……”才更加合理，而正式文本并没有包含上述限制。如果第 48 条 2—4 款只在补救权成立时适用，那么征求买方是否接受补救的意见是没有必要的，由此不难看出该条的功能不止于确定补救期间，还包括确定补救权是否存在。

⑤ 详见后文第四(一)节。

⑥ See UNCITRAL, From Commentary on the Draft Convention on Contracts for the International Sale of Goods prepared by the Secretariat (DOC. A/CONF. 97/5) Art. 44 (became Art. 48) para. 13, adopted on 14 Mar. 1979, available at http://www.cisg-online.ch/index.cfm?pageID=644, visited on 10 Dec. 2015: "If the seller intends to cure the non-conformity he will normally so notify the buyer. He will also often inquire whether the buyer intends to exercise his remedies of avoiding the contract or declaring the price to be reduced or whether he wishes, or will accept, cure by the seller." (Emphasis added).

方的补救建议，后者虽仍可以依据第 1 款主张补救，却始终无法明确买方是否打算宣告合同无效，这显然损害了该条的立法目的；此外，允许买方在这一场合任意拒绝卖方设定的期间，虽不会取消卖方的补救权，但却会令补救实施的时间要求无法明晰化，因为卖方的期间设定被拒绝后，就只能在一段难以精确确定其长度的“合理期间”内进行补救，其结果是必须承担对该期间估计错误而造成补救失败的风险，而这种风险恰恰是第 48 条 2—4 款所欲消除的。而依据上文的反对说，第 2 款以下的澄清机制仅适用于补救权依据第 1 款能够成立的情形，这样一来，如果卖方是由于无法确定补救权是否成立而提出了包含期间设定的补救建议，就无法依据买方的沉默明确自身的权利状态，因为沉默可能由于第 1 款的要件满足而产生接受的效力，也可能由于要件不满足而构成对补救建议的拒绝，这同样损害了第 48 条 2—4 款的立法目的。

有鉴于此，本文主张对上述两种观点进行修正，以保障立法目的的实现。在第 48 条 1 款补救权成立的场合，卖方本有权在合理的时间内实施补救，其设定长度合理的补救期间，无非是对自己权利的行使做出具体的安排，买方对此无权拒绝，除非明确行使业已成立的宣告无效权消灭卖方的补救权。此时，为贯彻澄清权利状态的立法目的，买方的沉默将被视为对宣告无效权的暂时放弃。另一方面，在第 48 条 1 款的要件未被满足的场合，法定的补救权虽不存在，却不妨碍将该条 2、3 款中的期间设定理解为提供补救的要约(所以第 4 款特别规定其到达生效)，买方对此要约明确表示同意，自然能使卖方获得约定的补救权；在买方未及时回应的场合，出于帮助卖方明确权利状态的考量，第 48 条 2、3 款中沉默视为同意的特则也应当适用，易言之，买方对满足第 48 条 2、3 款要件的补救要约保持沉默就产生承诺的效果(对第 18 条 1 款的例外)，卖方获得约定的而非法定的补救权。

需注意的是，要适用沉默视为同意的特则，补救要约必须包含期间设定，对于没有设定补救期间的一般补救要约，沉默原则上不构成承诺，除非双方当事人另有约定或存在相应的惯例或习惯做法(第 9 条和第 18 条 1 款)。也就是说，补救要约需要以更高程度的确定性换取对方更高程度的协助义务。

在中国国际经济贸易仲裁委员会 1999 年 12 月 29 日做出的一个仲裁裁决(CISG-online no. 1255)中，违约的卖方提出了收回货物并返还价款的补救方案，但没有设定具体的时间，买方没有及时作出答复。仲裁庭认为，在国际贸易中“沉默”往往被认作“认可”的一种表示，而且依据第 48 条第 2 款，买方的沉默意味着接受补救，放弃自己的索赔权利。但是本案中，卖方提出的补救要约并没有包含期间的设定，因此不能适用第 48 条 2 款中沉默视为同意的特则，至于是否存在“沉默作为认可”的国际贸易惯例，也不宜不分情形地一概肯定，否则第 18 条 1 款将成为具文。

在国际贸易实践中，如果卖方希望行使补救权，则最好不要浪费第 48 条 2 款以下的澄清机制。在着手补救前，应向对方发出附加期间的补救通知，并根据对方的反应安排接下来的行为。盲目地组织补救，可能会因为之后发现补救权并不成立或者合同被宣告无效而徒费成本。相对的，如果买方收到了上述补救通知，切不可因为己方占理便不予理睬，应当及时表明自己的态度，以避免不必要的纠纷和损失。

（三）统一的“合理性”要求

第 34、37 条要求“期前补救不会给买方造成不合理的不便或不合理的开支”，相应地，第 48 条要求“期后补救不会给买方造成不合理的迟延、不合理的不便或预付费用偿还的不确定性”。二者都包含了无“不合理不便”这一涵盖面极广的抽象要件以及其他几个较为具体的要求。事实上，正如有的学者指出的，“迟延”、“费用偿还不确定”、“不合理开支”等都不过是“不合理不便”的具体体现，① 公约中的补救权制度实际只包含一个统一的、极为灵活的“合理性”要求。这是因为，卖方的补救权是一种效力很强的权利，它要求并无任何违约行为的买方做出许多牺牲，这种牺牲必须被控制在一定的限度内，否则补救权就会成为违约方压迫守约方的工具。对上述限度的拿捏，必须考虑个案的具体情形并平衡双方当事人的利益，因此只有设置灵活的标准，才能容纳这种利益衡量。

补救的合理性主要体现在时间层面和操作层面。在提前履行的场合，卖方令买方提前享受了履行利益，故此时不能使前者的地位比按时履行的情形更为不利，因此，第 34 条和第 37 条中没有包含时间层面的合理性要求。

第 34 条和第 37 条中的“不合理开支”以及第 48 条中的预付费用偿还的不确定性，都是操作层面上“不合理不便”的具体情形，二者可以“互文见义”：前者虽仅在第 34 条和第 37 条中提及，也可以归入第 48 条中；② 反之，后者也为第 34 条和第 37 条所不许。③ 此处所谓“开支”及“费用”，均指买方为配合补救的实施而预先支出的成本，比如受领替代货物的费用、送修瑕疵货物的费用、因必须中断生产或营业而产生的费用等；不合理的开支，指其金额过高，可能影响买方的资金周转；

---

① See Will, in: Bianca/Bonell ed., Commentary on the International Sales Law 352 (Giuffrè 1987).

② See UNCITRAL, Commentary on the Draft Convention on Contracts for the International Sale of Goods prepared by the Secretariat (DOC. A/CONF. 97/5) Art. 44 (became Art. 48) para. 11, adopted on 14 Mar. 1979, available at http://www.cisg-online.ch/index.cfm?pageID=644, visited on 10 Dec. 2015.

③ Vgl. Benicke in: Münchener Kommentar zum HGB, C. H. Beck., 2013, CISG §37 Rn. 8.

偿还的不确定性，指卖方没有以提供担保或预付款的方式确保买方能够得到费用补偿，① 一旦出现这些情况，买方就无需容忍卖方补救。

补救不具有合理性还会体现在其他一些场合。比如在中国国际经济贸易仲裁委员会 2006 年的一个仲裁案件中，② 澳大利亚卖方出售给我国买方的汽车有瑕疵，卖方在其工程师两次调试失败后，提出将汽车运回澳大利亚进行修理。已经支付价款的买方则要求卖方于第三方账户提存价款 90%的金额，以担保其修理并再次交付的义务。卖方拒绝了这一要求，买方于是宣告合同无效。仲裁庭认为买方拒绝卖方继续履行合同的请求具有事实依据，并支持了其宣告合同无效的主张。该仲裁裁决虽未明确引用第 48 条 1 款，但本案中买方交回货物时需承受的风险与预付无法确定能否获偿的费用之情形并无区别，应足以阻却卖方补救权的成立。

判断补救履行是否合理，应采用客观的标准，以个案的具体情形为依据。③ 因此，买方主观上对卖方的信赖基础丧失，不能构成不合理的不便，除非卖方欠缺补救能力或补救诚意的事实已经通过客观的情形表现出来。④

三、法定补救权的效力分析

双方当事人如果对补救的实施做出了约定，自然应依据该约定行事，无需多论。此处主要分析法定补救权的法律后果，这又可展开为对卖方的效力、对买方的效力和对买卖双方当事人的效力三个方面。

（一）对卖方的效力：补救义务及其履行

补救权是卖方的权利，只要满足法定的构成要件，买方就无权干涉其行使。卖方一旦行使补救权，即意味着承诺自己将在合理的期限或者自己所设定的期限内提供适约的给付，因此会为自己创设实施补救的义务。这一义务的内容包括以下几个方面。

其一，对于补救的具体方式，卖方享有选择权，在不逾越合理性边界的前提下，卖方可以选择对自己而言最为有利的方式，而无需考虑何种方式对于买方的影

① Vgl. Benicke in: Münchener Kommentar zum HGB, C. H. Beck., 2013, CISG §48 Rn. 8.

② See China December 2006 CIETAC Arbitration proceeding (*Automobile case*), available at http://cisgw3.law.pace.edu/cases/061200c1.html, visited on 10. Dec. 2015.

③ See Will, in: Bianca/Bonell ed., Commentary on the International Sales Law 352 (Giuffrè 1987).

④ Vgl. Schnyder/Straub, in: Heinrich Honsell (Hrsg.), Kommentar Zum UN-Kaufrecht, Springer, 2010, §48 Rn. 25.

响最小。① 补救权旨在以再次提供履行的方式消除违约，故补救措施必须能够使买方获得如无违约时其应可获得的实际履行。因此，卖方主动减低价款或退货，不构成补救权的行使；② 同理，以其他型号的货物替换不符合合同的货物，也不构成适格的补救，因为买方通过上述措施无法得到期待的履行效果。③

其二，履行补救义务的地点，视补救履行的具体方式而异。对于迟延交货的补救或者以交付替代货物的方式消除货物瑕疵，应在原来的交货地点履行。修理，一般应在货物所在地进行，如果必须返修，则应由卖方负责取去并送回，造成不合理的不便时，买方可以拒绝。④

其三，关于补救履行的时间，在期前补救的场合，卖方自可在履行日期之前进行补救，如果补救的过程拖延到了履行日期之后，就需要根据第 48 条 1 款确定是否还能允许。第 48 条 1 款下的补救则必须能够在合理的时间内完成，否则卖方不享有补救权。如果补救本可按时完成，但具体实施的过程却迁延日久，超过了合理性的界限，则买方有权拒绝卖方继续补救，转而主张其他救济。⑤ 卖方有权依据第 48 条 2 款为补救的实施设定一个期间，该期间一旦产生拘束力，⑥ 卖方就必须在该期间内履行自己的补救义务，如有逾期，补救即告失败。

其四，第 48 条 1 款明文规定，卖方必须自付费用实施补救。这意味着卖方无权请求买方偿还补救的费用，卖方若以买方自费为提供补救的条件，则与拒绝补救无异。对于买方为配合补救而支出的费用，卖方也有义务进行返还。许多学者认

---

① Vgl. Schnyder/Straub, in: Heinrich Honsell (Hrsg.), Kommentar Zum UN-Kaufrecht, Springer, 2010, §48 Rn. 10; Benicke in: Münchener Kommentar zum HGB, C. H. Beck., 2013, CISG §48 Rn. 4; Huber in: Münchener Kommentar zum Bürgerlichen Gesetzbuch, C. H. Beck, 2012, CISG §48 Rn. 13.

② 在前引中国国际经济贸易仲裁委员会的裁决(CISG-online no. 1255)中，仲裁庭将卖方提出的收回货物并返还价款认定为补救权的行使，这一见解值得商榷。

③ See Italy 11 December 2008 *Tribunale di Forlì* [District Court] (*Mitias v. Solidea S. r. l.*), translation available at http://cisgw3. law. pace. edu/cases/081211i3. html, visited on 10 Dec. 2015. 该案中，意大利卖方交付的鞋子不符合合同，其后它提出以另一型号的鞋子进行替换，斯洛文尼亚买方予以拒绝。法院认为卖方提出的补救无法在不造成不合理不便的前提下充分弥补货物与合同不符的情形，因此支持了买方宣告合同无效的主张。

④ See China December 2006 CIETAC Arbitration proceeding (*Automobile case*), available at http://cisgw3. law. pace. edu/cases/061200c1. html, visited on 27 Nov. 2015.

⑤ See Landgericht Heilbronn, 1997/9/15, CISG-online 562. 在该案中，违约卖方对于货物(涂膜机)进行了长达九个月的修理，并且没有对费用的偿还做出任何表示，法院因此支持了买方拒绝继续进行补救，并宣告合同无效的主张。

⑥ 详见上文第二(二)节。

为，第 48 条 1 款“自付费用”的规定可以独立地作为费用返还请求权的基础，买方无需以损害赔偿的方式主张这一金额，故即使卖方依据公约第 79 条可以对损害赔偿免责，也不能拒绝第 48 条 1 款下的费用返还请求(第 79 条 5 款)。① 与此相较，公约第 34、37 条中却没有卖方必须自付费用的明确规定，这虽然并不妨碍买方在第 45 条 1 款 b 的框架内，通过损害赔偿请求权获得预付费用的填补，但却无法避免相应免责条款的适用，由此形成的区别对待是否合理，值得反思。在期前补救的场合，补救权成立的门槛本就较期后补救时为低，买方受制于此的可能性相应更高，然而其求偿地位反劣于后者，此种评价上的矛盾，应予避免。方案之一是从第 48 条 1 款、第 57 条 2 款、第 85—87 条、第 88 条 3 款中推导出由一方当事人原因给对方造成的额外费用应由该方当事人负担的一般原则，进而依据第 7 条 2 款进行漏洞填补。

(二)对买方的效力：协作义务的创设

补救权的目的，是令卖方获得提供适当履行的第二次机会，这一目的的实现不仅需要买方对补救的容忍(必须先搁置自己的一些救济权利)，有时甚至还需要买方积极地进行配合。有关补救权与买方各种救济手段的关系，较为复杂，此处且按下不表，② 先讨论买方的协作义务。

1. 买方协作义务的来源

无论是第 34、37 条还是第 48 条 1 款，都没有明确规定买方的协作义务，学界因此对该义务的存在基础产生不同见解。一部分学者认为，买方的协作义务产生自公约第 7 条 1 款所规定的诚实信用原则，③ 买方不能以拒绝配合的方式事实上架空卖方的补救权；也有学者认为，买方协作义务的范围，需根据公约第 77 条中受损害方减轻损失义务的合理性标准来判断。④ 后一种观点参照第 77 条确定买方的协作义务，不足之处在于：对于减轻损失义务，卖方不能请求买方履行，其因为买方不受领或者迟延受领补救履行而遭受的损失，也无从依据第 74 条以下的规定获得

---

① Vgl. Schnyder/Straub, in: Heinrich Honsell (Hrsg.), Kommentar Zum UN-Kaufrecht, Springer, 2010, § 48 Rn. 18; Benicke in: Münchener Kommentar zum HGB, C. H. Beck., 2013, CISG § 48 Rn. 5; Müller-Chen, in: Schlechtriem/Schwenzer (Hrsg.), Kommentar zum Einheitlichen UN-Kaufrecht, C. H. Beck, 2013, § 48 Rn. 8.

② 详见下文第四、五节。

③ Schnyder/Straub, in: Heinrich Honsell(Hrsg.), Kommentar Zum UN-Kaufrecht, Springer, 2010, § 48 Rn. 28; Kröll in: Kröll et al., UN-Convention on the International Sales of Goods(CISG) Art. 37 para. 22 (C. H. Beck · Hart · Nomos 2011).

④ Benicke in: Münchener Kommentar zum HGB, C. H. Beck., 2013, CISG § 48 Rn. 8.

损害赔偿，这将导致买卖双方当事人的利益失衡，故不足采。前一种观点虽无此弊，但也值得反思。以诚实信用原则支撑协作义务的前提是存在一个虽在公约范围内但未获得“明确解决”的问题(第7条2款)，对于买方的协作义务，公约虽未设明文，但却提供了解决方案。上文已经指出，“实施补救不得给买方造成不合理的开支或者费用偿还的不确定状态”，只有认为买方有义务在必要时为配合补救支出费用，添加上述限制才有意义，因为倘若买方无协作义务，上述费用的发生就只可能基于买方自愿，补救权永远不会“造成”(cause)数额不合理、偿还不确定的状态，无需特别规定排除补救权。既然公约不惜要求买方为配合补救而支出费用，则买方应负协作义务，自不待言。鉴于第34、37、48条对此问题已有安排，本文倾向于认为，买方的协作义务系直接因补救权的行使而被创设，无需迂回至诚实信用原则。公约既然允许违约的卖方实施补救，就不可能不承认买方的协作义务，否则补救权将不过徒有其表，制度目的难以实现。买方的协作负担如果过于沉重，自可援引补救权的合理性要件加以拒绝，双方利益不至因此失衡。

另需指出的是，第48条1款也适用于对迟延交货的补救，如果卖方在迟延之后提出履行，买方除非已经宣告了合同无效，否则仍需受领。买方这一收取货物的义务仍来源于公约第60条，无需再由补救权的行使另行创设协作义务。

2. 违反协作义务的法律后果

接下来要问：在买方违反协作义务时，将发生何种效果？首先，为补救提供协助既然成为了买方的义务，对其违反将使卖方有权依公约第61条获得救济。卖方可以依据第62条请求买方提供协助，如果买方不提供或迟延提供协助构成了根本违约，卖方甚至可以宣告合同无效(第64条1款a)；卖方对于因此遭受的损失，有权依据第74条以下的规定请求损害赔偿。其次，买方怠于提供协助，如果造成卖方的补救义务无法履行，则买方本可在补救失败场合主张的其他救济权利，可能受到影响。其依据是公约第80条：一方当事人在对方的不履行可归因于己的范围内，不得基于该不履行而主张权利。此处，买方怠于协作，造成的是卖方对实施补救义务的违反，故而买方将不再被允许主张此不履行，其结果是买方此时的权利状态与补救已经被成功实施时一般无异。买方不再有权请求卖方修理或交付替代货物，也不能主张减少价款或宣告合同无效。① 上述结论在公约第50条关于减价的规定中得到了印证，该条后段将买方拒绝接受补救的情形与已经做出补救的情形一

① 参见在奥地利最高法院2011年的一则判决中(CISG-online no. 2239)，买方拒绝卖方的工作人员进入其场所检验货物，导致卖方的维修义务无法履行，法院认为即使不考虑补救可能性对根本违约判断的影响，依据第80条，买方也会因为无理由地拒绝接受补救而丧失宣告合同无效的权利。

体对待，其后果都是减价权的排除。①

不过，卖方仍然需对其初始的不履行(交付与合同不符或附有第三方权利的货物)负责，买方怠于协作并不对此有所贡献，故基于此而发生的、非因协作义务违反而未被消除的损害(如迟延损害)，仍可获得赔偿。②

3. 买方自行补救瑕疵的法律后果

在货物不符合合同的场合，如果卖方不能或不愿提供补救，或者补救最终以失败而告终，则自应允许买方自行或委托第三人消除瑕疵，并将因此发生的费用作为损害请求赔偿，③ 买方在减轻损失的要求下，有时甚至有义务如此行为。对此应无疑问。有疑问的是，在卖方补救权尚存的场合，买方能否不待其提出补救就自行采取措施消除瑕疵，并向其主张补救费用的损害赔偿，从而绕过卖方的补救权？对此问题，现有裁判例和学说给出的答案不一。

在奥地利最高法院 2002 年的一则判决中，④ 法院虽然基于卖方的补救失败而认可买方有权自行采取补救措施，但却特别指出："在合同不履行或瑕疵履行的场合，债权人原则上(只要债务人不享有公约第 48 条下的补救权)有权自行采取合理措施达至与适当履行时相同的状态，并向债务人主张因此支出费用的赔偿。"易言之，买方不得以自行除去瑕疵的方式，褫夺卖方亲自补救瑕疵的机会。⑤ 一些学者

① 第 50 条后段的立法目的是防止买方以不合作的方式不当地阻碍补救，故如果买方嗣后主动移除了这一阻碍，而卖方因为自己的原因补救失败，则不应排除买方的减价权。

② See OLG Koblenz, 1997/1/31, CISG-online no. 256. 该案中买方无理由地拒绝了卖方通过交付替代货物补救瑕疵的建议。法院因此依据公约第 80 条否定了买方对于利润丧失的损害赔偿请求，同时认为：买方本可依据其他规定主张迟延损害或其他附带损害的赔偿，但其未提出此等主张，故法院不予考虑。

③ See AG München, 1995/6/23, CISG-online no. 368. 该案中，卖方交付的四环素微粉化程度未达到合同约定的标准，该瑕疵已经无法由卖方在合理的期间内消除，面临下家索赔压力的买方因此委托第三方再次进行微粉化，并向卖方主张补救费用的损害赔偿，法院予以支持。

④ See Austria 14 January 2002 Supreme Court (*Cooling System Case*), translation available at http://cisgw3.law.pace.edu/cases/020114a3.html, visited on 10 Dec. 2015.

⑤ See also OLG Hamm, 1995/6/9, CISG-online no. 146. 该案中卖方出售并负责安装的窗户元件有瑕疵，其另行交付了无瑕疵的货物后，买方自行进行了安装，进而主张补偿因此产生的费用。法院最终支持了这一请求，因为此案中买方自行补救"并不损害卖方的利益"；OLG Düsseldorf, 2001/2/15, CISG-online no. 658. 法院认为只要卖方依据公约第 48 条 1 款有补救权，买方就不能请求除去瑕疵费用的损害赔偿；BGH, 2014/9/24, CISG-online no. 2545. 该案遵循了奥地利最高法院的上述判决，认为"只要卖方不享有第 48 条下的补救权，买方就有权自行采取合理的措施达到与适当履行相应的状态，并将此费用作为损害——在第 77 条的界限内——向卖方求偿"。

也采相同的见解，并进一步提出，如果买方不顾既存的补救权自行消除了瑕疵，造成补救履行不可能，则将因第80条而丧失主张损害赔偿的权利，自行承担所支出的补救费用。①

然而，奥地利格拉茨高级法院新近的一则判决②却采纳了与上述相反的学说观点。该观点③认为，仅在特别的场合，买方基于第77条减轻损失义务或者诚实信用原则的要求，才不能立即自行除去瑕疵并主张补救费用的损害赔偿。买方在发现瑕疵之后以合理的措施将之除去，对卖方无害而甚至有利，但却要遭受丧失费用求偿权的严厉处罚，显然与第7条1款诚信解释的要求背道而驰。④

本文赞同第二种观点，在买方自行采取补救措施的场合，不能不辨情形地一律适用第80条剥夺买方的赔偿请求权。首先，如果卖方已经行使了其补救权，则依上文所论，买方将产生协作义务，其不待卖方履行就自行除去瑕疵，构成对该义务的违反，并造成卖方补救义务因目的达到而不能履行，此时有第80条的适用余地。依是条，买方不能主张卖方不履行补救义务，补救费用的损害赔偿请求权本可以通过补救履行而消除，故其应在买方不得主张的权利之列。不过，第48条1款明确将卖方作为补救费用的最后承担者，买方自行补救无异于替前者预支了费用，因此有不同于损害赔偿的费用偿还请求权，偿还范围以卖方如若亲自提供补救时本应支出的费用为限。除此之外，买方还需承担其违反协作义务的其他后果。其次，如果卖方尚未行使补救权，也没有明确表示拒绝补救，那么买方自行消除瑕疵的行为并不构成义务违反，也没有造成卖方的义务不履行，因为后者在此时尚未承担补救履行的义务。可见第80条在这一情形中并无立足之地。惟可考虑第77条的适用，依据该条，受损害方应当“按情况采取合理措施”，减轻损失。所谓“合理措施”，指“居于受损害方地位的理性人在相同情况下可被期待采取的符合诚实信用原则的行为”。⑤ 买方如欲消除货物瑕疵，则应当依据理性商人的判断，以尽量低的成本达至上述效果。一般情况下，出卖货物的一方对货物更加了解，故而更能够以较低廉的成本消除瑕疵，买方基于这一认识，合理的做法应是尽量给予卖方补救机会，买方若明知卖方实施补救费用更低廉，则更不应当轻举妄动。此时，买方如仍自行或

① Müller-Chen, in: Schlechtriem/Schwenzer (Hrsg.), Kommentar zum Einheitlichen UN-Kaufrecht, C. H. Beck, 2013, § 48 Rn. 21.

② OLG Graz, 2012/11/22, CISG-online no. 2459.

③ Benicke in: Münchener Kommentar zum HGB, C. H. Beck., 2013, CISG § 47 Rn. 3.

④ See Honnold/Flechtner, Uniform Law for International Sales under the 1980 United Nations Convention 429 (4th ed., Wolters Kluwer 2009).

⑤ OGH, 1996/2/6, CISG-online no. 224.

委托第三方实施了补救，就违反了第 77 条的减轻损失义务，倘嗣后卖方证明其本可以以更低的费用消除瑕疵，买方就不能获得高于这一金额的赔偿。不过，如果在个案中买方可以确定自行补救的成本比卖方实施补救时更低，或者当时的情形足以令买方确信卖方处理瑕疵的能力与自己或某第三方相当甚至更差(比如卖方不过是并不了解货物的中间商)，又或者瑕疵有加重甚至导致货物灭失的急迫风险，则其自行除去瑕疵的行为不应受非难，他可以得到因此支出之费用的赔偿，哪怕卖方嗣后证明自己本可以更低的成本消除瑕疵。

鉴于学说与司法实践对上述问题尚未达成共识，建议国际贸易中的买方在决定是否自行除去瑕疵时应当更加谨慎，如果除去瑕疵在时间上并非十分迫切(此时自行除去一般没有问题)，最好的办法是依据第 47 条 1 项为卖方设定除去瑕疵的后续履行期，促使其履行义务；在该期间徒然经过后，买方就可以毫无风险地自行采取补救措施，并向对方主张相应的费用。

(三)对买卖双方当事人的效力：补救成功或部分成功的法律后果

补救如果成功实施，卖方违约的状态就被消除，买方因此将丧失大部分救济权利，只有损害赔偿请求权不受影响，但损失的范围在补救成功后将会大大缩小。补救如果仅收到了部分成效，则买方仍可依据现存的违约状态主张其他救济。应注意的是，第 50 条前段规定减价的计算应依据“实际交付的货物在交货时的价值与符合合同的货物在当时的价值两者之间的比例”进行，然而部分成功的补救可能已经提升了实际交付的货物的价值，此时仍以货物在交货时的价值为准，未免对卖方不公。笔者管见以为，这种场合需按照补救结束时货物的实际价值与货物在交付时的应然价值的比例确定减价数额，方为合理。

四、法定补救权与买方宣告无效权的关系

补救权效力的重点在于限制买方行使与补救相冲突的救济。在诸种救济手段中，宣告合同无效对于补救的影响最大，它与补救权的方向完全相反，可谓势不两立，二者之间的关系也是实践中的重点，因此需要特别关注。补救权与其他救济权利的关系，则留待下节详述。

(一)期后补救权与买方宣告无效权的关系

1. 宣告无效权的优先地位

第 48 条 1 款规定，卖方“在第四十九条的条件下”方享有补救权，这一表述令人费解——第 49 条规定的是买方在卖方违约的场合，宣告合同无效的条件，其显

然不可能与卖方补救权的成立有关。事实上，该表述对应英文本中的措辞是"subject to article 49"，这一用语虽然同样具有模糊性，但足以表明卖方的补救权需要"屈服于"第49条下买方的宣告无效权，中文本的译法显然没能表现出买方宣告无效权的优先地位。①

宣告无效权的优先性首先表现在，如果买方已经依据公约第49条作出了宣告，则卖方的补救权消灭，后者如希望获得原合同下的盈利，只有尽力争取买方对补救的同意，以获得约定的补救权；宣告无效权优先于补救权，还表现在，即使卖方在合同被宣告无效之前提出了补救，也不能影响第49条的适用，买方仍可以依据该条行使权利，中断卖方的补救权(第81条1款)，卖方需自行负担因此而徒然支出的补救成本。② 但是，补救如果在买方宣告合同无效前被成功实施，则违约状态在此范围内消除，买方宣告合同无效的权利可能因此消灭，已如前述。

2. 补救可能性、补救意愿与根本违约的判断

无论第48条的文义还是相关的起草历史，均表明买方的宣告无效权应优先于卖方的补救权，那么要问：这一安排是否合理？补救权制度指向合同的维持，而买方宣告无效权的方向则恰恰相反，二者孰应优先需考虑各自的制度目的。③ 宣告无效令守约方有机会退出交易，恢复到合同签订前的利益状态；补救权制度的目的，则是给予卖方贯彻合同的"第二次机会"，尽量达到合同履行后的利益状态。二者虽归属于不同的主体，但辅之以损害赔偿，都能够为买方提供充分的救济。而相较之下，补救不仅能维持双方经过讨价还价(bargain)形成的交易计划，而且能够避免国际贸易场景下返还清算的困难(当然以交付替代货物进行补救时除外)，同时还顾及了卖方的利益，因而在法政策上，原则性地优先保障补救履行的实现才更合理。这也与公约将宣告合同无效作为守约方救济"最后手段"(Ultima Ratio)的所谓

① 宣告无效权的优越地位虽在起草过程中屡受挑战，但起草者最终的决定是非常清楚的。See UNCITRAL, From Yearbook Volume Ⅷ: 1977 45 para. 276, published in 1978, available at http://www.uncitral.org/pdf/english/yearbooks/yb-1977-e/yb_1977_e.pdf, visited on 10 Dec. 2015; Official Records of the United Nations Conference on Contracts for the International Sale of Goods 343 (United Nations Publication, 1981).

② 在维也纳会议上，希腊代表提议将"在第四十九条的条件下"修改为"在合同尚未依据第四十九条被宣告无效的条件下"，这一表述虽然较前者清楚，却淡化了宣告无效权的优先地位，容易让人误以为在无效宣告之前行使补救权会中止该权利。这一提议最终被拒绝。See Official Records of the United Nations Conference on Contracts for the International Sale of Goods 352 (United Nations Publication, 1981).

③ 在迟延交货的场合，补救权与宣告无效权不会相遇，因为此时如果成立了后者——要么因为卖方在买方指定的后续履行期间内仍未履行，要么时间上的迟延足以构成根本违约——前者必定会因为了造成不合理迟延而被排除。故本节中的"不履行"专指货物与合同不符或附有第三人权利的情形。

合同尊重(Favor Contractus)原则①一脉相承。第 48 条反让补救权屈居宣告无效权之下，岂不在利益衡量上有失分寸？

就此得出上述结论还为时尚早。第 48 条 1 款仅规定业已成立的宣告无效权优先于卖方的补救权，而宣告无效权成立的前提是卖方的不履行已经构成了根本违约。如果卖方的不履行客观上的严重程度虽足以构成根本违约，但是却可以由卖方在合理补救的框架内及时消除，那么是否还可以认定根本违约成立，使买方获得足以排除补救权的宣告无效权？对于这一问题，并不能想当然从第 48 条 1 款令宣告无效权优先的决定中得出肯定的回答。事实上，在维也纳会议时，联邦德国和保加利亚代表曾分别提案删除草案第 44 条(对应正式文本第 48 条)第 1 款中令宣告无效权优先于补救权的表述，② 部分代表正是基于可被轻易治愈的瑕疵不能构成根本违约的认识，为了防止买方基于其他原因获得的宣告无效权受到不当限制，才反对上述提案的。③ 这些观点延续了公约 1978 年草案的立场，秘书处对草案的评注明确指出："在一些案件中，如果卖方能够并且愿意补救货物与合同不符的情形，且不会给买方造成不便，那么根本违约不成立，除非其没能在合理的期限内完成补救。"④这表明，在公约起草者的心目中，卖方补救不履行的主观及客观的可能性，以及其补救的意愿，应当是根本违约审查时需要考虑的因素，它们"在一些案件中"足以排除根本违约的构成。需注意的是，这两个因素必须结合在一起才能被考虑：补救如果根本不可能由卖方完成，那么其是否愿意补救并无意义；⑤ 反之，卖

① Ulrich Magnus, *Die allgemeinen Grundsätze im UN-Kaufrecht*, RabelZ. 1995, S. 483.

② UN, DOC. A/CONF. 97/C. 1/L140; UN, DOC. A/CONF. 97/C. 1/L160.

③ See Official Records of the United Nations Conference on Contracts for the International Sale of Goods 341 para. 44; 342 para. 48, 55 (United Nations Publication, 1981).

④ UNCITRAL, From Commentary on the Draft Convention on Contracts for the International Sale of Goods prepared by the Secretariat (DOC. A/CONF. 97/5) Art. 45 (became Art. 49) para. 6, adopted on 14 Mar. 1979, available at http://www.cisg-online.ch/index.cfm?pageID=644, visited on 10 Dec. 2015.

⑤ 在前引中国国际经济贸易仲裁委员会 2006 年的仲裁裁决中，澳大利亚卖方虽一再提出返修，但仲裁庭认为其已经失败的两次修理尝试以及货物是由第三方生产的事实，足以令买方有理由怀疑其补救能力，加之卖方不愿为返修义务的履行提供担保，仲裁庭最终支持了买方宣告合同无效的主张。See also AG Landsberg am Lech, 2006/6/21, CISG-online no. 1493. 该案中奥地利卖方明确表示其愿意对有瑕疵的机器进行修理，但其修理已两次失败，法院因此认为要求德国买方继续等待补救已不合理，更无需考察机器的修复是否可能；Italy 11 December 2008 *Tribunale di Forli* [District Court] (*Mitias v. Solidea S.r.l.*), translation available at: http://cisgw3.law.pace.edu/cases/081211i3.html, visited on 10 Dec. 2015. 该案中，斯洛文尼亚买方向意大利卖方购买了多种型号的鞋子，其中很大部分被证明有瑕疵。卖方虽提出更换，但该措施不足以弥补货物的瑕疵，法院因此肯定根本违约存在，并指出："……在交付的货物不符合合同的场合，如果不符合的情形不能(或不能在合理的时间内)被卖方补正，或者只能在造成买方严重不便的前提下补正，那么总应当考虑根本违约的存在……"。

方如果已明确地拒绝了补救，那么保护其维持合同的利益也属多余，单纯的补救可能性不足以排除根本违约的构成。①

公约的起草者并未具体确定上述“一些案件”的范围，对此需依据公约第 25 条进行衡量。该条规定，不履行只有严重到足以剥夺守约方在合同下有权期待的利益时，才可能构成根本违约。一般而言，如果不履行的补救尚有可能并且卖方也有此能力和意愿，那么买方至少还保有在一段时间之内获得完整履行的可能性。因此“他根据合同规定有权期待得到的东西”尚未遭到实质性的剥夺，而只是在时间上被推迟，除非买方履行利益的实现本身以特定期限之遵守为基础，上述推迟只要在合理的范围内，公约就会要求买方继续严守合同。这已经在迟延交货的有关规则中得到了表现，只要合同不是所谓的“定期交易”，买方在对方迟延交货时就只能依据第 49 条 1 款 b，通过设定合理长度的额外期限来获得宣告无效权。在货物不符合合同的场合，如果卖方能够在合理期限内对之进行补救，则同样应当贯彻继续严守合同的要求，否则就会出现以下评价矛盾：多少进行了部分履行的卖方得到的待遇，比根本没有做出任何履行的卖方更差。② 上述思路得到了多数裁判例的印证，具体情况可参见下表。

但是，上述原则也应当存在例外。如果个案中的特别情形足以表明允许卖方实施补救将使买方无法得到足够的救济，甚至可能使其遭受进一步的损失，那么要求买方继续遵守合同将失去其正当性。此时，即使卖方愿意补救，也应依据第 25 条认定买方在合同下可得期待之利益已终局性地落空，从而允许买方立即宣告合同无效。上述特别情形，除了前文提及的履行利益实现与否系于特定期限遵守的示例外，还有可能出现在买方对卖方信赖丧失的情形下，比如卖方系故意交付不符合合

① See Slovak Republic 25 October 2007 Regional Court [District Court] Zilina (*Elastic fitness clothing case*), translation available at http://cisgw3. law. pace. edu/cases/071025k1. html, visited on 10 Dec. 2015. 该案中捷克卖方交付给斯洛伐克买方的服装存在多种瑕疵，且买方证明了卖方并无进行更换的打算，法院因此认定根本违约成立，并支持了买方宣告合同无效的主张；Belgium 10 May 2004 Appellate Court Gent (*N. V. Maes Roger v. N. V. Kapa Reynolds*) translation available at http://cisgw3. law. pace. edu/cases/040510b1. html, visited on 10 Dec. 2015. 该案中法国卖方提供给比利时买方的塑料膜存在重大瑕疵，但卖方一直坚持认为其货物符合合同，因此没有依公约 48 条采取任何补救措施，法院在此基础上认定买方有权基于根本违约宣告合同无效；OLG Karlsruhe, 2002/12/19, CISG-online no. 817. 在该案中，由于瑞士卖方雇用的承运人未采取必要的保护措施，导致瑕疵货物在返修途中进一步受损，卖方于是拒绝补救，法院据此支持了德国买方宣告合同无效的主张。

② Vgl. Fountoulakis, *Das Verhältnis von Nacherfu. llungsrecht des Verkäufers und Vertragsaufhebungsrecht des Käufers im UN-Kaufrecht*, IHR 2003, S. 168.

裁判信息	争议事实	裁判观点摘要
District Court Locarno Campagna① 瑞士 1992/4/27	瑞士买方从意大利卖方处进口家具并转卖给其客户，但客户之后以家具有瑕疵为由退货，卖方的代表检查货物之后提出进行修理，买方没有接受，而是主张宣告合同无效。法院未予支持。	法院的主要理由是买方没有及时检验货物并提出瑕疵通知，但其在附带意见中指出："买方本应该接受卖方的(修理)建议，而不是寻求宣告与后者的合同无效(CISG 第 48 条)。"
OLG Koblenz② 德国 1997/1/31	德国买方向荷兰卖方购买的塑料板在数量、质量、包装等诸多方面与合同不符。卖方明确地提出进行更换，但是买方拒绝，坚持主张宣告合同无效。法院否认根本违约成立。	(判断根本违约时)瑕疵的程度以及卖方在不造成买方不合理迟延或不便的前提下消除瑕疵的意愿，都具有重要意义。即使是严重的瑕疵也无法造成根本违约，如果卖方准备替换货物而不会给买方带来不可承受的负担。
OLG Köln③ 德国 2002/10/14	德国买方向意大利卖方购买的应季时装被证明有多处瑕疵，无法销售。卖方仅表示将"尝试"进行更换，而且没有指明具体时间。法院认为补救不可期待，根本违约成立。	法院遵循了 OLG Koblenz 上述判决的观点，只是基于本案的特殊情况才得出了相反的结论。
HG Aargau④ 瑞士 2002/11/5	承办汽车赛事的德国买方向瑞士卖方特别定制了三个充气庆典拱门。其中之一在赛事首日倒塌，在收到买方的瑕疵通知后，卖方立即提出了进行补救的方案，但买方坚持要求宣告合同无效。法院否定根本违约成立。	只要(即使是)根本性的瑕疵还能够通过修理、更换等方式消除，卖方履行合同就仍有可能，买方必要的履行利益就尚未完全落空。依据 CISG 的学说和判例，即使客观上严重的瑕疵也不构成根本违约，如果它可被补正，并且卖方也准备在不给买方造成不合理的迟延和不便的前提下进行此种补正。

① translation available at http://cisgw3.law.pace.edu/cases/920427s1.html, visited on 10 Dec. 2015.

② CISG-online no. 256.

③ CISG-online no. 709.

④ CISG-online no. 715.

续表

裁判信息	争议事实	裁判观点摘要
OGH① 奥地利 2011/11/22	奥地利买方向德国卖方购买视频监控设备，并由后者安装。安装完毕并付款后，发现设备不符合买方口头做出的质量要求，但瑕疵能够消除，设备也非不能使用。卖方在收到对方开列的瑕疵清单后，立即向对方提出补救履行的期限，并着手准备补救，但买方始终拒绝卖方的人员进入其场所进行检查，并主张宣告合同无效。法院否定了根本违约的成立。	违约的根本性通常需在以客观标准对个案情形进行综合考量的基础上确定。在利益衡量的过程中，除了违约的种类、规模及其对守约方的影响等因素外，还需将在合理期限内进行修理、更换的可能性及其费用、对买方的负担等因素列入考量范围。

同的货物或在交付中出现重大过失。②

在上表所列的案例中，补救的可能性以及卖方的补救意愿都明确存在，对于此种情形的处理，各国的裁判几乎已达成一致意见。但是，与补救可能性不同，卖方主观的补救意愿往往有一个显露的过程，如果补救虽然可能但卖方的补救意愿却尚不明显，则应当如何认定根本违约是否存在？对此，司法实践还未给出确定的答案。③ 这里需要仔细平衡买卖双方当事人的利益：一方面卖方应当有一段时间表明自己的补救意愿，另一方面不能要求买方在不确定的权利状况下等待太久。总的来说，寻求"宽大处理"的卖方应当被要求表现得更积极，他应有义务毫不迟延地表

① CISG-online no. 2239.

② 参见 PICC 第 7. 3. 1 条第 2 款 c.

③ 在瑞士苏黎世商事法院 1995 年的一则判决(CISG-online no. 248)中，买方专家提出的意见表明货物的瑕疵可以很容易被消除，法院因此认为不存在第 49 条意义上的根本违约，尽管卖方没有对是否补救表态；在阿根廷国家商事上诉法院 2007 年的一则判决(*Sr. Carlos Manuel del Corazón de Jesús Bravo Barros v. Salvador Martínez Gares*, translation available at: http: //cisgw3. law. pace. edu/cases/070531a1. html, visited on 10 Dec. 2015)中，法院指出"宣告合同无效只能在根本违约无法被违约方避免的情况下适用。"这两则判决都没有考虑卖方的补救意愿，似乎认为补救意愿即使尚不明确也可以排除根本违约。但是，两判决对于第 48 条与第 49 条的关系都仅在附带意见部分简要提及，而且两个案件中买方都是因为没有及时进行瑕疵通知而丧失权利，卖方并没有以补救对抗买方的主张，补救意愿的因素也许因此没有进入法院的视野，故上述两案件缺乏典型性。

明自己的态度，使法律关系尽早确定下来，否则就要丧失补救机会。这在技术上有两条实现路径：方案一是在补救意愿尚不明显时就排除根本违约，同时通过 PICC 第 7.1.4 条 1 款 a,① 或者公约第 7 条 1 款蕴含的诚实信用原则进行漏洞填补，使卖方承担及时将其补救意图通知对方的义务，并在违反该义务时认定根本违约成立，以此保障法律关系的尽早确定;② 方案二则正好相反，只在有明确的补救意愿表示时才阻却根本违约的构成。③ 这样一来，买方几乎无需承担任何不确定性，但卖方的补救权也因此变得过于脆弱，卖方可能来不及表明自己的补救意愿，就必须接受买方通过宣告合同无效造成的既成事实，而对于掌握信息优势的买方而言，抢先下手是十分容易的事情。这一问题可以通过瑕疵通知的解释来避免。整个瑕疵通知制度的目的是使卖方能够尽快明确交易进行的状况，并及时对交易中出现的问题进行处置，有鉴于此，一个理性的卖方完全有理由将瑕疵通知理解为包含了要求己方尽快采取适当处置措施的意思，依据公约第 8 条 2 款，对此通知即应如此解释，从而买方在进行通知后一段时间内应受该意思的拘束，不能行使与之相冲突的救济权利。④ 这段时间的长度应以卖方决定并表明其是否愿意补救所必须者为限。

上述两种方案，效果类似，然而只有后一种方案能够与公约第 46 条 2 款兼容。依据该条文，在货物不符合同的情形只有构成根本违约时，买方才有权请求交付替代货物。依据方案一，只要货物瑕疵能够通过交付替代货物进行补救，就不会构成根本违约，因而买方最早也只能在卖方没有及时表明补救意愿或者明确拒绝补救之后，请求其交付替代货物。但是，该款后段分明要求买方在发出瑕疵通知同时或至少在其后合理的期间内主张交付替代货物，这显然与上述结论矛盾。而且，依据方案一，只要修理尚有可能，根本违约就被排除，买方只有先请求修理，在修理失败后才可能主张交付替代货物。这导致第 46 条 2、3 款之间形成适用上的位阶关系，

---

① 关于引用 PICC 的规定填补 CISG 中漏洞的可能性，参见麦克尔·尤卿·波乃尔:《CISG 与 PICC——互为补充的两个法律文件(英文)》,《武大国际法评论》2009 年第 2 期，第 110 页以下。

② See Huber in: Kröll et al., UN-Convention on the International Sales of Goods (CISG) Art. 48 para. 15; Art. 49 para. 20 (C. H. Beck · Hart · Nomos 2011).

③ Will 教授为了防止买方承担过分的不确定性以及与第 46 条 2 款相协调，提出在判断根本违约时不考虑补救的问题，只是在卖方合理的补救要约到达时，中止买方宣告无效的权利。See Will, in: Bianca/Bonell ed., Commentary on the International Sales Law 357-358 (Giuffrè 1987). 这一观点与起草者的意图、第 48 条的文义以及宣告无效形成权的性质似乎难以吻合。

④ Vgl. Magnus, FS Schlechtriem, 599, 609, zitiert nach Fountoulakis, *Das Verhältnis von Nacherfu. llungsrecht des Verkäufers und Vertragsaufhebungsrecht des Käufers im UN-Kaufrecht*, IHR 2003, S. 167.

这种位阶关系超出了起草者的设想，过分限制了买方的救济选择权。① 相较之下，方案二显得更为熨帖，卖方尚未表明补救意愿，并不影响根本违约的成立，并且买方的瑕疵通知中也未包含暂时不行使交付替代货物请求权的意思，故买方可以依情形选择依据第46条2款主张权利。

上述模糊的条款给国际贸易实践带来了额外的风险，市场主体应注意防范。在补救可能性存在的情形，对于买卖双方都有利的，应尽快使补救意愿之存否明确化。之于卖方，就是要及时向对方表明自己的补救意愿；之于买方，则是在采取进一步行动前先询问对方是否愿意补救，或者直接依据第47条设定后续履行期，使自己的权利状态明确化。

鉴于卖方补救权与买方宣告无效权之关系存在如此多的变数，建议国际贸易双方尽可能对补救的相关事宜进行明确的约定，排除法定补救权规定的适用。当事人甚至可以考虑放弃适用公约，选择对补救问题规定得更加明确的《国际商事合同通则》或其他内国法作为合同的准据法。

（二）期前补救权与买方预期宣告无效权的关系

在期前补救的场合，买方是否有权宣告合同无效必须依据第72条关于预期违约的规定来判断，亦即，只有可以明显看出履行日期到来后将发生根本违约，提前宣告合同无效才被允许。对于将来根本违约的判断，同样需考虑瑕疵的补救可能性以及卖方进行补救的意愿，② 只不过这种考虑应当预测性地及于履行期限最后一日之前。遵循上文的结论，如果卖方可能并且愿意在该期限之内，或至少在该期限届满后依据第48条确定的一段合理时间内进行补救，那么原则上应当认为根本违约将不会发生，因此买方暂时不能依据第72条宣告合同无效。

与期后补救的情形相同，补救意愿必须明确存在才能排除预期的根本违约，但买方在发出瑕疵通知后一段合理时间内需受该通知的约束，不得宣告合同无效。

如果买方的履行利益实现与否系于履行期限之遵守，而补救无法在该期限到来之前完成，或者卖方交付不符合合同货物的行为已导致买方对其的信赖丧失，那么

---

① Karollus 教授基于方案一，提出依据不同的法律后果，对第49条1款a与第46条2款中的“根本违约”的概念做不同的解释，以消除二者之间的矛盾。Karollus，*UN-Kaufrecht*: *Vertragsaufhebung und Nacherfüllungsrecht bei Lieferung mangelhafter Ware*，ZIP 1993，S. 496. 这一观点与起草者在第25条中统一确定根本违约判断标准的做法相矛盾，将使根本违约的概念变得更加模糊，从而威胁公约的安定性。

② See Honnold/Flechtner，Uniform Law for International Sales under the 1980 United Nations Convention 247 fn. 7（4th ed.，Wolters Kluwer 2009）.

即使补救可能性与补救意愿都具备，也应当例外的肯定根本违约将会发生，这一点与期后补救的场合也是一致的。

与第 48 条 1 款相同，预期宣告无效的权利一旦存在，补救权就必须屈服于它，尽管第 34、37 条未有相同的规定。

五、法定补救权与买方其他救济权利的关系

(一)补救对损害赔偿请求权的影响

损害赔偿与补救的实施并不冲突(类比第 45 条 2 款中其与实际履行请求权的关系可知)，故即使没有第 34 条尾句、第 37 条后句以及第 48 条 1 款后句的规定，也不妨碍买方为此等主张。这些条文之所以特别规定买方“保留”损害赔偿请求权，是为了强调其不会因为违约状态最终被消除而丧失该权利，即使补救完全成功，对于那些不能通过补救消除或因为补救履行新产生的损失，如迟延损失、为配合补救而支出的费用等，买方仍可以获得赔偿。另一方面，“保留”二字也表明，损害赔偿的计算要以补救履行结束之后的利益状态为准。买方即使在补救权行使前主张损害赔偿，也无法阻止卖方补救，补救一旦成功或者至少部分成功，损害赔偿的范围就会相应受到影响。①

(二)补救权对买方减价权的限制

除上文所述损害赔偿请求权之外，减价、请求实际履行以及宣告合同无效等救济权利都不能与补救的实施并存。公约第 48 条仅规定了宣告无效权的优先地位，考虑到补救权制度的立法目的，这一列举应解为排他性列举，故减价权和实际履行请求权都应受限于卖方的补救权。

减价权劣后于卖方的补救权已明确体现于公约第 50 条后句。依该条，如果卖方依据第 37 条和第 48 条对不履行做出了成功的补救，或者买方以拒绝接受的方式阻止补救成功，“则买方不得减低价格”。此处“不得减低价格”可理解为“买方减低

① See UNCITRAL, Commentary on the Draft Convention on Contracts for the International Sale of Goods prepared by the Secretariat (DOC. A/CONF. 97/5) Art. 44 (became Art. 48), fn. 1, adopted on 14 Mar. 1979, available at http://www.cisg-online.ch/index.cfm?pageID=644, visited on 10 Dec. 2015.

价格的宣告无效”,① 它包含两层意思：其一，一旦发生了第50条后句中规定的情形，买方的减价权将消灭，其减价的宣告不生效力;② 其二，即使买方在卖方实施补救之前就已主张减价，也不能阻断出卖人的补救权,③ 在其后一旦出现第50条后句规定的情形，该宣告即失去效力。此时，减价宣告的效力以补救的成功实施为解除条件。④

(三)补救权对买方履行请求权的限制

在卖方没有履行交货义务或者货物有权利瑕疵的场合，补救权与履行请求权的内容相同，故问题不大。然而在货物不符合同的情形，如果依据第46条2、3款修理请求权以及交付替代货物请求权都成立，则买卖双方对于补救履行的具体方式很容易出现不同的选择，此时，卖方的补救权一如既往地优先：如果卖方选择进行修理，则依据上文根本违约将不复存在，买方自无法请求交付替代货物；如果卖方选择交付替代货物，则依据上文买方将有协作义务，不能坚持要求修理而拒绝受领替代货物。因此结果总是以卖方选择的补救方式为准。将补救方式的决定权赋予更了解货物的卖方，显然也更加符合事理。

另外，由于买卖双方都有权为补救履行设定期间，两个期间极有可能长短不一，此时，依据第48条2款后句，也应以卖方指定的期间为准。如果卖方没有为自己的补救设定期间，买方却依第47条设定了合理的期间，那么只要卖方没有选择与买方所请求者不同的补救方式，就应当受该期间的约束。

---

① 这是公约1978年草案中的措辞，正式文本为了明确减价权是买方单方可行使的权利，刻意避免使用“宣告减价”的表述，因此才对上述措辞进行修改，并没有触及其实质。See Official Records of the United Nations Conference on Contracts for the International Sale of Goods 359 para. 56 (United Nations Publication1981).

② See Russia 23 March 2005 Arbitration proceeding 126/2004, translation available at http://cisgw3. law. pace. edu/cases/050323r1. html, visited on 10 Dec. 2015. 在该案中，德国卖方以新的设备更换了有瑕疵的设备，俄罗斯买方的减价宣告因此被仲裁庭认为无效。

③ See UNCITRAL, Commentary on the Draft Convention on Contracts for the International Sale of Goods prepared by the Secretariat (DOC. A/CONF. 97/5) Art. 44 (became Art. 48), fn. 1, adopted on 14 Mar. 1979, available at http://www. cisg-online. ch/index. cfm? pageID = 644, visited on 10 Dec. 2015.

④ Vgl. Schnyder/ Straub in: Heinrich Honsell (Hrsg.), Kommentar Zum UN-Kaufrecht, Springer, 2010, §50, Rn. 22; Müller-Chen in: Schlechtriem/Schwenzer (Hrsg.), Kommentar zum Einheitlichen UN-Kaufrecht, C. H. Beck, 2013, §50, Rn. 7.

六、结论

至此，本文已完成了对公约中卖方补救权制度的系统梳理，并对其中涉及的疑难和争议问题一一进行了分析，现将补救权制度的要点罗列如下：

1. 买方对卖方依第 48 条 2、3 款提出的补救建议或补救通知保持沉默，在法定补救权要件满足的场合，视为暂时放弃宣告无效权；否则，视为对补救要约的承诺，卖方因此获得约定的补救权。

2. 无论是期前补救还是期后补救，都不能逾越统一的合理性边界。

3. 补救权行使后，卖方负担实施补救的义务。对于补救的具体方式，卖方享有选择权；补救义务履行的地点，因不同的补救方式而异；补救必须在合理的期间内完成，如果卖方设定了补救期间，则必须在该期间内完成；补救的费用，由卖方承担。买方有义务依具体情形为补救提供协助，买方违反协作义务导致补救不能或失败的，不得主张补救义务未履行，如果给卖方造成了损失，则需负赔偿责任。

4. 买方业已成立的宣告无效权优先于卖方的期后补救权。但是，即使客观上极为严重的不履行，只要其能够在符合合理性的前提下被补正，并且情况表明卖方有能力也有意愿提供补救，就应排除根本违约的构成；在期前补救的场合，买方是否有权宣告合同无效，应依据第 72 条进行判断，亦应考虑瑕疵的可补救性以及卖方的补救意愿。业已成立的预期宣告无效权，优先于期前补救权。

5. 对于客观上严重但有可能由卖方补正的不履行，如果卖方的补救意愿不明确，则不影响根本违约的认定，但买方在发出瑕疵通知后一段合理时间内需受该通知约束，不得宣告合同无效；该段时间的长度，以卖方决定并表明其是否愿意补救所必须者为限。

6. 补救权优先于减价权，在第 50 条后句规定的情形出现后做出的减价宣告不生效力，之前做出的减价宣告失去效力；补救权优先于履行请求权，补救履行的具体方式和期限都以卖方所确定者为准。

7. 损害赔偿请求权与补救权得并存，但赔偿范围应根据补救完成后的状况确定。

The Seller’s Right to Cure under CISG

Abstract: The seller’s right to cure is a very important mechanism in CISG balancing the interests of the two parties. Such right finds its basis either on the agreement between the two or on the regulations of the Convention with limitation of reasonableness. The seller's exertion of his statutory right to cure generates an obligation to effect cure on his side and a cooperative obligation on the other. The seller's right to cure affects or defeats the buyer's incompatible remedial choices, it not only takes priority over the buyer's rights to price reduction and specific performance, but also determines the final amount of damage. In addition, there is generally no fundamental breach and consequently no buyer's right to avoid the contract, where the non-performance can be reasonably cured and the seller has explicitly indicated his willingness to offer such cure. By introducing the right to cure, the Convention guarantees the seller a second chance to earn the whole price under the original contract.

Key words: CISG; the right to cure; remedy for breach of contract

国际刑事司法协助中承诺免除死刑问题研究

□ 朱慧兰*

内容摘要：国际刑事司法协助中承诺免除死刑是指保留死刑的请求国应已废除死刑的被请求国要求，承诺对犯罪嫌疑人不判处或不执行死刑。承诺免除死刑主要是基于国家开展刑事司法合作以有效打击跨国犯罪的现实考虑。我国国际刑事司法协助条约和国内法中尚未明确规定承诺免除死刑条款。《国际刑事司法协助法》立法时应增加量刑承诺条款，日后在与其他废除死刑的国家签订刑事司法协助条约时，可尝试将承诺免除死刑作为拒绝提供协助的例外条款。

关键词：承诺免除死刑　跨国犯罪　国际刑事司法协助

目　次

* 朱慧兰，武汉大学国际法研究所2013级国际法学博士研究生。本文感谢中华人民共和国司法部司法协助与外事司副司长张晓鸣先生、刑事司法协助处处长闫国先生及孙瑞芸女士所提出的宝贵建议和意见。

一、引言

国际刑事司法协助有广义和狭义之分。狭义刑事司法协助是指国家为有效打击跨国犯罪，通过签订刑事司法协助条约开展协助合作。协助范围包括“刑事诉讼文书的送达、调查取证、接送被羁押人员出庭作证、移交物证和书证、冻结或扣押财产、提供法律情报等”；而广义的刑事司法协助还包括引渡、被判刑人的移管以及相互承认和执行刑事判决。① 目前多数国家已在法律上废除死刑或在实践中不再执行死刑，这些废除死刑的国家在与他国开展国际刑事司法协助时，通常要求请求国承诺免除犯罪嫌疑人死刑，并以此作为提供协助的前提。我国是保有死刑的国家，一些涉外刑事案件（包括犯罪分子在国内实施犯罪后将主要犯罪证据转移国外的案件或是在国外实施犯罪行为后逃回国内的案件）主要涉及已经废除死刑的国家或地区，如加拿大、澳大利亚、新西兰及欧盟等。由于犯罪行为、犯罪工具、涉案财产及证据材料等位于国外，为在国内追究犯罪行为人刑事责任，需要向这些国家提出刑事司法协助请求。如果所请求的罪名依我国刑法最高刑可判处死刑，那么被请求国通常要求我国承诺免除犯罪嫌疑人死刑。当前，我国同他国签订的刑事司法协助条约中对承诺免除死刑采取回避态度，而国内的《国际刑事司法协助法》尚在立法

---

① 黄风，王君祥. 非洲国家刑事司法协助立法若干问题探析——兼议对我国刑事司法协助立法的启示[J]. 比较法研究，2011(2)：81.

黄风. 国际刑事司法协助国内法规则概览[M]. 北京：中国方正出版社，2012：1.

虽然引渡和被判刑人移管均属于广义上国际刑事司法协助范畴，但在实践中均通过签订专门的条约单独进行处理，而我国原则上不予承认和执行外国的刑事判决，所以本文所论述的范围仅限于狭义范围内的国际刑事司法协助。

当中。为获得外国刑事司法协助，需在立法和实践中妥善处理该问题。

二、承诺免除死刑的内涵

(一)来源于“死刑不引渡原则”

国际刑事司法协助中承诺免除死刑来源于“死刑不引渡原则”。1990年《联合国引渡示范条约》第4条(d)规定，如果被请求的罪行依请求国法律可判处死刑，那么被请求国可以拒绝提供协助，除非该国作出“被请求国认为是充分地保证，表示不会判处死刑，或即使判处死刑，也不会予以执行”。① 该条被称为“死刑不引渡原则”，承诺免除死刑是该原则的例外。“死刑不引渡原则”的产生与国际社会废除死刑的趋势密切相关。二战后国际社会通过若干全球和区域人权公约，强调对公民生命权的保护，要求缔约国限制甚至废除死刑。② 目前多数国家已在法律上废除死刑或在实践中不再判处或执行死刑。③ 这些国家在与其他保有死刑的国家签订引渡条约时纳入了这一条款。④ 人权公约实施监督机构及国内法院在相关案例中也认为，缔约国将犯罪嫌疑人引渡至保留死刑的国家行为本身并没有违反公约义务，这种引渡只是在承认双方法律制度不同的前提下为共同打击犯罪而开展的一种刑事司法合作。但是，没有获得请求国承诺免除死刑前提下的引渡行为，将会导致其管辖

① 《联合国引渡示范条约》第4条(d)。

② 1948年《世界人权宣言》第3条、1966年《公民权利和政治权利国际公约》第6条保护生命权，1989年《旨在废除死刑的公民权利和政治权利国际盟约第二项任择议定书》废除和平时期的死刑；1950年《欧洲人权公约》第2条保护生命权，1983年《欧洲人权公约六议定书》废除和平时期的死刑，2002年《欧洲人权公约第十三议定书》废除一切情形下的死刑；1969年《美洲人权公约》第4条保护生命权，1990年《美洲人权公约议定书》废除和平时期的死刑。此外，William A. Schabas, The Abolition of the Death Penalty in International Law (3rd ed. Cambridge University Press 2002)一书中详细论述了国际社会废除死刑的发展历程。

③ 截至2014年，世界上已有81个国家废除死刑，尚未在法律上废除但近10年来已不再判处或执行死刑的国家共有49个，保留死刑的国家主要是亚洲国家及遵循穆斯林法律的国家，共有35个。此数据根据非政府国际组织大赦国际作出的调查报告进行的不完全统计，资料来源于Amnesty International, Death Sentences and Executions in 2014, https://www.amnesty.org/en/documents/act50/0001/2015/en/，2015年8月23日访问。

④ 如1957年《欧洲引渡条约》第11条，1976年《加拿大和美国引渡条约》第6条。

范围内的人的生命在他国受到死刑威胁，从而违反了人权公约中保护生命权的义务。① 相反，如果请求国已作出了充分地承诺，那么就可以进行引渡。比如最近在"黄海勇诉秘鲁案"中，美洲人权法院认为，由于中国政府已向秘鲁政府承诺免除黄海勇死刑，"如果黄海勇被引渡回中国，其生命权并不存在现实的、可预见的威胁"，② 因此秘鲁并没有违反《美洲人权公约》有关保护公民生命权的义务。

(二)与"死刑不引渡原则"的比较

引渡中承诺免除死刑制度随后也延伸到国际刑事司法协助中。引渡属于广义国际刑事司法协助的范畴，在要求请求国承诺免除死刑方面，二者背后所蕴含的法理相同——基于对公民生命权的保护。这也是为何一些废除死刑的国家在要求请求国承诺免除死刑时主要依据其所承担的国际人权公约义务及国内相关人权法的规定，避免因本国所提供的刑事司法协助导致犯罪嫌疑人的生命权在他国受到死刑威胁，除非请求国承诺免除死刑，否则有权拒绝提供协助。一些国际刑事司法协助条约和国内的《刑事司法协助法》中也包含了该条款。③

不过与引渡不同的是，国际刑事司法协助中，犯罪嫌疑人已在请求国内，被请求国所请求的事项不是向请求国移交行为人，而是移交与刑事诉讼密切相关的证据及其他材料等。此外，还有一些观点认为"死刑不引渡"是对死刑的绝对限制，而国际刑事司法协助中承诺免除死刑是对死刑的相对限制，只是承诺"不将通过司法协助获取的证据材料用于对被告人的死刑判决"，④ 从而保留了请求国在一定情形下不受死刑约束的可能性。比如 2002 年美国对参与实施"9. 11"恐怖主义袭击的法籍嫌疑犯穆塞维进行审判时，为获得穆塞维与基地组织联系的关键证据，分别向德国和法国提出刑事司法协助请求，但德国和法国认为，根据其所承担的《欧洲人权公约》义务及国内宪法中废除死刑的规定，应当拒绝移交任何可能导致穆塞维被判处死刑的证据。最终在美国承诺所获得的证据仅用于穆塞维的定罪判决而不用作死

---

① Soering v. The United Kingdom (Application no. 14038/88), ECTHR Judgment of 7 July 1989, paras. 81-99, 101, Concurring Opinion of Judge De Meyer, p. 45; Kindler v. Canada, Human Rights Committee Communication No. 470/1991, U. N. Doc. CCPR/C/48/D/470/1991 (1993), paras. 13. 1, 14. 3; United States v. Burns [2001] 1 S. C. R., paras. 78, 95, available at http://www. lexum. umontreal. ca/csc-scc/en/pub/2001/vol1/html/2001scr1_0283. html, visited on 20 Oct. 2015.

② Wong Ho Wing v. Peru, Inter-American Court of Human Rights Resolution of 7 October 2015, para. 1.

③ 国际条约如 1999 年 6 月 11 日《香港政府与澳大利亚政府关于刑事司法互相协助的协定》第 4 条第 4 款；国内法如《澳大利亚刑事司法协助法》第 8 条(1A)(b)、(1B)。

④ 黄风. 刑事司法协助中"死刑限用"问题思考[N]. 中国社会科学报，2010-6-8(10).

刑判决后才向美国提供了相关证据。① 这种绝对限制和相对限制在理论上可能会有区别，但实践中往往很难进行区分。因为承诺免除死刑主要是废除死刑的国家为了防止由于其向保留死刑的国家提供司法协助而导致犯罪嫌疑人被判处死刑，废除死刑的国家认为，这种协助行为等同于帮助外国的司法机关作出死刑判决，因而有违其法律基本原则。虽然不同国家在承诺免除死刑的具体表述上可能会有所不同，但实践中被请求国通常要求请求国明确承诺免除犯罪嫌疑人死刑，包括不判处死刑或虽判处死刑但不执行死刑，请求国为尽快获得协助，承诺时一般概括承诺对犯罪嫌疑人免除死刑。

综上，国际刑事司法协助中承诺免除死刑是指，保留死刑的请求国应已废除死刑的被请求国要求，承诺对犯罪嫌疑人不判处或不执行死刑，否则被请求国有权拒绝提供协助。

三、承诺免除死刑的必要性

承诺免除死刑主要是基于国家开展刑事司法合作以有效打击跨国犯罪的现实考虑。为避免有罪不罚情形的发生，需要在维护我国司法尊严与获取外方刑事司法协助之间进行权衡，考虑作出承诺。

（一）跨国犯罪特性

跨国犯罪通常呈以下特点：1. 犯罪所得、犯罪证据和工具、被害人等通常位于不同国家；2. 犯罪情节严重，社会影响恶劣，甚至影响一国的社会稳定和国家安全；3. 跨国犯罪需要国际合作，各国在打击跨国犯罪上具有共同利益。如贪污腐败、贩卖人口、毒品犯罪、洗钱以及网络诈骗和恐怖主义犯罪等，这些犯罪均涉及多国，犯罪嫌疑人、被害人、证据、犯罪所得等分布在不同国家，需要国际层面的合作，以预防和打击这类犯罪活动。《联合国打击跨国有组织犯罪公约》、《联合国反腐败公约》均设有专门条款，② 规定缔约国之间在侦查、起诉和审判程序中相互提供最大程度的司法协助。

（二）国际刑事司法协助需求增多

我国与外国开展国际刑事司法合作的需求正逐渐增多。截止目前，我国已经与

---

① Available at http://www.ielr.com/content/germans-and-french-agree-give-evidence-moussaoui-case, last visited on 23 Oct. 2015.

② 《联合国打击跨国有组织犯罪公约》第18条、《联合国反腐败公约》第46条。

52 个国家签订了双边刑事司法协助条约或协定(其中 46 项已经生效)。近 20 年来，我国向他国提出请求从最初的几件发展到近年来大概平均每年 20 件，其中主要涉及故意杀人、贪污腐败、毒品、洗钱等严重罪刑。① 这些案件中的犯罪嫌疑人为逃避惩罚，要么将犯罪所得等转往国外，要么在外国犯罪后潜回国内，为追究犯罪嫌疑人的刑事责任，必须向外国提出刑事司法协助的请求，以获得定罪量刑的必需证据和其他材料。由于这些罪行依据我国刑法有可能被判处死刑，所以被请求国通常要求我国承诺免除死刑才予以提供协助。

(三)避免有罪不罚

如果我国拒绝作出承诺，就无法获得关键证据，无法对犯罪嫌疑人起诉审判。即便外国意欲追究该犯罪嫌疑人责任而向我国提出引渡请求，该请求也会因“本国国民不引渡原则”而无法实现。② 即使不考虑该原则，也不宜将犯罪嫌疑人引渡至被请求国。首先从审判结果来看，将犯罪嫌疑人引渡至他国审判与在作出承诺后由我国审判的结果类似，犯罪嫌疑人免除死刑，既然如此何不作出承诺以维护我国的司法管辖权？在一些案件中如果受害人是中国公民，我国行使管辖权更有利于维护受害人权益。其次，如果是腐败、经济类犯罪，行使司法管辖权还涉及犯罪财产的返还与分享问题，根据国际刑事司法协助惯例，优先行使管辖权的一方有权请求提供协助的一方返还犯罪财产中的受害人财产，在请求分享犯罪所得时有权获得多数份额。此外，根据“或引渡或起诉原则”,③ 我国拒绝他国引渡请求须在国内对该犯罪嫌疑人进行追诉。若不作出承诺，就会导致犯罪嫌疑人虽在我国境内但因证据不足而无法对其进行追诉，而主要证据所在地国则会陷入虽然掌握了证据但却无法将犯罪嫌疑人引渡进行审判的尴尬局面。为避免有罪不罚情形的发生，防止犯罪分子再次对社会造成危害，我国应当考虑承诺免除犯罪嫌疑人死刑。

四、我国承诺免除死刑的实践

(一)外国要求我国承诺免除死刑的法律依据

实践中外国要求我国承诺免除死刑的法律依据主要有国际条约及国内相关法

---

① 以上数据根据中华人民共和国司法部司法协助与外事司处理案件数目统计。

② 《中华人民共和国引渡法》第 8 条第 1 款。

③ 《中华人民共和国和西班牙王国引渡条约》第 5 条。

律。国际条约主要有其所承担的有关废除死刑的国际人权公约义务,① 以及双边刑事司法协助条约中有关"违反国内公共秩序或基本利益"的拒绝条款,② 如加拿大曾声称不承诺免除犯罪嫌疑人死刑违反了加拿大保护人权的基本利益。国内法主要是国内宪法、人权法中有关废除死刑的规定以及国内《刑事司法协助法》。如《澳大利亚刑事司法协助法》将"对某人犯罪的指控和定罪可能被判处死刑"和"提供协助有可能导致犯罪嫌疑人被判处死刑"分别作为"应当拒绝"和"可以拒绝"提供协助的理由，除非请求国承诺免除死刑。③

(二)我国承诺免除死刑的程序

最初由于无法可依及无先例可循，实践中一般由办案机关的主管机关会同司法部作出书面承诺，并经外交部背书后，再通过外交途径向外方递交承诺。随后形成较为统一的做法，即在双方没有签订双边刑事司法协助条约的情况下，如果外方要求我国承诺免除死刑，那么由外交部牵头，组织公安部、最高人民检察院、最高人民法院、司法部等相关部门进行研讨，报最高人民法院审核并由最高人民法院作出免除死刑的决定后，交由外交部向外方作出外交承诺；如果中方依据刑事司法协助条约向外方提出请求，那么则由办案机关的主管机关牵头，组织上述部门研讨并报经最高人民法院审核决定后，交由条约指定的中央机关向外方作出承诺。比较典型的案例有"李某涉嫌杀人案"(涉加拿大)。李某在加拿大涉嫌杀害中国籍女友后逃回国内，由于犯罪行为发生在加拿大，国内侦查机关对李某进行立案侦查后，司法部依《中华人民共和国和加拿大关于刑事司法协助的条约》向加方提出了刑事司法协助请求，但根据中国刑法李某所涉罪行最高刑为死刑，加方遂要求中方承诺免除李某死刑。最后由我国最高人民法院作出对李某免除死刑的决定后，以司法部名义向加方作出承诺，从而获得加方提供的包括司法鉴定报告、物证、尸检报告等全部证据材料，最终使李某在国内受到追诉。

(三)我国承诺免除死刑的方式

在承诺方式上，有模糊承诺和正式承诺两种。在"王某某涉嫌杀人案"(涉法

---

① 《公民权利和政治权利国际公约》第六条要求缔约国限制死刑，1989 年 12 月 15 日通过《旨在废除死刑的公民权利和政治权利国际盟约第二项任择议定书》呼吁缔约国废除死刑；《欧洲人权公约》第十三议定书全面废除死刑。

② 《中华人民共和国和加拿大关于刑事司法协助的条约》第 7 条第 1 款(一)。

③ 参见《澳大利亚刑事司法协助法》第 8 条(1A)(b)、(1B)，司法部司法协助与外事司编译，《国际刑事司法协助立法资料汇编(一)》，法律出版社 2011 年版，第 15 页。

国)和“林某某涉嫌杀人案”(涉法国)中，我国采用了模糊承诺的方式，即不在承诺书中明确承诺免除犯罪嫌疑人死刑，而是向外方阐明根据《中华人民共和国刑法》的规定，犯故意杀人罪并不是一律都判处死刑：首先，如果具备法定从轻或减轻处罚情节的，可判处无期徒刑或者三年以上有期徒刑；即使对应当判处死刑的犯罪分子，如果不是立即执行的，也可以判处死刑同时宣告缓期二年执行，在二年缓刑期间内，如果没有故意犯罪，二年期满后将被减为无期徒刑或者有期徒刑，该项制度的目的在于最大限度地减少死刑的适用，以便犯罪分子改过自新。这种模糊承诺的方式获得了法方的接受，法方最终履行了我国的刑事司法协助请求。但在上述“李某涉嫌杀人案”(涉加拿大)中，加方并不接受中方的模糊承诺。在后来的“赵某案”(涉澳大利亚)中，澳方要求我国明确承诺对赵某不判处或者执行死刑，包括不判处“死刑立即执行”、“死刑缓期两年执行”及“死刑缓期两年执行，限制减刑”，而且说明这种承诺是一种政府间承诺，不得违反。

五、我国承诺免除死刑的障碍

(一)是否承诺免除死刑的权衡

在决定是否承诺免除死刑时，面临与国内现行法的衔接问题。比如我国《刑法》中规定了死刑的最高刑，如果我国承诺免除死刑，有可能导致同罪不同罚的问题，而且可能会动摇国内保有死刑的理论基础。① 但如上文所述，承诺免除死刑本身是国家基于打击犯罪的现实考虑而作出的妥协，相对于有罪不罚，同罪不同罚至少在一定程度上保证了正义的实现。况且有些案件中犯罪情节尚未达到我国刑法中死刑的量刑标准，在这种情况下，承诺免除死刑实现了将犯罪分子定罪的目的，但对量刑本身并不会产生影响，也就不会出现同罪不同罚的问题。此外，还有一些观点质疑事先承诺免除死刑是否有违《刑事诉讼法》中“未经人民法院依法判决，对任何人都不得确定有罪”的规定，② 因为承诺免除死刑意味着事先就对犯罪嫌疑人设定有罪并进行量刑限制，不符合刑法中无罪推定的原则。事实上这种观点混淆了承诺免除死刑的性质，承诺免除死刑的目的在于获取证据保证国内刑事司法程序的顺利进行，使得犯罪嫌疑人有机会获得公正审判，并非事先设定犯罪嫌疑人有罪。只有在经审判确定犯罪嫌疑人有罪并且理应判处死刑时，才会受到这种承诺的限制。

---

① 王勇. 赖昌星“难民”案的法理评析——兼论加强我国国际刑事司法合作的几点思考[J]. 法学，2002(10)：79.

② 《中华人民共和国刑事诉讼法》第12条。

(二)承诺免除死刑的主体不明

实践中对有权承诺免除死刑的主体一直存有争议，国际刑事司法协助的中央机关、外交部及最高人民法院均认为应该由其承诺并向外方送达。中央机关认为国际刑事司法协助是由中央机关负责与外方进行联系，承诺免除死刑属于刑事司法协助的一个重要环节，所以应该由其作出承诺并向外方送达；外交部则认为承诺免除死刑属于外交承诺范畴，而且外国也曾明确要求作出外交承诺，因此应由其作出正式的外交承诺并向外方送达；而最高人民法院则认为承诺免除死刑属于量刑承诺范畴，而且死刑关乎公民最基本的生命权，理应由司法审判机关决定。可见，在国内作出承诺免除死刑的决定主体以及承诺作出后向外方送达承诺的主体方面较难统一。

六、我国承诺免除死刑的完善

第十二届全国人大常委会已将《国际刑事司法协助法》纳入立法规划之中，并由司法部牵头起草。① 为日后承诺免除死刑时有法可依，可参考《引渡法》的规定，② 在《国际刑事司法协助法》中增加量刑承诺条款，并对具体实施程序以立法解释的方式予以规定；未来在与其他废除死刑的国家签订刑事司法协助条约时，可在条约中纳入承诺免除死刑条款。

(一)《国际刑事司法协助法》立法中规定量刑承诺条款

1. 承诺免除死刑的决定主体

本文认为可将对内决定承诺免除死刑的主体和作出承诺决定后向外方送达承诺的主体分开。在决定主体方面，可参考《引渡法》中量刑承诺的规定，由最高人民法院作出。③ 首先，从理论上看，引渡属于广义上国际刑事司法协助的范畴，引渡和狭义国际刑事司法协助中承诺免除死刑的制度都来源于对公民生命权的保护，而

---

① 资料来源于全国人民代表大会常务委员会，十二届全国人大常委会立法规划 http://www.npc.gov.cn/npc/xinwen/2015-08/03/content_1942908.htm，2015 年 8 月 28 日访问。

② 《中华人民共和国引渡法》第 50 条规定：“被请求国就准予引渡附加条件的，对于不损害中华人民共和国主权、国家利益、公共利益的，可以由外交部代表中华人民共和国政府向被请求国作出承诺。对于限制追诉的承诺，由最高人民检察院决定；对于量刑的承诺，由最高人民法院决定。在对被引渡人追究刑事责任时，司法机关应当受所作出的承诺的约束。”

③ 黄风，董书丽. 狭义刑事司法协助中“死刑限用“问题探析[J]. 人民检察，2010(23)：14.

司法保障是保护公民基本权利的最后一道屏障。我国已将死刑复核权收归最高人民法院，由最高人民法院审核是否承诺免除死刑，体现了对公民生命权的尊重。其次，从法院职能来看，承诺免除死刑是量刑承诺的一部分，而涉及量刑的裁决属于法院的职权范畴，只有法院才有权判定犯罪嫌疑人触犯了何种罪名并科以相应刑罚，这是司法独立的内在要求。此外，我国刑法第 63 条第 2 款中明确规定，犯罪法分子虽然不具有本法规定的减轻处罚情节，但是根据案件的特殊情况，经最高人民法院核准，也可以在法定刑以下判处刑罚。因此，这种低于法定刑的量刑承诺，可由最高人民法院作出。"量刑承诺可以理解为'根据案件的特殊情况'，属于最高人民法院的审判职权范围，也属于法定量刑情节的一种，但它只对某个具体的案件有约束力，并不具有象其他法定量刑情节所具有的普遍效力，不影响人民法院对其他具有相同性质的案件根据普通刑法定罪量刑"。① 最后，外国也认为只有最高司法审判机关作出的决定才足够权威可信，这也客观上促使由最高人民法院决定是否承诺免除死刑。

具体而言，如果办案机关发现所涉罪名最高刑可判处死刑，并且需要获得外国的刑事司法协助，那么应当就承诺免除死刑问题制作请求书，并逐级上报主管机关。主管机关在收到办案机关请求后，应立即制作请求书并报经最高人民法院审核。如果在审判阶段，那么则由人民法院制作请求书逐级报经最高人民法院审理。为方便最高人民法院作出书面审理，请求书中除应记载基本案情等事项外，还应特别注明请求外国提供协助的事项与案件侦查起诉或定罪量刑的关联性。最高人民法院收到请求书后，可采取书面形式对是否承诺免除死刑进行审理。如果所请求的事项属于关键证据，对案件的侦查起诉或定罪量刑有重要影响，② 那么则作出同意承诺免除死刑的决定；如果所请求的事项对案件的影响有限，只起到补充或辅助性的作用，那么则作出拒绝承诺的决定。

2. 承诺免除死刑的表述方式

目前我国实践中主要有模糊承诺和正式承诺两种承诺方式。模糊承诺意图向被请求国解释虽然犯罪嫌疑人的行为触犯了死刑罪名，但是否最终会执行死刑需待法院审判之后才可确定，如果判处的是死刑缓期两年执行，可能不一定导致死刑的执行。这种模糊承诺曾经获得了外国的接受，但随后外国要求我国作出明确的正式承诺，承诺免除死刑包括不判处死刑立即执行和死刑缓期两年执行，并且表明这种承

① 陈雷. 论我国引渡制度的量刑承诺——兼论死刑不引渡原则的变通或例外适用[J]. 法学杂志，2010(1)：14.

② 黄风，董书丽. 狭义刑事司法协助中"死刑限用"问题探析[J]. 人民检察，2010(23)：14.

诺属于政府间承诺，若违反需承担国家责任。由于个案情形不同，实践中该采取何种承诺方式需依犯罪情节及外方要求而定。如果犯罪情节严重，对犯罪嫌疑人作出免除死刑承诺将会危害我国司法尊严，为追究犯罪嫌疑人刑事责任又必须获得外方协助，那么可先尝试向外方作出模糊承诺。如果模糊承诺不被外方所接受，那么再进一步考虑作出正式承诺。然而，从长远来看，为提高刑事司法协助效率，宜统一作出正式明确的承诺。

3. 承诺免除死刑的送达途径

最高人民法院作出同意承诺免除死刑的决定后，还需向外方送达该承诺。在送达途径上，首先需考虑外方要求，如果外方要求我国作出正式的外交承诺，那么则通过外交照会的方式将该承诺送达被请求国外交部，由该国外交部转交具体执行请求的司法机关。如果外方未明确要求，则需要考虑我国向外国提出请求的法律依据。如果依据的是国际刑事司法协助条约，则宜通过条约中央机关向外国送达。因为根据条约，刑事司法协助的请求由中央机关负责联系办理，承诺免除死刑属于国际刑事司法协助的一部分，理应由中央机关送达。如果是依据双边互惠原则而提出的刑事司法协助请求，那么则宜由外交途径送达，因为互惠原则是两国基于互惠而确立的外交关系。

（二）国际刑事司法协助条约中作出明确规定

虽然当前我国只在实践中基于个案承诺免除死刑，但面对开展国际刑事司法合作的压力及打击跨国犯罪的需求，我国应对承诺免除死刑持开放务实态度。未来在与其他已经废除死刑的国家签订刑事司法协助条约时，可在条约中明确规定承诺免除死刑问题。如我国《引渡法》中虽未明确规定死刑不引渡原则，但在2005年《中华人民共和国和西班牙王国有关引渡条约》中首次纳入承诺免除死刑条款，① 该条约在2007年经全国人大常委会批准通过。设计条款时，可参照我国香港地区与已他国签订的刑事司法协助条约中承诺免除死刑条款，将死刑作为“必须拒绝”提供协助或者是“可以拒绝”提供协助的一项理由，“如有关要求关乎在要求方属可判死刑的罪行，但被要求方就该罪行并无判处死刑的规定，或通常不会执行死刑，则除非要求方作出被要求方认为充分的保证，即要求方不会判处死刑，或即使判处死刑

① 2006年4月29日生效的《中华人民共和国和西班牙王国引渡条约》第3条（八）规定：根据请求方法律，被请求引渡人可能因引渡请求所针对的犯罪被判处死刑，除非请求方作出被请求方认为足够的保证不判处死刑，或者在判处死刑的情况下不执行死刑。2015年7月17日生效的《中华人民共和国和法兰西共和国引渡条约》第3条（七）也规定了同样条款。

亦不会执行，否则被要求方须拒绝提供协助”或者“可以拒绝提供协助”。① 具体采用何种方式，宜根据具体谈判国家而定。鉴于国际刑事司法协助的灵活性与合作性，我国应争取采用“可以拒绝”条款，只有在无法获得对方让步时，才考虑采用“应当拒绝”条款。

(三)充分利用承诺免除死刑的例外情形

如果所请求的罪行涉及死刑，被请求国原则上要求我国承诺免除死刑才予以提供协助，但也存在一些例外情形。比如《澳大利亚刑事司法协助法》就规定，“除司法部长依据特殊情况认为应当批准该协助请求之外，其他一概不准”。② 虽然该法对“特殊情况”并没有作出进一步解释，但主要是指：1. 行为人所涉涉嫌犯罪危害较大，打击该犯罪对澳大利亚具有非常重要的价值，而且澳大利亚所提供的事项对打击该犯罪又不可或缺，则司法部长可裁量在请求国没有承诺免除死刑的前提下提供协助，比如跨国的毒品犯罪、恐怖主义犯罪及贩卖人口等；2. 所提供的协助将有利于犯罪嫌疑人减轻处罚或免除处罚。③ 据此，我国在实践中进行个案审核时，可以根据具体案情充分利用外国法律中的例外情形，争取在不承诺免除死刑的前提下也可以获得外方协助。

七、结论

国际刑事司法协助中承诺免除死刑是一国基于打击跨国犯罪的现实需求而作出的妥协。为日后有法可依，我国可以在《国际刑事司法协助法》中增加量刑承诺条款，将承诺免除死刑作为量刑承诺的一部分，规定如下：

---

① 分别参见2011年1月6日《中华人民共和国香港特别行政区政府与爱尔兰政府关于刑事事宜相互司法协助的协定》第6条(1)(i)；1999年6月11日《香港政府与澳大利亚政府关于刑事司法互相协助的协定》第4条第4款。香港自1997年回归以后先后与29个国家签署了双边的刑事司法协助的协定。其中，22项协定中包含了不判处或不执行死刑承诺条款，这些协定主要涉及已废除死刑的国家。资料来源于香港特别行政区刑事司法协助列表，资料来源于香港特别行政区律政司官网：http://www.doj.gov.hk/sc/laws/table3ti.html，2015年6月30日访问。

② 《澳大利亚刑事司法协助法》第8条(1A)(b)、(1B)，司法部司法协助与外事司编译，《国际刑事司法协助立法资料汇编(一)》，法律出版社2011年版，第15页。

③ Adam McBeth, The Bali Nine Could Happen Again Tomorrow: the Rules Still Allow Australian Police to Provide Information in Death Penalty Cases, available at http://castancentre.com/2015/05/04/the-bali-nine-could-happen-again-tomorrow-the-rules-still-allow-australian-police-to-provide-information-in-death-penalty-cases/, visited on 29 June 2015.

"被请求国就提供刑事司法协助附加条件的，对于不损害中华人民共和国主权、国家利益、公共利益的，可以作出承诺。对于限制追诉的承诺，由最高人民检察院决定；对于量刑的承诺，由最高人民法院决定。

依据刑事司法协助条约提出请求的，由条约指定的中央机关代表中华人民共和国政府向被请求国作出承诺；依据互惠原则提出请求的，由外交部代表中华人民共和国政府向被请求国作出承诺。条约中有两个或两个以上中央机关的，协商决定。被请求国对承诺送达主体有要求的，在不损害中华人民共和国主权、国家利益、公共利益的，可以依照被请求国要求作出。

在对犯罪嫌疑人追究刑事责任时，司法机关应当受所作出的承诺的约束。"

对于承诺免除死刑的具体程序，可以通过司法解释的方式确定。具体而言可考虑以下内容，办案机关在办案过程中需要向外国提供刑事司法协助请求的，如果所涉罪行依据我国刑法最高刑为死刑，应当制作请求书层级报请最高人民法院审核决定是否承诺免除死刑。最高人民法院可进行书面审核，如果所请求协助的事项对案件的立案追诉或定罪量刑有关键性影响，则作出同意承诺免除死刑的决定；如果所请求协助的事项对案件的立案追诉或定罪量刑影响有限，则作出拒绝承诺的决定。在确实无法作出承诺，而又必须获得外国的刑事司法协助时，可尝试利用外国法律的例外情形或其他途径获得协助。从长远来看，未来与其他已经废除死刑的国家签订刑事司法协助条约时，可在拒绝协助条款中增加一项：

"如果被请求事项所关乎的罪行依请求方法律可能被判处死刑。除非请求方作出被请求方认为充分的承诺，即承诺不会判处死刑，或即使判处死刑亦不会执行，否则被请求方有权拒绝提供协助"。

Assurances against the Death Penalty in the International Judicial Assistance in Criminal Matters

Abstract: Assurances against the death penalty refer to the assurances made by retentionist countries that the death penalty will not be sentenced or, if sentenced, will not be carried out when seeking legal assistance in criminal matters from abolitionist countries. It is based on the realistic considerations in the fight against transnational crimes. As capital punishment is kept in Chinese law, abolitionist countries often seek such assurances from China after receiving China's requests for legal assistance. However, the judicial assistance treaties between China and other abolitionist countries and domestic Chinese criminal law have no provisions on this issue. Therefore, the ongoing draft Act on

International Judicial Assistance in Criminal Matters in China, should provide for assurances of potential sentences. In the future, China can try to incorporate the provision of assurances against death penalty as a condition for rendering judicial assistance in mutual judicial assistance treaties in criminal matters with abolitionist countries.

Key words: assurances against the death penalty; transnational crimes; international judicial assistance in criminal matters

人权条约机构一般性评论和结论性意见的解释作用*

□ 于　亮**

内容摘要：人权条约机构的一般性评论和结论性意见并无法律约束力，但具有解释人权条约的作用。从条约解释的习惯法规则、国际法院判例法、国际法协会和联合国国际法委员会相关报告来看，一般性评论和结论性意见中的规范性内容在对其表示同意的国家之间构成嗣后实践。对于人权条约机构在一般性评论和结论性意见中对人权条约的解释，缔约国有义务作出赞同或反对的回应。国家对一般性评论或结论性意见保持沉默并不妨碍它们成为嗣后实践。人权条约机构作出的关于国家控烟义务、经社文权利国家义务和《公民权利和政治权利国际公约》域外义务的一般性评论和结论性意见在多数保持沉默的缔约国之间构成嗣后实践，在少数明确表示反对的缔约国之间虽不构成嗣后实践，但仍可作为解释条约的补充资料。

关键词：人权条约机构　一般性评论　结论性意见　条约解释　嗣后实践

目　次

* 本文受到国家留学基金委“国家建设高水平大学公派研究生项目”的资助。

** 荷兰马斯特里赫特大学法学院2013级博士研究生。

四、实例分析：以国家控烟义务、经社文权利国家义务和 ICCPR 域外人权义务为例

(一)国家控烟义务

(二)经济、社会、文化权利的国家义务

(三)ICCPR 域外人权义务

五、结论

一、引言

本文的研究对象为联合国人权条约机构在监督实践中的产物：一般性评论(General Comments)和结论性意见(Concluding Observations)。联合国人权条约体系由九个人权公约和十个监督委员会组成。监督委员会由公约或任择议定书授权设立，因此又被称为人权条约机构。除防范酷刑小组委员会是由任择议定书设立之外，其他九个委员会分别由九个人权公约设立，负责监督各自公约的实施。①后九个委员会在监督实践中的主要工作成果为一般性评论和结论性意见。这些工作成果在很大程度上促进了人权法的繁荣和发展。根据各个人权公约规定，一般性评论和结论性意见并无法律约束力，但由于它们在很大程度上体现了由独立专家组成的人权条约机构对人权公约有关条款的解释，具有很强的权威性。两类文件经常被国际与各国司法机构援引，作为对有关人权条约的权威性解释。② 从国内外人权法文献来看，许多学者在解释人权条约的时候也都会参考或关注人权条约机构的一般性评论和结论性意见。③在国际法中，《维也纳条约法公约》(1969 年缔结，1980 年生效，简称 VCLT)第 31 条、第 32 条是关于条约解释方法的经典表述，通常认为它们

① 从实践来看，各个条约机构在工作程序和实质内容方面都存在趋同化的趋势。

徐鹏. 论人权条约监督机制的趋同化[J]. 武大国际法评论，2012(2)：143.

② See International Law Association, Interim Report on the Impact of the Work of the United Nations Human Rights Treaty Bodies on National Courts and Tribunals, adopted on 11 May 2002, available at http://www.ila-hq.org/en/Others/document-summary.cfm/docid/65BD9C0A-720F-439D-873715A5496CED0F, visited on 26 Nov. 2015, para. 62.

③ 欧美学者普遍重视实证资料，大部分人权法的英文文献都会提及一般性评论和结论性意见，在此不一一列举。2008 年，孙世彦教授在反思我国人权法研究方法的论文中倡导运用人权条约机构的一般性评论和结论性意见等第一手资料。

孙世彦. 人权法研究：问题与方法简论[J]. 法制与社会发展，2008(2)：96.

孙世彦.《经济、社会、文化权利国际公约》研究评述[J]. 国际法研究，2014(4)：117.

已经成为习惯法规则。①条约解释方法由诸多要素构成，一般性评论和结论性意见是否属于其中之一并不十分明朗。在著名的迪亚洛案中，国际法院在解释有关人权条约的时候援引了人权条约机构的一般性评论和结论性意见，但并未表明一般性评论和结论性意见何以具有解释作用或者属于条约解释方法中的何种要素。②在此背景下，笔者尝试从条约解释的角度探讨一般性评论和结论性意见缘何具有解释人权条约的作用。换言之，本文的研究问题可归纳为：一般性评论和结论性意见属于条约解释方法中的何种要素？

二、作为人权条约机构工作成果的一般性评论和结论性意见

(一)一般性评论和结论性意见的含义

一般性评论和结论性意见是人权条约机构履行监督职责的主要工作成果。其中，一般性评论是有关委员会针对人权条约的特定条款和具体事项作出的解释和说明，其受众是全体缔约国。结论性意见是委员会在审议某个缔约国提交的定期报告之后对该缔约国表达的关切和建议。实践中，各委员会对两类文件的称谓不尽一致，多数委员会分别采用"一般性评论"和"结论性意见"的表述。只有消除种族歧视委员会和消除对妇女歧视委员会将前者称为"一般性建议"(general recommendations)，但仍将后者称为"结论性意见"。笔者在行文时采用多数委员会使用的"一般性评论"和"结论性意见"的表述。

---

① See Legal Consequences of the Construction of a Wall in the Occupied Palestinian Territory, I. C. J. Advisory Opinion of 9 July 2004, para. 94; Case Concerning Legality of Use of Force (Serbia and Montenegro v. Belgium), Preliminary Objections, I. C. J. Judgment of 15 December 2004, para. 100.

② Ahmadou Sadio Diallo (Republic of Guinea v. Democratic Republic of the Congo), I. C. J. Judgment of 30 November 2010, para. 66. 该案基本案情如下：1998 年，几内亚向国际法院起诉刚果民主共和国(简称刚果)，声称后者对其国民迪亚洛先生实施的一系列行为严重违反了包括国际人权条约在内的国际法。迪亚洛先生是几内亚公民，自 1964 年起在刚果定居并从事商业活动。由于试图通过司法系统追讨刚果政府和其他几家公司对其拥有的公司的债务，迪亚洛先生被监禁两个半月，其重要资产、公司账户被政府扣押或冻结，随后迪亚洛先生被刚果驱逐出境。国际法院在解释 ICCPR 第 13 条关于驱逐出境的法定条件和程序时，援引了人权事务委员会的《第 15 号一般性评论》。

肖军. 对海外投资的外交保护——国际法院关于迪亚洛案(初步反对意见)的判决评析[J]. 武大国际法评论，2008(2)：339-340.

万鄂湘，黄赟琴. 国际人权条约的特点及其解释的特殊性——以迪亚洛案为例[J]. 武汉大学学报(哲学社会科学版)，2012(6)：5.

(二)一般性评论和结论性意见没有法律约束力

人权条约机构作出一般性评论和结论性意见的依据在于相应人权条约的授权，但这两类文件本身没有法律约束力，只是建议性质的。例如，《公民权利和政治权利国际公约》(ICCPR)第40条第4款规定："委员会应研究本公约各缔约国提出的报告，并应把它自己的报告以及它可能认为适当的一般建议送交各缔约国。"《消除对妇女一切形式歧视公约》第21条第1款规定："委员会应就其活动，通过经济及社会理事会，每年向联合国大会提出报告，并可根据对所收到缔约各国的报告和资料的审查结果，提出意见和一般性建议。这些意见和一般性建议，应连同缔约各国可能提出的评论载入委员会所提出的报告中。"此外，《消除一切形式种族歧视国际公约》(第9条)、《儿童权利公约》(第45条)、《残疾人权利国际公约》(第39条)等人权条约均有类似授权。比较特殊的是《经济、社会和文化权利国际公约》，该公约授权联合国经社理事会履行监督之责，且未对经社理事会本身的建议权作出明确规定。在实践中，经社理事会于1985年通过第1985/17号决议设立经济社会和文化权利委员会履行监督职责。① 1987年，经社理事会又通过第1987/5号决议授权经济社会和文化权利委员会参考其他人权条约机构的工作方法，这就暗示委员会可以作出一般性评论和结论性意见。② 经社理事会的此种安排并未受到缔约国的反对，在实践中各国积极配合委员会的工作，事实上形成了与其他人权条约机构类似的监督机制。

诚然，一般性评论和结论性意见本身并无法律约束力，但并不意味着它们不能成为解释条约的依据。正如下文所述，一般性评论和结论性意见可能构成条约解释方法中的"嗣后实践"③，或至少可以构成条约解释方法中的"补充资料"。例如，

---

① UN Economic and Social Council Resolution 1985/17, E/RES/1985/17, Published on 12 Jun. 1985, para. 1.

② UN Economic and Social Council Resolution 1987/5, E/RES/1987/5, Published on 10 Jun. 1987, para. 9.

③ 《维也纳条约法公约》第31条第3款乙项的中文文本表述为"嗣后在条约适用方面确定各当事国对条约解释之协定之任何惯例"；英文文本为"Any subsequent practice in the application of the treaty which establishes the agreement of the parties regarding its interpretation"，将英文"subsequent practice"翻译成"嗣后实践"似乎更符合现代语言习惯。国内很多学者也在论著中使用"嗣后实践"的表述，因此本文亦采用该表述，以便学术交流。例如，韩燕煦：《论条约解释中的嗣后实践》，《国际法研究》2014年第1期，第49页；宋杰：《从〈联合国宪章〉第2(4)条的解释来看人道干涉的法律依据——基于准备资料和嗣后实践的视角》，《国际法研究》2014年第4期，第5页。不过，需要注意的是，联合国国际法委员会在相关报告的中文版本中依然使用"嗣后惯例"的表述。参见国际法委员会：《与条约解释相关的嗣后协定和嗣后惯例第二次报告》，文件编号：A/CN. 4/671，起草时间：2014年3月26日，第1段。

联合国国际法委员会在《与条约解释相关的嗣后协定和嗣后惯例第二次报告》中指出，"体现嗣后实践的各国协定(第31条第3款乙项中的"agreement of the parties")本身不必具有法律约束力"。①

(三)一般性评论和结论性意见中的规范性和非规范性内容对比

就内容而言，一般性评论和结论性意见既有规范性内容，也有非规范性内容。较之结论性意见，一般性评论总体上更具规范性，因为前者是对某个缔约国的具体建议，而后者主要是针对公约特定条款含义等一般性问题而对全体缔约国作出的评论。当然，结论性意见当中也有规范性的内容，比如对公约项下国家义务的解释等。一般性评论中也有非规范性的内容，比如有关加强国家人权机构作用的建议等。②是否具有规范性并不取决于文件类型本身，而在于其内容是否有公约条款依据。两类文件中的部分内容是对公约条款含义的澄清与说明，具有规范性；而另外一些内容与公约条款无关，纯粹是敦促国家更好地保障人权的建议，并无规范性。

一般性评论和结论性意见中的非规范性内容脱离公约条款，只是纯粹的建议或号召，不具备解释人权条约的作用。只有规范性的内容才会产生是否具有解释作用的问题。一般性评论和结论性意见中的规范性内容被很多学者认为是对人权条约的权威性解释，它们对澄清公约条款内容起到了重要的作用。③有学者认为，人权条约机构在一般性评论和结论性意见中就公约条款进行的解释和阐述使得人权公约从静态的、单一的文本发展成为一种动态的、立体的架构。④因此，下文将探讨一般性评论和结论性意见中的规范性内容是否具有解释人权条约的作用。

(四)一般性评论和结论性意见对国际人权法的发展和演进作用

此外，一般性评论和结论性意见对国际人权法的发展和演进也起到了积极的推动作用。⑤在澄清和解释人权条约的过程中，对有关规则的丰富与发展是无法避免

① 参见国际法委员会：《与条约解释相关的嗣后协定和嗣后惯例第二次报告》，文件编号：A/CN. 4/671，起草时间：2014年3月26日，第56段。

② 参见经济社会和文化权利委员会：《第10号一般性建议：国家人权机构在保护经济、社会和文化权利方面的作用》，文件编号：E/C. 12/1998/25，归档日期：1998年12月10日，第3段。

③ Kerstin Mechlem, *Treaty Bodies and the Interpretation of Human Rights*, 42 Vanderbilt Journal of Transnational Law 922-930 (2009).

④ 孙世彦. 人权法研究：问题与方法简论[J]. 法制与社会发展，2008(2)：95.

⑤ 张文贞. 演进中的法：一般性意见作为国际人权公约的权威解释[J]. 台湾人权学刊，1(2)：34-38.

甚至值得欢迎的事情。①以国家义务的范围为例，传统人权理论认为国家仅对在其领土内的人负有人权义务。然而，在全球化时代，国家在域外侵犯人权的现象时有发生，以领土为边界的国家义务观念受到前所未有的挑战。人权条约机构顺应国际社会的变迁，适时地提出了域外义务(Extraterritorial Obligation)的概念，认为国家对在其领土外的人也负有一定的人权义务。在《第 31 号一般性评论》中，人权事务委员会将《公民权利和政治权利国际公约》第 2 条第 1 款解释为："缔约国必须尊重和确保在其权利范围内或者有效控制下的任何人享受《公约》所规定的权利。其中甚至包括不在缔约国领土上的一些人的权利。"②可见，人权事务委员会认为国家在一定情形下具有域外义务，这种解释显然比公约字面意思更加合理。再比如，经济社会和文化权利委员会在数个一般性评论和结论性意见中将公约有关条款解释为要求跨国公司的母国采取措施，防止总部在其领土的跨国公司在域外侵犯人权。③这些例子再次凸显本文论题的重要性。下文从条约解释方法的角度考察一般性评论和结论性意见中的规范性内容是否具有解释人权条约的作用。

三、条约解释方法视角下的一般性评论和结论性意见

(一)条约解释方法的诸要素

VCLT 第 31 条、第 32 条被普遍视为习惯国际法规则，因此适用于对所有人权条约的解释，即便是那些在 VCLT 生效之前就已经存在的人权条约。

1. 第 31 条：条约解释通则

VCLT 第 31 条是条约解释之通则，该条规定的要素包括通常含义、上下文、目的和宗旨、善意解释、嗣后协定、嗣后实践、任何有关国际法规则以及用语特殊意义。在上述诸多要素中，一般性评论和结论性意见最接近嗣后实践，因为它们是人权条约机构在相关人权条约生效之后进行的监督实践，国家也参与其中。VCLT 第 31 条第 3 款乙项对嗣后实践要素的定义为"当事国在适用条约过程中确立的对条

---

① 孙世彦. 人权法研究：问题与方法简论[J]. 法制与社会发展，2008(2)：95.

② 人权事务委员会：《第 31 号一般性意见：〈公约〉缔约国的一般法律义务的性质》，文件编号：CCPR/C/21/Rev. 1/Add. 13，归档日期：2004 年 5 月 26 日，第 10 段。

③ 于亮.《经济、社会和文化权利国际公约》中母国规制跨国公司的义务——兼评经济、社会和文化权利委员会的最新实践[J]. 环球法律评论，2014(6)：160.

约解释一致同意的嗣后实践”。①一般性评论和结论性意见是否属于 VCLT 第 31 条的嗣后实践涉及以下几个问题：法律对实践形式有无特殊要求？嗣后实践是否需要全体缔约国的同意？国家对一般性评论和结论性意见保持沉默是否阻却嗣后实践的形成？在回答这些问题之前，还应厘清条约解释的补充资料及其与嗣后实践的关系。

2. 第 32 条：解释之补充资料

VCLT 第 32 条规定了解释的补充资料，属于从属性条款，其适用的前提是为了证实适用第 31 条所得到的意义，或按照第 31 条进行解释而意义不明或所获结果显属荒谬或不合理。在司法实践中，补充资料主要用来避免显属荒谬的结果。

第 32 条并未规定何为补充资料，而仅仅采用非排他的方式列举了“条约准备资料”和“缔约情况”。因此，如果参照一般性评论或结论性意见能够避免按照第 31 条进行解释而得到的显属荒谬的结果，此时一般性评论和结论性意见完全可以作为解释条约的补充资料。联合国国际法委员会指出了某项关于条约解释的实践构成 VCLT 第 31 条第 3 款乙项的嗣后实践与构成 VCLT 第 32 条的补充资料之间的差别在于，前者需要缔约国达成一致(Agreement)，后者无需缔约国同意即可成立。②需要指出的是，从第 31 条和第 32 条的关系来看，如果一般性评论或结论性意见已经属于第 31 条的要素，那么就不存在它们是否属于第 32 条所规定的补充资料的问题。因此本文将重点探讨一般性评论或结论性意见是否属于第 31 条中的嗣后实践的问题。就算它们不属于第 31 条的嗣后实践，至少也可以肯定，它们仍可作为补充资料来避免根据第 31 条所作解释可能带来的显属荒谬的结果。

(二)一般性评论和结论性意见可构成条约解释方法的嗣后实践

1. VCLT 对实践形式无特殊要求

从 VCLT 第 31 条第 3 款乙项的条文来看，嗣后实践似乎并不限于国家直接进

---

① 如前所述，VCLT 正式作准的中文文本不符合现代语言习惯，此处表述是作者根据现代汉语习惯将英文文本翻译而成。需要指出的是，作准中文文本将“the agreement of the parties”译为缔约国协定，有学者认为这容易引起误解(误以为国家之间签署的协议)，此处“agreement”译为“意思一致”或“一致意见”更恰当。综合其他学者意见以及考虑到“parties”采用复数形式，笔者将“agreement”译为“一致同意”。

韩燕煦．论条约解释中的嗣后实践[J]．国际法研究，2014(1)：54.

② 国际法委员会：《与条约解释相关的嗣后协定和嗣后惯例第二次报告》，文件编号：A/CN.4/671，起草时间：2014 年 3 月 26 日，第49 段。

行的实践，只要国家对有关实践表示一致同意即可。①按照这种解释，一般性评论和结论性意见虽然不是国家本身作出的，但是只要获得国家一致同意即可构成嗣后实践。嗣后实践涉及的第一个法律问题为：VCLT 对实践形式有无特殊要求。对于这一问题，有代表性的观点主要体现在联合国国际法委员会（UN International Law Commission）和国际法协会（International Law Association）的研究报告以及国际法院南极捕鲸案②的判决当中。

国际法协会一直认为非国家行为者的实践可以构成嗣后实践。该协会在 2004 年发布的《关于联合国人权条约机构工作成果影响力的最终报告》中指出，虽然条约机构的解释本身不是国家实践，但是国家整体对该解释的回应可以构成嗣后实践。③ 换句话说，重要的不是实践的表现形式，而是国家整体对有关实践的态度。国际法协会的观点可以概括为：法律对嗣后实践的实践形式无特殊要求，有关解释是否构成嗣后实践取决于国家整体对该解释的态度。如下文所述，国际法协会的观点最初被联合国国际法委员会否定，不过后者在最近的报告中转变态度，又肯定了国际法协会的观点。

自 2010 年起，联合国国际法委员会一直致力于研究"与条约解释有关的嗣后协定和嗣后实践"。④ 特别报告员格奥尔格·诺尔特先生（Mr. Georg Nolte）分别于 2013 年和 2014 年提交了两份报告。第一次报告采取了较为保守的态度，认为"（实践的）行为体当然是缔约国本身"。⑤第一次报告进一步指出："非国家行为体的嗣

---

① 例如，我国学者认为，当被解释条约为国际组织基础条约时，有关国际组织及其机构的实践也可构成嗣后实践。如下文所述，"一致同意"（the agreement of the parties）并不意味着需要全体缔约国的同意。

韩燕煦. 条约解释的特点——同国内法解释的比较研究[J]. 环球法律评论，2008（1）：116.

② 该案基本情况为：2010 年 5 月 31 日，澳大利亚在国际法院起诉日本，认为日本政府特许在南极捕鲸的行为违反了日本基于《国际捕鲸公约》的义务以及日本在保护海洋哺乳动物和海洋环境方面的其他义务。新西兰作为第三方参加诉讼。与本文相关的问题是：捕鲸委员会（条约监督机构）的决议和建议能否作为 VCLT 意义上的嗣后实践。

何田田. 国际法院"南大洋捕鲸"案评析[J]. 国际法研究，2015（1）：95.

③ International Law Association, Final Report on the Impact of Findings of the United Nations Human Rights Treaty Bodies, adopted in 2004, available at http://www.ila-hq.org/en/Others/document-summary.cfm/docid/3B0BF58A-C096-4113-830E8E1B5BC6DEC5, visited on 26 Nov. 2015, para. 21.

④ UN General Assembly, Report of the International Law Commission, Sixty-second Session, 2010, Supplement No. 10 (A/65/10), para. 21.

⑤ 国际法委员会：《与条约解释相关的嗣后协定和嗣后惯例第一次报告》，文件编号：A/CN.4/660，起草时间：2013 年 3 月 19 日，第 117 段。

后惯例，包括社会惯例，只要在国家嗣后惯例中得到体现或采纳，就有可能为条约解释目的而被考虑在内，或作为此种国家惯例的证据。”①从第一次报告可以看出，国家仅仅对条约机构的解释表明同意或反对的态度本身并不构成嗣后实践；条约机构的解释必须被国家践行才能构成嗣后实践，即“在国家嗣后惯例中得到体现或采纳”。受国际法院南极捕鲸案(2014 年作出判决)的影响，在第二次报告中，国际法委员会的态度急剧转变，淡化甚至取消了对实践形式的要求。国际法委员会现在认为：“第 31 条第 3 款(b)项所述嗣后惯例包括可能促成确立关于条约解释之协定的任何条约适用‘行为’。根据所涉条约的情况，这不仅包括在国际一级的公务行为、声明和表决等对外行为，也包括国内立法、行政和司法行为以及非国家实体施行的条约认为属于其适用形式范围的行为。”②委员会进一步指出，负责监督有关条约实施的缔约方大会等机构通过声明或决定等文件作出的对相关条约的解释可能构成嗣后实践。③从第二次报告来看，国家对有关解释表明立场或态度本身即可构成嗣后实践，而无需国家践行“解释的内容”。可见，国际法委员会在最新报告中肯定了国际法协会的观点。

国际法院在 2014 年作出的南极捕鲸案判决可谓是重要的分水岭，在此之前，法院仅仅承认作为非国家行为者的国际组织及其机构的嗣后实践可以用来解释国际组织基础条约。④在捕鲸案中，澳大利亚起诉日本违反《国际捕鲸公约》的义务，新西兰作为非当事方参加诉讼。《国际捕鲸公约》第 3 条设立国际捕鲸委员会作为公约监督机构，第 6 条授予委员会向缔约国提出建议之权。本案的争点之一为委员会的决议或指南能否构成《维也纳条约法公约》意义上的嗣后实践。国际法院认为，捕鲸委员会的决议是在没有得到全部缔约国支持，特别是本案当事国日本的同意票的情况下通过的，因此不能成为嗣后实践。⑤ 从国际法院的判决可以反推出，如果条约监督机构的解释得到国家的足够支持就可以作为《维也纳条约法公约》意义上的嗣后实践。国际法院判例表明，嗣后实践的决定性要素为缔约国对有关解释的态

① 国际法委员会：《与条约解释相关的嗣后协定和嗣后惯例第一次报告》，文件编号：A/CN. 4/660，起草时间：2013 年 3 月 19 日，第 144 段。

② 国际法委员会：《与条约解释相关的嗣后协定和嗣后惯例第二次报告》，文件编号：A/CN. 4/671，起草时间：2014 年 3 月 26 日，第 42 段。

③ 国际法委员会：《与条约解释相关的嗣后协定和嗣后惯例第二次报告》，文件编号：A/CN. 4/671，起草时间：2014 年 3 月 26 日，第 94 段。

④ 韩燕煦.《联合国宪章》解释对传统条约解释规则的影响和发展[J]. 环球法律评论，2010(3)：140.

⑤ Whaling in the Antarctic (Australia v. Japan：New Zealand Intervening), I. C. J. Judgment of 31 March 2014, para. 83.

度。这一观点得到国际法委员会的肯定，委员会在第二次报告指出：“第 31 条第 3 款(b)项所述嗣后惯例可有各种形式，必须反映当事国对条约解释的共同理解。”①

嗣后实践的构成要件不同于习惯国际法的构成要件，虽然两者均为规范性范畴(前者是规则的解释，后者是规则的形成)。嗣后实践的决定性要件仅为缔约国对有关解释的态度，其对实践形式没有特殊要求。而传统国际法理论认为，习惯国际法的构成要件包括实践要素和心理要素，前者是指国家的共同实践，后者是指国家的法律确信。②晚近国际法理论和实践表明，在习惯国际法的证成过程中，实践要素被逐渐弱化。现代习惯国际法特别是所谓的“速成”或“即时”习惯法可以不依赖国家实践要素，而更多地通过国际公约或国际组织决议等方式形成国家的法律确信而快速产生。③在此背景下检视嗣后实践的构成要件，可以得出如下结论：由于 VCLT 第 31 条第 3 款乙项本来也未对实践形式作出特殊要求，因此，一般性评论和结论性意见由人权条约机构而非国家作出的事实并不妨碍它们成为嗣后实践。

此外，与调整国家间关系(横向关系)的条约不同，人权条约在很大程度上调整国家与个人的关系(纵向关系)。在依靠嗣后实践解释人权条约的时候，过分强调国家本身的实践是有问题的。因为从逻辑上说，不能因为国家以有利于人权的方式对待人民就推出国家有此义务，也不能因为国家没有保护人权就说国家没有此类义务。对前者而言，国家这样做未必是因为它有义务这样做，对后者而言，恰恰有可能说明国家违反了它的义务。因此，就人权条约本身特性而言，嗣后实践不应局限于国家直接进行的实践。

可见，虽然一般性评论和结论性意见并非国家直接作出的，但这并不妨碍它们成为嗣后实践。

2. 缔约国对嗣后实践的态度

VCLT 第 31 条第 3 款乙项使用“一致同意”(英文表述为“the agreement of the parties”)的表述来限制嗣后实践。一个重要的问题随即产生，嗣后实践是否需要全体缔约国的同意？从缔约国数量来看，条约可分为两类：其一，双边条约或缔约国数目较少的多边条约；其二，缔约国数目众多的多边条约，主要的人权条约均属此类。两者界线并非泾渭分明，其区分标准可借鉴 VCLT 第 20 条第 2 款。对于前者而言，由于缔约国数目较少，尚可期待并且有理由要求全体缔约国对嗣后实践表示同意。对于后者，在现实中很难期待全体缔约国对一般性评论或结论性意见均表示

① 国际法委员会：《与条约解释相关的嗣后协定和嗣后惯例第二次报告》，文件编号：A/CN. 4/671，起草时间：2014 年 3 月 26 日，第 48 段。

② 赵维田. 习惯国际法刍议[J]. 法学研究，1988(5)：91-93.

③ 姜世波. 论速成国际习惯法[J]. 学习与探索，2009(1)：81-82.

同意。

从 VCLT 起草过程来看，草案最初使用的表述为“确立全体缔约国理解的关于其解释的嗣后实践”，但作为起草者的国际法委员会最终删去了“全体”二字。①国际法委员会指出，删除“全体”二字仅仅是为了避免下列误解：每个缔约国必须全部参与到此种实践过程。② 而正确的理解是，嗣后实践不需要全体缔约国的参与，缔约国对实践的接受足以满足条件。③ 可见，“全体”一词的去留并不涉及缔约国对嗣后实践的态度问题(即是否需要全体同意)。因此，单从 VCLT 现有条文和草案条文的比较无法看出嗣后实践是否需要全体缔约国的同意。

国际法院对这一问题的态度似是而非。在南极捕鲸案中，国际法院否定捕鲸委员会的决议构成嗣后实践的理由是因为它们没有得到全体缔约国的支持。④ 而在此前两个咨询意见(联合国某些经费咨询意见⑤、在被占领的巴勒斯坦领土修筑隔离墙咨询意见⑥)中，国际法院认为，非国家行为体的实践不需要全体缔约国的支持也可构成嗣后实践。例如，在联合国某些经费咨询意见中，国际法院认为联合国大会的有关决议构成嗣后实践，尽管它们没有得到全体缔约国的支持，而且有很多国

① International Law Commission, Draft Articles on the Law of Treaties with Commentaries, in Yearbook of the International Law Commission, 1966, Vol. II, p. 222.

② International Law Commission, Draft Articles on the Law of Treaties with Commentaries, in Yearbook of the International Law Commission, 1966, Vol. II, p. 222.

③ International Law Commission, Draft Articles on the Law of Treaties with Commentaries, in Yearbook of the International Law Commission, 1966, Vol. II, p. 222.

④ Whaling in the Antarctic (Australia v. Japan: New Zealand Intervening), I. C. J. Judgment of 31 March 2014, para. 83.

⑤ 该案基本情况为：联合国某些会员国以联合国在中东和刚果的行动所产生费用不属于联合国经费为由拒绝分摊。联合国大会通过决议请求国际法院就上述费用是否属于《联合国宪章》第 17 条第 2 款的“本组织之经费”问题发表咨询意见。为了回答上述问题，国际法院通过考察联合国有关机构的实践来解释《联合国宪章》中的“预算”和“经费”的含义。See Certain Expenses of the United Nations (Article 17, Paragraph 2, of the Charter), Advisory Opinion, I. C. J. Reports 1962, pp. 173-175.

⑥ 该案基本情况为：2003 年 12 月，联合国大会请求国际法院就以色列在被占领的巴勒斯坦领土修筑隔离墙的行为根据国际法具有何种法律后果的问题发表咨询意见。国际法院在回答联合国大会在本咨询意见中的请求是否超越联大权限时，需要对《联合国宪章》关于联大职权的条款进行解释。国际法院认为，联大决议构成解释宪章的嗣后实践。See Legal Consequences of the Construction of a Wall in the Occupied Palestinian Territory, I. C. J. Advisory Opinion of 9 July 2004, paras. 24-35.

家在表决时投了反对票。① 在隔离墙咨询意见中，国际法院所依靠的联合国大会决议和法律委员会的意见也未得到全体缔约国的支持。② 不过，上述两个咨询意见都是运用国际组织嗣后实践来解释国际组织基础条约的案例，其中阐明的法理能否推广到一般条约的解释还有待时间的检验。

国际法委员会在关于嗣后实践的第二次报告中不仅支持非国家行为者的实践可以构成嗣后实践，而且进一步暗示嗣后实践无需缔约国全体同意。国际法委员会首先回顾了 WTO 上诉机构关于"一致、共同和连贯"的提法，进而结合国际法院、欧洲人权法院等司法机构的案例，得出"一致、共同和连贯"并非确定嗣后实践的最低门槛的结论。③委员会还认为："嗣后惯例作为条约解释资料的价值取决于其在多大程度上一致、共同和连贯。"④可见，"一致、共同和连贯"的程度越高说明嗣后实践本身的说服力越大。因此，"一致、共同和连贯"并非确定嗣后实践的门槛，而是衡量嗣后实践(在相关解释行为已经构成嗣后实践的基础上)说服力的参考依据。也就是说，如果一般性评论和结论性意见得到全体缔约国的同意，此时"一致"程度最高，这说明作为嗣后实践的这些一般性评论和结论性意见的说服力最强。但反过来，不能因为一般性评论或结论性意见没有得到全体缔约国同意而否认它们成为嗣后实践的事实。

人权条约的独特之处在于其中的大多数国家义务不以互惠为前提。国家基于人权条约的义务主要是对作为第三方的个人承担的。对于非互惠性的国家义务的解释，不应以缔约国是否全体同意作为门槛。在这方面，欧洲人权法院的司法实践值得称道，法院在运用嗣后实践解释欧洲人权条约的时候，并未严格拘泥于相关实践是否得到全体缔约国支持的问题。⑤ 全体缔约国同意是互惠义务语境下的产物，无

---

① Certain Expenses of the United Nations (Article 17, Paragraph 2, of the Charter), Advisory Opinion, I. C. J. Reports 1962, p. 174. See also Julian Arato, *Treaty Interpretation and Constitutional Transformation: Informal Change in International Organizations*, 38 (2). The Yale Journal of International Law 320 (2013).

② Legal Consequences of the Construction of a Wall in the Occupied Palestinian Territory, I. C. J. Advisory Opinion of 9 July 2004, paras. 27-28. See also Julian Arato, *Treaty Interpretation and Constitutional Transformation: Informal Change in International Organizations*, 38(2). The Yale Journal of International Law 325 (2013).

③ 国际法委员会：《与条约解释相关的嗣后协定和嗣后惯例第二次报告》，文件编号：A/CN. 4/671，起草时间：2014 年 3 月 26 日，第 48 段。

④ 国际法委员会：《与条约解释相关的嗣后协定和嗣后惯例第二次报告》，文件编号：A/CN. 4/671，起草时间：2014 年 3 月 26 日，第 48 段。

⑤ Luigi Crema, *Subsequent Practice in Hassan v United Kingdom: When Things Seem to Go Wrong in the Life of a Living Instrument*, 15 Questions of International Law, Zoom-in 9 (2015).

法胜任对人权条约非互惠性义务的解释。况且，如前所述，即便对于互惠性义务的解释也未必需要全体缔约国同意。因此，对于人权条约机构在一般性评论和结论性意见中作出的符合公约目的和宗旨的解释，至少可以认为，它们在对其表示同意的国家之间构成嗣后实践，可以用来解释这些国家的义务。

3. 沉默的效果

从人权监督实践来看，缔约国通常对人权条约机构作出的一般性评论和结论性意见保持沉默，既未明确表示赞同，也很少提出反对。沉默的法律后果是什么？国际法委员会在关于嗣后实践的第二次报告中认为，缔约国对有关实践的沉默或不作为可能意味着“一致同意”，进而构成嗣后实践。①国际法院在纳米比亚咨询意见中表明，如果国家不同意国际组织（在此案为联合国安理会）的嗣后实践，国家有义务提出反对意见；国家的沉默推定为对有关实践的赞同。② 同样，对于人权条约机构在一般性评论和结论性意见中对人权条约的解释，缔约国也有义务作出赞同或反对的回应，沉默可以推定国家对有关实践默示接受。根据人权条约的规定，缔约国有义务接受人权条约机构的监督。虽然有关条款并未明确规定，但对委员会的意见作出回应是接受监督的应有之义。可见，对于人权条约机构在一般性评论和结论性意见中的解释，国家有提出反对意见的责任，如果国家不同意相关解释。因此，国家对一般性评论或结论性意见保持沉默并不妨碍它们成为嗣后实践。

四、实例分析：以国家控烟义务、经社文权利国家义务和ICCPR域外人权义务为例

人权公约通常对权利和义务规定得比较笼统，这就需要进一步解释。如上文所述，人权条约机构在一般性评论和结论性意见中对人权条约进行的解释可以构成嗣后实践，进而成为其他主体解释该条约时必须考虑的要素；即便尚未构成嗣后实践，它们仍可作为解释的补充资料来避免根据 VCLT 第 31 条所作解释可能带来的显属荒谬的结果。下文首先以关于国家控烟义务和经济、社会、文化权利国家义务的一般性评论和结论性意见为例，说明它们是如何成为嗣后实践的。其次，笔者以关于 ICCPR 域外人权义务的一般性评论为例，说明即便少数国家明确表示反对，

① 国际法委员会：《与条约解释相关的嗣后协定和嗣后惯例第二次报告》，文件编号：A/CN. 4/671，起草时间：2014 年 3 月 26 日，第 59 段。

② Legal Consequences for States of the Continued Presence of South Africa in Namibia (South West Africa) notwithstanding Security Council Resolution 276 (1970), Advisory Opinion, I. C. J. Reports 1971, p. 16, para. 22.

也不妨碍它们在多数国家之间构成条约解释意义上的嗣后实践；在明确表示反对的少数国家之间，这些一般性评论或结论性意见虽然不能成为嗣后实践，但仍有可能作为解释条约的补充资料以避免显属荒谬的解释结果。

(一)国家控烟义务

《经济、社会和文化权利国际公约》(《经社文公约》)第12条规定了健康权，国家义务之一为"改善环境卫生和工业卫生的各个方面"。从文字表述来看，该义务规定得较为模糊、笼统：国家到底如何改善环境卫生或工业卫生呢？2000年，经济社会和文化权利委员会在《第14号一般性评论》中将上述义务解释为包含劝阻吸烟、控制烟草生产、销售、消费的义务。①在该评论发布后，几乎未见缔约国表示反对。此后，经社文委员会又多次在结论性意见中提及控烟问题，均未见相关国家表示反对。②此外，《儿童权利公约》也有关于健康权的规定。儿童权利委员会在《第4号一般性意见》将《儿童权利公约》中的健康权(第24条)和免受有损儿童福祉的信息和资料之害的权利(第17条)解释为缔约国有义务管制或禁止尤其是针对儿童和青少年的有关酒类和烟草等物品的宣传和销售行为。③除一般性评论外，儿童权利委员会在几乎所有的结论性意见中均提到控制青少年接触烟草的义务。上述关于国家控烟义务的解释几乎没有任何国家表示反对。根据本文观点，上述关于国家控烟义务的一般性评论和结论性意见成为条约解释意义上的嗣后实践。至此，由健康权可以推导出国家的控烟义务，而人权条约机构的一般性评论和结论性意见在此过程中发挥了嗣后实践的作用。

(二)经济、社会、文化权利的国家义务

《经社文公约》第2条规定了一般层面的国家义务，即"每一缔约国家承担尽最大能力个别采取步骤或经由国际援助和合作，特别是经济和技术方面的援助和合作，采取步骤，以便用一切适当方法，尤其包括用立法方法，逐渐达到本公约中所

---

① 参见经济社会和文化权利委员会：《第14号一般性评论：享有能达到的最高健康标准的权利》，文件编号：E/C. 12/2000/4，归档日期：2000年8月11日，第15、51段。

② 参见经济社会和文化权利委员会：《经济、社会、文化权利委员会的结论性意见：法国》，文件编号：E/C. 12/1/Add. 72，归档日期：2001年11月30日，第21段；《经济、社会、文化权利委员会的结论性意见：捷克共和国》，文件编号：E/C. 12/1/Add. 76，归档日期：2002年6月5日，第41段；《经济、社会、文化权利委员会的结论性意见：斯洛伐克》，文件编号：E/C. 12/1/Add. 81，归档日期：2002年12月19日，第31段。

③ 儿童权利委员会：《第4号一般性意见：在〈儿童权利公约〉框架内青少年的健康和发展》，文件编号：CRC/GC/2003/4，归档日期：2003年7月1日，第25段。

承认的权利的充分实现。”上述表述中的“尽最大能力”、“逐步”是否意味着缔约国可以不采取措施或不落实经济、社会和文化权利？如果说国家有义务实现经济、社会和文化权利，国家具体承担何种义务？为了回答这些问题，理论界逐步发展出尊重、保护和实现的国家义务三分法的理论框架。“尊重的义务”要求国家不得干扰个人的自由和基本权利；“保护的义务”是指国家有义务保护个人权利不被其他个体所侵犯；“实现的义务”需要国家采取必要的措施来满足个人通过其努力仍无法实现的需求。① 目前，国家义务三分法获得学界广泛支持，主要体现在学术共同体起草的软法文件中，例如《关于违反经济、社会和文化权利行为的马斯特里赫特原则》。②《经社文公约》的目标是逐步实现经济、社会和文化权利，但基于对第 2 条的学理解释可以发现，国家除了实现的义务之外，还有尊重和保护的义务。事实上，尊重、保护和实现的义务已不仅仅是学理解释，经由人权条约机构的一般性评论和结论性意见的阐释和国家的默认，这三个层次的国家义务已经成为嗣后实践，应当作为解释条约时必须考虑的要素。

作为《经社文公约》的监督机关，经济社会和文化权利委员会（CESCR）在一般性评论和结论性意见中确认了国家义务三分法，将公约第 2 条的国家义务解释为包括尊重、保护和实现的义务。迄今为止，CESCR 共发布 21 个一般性评论，自 1999 年《第 12 号一般性评论》（关于食物权）起，CESCR 就形成了关于尊重、保护和实现义务的稳定解释。③ CESCR 在 1999 年之后的绝大多数结论性意见中也将第 2 条解释为向国家施加了尊重、保护和实现的义务。例如，在关于健康权的《第 14 号一般性评论》中，CESCR 认为健康权与各项人权一样，要求国家承担三个层次的义务：“尊重的义务要求缔约国不得直接或间接地干预享有健康权。保护的义务要求缔约国采取措施，防止第三方干预第 12 条规定的各项保证。实现的义务要求缔约国为全面实现健康权采取适当的法律、行政、预算、司法、促进和其他措施。”④从 1999 年至今的相当长时期内，大多数国家均未对上述关于国家义务三分法的一般性评论或结论性意见表示反对。按照本文观点，上述关于尊重、保护和实现义务的一般性评论和结论性意见成为条约解释意义上的嗣后实践，可以用来解释《经社文

① Matthew Craven, The International Covenant on Economic, Social, and Cultural Rights: A Perspective on Its Development 106-152 (Oxford University Press, 1995).

② Maastricht Guidelines on Violations of Economic, Social and Cultural Rights, Maastricht, January 22-26, 1997, para. 6.

③ 参见经济社会和文化权利委员会：《第 12 号总评论：取得足够食物的权利》，文件编号：E/C. 12/1999/5，归档日期：1999 年 5 月 12 日，第 15 段。

④ 参见经济社会和文化权利委员会：《第 14 号一般性评论：享有能达到的最高健康标准的权利》，文件编号：E/C. 12/2000/4，归档日期：2000 年 8 月 11 日，第 33 段。

公约》的国家义务。因此，尊重、保护和实现的义务已经不仅仅是对经社文权利国家义务的学理分析，经由人权条约机构在一般性评论和结论性意见中的解释以及国家的默认，尊重、保护和实现的义务已经发展成解释《经社文公约》第 2 条的嗣后实践要素。

(三)ICCPR 域外人权义务

如本文第二部分所述，传统人权理论认为，国家通常只对在其领土内的人负有人权义务。在经济全球化时代以及某些国家频繁开展海外军事行动的背景下，国家对他国人民享有的人权极有可能产生负面影响甚至直接损害。在此背景下，理论和现实问题应运而生：国家对在其领土外的人民是否负有人权义务？ICCPR 第 2 条第 1 款规定："本公约每一缔约国承担尊重和保证在其领土内和受其管辖的一切个人享有本公约所承认的权利……"从字面规定来看，国家对在其领土外的人似乎没有人权义务。然而，海外反恐战争中的虐囚丑闻、北约无人机对平民的射杀等情势凸显了承认域外人权义务的必要性。在 2004 年《第 31 号一般性评论》中，人权事务委员会将 ICCPR 第 2 条第 1 款解释为："缔约国必须尊重和确保在其权利范围内或者有效控制下的任何人享受《公约》所规定的权利。其中甚至包括不在缔约国领土上的一些人的权利。"①对于人权事务委员会作出的关于域外人权义务的解释，除美国、以色列等少数国家明确表示反对外，大部分国家保持沉默。② 根据本文观点，如果国家不同意人权条约机构在一般性评论或结论性意见中的解释，国家有提出反对意见的责任。美国和以色列提出反对意见使得上述关于域外义务的解释对这两个国家而言不构成嗣后实践；然而，对多数未提出反对意见的国家而言，有关域外义务的解释构成嗣后实践。对美国和以色列而言，上述关于域外义务的一般性评论虽然不构成嗣后实践，但仍可作为解释的补充资料来避免根据 VCLT 第 31 条所作解释可能带来的显属荒谬的结果。

① 人权事务委员会：《第 31 号一般性意见：〈公约〉缔约国的一般法律义务的性质》，文件编号：CCPR/C/21/Rev. 1/Add. 13，归档日期：2004 年 5 月 26 日，第 10 段。

② 美国、以色列坚持主张国家仅对在其领土内的人负有人权义务。参见人权事务委员会：《关于以色列第四次定期报告的结论性意见》，文件编号：CCPR/C/ISR/CO/4，归档日期：2014 年 11 月 21 日，第 5 段。See also Human Rights Committee, Consideration of Reports Submitted by States Parties under Article 40 of the Covenant, United States of America, CCPR/C/USA/3, 28 Nov. 2005, Annex I, p. 109.

五、结论

人权条约机构作出的一般性评论和结论性意见由规范性内容和非规范性内容两部分组成。非规范性内容只是单纯的建议或号召，不具备解释人权条约的作用。通过考察构成习惯国际法的《维也纳条约法公约》第31、32条可以发现，一般性评论和结论性意见中的规范性内容具有解释人权条约的作用。一般性评论和结论性意见中的规范性内容在对其表示同意的国家之间构成《维也纳条约法公约》意义上的嗣后实践，可以用来解释这些国家的义务。对于人权条约机构在一般性评论和结论性意见中对人权条约的解释，缔约国有义务作出赞同或反对的回应。如果不同意相关解释，国家有提出反对意见的责任。国家对一般性评论或结论性意见保持沉默并不妨碍它们成为嗣后实践。如果上述一般性评论和结论性意见中的规范性内容尚未构成嗣后实践，它们仍可作为解释的补充资料来避免根据《维也纳条约法公约》第31条所作解释可能带来的显属荒谬的结果。当然，“嗣后实践”和“补充资料”只是条约解释方法诸多要素中的两个，不能因为一般性评论和结论性意见可以构成嗣后实践或补充资料，就断言人权条约机构对人权条约的解释为终极解释或应该采纳的解释。事实上，在解释条约的时候，除嗣后实践和补充资料外，还应综合考虑通常含义、上下文、目的和宗旨等其他要素。无论如何，一般性评论和结论性意见应当引起理论和实务部门的重视。对于学者而言，一般性评论和结论性意见是重要的第一手资料，可以作为研究和批判的起点。人权问题是国际法学和宪法学共同的研究对象，一般性评论和结论性意见虽然是国际人权监督实践的产物，但由于其对人权条约的解释作用，不仅可以作为国际人权法学的研究素材，也应当受到宪法学的重视。对于实务部门，特别是外交部门，应当根据国家的整体利益及时对一般性评论和结论性意见进行回应。如果国家不认同人权条约机构在一般性评论和结论性意见中的解释，应当及时提出反对意见，不可保持沉默。

The Interpretative Function of the General Comments and the Concluding Observations of Human Rights Treaty Bodies

Abstract: General comments and concluding observations of human rights treaty bodies have interpretative functions, although they are not legally binding. According to customary rules on treaty interpretation, and by reference to ICJ jurisprudence and the relevant reports of the International Law Association and the UN International Law

Commission, the normative contents of the general comments and concluding observations constitute the subsequent practices among state parties that consent to them. State parties have the obligation to respond, either in a positive or negative way, to the interpretation by treaty bodies in general comments and concluding observations. The silence of States does not prevent the general comments and concluding observations from being subsequent practices. Those general comments and concluding observations concerning State obligations to control cigarette, state obligations on economic, social and cultural rights and extraterritorial obligations under the ICCPR have become subsequent practices of most state parties that are silent on them. Although the same documents have not become subsequent practices among the limited number of state parties which have expressed their dissent, they could also function as supplementary means of interpretation.

Key words: human rights treaty body; general comments; concluding observation; treaty interpretation; subsequent practice

WTO 体制下可再生能源补贴的困境与出路*

□ 梁 蓉**

内容摘要：基于环境保护目的给予可再生能源以财政支持并不违反 WTO 补贴规则，但附加国内成分要求属于禁止性补贴。气候变化全球治理与 WTO 补贴规则之间出现制度供需失衡，上诉机构在加拿大可再生能源案中面临补贴纪律与环境保护目的兼容难题。《补贴与反补贴措施协定》并未区分合理补贴与不合理补贴、歧视性补贴措施难以援引 GATT 第 20 条例外条款抗辩和利益集团的积极游说是导致可再生能源补贴争端日益频发的症结。在 WTO 多边框架内，条约解释中合理适用非 WTO 规则、修订环境补贴例外条款及建构能源补贴的特殊规则皆是可行性方案。我国在区域(跨区域)自由贸易协定的谈判中，可考虑借鉴《农业协定》模式设置能源补贴规则，并在政府采购条款中明确国民待遇原则减损条款的适用条件。

关键词：加拿大可再生能源案　气候变化　可再生能源补贴　SCM 协定

目　次

* 本文系作者主持的西南政法大学 2015 年度科研创新博士重点项目“区域贸易中的政府采购协定研究”(项目编号：XZYJS2015007)阶段性成果。

** 梁蓉，西南政法大学国际法学院 2014 级博士研究生。

一、引言

加拿大安大略省 2009 年开始实施 FIT（Feed-in Tariff，上网电价补贴）项目，安大略省电网系统以固定价格收购符合要求的可再生能源电力。① 凡是参与 FIT 项目的风能和太阳能发电设施，必须符合特定比例的“国内成分要求”（Domestic Content Requirement）。② 申诉方欧盟和日本认为安大略省的 FIT 项目首先违反《关税与贸易总协定》（下称 GATT）第 3.4 条和《与贸易有关的投资措施协定》（下称 TRIMs 协定）

---

① WTO Appellate Body Reports, Canada-Certain Measures Affecting the Renewable Energy Generation Sector; Canada-Measures Relating to the Feed-in Tariff Program, WT/DS412/AB/R, WT/DS426/AB/R, adopted 6 May. 2013 [hereinafter WTO Appellate Body Reports]; WTO Panel Reports, Canada-Certain Measures Affecting the Renewable Energy Generation Sector; Canada-Measures Relating to the Feed-in Tariff Program, WT/DS412/R, WT/DS426/R, adopted 19 Dec. 2012 [hereinafter WTO Panel Reports]. 欧盟和日本对加拿大安大略省上网电价协议提出的争端包括两个，一是加拿大上网电价协议国有化争端（WT/DS426/R Canada-Feed-in Tariff Program），二是针对可再生能源发电设施争端（WT/DS412/R Canada-Renewable Energy），因专家组和上诉机构对两案合并裁决，本文统称为“加拿大可再生能源案”。See WTO Appellate Body Reports, WT/DS412/AB/R, WT/DS426/AB/R, adopted 6 May. 2013, p. 86.

② 如风能发电设施 2009—2011 年的国内成分需达到 25%以上，2012 年之后需达到 50%以上。太阳能发电设施 2009—2010 年的国内成分需达到 50%，2011 年之后需达到 60%。See WTO Panel Reports, WT/DS412/R, WT/DS426/R, adopted 19 Dec. 2012, pp. 76-77.

第 2. 1 条国民待遇原则；① 其次，附加国内成分要求构成禁止性补贴，违反《补贴与反补贴措施协定》(下称 SCM 协定)第 3. 1(b)条和第 3. 2 条。② 加拿大可再生能源案是 WTO 争端解决中有关可再生能源补贴政策的第一起案件。③ 作为应对气候变化的国内政策工具，可再生能源补贴在 SCM 协定下进退维谷，与传统补贴纪律难以兼容。④

二、可再生能源补贴措施的法律适用困境

GATT 第 3 条国民待遇原则禁止成员方在国内税、国内法规待遇方面对进口产品给予不同于国内产品的歧视，但其并不禁止生产者补贴。而 SCM 协定虽然不阻止成员方实行进口替代政策，但却禁止基于进口替代而给予补贴。⑤ 在加拿大可再生能源案中，上诉机构就安大略省 FIT 项目是否违反国民待遇原则以及政府提供“财政资助”是否构成禁止性补贴进行分析，但在法律适用上存在瑕疵。

(一)上诉机构对 GATT 第 3. 8(a)条“减损条款”的适用瑕疵

GATT 将政府采购视为国民待遇和最惠国待遇的例外，而加拿大可再生能源案

---

① GATT 第 3. 4 条规定一成员方领土的产品输入到另一成员方领土时，在关于产品的国内销售、兜售、购买、运输、分配或使用的全部法令、条例和规定方面，所享受的待遇应不低于相同的国内产品所享受的待遇；TRIMs 协定第 2. 1 条规定在不损害根据 1994 年关贸总协定的其他权利和义务的前提下，任一成员不得实施任何与 1994 年关贸总协定第三条或第十一条的规定不符的措施。

② SCM 协定第 3. 1 条规定除在农产品协议中已有规定的以外，下述的属于第一条规定范围内的补贴应于禁止：(b)将进口替代作为唯一或多种条件之一而提供的补贴；第 3. 2 条规定成员既不应授权，也不应维持第三条第 1 款中所指的补贴。See WTO Panel Reports, WT/DS412/R, WT/DS426/R, adopted 19 Dec. 2012, pp. 5-6.

③ 自 2010 年至 2013 年 8 月，有关 SCM 协定的争端有 15 个，其中 6 个涉及环境问题，如生物柴油、太阳能电池、风能设备及可再生能源等。See Dispute by Agreement, WTO dispute settlement database, available at https: //www. wto. org/english/tratop_e/dispu_e/dispu_agreements_index_e. htm? id=A2, visited on 24 Oct. 2015.

④ See Sade Q Z. Bigdeli, *Incentive Scheme to Promote Renewables and the WTO Law of Subsidies*, in Thomas Cottier et al (eds.), International Trade Regulation and the Mitigation of Climate Change 188 (Cambridge University Press 2009).

⑤ 进口替代补贴，又称国内成分要求，是指以使用国产货物而非进口货物为条件或条件之一而给予的补贴。

甘瑛. WTO 补贴与反补贴法律与实践研究[M]. 北京：法律出版社，2009：32.

第一次解释了这一例外条款，也称减损条款(Derogation Clause)。① 申诉方日本和欧盟认为，安大略省的FIT项目附加国内成分要求违反国民待遇原则，构成对进口电力生产设备的歧视。② 加拿大援引减损条款抗辩，认为FIT项目是"以政府采购为目的，确保安大略省清洁能源电力供应，调整可再生能源电力采购的法律、规定，且非为商业转售或用以生产商业上销售"，③ 同时安大略省能源机构也不构成加拿大加入《政府采购协定》(下称GPA)的涵盖实体。④ 专家组认为安大略省的电力采购"为商业转售"，通过FIT项目将电力转售消费者并获得利润且与电力零售商形成竞争，⑤ 因此不满足适用减损条款的条件，从而得出国内成分要求违反GATT第3.4条和TRIMs协定第2.1条的国民待遇义务。⑥ 上诉机构同意专家组的结论，但并非以电力转售具有"商业属性"为由拒绝适用减损条款，而是认为虽然被歧视的商品是电力生产的必要设备，但政府购买的商品是电力而非电力设备。适用减损条款必须先满足第3.4条，即必须存在具有竞争关系的相同(Identical)，或相似(Like)或直接竞争或可替代的产品。⑦ 本案中的进口电力生产设备与安大略政府采购的电力并不存在竞争关系，因此不能适用第3.8(a)条减损条款。⑧ 与专家组的适用方法相比，上诉机构的适用方法存在瑕疵。

第一，上诉机构的方法使GATT第3.8(a)条在部分情况下形同虚设。以《2009

---

① GATT第3.8(a)条作为第3.4条国民待遇义务的减损条款，规定国民待遇义务不适用于有关政府机构采购供政府公用、非为商业转售或用以生产商业上销售的物品的管理法令、条例或规定。

② 欧盟和日本辩称对GATT第3.4条的违反应是独立的，同时补充申诉了安大略省的国内成分要求违反TRIMs协定第2.1条。See WTO Panel Reports, WT/DS412/R, WT/DS426/R, adopted 19 Dec. 2012, p. 5. 上诉机构认为属于TRIMs协定和解释性附录清单范围的措施都适用GATT第3.8(a)条减损条款。因此，如果第3.4条不能适用于第3.8(a)条项下的措施，则TRIMs协定第2.1条也不能适用。See WTO Appellate Body Reports, WT/DS412/AB/R, WT/DS426/AB/R, adopted 6 May. 2013, p. 98.

③ WTO Appellate Body Reports, WT/DS412/AB/R, WT/DS426/AB/R, adopted 6 May. 2013, p. 19.

④ 加拿大在乌拉圭回合GPA和修订后的GPA下有关次中央实体(附录2)的承诺，资料来源于http://www.wto.org/english/tratop_e/gproc_e/gp_app_agree_e.htm，2015年10月24日访问。

⑤ See WTO Panel Reports, WT/DS412/R, WT/DS426/R, adopted 19 Dec. 2012, p. 74.

⑥ WTO Panel Reports, WT/DS412/R, WT/DS426/R, adopted 19 Dec. 2012, p. 79.

⑦ WTO Appellate Body Reports, WT/DS412/AB/R, WT/DS426/AB/R, adopted 6 May. 2013, p. 106.

⑧ WTO Appellate Body Reports, WT/DS412/AB/R, WT/DS426/AB/R, adopted 6 May. 2013, p. 110.

年美国复兴与再投资法案》中"购买美国货"条款下政府采购高速公路为例，该法要求建设高速公路的钢铁必须原产于美国。① 按照上诉机构的逻辑，合同的对象是高速公路，高速公路与被歧视的钢铁之间并不存在竞争关系，因此减损条款不可适用。但这类合同的特殊之处在于钢铁是高速公路的物理投入和消耗，被歧视的钢铁和被采购的钢铁是同一种产品，上诉机构可以通过在二者之间建立竞争关系来适用减损条款，尽管这与商业现实并不相符。② 但是，当被歧视的对象（电力生产设备）并非被采购产品（电力）的物理投入时，上诉机构的解释会导致 GATT 第 3.8(a) 条形同虚设。日本酒精税案的上诉机构认为"产品的性能、性质与特性"是判定同类性（Likeness）的标准之一，③ 我们很容易判定伏特加和烧酒是同类产品，但很难说电力和电力设备属于同类产品。因此，在构成添附（钢铁和高速公路）和不构成添附（电力生产设备和电力）两种情形下，运用上诉机构的方法会导致减损条款在适用上的不一致。相反，按照专家组的逻辑，被歧视的钢铁和高速公路之间有天然联系，没有钢铁就无法建设高速公路，且采购高速公路并非"以商业转售"为目的，因此附加国内成分要求的规定直接受减损条款的调整。显然，专家组的方法可以避免法律适用的不确定性和复杂性。

第二，上诉机构的方法可能导致 GPA 诸边义务的多边化。尽管 GPA 在涵盖实体和范围方面逐渐拓展，④ 但与多边协定相比，GPA 不仅成员方数量有限，而且

---

① 《2009 年美国复兴与再投资法案》"购买美国货"条款规定在不违背美国对国际协定的承诺的前提下，由本法案出资的公共工程项目必须使用美国生产的钢铁和其他制成品。国土安全部所使用的服装和任何纺织品也都必须购买美国货，只有在无法获取等情况下可以例外。除非联邦政府认定购买美国钢铁产品或其他制成品成本不合理或者无法获取，或有悖于公共利益，可以例外。

何红锋，云艳敏. 中美政府采购中的购买国货制度比较研究——从"购买美国货条款"谈起[G]//刘慧，羌建新. 全球金融危机形势下的政府采购与公共市场研究——应对全球金融危机·政府采购与公共市场改革论坛文集. 北京：中国经济出版社，2010：129.

② See Arwel Davies, *The GATT Article III*: 8(*a*) *Procurement Derogation and Canada-Renewable Energy*, 18 J. INT'L ECON. L. 550 (2015).

③ WTO Appellate Body Report, Japan-Taxes on Alcoholic Beverages, WT/DS8, 10, 11/AB/R, adopted 4 Oct. 1996, p. 4.

④ 在涵盖实体上，GPA 已涵盖中央实体、次中央实体及其他生产和供应能源及公共交通服务的实体。See Arwel Davies, *The GATT Article III*: 8(*a*) *Procurement Derogation and Canada-Renewable Energy*, 18 J. INT'L ECON. L. 548 (2015)；在涵盖内容上，GPA 在电子采购、发展中国家会员等诸多方面取得进展。See A. Reich, *The New Text of the Agreement on Government Procurement*: *An Analysis and Assessment*, 12 J. INT'L ECON. L. 989 (2009).

各成员方在出价方面也十分敏感。① GPA 国民待遇的适用范围限于各成员方的出价清单，凡是没有被涵盖的实体和产业部门，各缔约方均得自行立法，不受 WTO 多边协定的调整。当某一行为可能同时受多边和诸边协定调整时，应优先适用诸边协定。换言之，在条约适用竞合时，GPA 的适用并不依赖于多边协定的规定。但按照上诉机构的逻辑，当某一 GPA 成员方的措施可能同时受到 GATT、SCM 协定与 GPA 的调整，且 GPA 项下的诸边义务与 SCM 协定项下的多边义务存在差异时，要援引 GPA，应先满足 GATT 第 3.4 条规定的具有竞争关系的产品之间存在差别待遇。GATT3.8(a)条是 GATT3.4 条国民待遇原则的例外，如果产品之间不存在或者无法建立竞争关系，自然不违反 GATT3.4 条国民待遇原则，就丧失了适用 3.8(a)条政府采购例外的前提，也就导致 GPA 无法适用，只能转而适用 SCM 协定。因此，这一逻辑不仅可能导致本属于 GPA 调整的事项转由多边规则调整，造成诸边义务的多边化。此外，当该行为由于成员方的出价原因而不属于 GPA 调整的政府歧视性措施时，② 甚至会造成 GPA 未能涵盖的超 WTO 义务多边化。③

（二）上诉机构对 SCM 协定第 1.1(b)条“利益”的分析瑕疵

上诉机构认为就禁止性补贴而言，申诉方不能证明 FIT 项目构成第 1.1 条项下的“补贴”，④ 而这是判定能否构成禁止性补贴的门槛。FIT 项目满足 SCM 协定第 1.1(a)(1)(iii)条规定的政府以“采购货物”的形式提供“财政资助”，但申诉方不能证明参与 FIT 项目的企业获得了第 1.1(b)条项下的“利益”。⑤ 虽然上诉机构的确使可再生能源补贴免受禁止性补贴纪律的追责，但对“利益”的分析存在诸多瑕疵，不能自圆其说。

第一，上诉机构认为供方因素(supply-side factors)，即成本结构、生产费用及

---

① 目前 GPA 仅有 45 个成员方，虽然包含了欧盟 28 个成员国以及美国、新加坡、日本等发达国家，但与 WTO 的 162 个成员方相比，数量极为有限。

② 如未能达到该国加入 GPA 的承诺，包括但不限于未能达到门槛价、涉案相关产业或实体。在加入 GPA 的附件承诺中，一般而言，电力属于政府采购的范围，这也是加拿大援引第 3.8(a)条进行抗辩的原因。

③ See Arwel Davies, *The GATT Article III: 8(a) Procurement Derogation and Canada-Renewable Energy*, 18 J. INT'L ECON. L. 549 (2015).

④ WTO Appellate Body Reports, WT/DS412/AB/R, WT/DS426/AB/R, adopted 6 May. 2013, p. 112.

⑤ 根据 SCM 协定第 1.1(b)条的规定，本协议所述的政府补贴形式最终是一种授予利益的行为。WTO Appellate Body Reports, WT/DS412/AB/R, WT/DS426/AB/R, adopted 6 May. 2013, p. 125.

生产特性①决定相关市场的观点缺乏依据。在欧共体民用航空器案中，上诉机构认为界定 SCM 协定第 6.3(a)和(b)条中的“市场”要同时考虑需方替代性和供方替代性,② 但应注意第 6.3(a)和(b)条与本案所适用的第 1.1(b)条不同。第 6.3(a)和(b)条考查的是成员方在市场准入方面是否存在歧视，而一成员方的补贴产品与另一成员方的同类产品存在竞争是该条的适用前提。该条同时含有“市场”与“同类产品”的措辞，因此应以界定“市场”范围为先导确定“同类产品”。③ 第 1.1(b)条并无“市场”或“同类产品”的措辞，相反，它要求评估政府提供财政资助下的“利益”授予行为是否构成补贴，对市场在所不问,④ 而政府的“利益”授予标准是企业是否获得某种竞争优势。然而，无论电力以何种方式生产，其物理属性相同，不同技术所生产的电力具有很强的替代性,⑤ 上诉机构没有理由过分强调供方因素对市场的作用，将政府支持可再生能源产业豁免于 WTO 补贴纪律之外。

第二，上诉机构赋予安大略政府能源供应结构以重要意义有失客观。上诉机构强调，虽然终端消费者在零售层面不区分电力来源，但安大略政府在购买电力、将电力转售消费者时加以区分。⑥ 在加拿大航空器案中，专家组和上诉机构对“利益”存在与否的判定标准是，若非(but for)财政资助，接受者是否可以获得竞

① See WTO Appellate Body Reports, WT/DS412/AB/R, WT/DS426/AB/R, adopted 6 May. 2013, p. 138.

② SCM 协定第 6.3(a)条规定若以下一项或几项适用，则第 5.3 条所指的严重妨碍即可能出现：(a)补贴的影响是排斥或阻碍另一成员方某项同类产品进入实施补贴的成员方市场；(b)补贴的影响是排斥或阻碍另一成员方的同类产品向第三国市场出口。See WTO Appellate Body Reports, WT/DS412/AB/R, WT/DS426/AB/R, adopted 6 May. 2013, p. 136 (citing WTO Appellate Body Report, European Communities and Certain Member States-Measures Affecting Trade in Large Civil Aircraft [hereinafter EC and certain member States-Large Civil Aircraft], WT/DS316/AB/R, adopted 18 May. 2011, p. 487.).

③ See WTO Appellate Body Report, EC and certain member States-Large Civil Aircraft, WT/DS316/AB/R, adopted 18 May. 2011, p. 487.

④ 加拿大影响民用航空器出口措施案的专家组裁定，当一项由政府或公共机构提供的财政资助给予接受者比在市场上可以获得的条件更为优惠时，该财政资助就因授予利益而构成 SCM 协定第 1 条的补贴。See WTO Appellate Body Report, Canada-Measures Affecting the Export of Civilian Aircraft [hereinafter Canada-Aircraft], WT/DS70/AB/R, adopted 2 Aug. 1999, p. 37.

⑤ See WTO Appellate Body Reports, WT/DS412/AB/R, WT/DS426/AB/R, adopted 6 May. 2013, p. 135.

⑥ See WTO Appellate Body Reports, WT/DS412/AB/R, WT/DS426/AB/R, adopted 6 May. 2013, p. 138.

争优势。① 因此，对利益的分析不但不能考虑政府选择的能源供应结构，更不能突出这一行为的意义。安大略政府对能源供应结构的选择只是其众多措施的一部分，主要还是通过 FIT 项目购买可再生能源电力，从而人为地创设了一个可再生能源电力需求市场。如果赋予政府行为以重要意义，就会误导 WTO 成员方竞相以附加国内成分要求的方式补贴高成本的可再生能源技术，对进口生产设备造成补贴壁垒。

第三，上诉机构不恰当地区分了“创建市场”和“介入市场”。上诉机构认为，虽然政府支持既有市场可能构成补贴，但创建市场本身并不构成 SCM 协定项下的补贴。② 因此，本案的情形是政府创建产品市场，而非支持既有产品市场。这一论断的瑕疵在于，争议产品是作为整体的电力，而非仅是可再生能源生产的电力。电力在安大略省就是商品，终端消费者并不区分其来源。支持高成本的可再生能源发电技术，从而将这些生产者带到其本不能生存的市场中，安大略政府的行为构成了介入市场而非创建市场。政府改变电力供应结构的行为，不但扭曲了既有电力市场，也减少了消费者对传统电力的需求。因此，本案的情形并非政府创建一个本不存在的新市场，而是将从未在市场销售的产品引入市场，支持早就存在于市场中的特定生产商。

可再生能源不同于传统能源，但补贴规则并未区分可再生能源电力与传统能源电力。上诉机构为迎合气候变化全球治理对补贴规则作绿色解读，但却背离了 WTO 补贴纪律。当然，上诉机构的做法也属无奈之举，在制度与准先例缺失的情况下，对本案的论证缺乏法律支撑。

三、WTO 可再生能源补贴争端频发的成因

气候变化被称为“世界最大的市场失灵”，如不能有效解决，每年将会消耗世界 GDP 的 5%，最高可达 20%。③ 2012 年的化石燃料补贴大约是 5540 亿美元，而

---

① WTO Appellate Body Report, Canada-Aircraft, WT/DS70/AB/R, adopted 2 Aug. 1999, p. 37 (quoting WTO Panel Report, Canada-Aircraft, WT/DS70/R, 14 Apr. 1999, p. 179).

② See WTO Appellate Body Reports, WT/DS412/AB/R, WT/DS426/AB/R, adopted 6 May. 2013, p. 140.

③ See Nicholas Stern, *The Structure of Economic Modeling of the Potential Impacts of Climate Change: Grafting Gross Underestimation of Risk onto Already Narrow Science Models*, 51(3) Journal of Economic Literature 838-859 (2013); and Robert S. Pindych, *Climate Change Policy: What do the models tell us?*, 51(3) Journal of Economic Literature 860-872 (2013).

可再生能源补贴只有 1010 亿美元。① 然而，WTO 迄今没有一起案件涉及对环境有害的化石燃料补贴，可再生能源补贴却成为众矢之的。② 作为气候变化的治理工具，可再生能源补贴为何在 WTO 争端解决机构屡遭挑战？而传统化石燃料补贴却“大行其道”？③

（一）SCM 协定未区分合理补贴与不合理补贴

SCM 协定没有区分合理补贴与不合理补贴，严重制约了气候变化全球治理方案的实施。④ 从经济学的角度看，补贴既有可能被用来服务于经济、社会政策，也可能成为扭曲国际贸易、推行贸易保护主义的手段。⑤ 尽管 SCM 协定将补贴界定为一种财政资助或以任何形式的收入或价格支持给予接受者以利益，⑥ 但对能源补贴并无普遍定义，也不知该如何计算补贴。一般定义的缺失导致全球能源补贴的差异以及能源补贴与非能源补贴的混淆。⑦

---

① IEA, World Energy Outlook 2013 (Paris: International Energy Agency, 2013), available at http: //www. worl denergyoutlook. org/publications/weo-2013/, visited on 22 Oct. 2015.

② 如美国、欧盟诉中国支持可再生能源企业；美国诉中国风能设备案；欧盟对中国太阳能电池板征收临时反倾销关税；中国诉意大利、希腊 FIT 项目；美国诉印度国家太阳能计划国内成分要求；欧盟诉美国支持生物燃料生产计划；阿根廷诉欧盟生物燃料政策。

③ See UNEP, Reforming Energy Subsidies: Opportunities to Contribute to the Climate Change Agenda, available at http: //www. unep. org/pdf/pressreleases/reforming_energy_subsidies. pdf, visited on 10 Sept. 2015; See IMF, Executive Summary: Energy Subsidies Reform: Lessons and Implications: International Monetary Fund, available at http: //www. imf. org/external/np/pp/eng/2013/012813. pdf, visited on 10 Sept. 2015.

④ See Alan O. Sykes, *The Questionable Case for Subsidies Regulation: A Comparative Perspective*, 2(2) Journal of Legal Analysis 473-523 (2010); Robert Howse, Climate Mitigation Subsidies and the WTO Legal Framework: A Policy Analysis (2010), IISD Trade, Investment and Climate Change Series, available at http: //www. iisd. org/pdf/2009/bali_2_copenhagen_subsidies_legal. pdf, visited on 24 Oct. 2015.

⑤ See Alan O. Sykes, *Subsidies and Countervailing Measures*, in Patrick F. J. Macrory et al (eds.), The World Trade Organization: Legal, Economic and Political Analysis (Vol. II, Springer. 2005).

⑥ See OECD, The Political Economy of Environmentally Harmful Subsidies, in Environmentally Harmful Subsidies: Challenges for Reform, Organization for Economic Cooperation and Development, available at http: //dx. doi. org/10. 1787/9789264012059-5-en, visited on 24 Oct. 2015.

⑦ 据国际货币基金组织(IMF)估算，2011 年的化石燃料补贴为 1.9 万亿美元，几乎是同一时段国际能源机构所估算(5230 亿美元)的四倍。See IMF, Excutive Summary: Energy Subsidies Reform: Lessons and Implications: International Monetary Fund, available at http: //www. imf. org/external/np/pp/eng/2013/012813. pdf, visited on 15 Oct. 2015; See IEA, World Energy Outlook 2011, available at www. worldenergyoutlook. org, visited on 15 Oct. 2015.

政府通常以社会经济和政治为化石燃料“开罪”，认为化石燃料能够保障能源安全、支持区域发展。① 然而，鼓励化石燃料补贴不但会扭曲市场、降低能源安全，还会妨碍清洁能源投资、阻碍气候变化全球治理。② 消除化石燃料补贴的重要性早已在学界与政界达成共识，③ 可除了《联合国气候变化框架公约》(下称UNFCCC)的《京都议定书》要求附件一国家“逐步减少或淘汰所有温室气体排放部门的补贴”之外，④ 至今没有一个有约束力的协定能使化石燃料补贴被淘汰。尽管自由市场最终会实现无差别待遇，但很难说市场这只“无形的手”会因环境保护目标而迅速行动。由于气候变化政策可能无法助益当地经济发展，政府常常采取含有当地成分要求的补贴措施来响应气候变化支持方案。SCM 协定第 8 条关于不可诉补贴特别是环境补贴规定的初衷正是为各国基于特定正当目的而采取的补贴措施打开绿灯，堪称 WTO 绿色补贴制度的雏形。⑤ 然而该条自 1999 年失效后，至今未达成替代性解决方案。虽然 SCM 协定允许特定条件的补贴，但即使不完全冲突，气候变化支持方案与补贴规则的兼容性也值得商榷。⑥ 可见，加拿大可再生能源案的上诉机构并非在合理补贴方案与不合理补贴方案之间权衡，而是在歧视性支持方案和无支持方案之间取舍，并将使后续类似案件在环境目标与补贴纪律之间进退

① UNEP, Reforming Energy Subsidies: Opportunities to Contribute to the Climate Change Agenda, available at http://www.unep.org/pdf/pressreleases/reforming_energy_subsidies.pdf, visited on 24 Oct. 2015.

② G20, Leaders' Statement: The Pittsburgh Summit, 24-25 Sept. 2009, p. 14.

③ IMF 认为，消除化石燃料补贴可以减少全球 13% 的二氧化碳排放；世界银行(World Bank)研究表明，消除化石燃料补贴可以减少 9% 的二氧化碳排放，同时创造 330 亿美元的福利。See IMF, Excutive Summary: Energy Subsidies Reform: Lessons and Implications: International Monetary Fund, available at http://www.imf.org/external/np/pp/eng/2013/012813.pdf, visited on 24 Oct. 2015; Bjorn Larsen and Anwar Shah, World Fossil Fuel Subsidies and Global Carbon Emissions, World Bank Policy Research Papers No. 1002 (1992), available at https://books.glgoo.com/books?hl=zh-CN&lr=&id=8u_xPE-CulcC&oi=fnd&pg=PA1&dq=World+Fossil+Fuel+Subsidies+and+Global+Carbon+Emissions&ots=0sOTTlQCtm&sig=ba_1EnporqO12Pe_EHHrLdKCxos&redir_esc=y#v=onepage&q=World%20Fossil%20Fuel%20Subsidies%20and%20Global%20Carbon%20Emissions&f=false, visited on 24 Oct. 2015.

④ 参见《京都议定书》第 2.1.a(v)条。依据《京都议定书》第 1.7 条，附件一国家同 UNFCCC 附件一国家，主要是发达国家，如日本、美国和欧盟。

⑤ 黄志雄，罗嫣. 中美可再生能源贸易争端的法律问题：兼论 WTO 绿色补贴规则的完善[J]. 法商研究，2011(5)：40.

⑥ Luca Rubini, *Ain't Wastin' Time no More: Subsidies for Renewable Energy, the SCM Agreement, Policy Space, and Law Reform*, 15(2) J. INT'L ECON. L. 577 (2012).

两难。

（二）歧视性国内成分要求

补贴是政府刺激可再生能源发展的政策工具。与化石燃料不同，可再生能源补贴通常采用 FIT 项目、财政拨款、优惠税收以及研发基金等形式提供给生产者。① FIT 项目通常附加国内成分要求作为参与前提，② 在一定程度上阻碍了可再生能源进口设备的使用。因此，这类补贴很容易违反国民待遇义务，或构成禁止性补贴。可再生能源补贴案件的争议几乎一致指向 FIT 项目中的国内成分要求，③ 而这些要求的歧视性本质无可争议。鉴于提起一项争议所要付出的诉讼及政治经济成本，利益相关国家往往精心筛选案件，在不可诉补贴失效的情况下，瞄准可再生能源这一有大笔回报的产业诉讼也是理所当然。④

化石燃料补贴只有存在专向性和产生不利影响时，才可能招致 SCM 协定可诉补贴的挑战。只要补贴不附加国内成分或出口业绩要求，在 SCM 协定下只会被当作可诉补贴。然而，确定可诉补贴远比确定禁止性补贴的标准复杂。要证明可诉补贴构成"财政资助"和"利益"，申诉方须证明补贴是给特定企业的"专向"补贴，并且给其他成员的利益造成"不利影响"。化石燃料补贴通常提供给经济活动中的所有消费者，很难证明其"专向性"。⑤ 即使确定"专向性"，也未必满足 SCM 协定中的可诉性，申诉方通常很难证明补贴对能源密集型产业有不利影响。

---

① See IEA, Executive Summary: World Energy Outlook 2012, International Energy Agency, available at http: //www. iea. org/ publications/freepublications/publication/english. pdf, visited on 18 Oct. 2015.

② Jan-Christoph Kuntze and Tom Moerenhout, Local Content Requirements and the Renewable Energy Industry: A Good Match?, International Center for Trade and Sustainable Development, available at http: //www. ictsd. org/downloads/2013/06/local-content-requirements-and-the-renewable-energy-industry-a-good-match. pdf, visited on 28 Oct. 2015.

③ See Aaron Cosbey and Luca Rubini, Does It FIT? An Assessment of the Effectiveness of Renewable Energy Measures and of the Implications of the Canada-Renewable Energy/FIT Disputes, available at http: //e15initiative. org/wp-content/uploads/2013/11/E15-clean-energy-Aaron-Cosbey-and-Luca-Rubini. pdf, visited on 26 Mar. 2015.

④ 根据案件的复杂程度不同，提起一项 WTO 争议的平均成本大约是每年 100 万美元。Ryan Brutger, Screening for Success: The Effect of Firm Signaling on WTO Case Selection, available at http: //www. princeton. edu/ ~ rbrutger/Screening_For_Success. pdf, visited on 20 May. 2015.

⑤ See Selivanova Yulia, The WTO and Energy: WTO Rules and Agreements of Relevance to the Energy Sector, ICTSD Issue Paper No. 1 (2007), available at http: //yuliaselivanova. com/wp-content/uploads/2013/09/ICTSDenergy. pdf, visited on 20 May. 2015.

(三)可再生能源补贴措施难以援引 GATT 第 20 条抗辩

SCM 协定在缔结之初区分了包含环境补贴在内的不可诉补贴，但自这一条失效后，违反 SCM 协定的环境补贴便没有了避风港。① 在 GATT 的几十年实践中，GATT 第 20 条最大的功能之一就是为环境保护规则鸣锣开道。② 但是，若不能在补贴争端中援引 GATT 第 20 条抗辩，则申诉方会在提交争端前权衡案件的胜诉可能，这就在一定程度上制约了成员方提起可再生能源补贴之诉。就 GATT 第 20 条的适用范围存在不同观点：一种认为应作严格解释，如果允许在 GATT 之外援引第 20 条进行抗辩，就会不恰当地鼓励 GATT 之外的专门协定对贸易的限制。另一种认为应作扩张解释，SCM 协定例外条款的缺失可能导致成员方合法的公共政策措施归于无效。③ 在乌拉圭回合谈判时，谈判者有机会对 WTO 协定进行修正却有意回避，允许第 20 条超越范围用以抗辩。④《建立世界贸易组织马拉喀什协定》声明应将 WTO 协定当作一个整体解释。⑤ 实践中，成员方也有在其他特殊协定下的争端中援引 GATT 第 20 条进行抗辩。⑥ 但即使如此，第 20 条的证明过程也甚是艰难，迄

① See Steve Charnovitz, *The WTO's Environmental Progress*, 10 J. INT'L ECON. L. 697 (2007).

② GATT 第 20 条规定本协定的规定不得解释为阻止缔约国采用或实施以下措施，但对情况相同的各国，实施的措施不得构成武断的或不合理的差别待遇，或构成对国际贸易的变相限制：(b)为保障人类、动植物的生命或健康所必需的措施；……(g)与国内限制生产与消费的措施相关，为有效保护可能用竭的自然资源。

赵维田. 世贸组织(WTO)的法律制度[M]. 长春：吉林人民出版社，2000：327.

③ See generally Christopher Tran, *Using GATT, Art. XX to Justify Climate Change Measures in Claims under the WTO Agreements*, 27 ENVTL. & PLAN. L. J. 346 (2010).

④ 《实施卫生与植物卫生措施协议》(SPS 协定)第 2.4 条明确了与 GATT 第 20 条的关系：符合本协议有关条款规定的动植物卫生检疫措施，应被认为符合各成员在 1994 年关贸总协定有关采用动植物卫生检疫措施的义务，特别是第二十条(b)款的规定。这一规定表明至少乌拉圭回合谈判的谈判者已经意识到有必要澄清 WTO 体系下不同协定之间的关系。

⑤ See Danielle Spiegel Feld & Stephanie Switzer, *Whither Article XX? Regulatory Autonomy under Non-GATT Agreements after China-Raw Materials*, 38 The Yale Journal of International Law Online 20 (2012).

⑥ 在欧共体商标案和欧共体生物技术产品案中，作为被申诉方的欧共体声称，如果被诉措施与《技术性贸易壁垒协定》(TBT 协定)不一致，他们就可以在 GATT 第 20 条项下"豁免"。但两个案件的专家组认为 TBT 协定要么不适用，要么违反 TBT 协定的初步诉讼未确立。因此，专家组不需要裁定能否援引 GATT 第 20 条抗辩不符合 TBT 协定的措施。

今只有一个援引成功的案例,① 包括加拿大可再生能源案在内的案件即使可以援引，也很难成功抗辩，这就对可再生能源补贴争端的频发起到了推波助澜的作用。

1. 不满足第 20(b)条的“必需”要求。可再生能源对传统能源的替代性使用，大大减少了二氧化碳的排放，一定程度上保护了人类、动植物的生命和健康。但适用第 20(b)条取决于 SCM 协定项下的禁止性补贴是否是减缓气候变化和保护人类、动植物生命或健康的“必需”措施。这里的“必需”是指不存在任何替代性措施。②然而，基于国内成分要求的补贴并非减缓气候变化之必需。③ 除附加国内成分要求外，存在其他减缓气候变化的合理替代措施，如加拿大、欧盟单方减少可再生能源设备的关税以降低电力成本的行为就是合理替代措施。

2. 不满足第 20(g)条的“相关”要求。援引第 20(g)条要满足与保护目标“相关”，加拿大可再生能源案中的“相关”是指可再生能源补贴与减缓气候变化“相关”。为满足这一要求，涉案措施应“主要旨在”保护，且“方法应与结果相关”。④在加拿大可再生能源案中，专家组认为可再生能源补贴与可用竭自然资源的保护目标存在关联，如果政府未将太阳能光伏、风能技术引入电力市场，传统电力生产很难保护人类健康和环境。⑤ 然而当附加国内成分要求为条件时，补贴措施就不仅限于环境保护,⑥ 其主要目标是干预市场准入和保护国内产业。⑦

3. 不满足第 20(g)条的“为限制国内生产”要求。在美国汽油案中，上诉机构认为一项措施必须公平且可同时适用于国内外生产和消费。⑧ 附条件的可再生能源

---

① 印度、马来西亚、巴基斯坦和泰国诉美国对某些虾及虾制品的进口限制案。

② See WTO Panel Report, United States-Standards for Reformulated and Conventional Gasoline, WT/DS2/R, adopted 29 Jan. 1996, p. 39 [hereinafter U. S. -Gasoline]; See WTO Appellate Body Report, European Communities-Measures Affecting Asbestos and Asbestos-Containing Products, WT/DS135/AB/R, adopted 12 Mar. 2001, pp. 62-63[hereinafter EC-Asbestos].

③ See Kyoto Protocol, Arts. 6, 12, 17; WTO Appellate Body Report, United States-Import Prohibition of Certain Shrimp and Shrimp Products, WT/DS58/AB/R, adopted 12 Oct. 1998, p. 48 [hereinafter U. S. -Shrimp].

④ See WTO Panel Report, U. S. -Gasoline, WT/DS2/R, adopted 29 Jan. 1996, p. 45; WTO Appellate Body Report, U. S. -Shrimp, WT/DS58/AB/R, adopted 12 Oct. 1998, p. 53.

⑤ See WTO Panel Reports, WT/DS412/R, WT/DS426/R, adopted 19 Dec. 2012, p. 128.

⑥ WTO Appellate Body Report, U. S. -Shrimp, WT/DS58/AB/R, adopted 12 Oct. 1998, pp. 51-54. 附条件的补贴并非主要旨在保护环境，因为保护目标可以通过不附条件实现，且附条件补贴与自然资源的保护不存在“实质关系”。

⑦ See WTO Panel Reports, WT/DS412/R, WT/DS426/R, adopted 19 Dec. 2012, p. 30, pp. 137-138.

⑧ See Appellate Body Report, U. S. -Gasoline, WT/DS2, 4/AB/R, adopted 29 Apr. 1996, p. 7.

补贴对国内外生产商的影响截然不同，进口产品生产商可能因此丧失市场准入资格。对国内外生产商区别对待的项目并无公平可言，更何谈"为限制国内生产"。

4. 不满足第20条引言。援引第20条还须满足实施的措施不得构成武断或不合理的差别待遇，或构成对国际贸易的变相限制，而附条件的可再生能源补贴措施以不合理的差别待遇构成了对国际贸易的变相限制。国内成分要求导致可再生能源进口设备生产商丧失市场准入资格。

(四) 利益集团的积极游说

利益集团的游说会对争端的提起产生积极作用，WTO成员方是否提起争端与来自国内利益集团的政治压力密切相关。① 在国际贸易争端中，受化石燃料补贴影响的产业相对被动，怠于游说政府对化石燃料补贴提起诉讼，而受可再生能源补贴影响的企业在游说政府发起争端的过程中却表现积极且具影响力。SCM协定第11.1条明确要求成员方应根据国内产业提出的或代表其提出的书面请求发起反补贴调查。政府严重依赖国内产业去识别违反WTO规则的补贴，如果缺乏这类信息，政府不会提起诉讼。当然，这也并不代表政府一定会采取行动，政府要通过筛选来决定起诉与否。尤其像化石燃料补贴案件几乎难以胜诉，即使有政治压力，也很难确定会将此类案件提交WTO争端解决机构。此外，对反诉的考虑也是成员方不愿提起争议的又一原因。化石燃料补贴几乎存在于各个国家，只是程度和原因有所不同。因此，成员方为避免自己的补贴措施被审查而不愿相互挑战。正如有学者所言："谁会去扔那些可能会伤及自己手指的石头？"②

四、可再生能源补贴与WTO法的再平衡

可再生能源的优势明显，持续使用不仅可以减少二氧化碳排放，也有助于加强

① See Gregory Shaffer, Mihelle Sanchez, and Barbara, Rosenberg, *The Trials of Winning at the WTO: What Lies Behind Brazil's Success*, 2 Cornell International Law Journal 41 (2008); Geoffrey Antell, *Book Review: Defending Interests: Public-Private Partnerships in WTO Litigation*, 46 Harvard International Law Journal 527 (2005); Manfred Elsing and Mark Pollack, *Agents, Trustees, and International Courts: The Politics of Judicial Appointment at the World Trade Organization*, 20 European Journal of International Relations 391 (2012); Christina Davis and Yuri Shirato, *Firms, Governments, and WTO Adjudication: Japan's Selection of WTO Disputes*, 59 World Politics 274 (2007).

② Luca Rubini, The Subsidization of Renewable Energy in the WTO: Issues and Perspectives, NCCR Trade Regulation, Working Paper No. 2011/32 (2011), p. 31.

能源安全、保护环境。① 作为应对气候变化的中间国际公共产品，WTO 补贴规则亟待以多元路径完善以协调气候变化全球治理。

（一）在条约解释中合理适用非 WTO 规则

《维也纳条约法公约》(VCLT，下称《公约》)认为条约解释应考虑到“可适用于当事方之间关系的相关国际法规则”。② 根据《国际法院规约》第 38.1 条的规定，在解释 WTO 规则时，至少国际条约、国际习惯法和国际法一般规则可以作为“相关国际法规则”加以考虑。“相关国际法规则”的适用不仅能够在条约中填补漏洞，还能解决不同条约引起的冲突性义务，促进国际法的发展。UNFCCC 作为“国际法规则”的地位不存在争议，但因不属于具有法律约束力的国际条约，除非证明其具有国际习惯法或国际法一般规则的效力。在美国汽油案中，上诉机构认为在解释 WTO 协定时不应将其与国际公法隔绝开来。③ 在欧共体影响生物技术产品批准和营销案中，在解释 WTO 相关条约项下的权利和义务时，专家组认为《生物多样性公约》和《生物安全议定书》是第 31.3（c）条含义下的“国际法规则”。④ 因此，在确立一个争议的有关事实，并适用 WTO 规则于这些事实中时，非 WTO 条约可构成没有违反 WTO 规则的某些事实情况存在的证明。⑤ 例如在美国虾案中，上诉机构的确提到美国在其他条约(《美洲公约》)下的“行为”，并得出结论：其对印度、泰国、巴基斯坦和马来西亚的行为已构成不合理的歧视。⑥ 上诉机构把海龟列入可用竭的自然资源，也是诉诸《濒危物种贸易公约》附件一(所列物种是濒临灭绝的)，

---

① IRENA, More Renewable Energy Needed to Avoid Catastrophic Climate Change, available at http: //cleantechnica. com/2014/04/17/renewable-energy-needed-avoid-catastrophic-climate-change/, visited on 24 Oct. 2015.

② 《公约》第 31.3 条解释通则规定：应与上下文一并考虑者尚有：(a)当事国嗣后所订关于条约之解释或其规定之适用之任何协定；(b)嗣后在条约适用方面确定各当事国对条约解释之协定之任何惯例；(c)适用于当事国间关系之任何有关国际法规则……

③ See WTO Appellate Body Report, U. S. -Gasoline, WT/DS2/AB/R, adopted 29 Apr. 1996, p. 17.

④ See WTO Panel Report, European Communities-Measures Affecting the Approval and Marketing of Biotech Products, WT/DS291, 292, 293/R, adopted 29 Sept. 2006, p. 282.

⑤ Gabrielle Marceau, *Conflicts of Norms and Conflicts of Jurisdictions, The Relationship between the WTO Agreement and MEAs and other Treaties*, 35(6) Journal of World Trade 1103 (2001). 转引自许楚敬. 非 WTO 法在 WTO 争端解决中的运用[M]. 社会科学文献出版社，2012：203.

⑥ See WTO Appellate Body Report, U. S. -Shrimp, WT/DS58/AB/R, adopted 12 Oct. 1998, pp. 68-72.

作为这些动物濒危状况的证据。①

因此，只要 UNFCCC 所有成员方通过可再生能源支持方案，即可假定该方案具有“国际法一般规则的效力”。这一论证在《哥本哈根协定》通过时得以证实，多达 141 个国家提交了行动方案，且这些国家大多都是 WTO 成员。鉴于 WTO 并不存在将 WTO 协定与 UNFCCC 联系起来的规则，需要寻找一种关联方法，将二者通过某种渠道联系起来，从而使专家组和上诉机构能够通过考虑可再生能源政策的环境意义来解释有争议的补贴措施。② 再者，UNFCCC 第 3.5 条几乎照搬 GATT 第 20 条，只遗漏了“条件相同的(国家间)”这一限定，③ 可以作为可再生能源补贴争议案件中的“相关国际法规则”加以考虑。

(二)修订 SCM 协定环境例外条款

在可再生能源补贴难以援引 GATT 第 20 条抗辩的情况下，SCM 协定没有为“绿色补贴”留下空间，这显然与多数成员方的实践不符。④ 因此，只有对不可诉补贴进行重新修订，才能适应减缓气候变化的国际关注。⑤ WTO 成员方的意图绝非是依赖“法律技巧”(Legal Acrobatics)来为绿色能源保驾护航，⑥ 法律漏洞的存在并不

① Joel P. Trachtman, *The Domain of WTO Dispute Resolution*, 40(2) Harvard International Law Journal 361 (1999).

② 将 WTO 协定与 UNFCCC 联系起来的这一逻辑思路借鉴陈卫东，石静霞. WTO 体制下文化政策措施的困境与出路——基于“中美出版物和视听产品案”的思考. 法商研究. 2010(4)：61.

③ UNFCCC 第 3.5 条规定各缔约方应当合作促进有利的和开放的国际经济体系，这种体系将促成所有缔约方特别是发展中国家缔约方的可持续经济增长和发展，从而使它们有能力更好地应付气候变化的问题。为应付气候变化而采取的措施，包括单方面措施，不应当成为国际贸易上的任意或无理的歧视手段或者隐蔽的限制。Besty Baker. Protection, *Not Protectionism: Multilateral Environmental Agreements and the GATT*, 26 Vand. J. Transnat'l L. 437 (1993). 转引自谢新明. “中国—有关风能设备措施”案及其启示. 江西社会科学. 2012(1)：174.

④ See for example Aaron Cosbey & Petros C. Mavroidis, *A Turquoise Mess: Green Subsidies, Blue Industrial Policy and Renewable Energy: The Case for Redrafting the Subsidies Agreement of the WTO*, 17 J. INT'L. ECON. L. 25 (2014).

⑤ See Aaron Cosbey & Petros C. Mavroidis, *A Turquoise Mess: Green Subsidies, Blue Industrial Policy and Renewable Energy: The Case for Redrafting the Subsidies Agreement of the WTO*, 17 J. INT'L. ECON. L. 42 (2014).

⑥ 上诉机构在加拿大可再生能源案中有运用“法律技巧”之嫌。See Aaron Cosbey & Petros C. Mavroidis, *A Turquoise Mess: Green Subsidies, Blue Industrial Policy and Renewable Energy: The Case for Redrafting the Subsidies Agreement of the WTO*, 17 J. INT'L. ECON. L. 25 (2014).

利于多边贸易体制的发展。补贴的“红绿灯”方法由美国在东京回合谈判中提出,[①]欧盟在乌拉圭回合谈判中重提不可诉补贴，哥伦比亚、瑞士先后提出了每一类补贴的解释性清单。[②] 最终，环境补贴在 SCM 协定第 8 条得到关注，然而这一条不过是妥协后的产物，第 31 条“临时适用”对其时效作了规定，即自 WTO 协定生效之日起适用 5 年。委员会将在不迟于该期限结束前 180 天审议这些规定的运用情况，以期确定是否延长其适用，或是按目前起草的形式延长或是按修改后的形式延长。

但是，自第 8 条失效后，成员方并未按照“临时适用”的规定进行更新。SCM 协定委员会会议记录了试图保留该条的讨论，但却无济于事。[③] 目前看来，没有人准备对第 8 条进行重新谈判，委员会会议也未对其再行讨论。但也有学者持乐观态度，认为这意味着成员方要对第 8 条有一个新的权衡。[④] 第 8 条的范围过于狭窄，在环境补贴中只涵盖了一次性支付以适应新的环境要求。即使仍然有效，也不能保证可以为安大略省的 FIT 项目保驾护航。GATT 第 20 条的范围更广，当前可行的方式是以其为模板对 SCM 协定第 8 条进行修订。首先可效仿 GATT 第 20 条设定可行性目标，增加有关补贴的规范限制，如解决市场失灵的补贴应集中于市场失灵问题；其次，在补贴类型设置上鼓励有利于实现公共产品的补贴，如保护环境、促进清洁技术研发、保护生物多样性的补贴措施。[⑤]

(三) 建构能源补贴的特殊规则

国际公共产品可以分为最终国际公共产品和中间国际公共产品。前者是指最终环节的国际公共产品，如环境、国际和平、国际金融稳定等；而后者有助于最终国际公共产品和其他中间国际公共产品的提供，其中国际制度和国际法是最重要的中

---

① “红绿灯”方法区分了禁止性、有条件的和允许的补贴。MTN/NTM/W/26, 28 Oct. 1975, pp. 7-8.

② MTN. GNG/NG10/W/7, 11 Jun. 1987, p. 4-5; MTN. GNG/NG10/W/13, 9 Sept. 1987; MTN. GNG/NG10/W/17, 1 Feb. 1988.

③ WTO, Doc. G/SCM Agreement/M/24, 26 Apr. 2000; See Sadeq Z. Bigdeli, *Resurrecting the Dead? The Expired Non-Actionable Subsidies and the Lingering Question of Green Space*, 8 Manchester J. INT'L. ECON. L. 2-37 (2011).

④ Terence Stewart, The GATT Uruguay Round, a Negotiating History (1986-1994) 228-232 (Vol. IV, Kluwer International. 1993).

⑤ See Aaron Cosbey & Petros C. Mavroidis, *A Turquoise Mess: Green Subsidies, Blue Industrial Policy and Renewable Energy: The Case for Redrafting the Subsidies Agreement of the WTO*, 17 J. INT'L. ECON. L. 45-46 (2014).

间国际公共产品。① 在国内层面，公共产品是必需品；但就全球而言，公共产品处于一种无政府状态。除了农业和渔业，可再生能源是世界范围内补贴最严重的部门。然而，针对农业补贴有特殊规则适用，新的渔业补贴纪律也在酝酿中，但并无针对能源的特殊补贴规则。SCM 协定只适用于货物贸易补贴，并不适用于服务供应商或消费者补贴。② 大多成员方将电力视为货物，在《商品名称及编码协调制度的国际公约》中，电力与煤炭、天然气、石油一并被划定为商品。③ 在加拿大可再生能源案中，上诉机构与专家组也都认为政府在 FIT 项目中购买电力构成 SCM 协定中的政府购买货物。④ 但这并不意味着 WTO 成员方都会将电力视为货物，电力的网格分销更接近于服务。因此，有必要对能源部门予以特殊规制，在 WTO 体制内创立一个专门的“综合能源部门协定”。首先，该协定应解决的问题包括能源领域货物和服务的分类、补贴纪律、竞争规则和政府采购等，同时要清晰界定能源协定与其他协定的关系，尤其是 UNFCCC 和京都议定书。“综合能源部门协定”并非要将 WTO 协定架空，而是以 WTO 协定为基础，将某些具体规则直接指向 GATT、《服务贸易总协定》(GATS)、GPA 和《关贸总协定知识产权协议》(TRIPS)。其次，新的协定可依据 SCM 协定第 24.2 条的规定设置一个专门的补贴观察委员会，负责能源补贴数据的收集。⑤ 该委员会的职能不同于专家组成的常设小组，不再关注补贴的属性与合法性，而是负责审查成员方的能源补贴是否足以构成对某一部门的支持。委员会完成数据收集后，向相关成员方通报能源改革的截止日期。⑥

① 徐崇利. 国际公共产品理论与国际法原理[G]//刘志云. 国际关系与国际法学刊(第 2 卷). 厦门：厦门大学出版社，2012：6.

② GATS 第 15 条规定了通常的服务补贴部门。然而，特殊规则并未出台(除要求补贴方与遭受补贴不利影响的成员方进行磋商外)，只是建议未来服务贸易领域以发展多边补贴纪律进行谈判。

③ WTO Secretariat, Energy Services: Background Note by the Secretariat, Council for Trade in Services, Document number S/C/W/52 (1998), p. 2; See Thomas Cottier et al., Energy in WTO Law and Policy, NCCR Trade Regulation, Working Paper 2009/25, World Trade Institute (2009).

④ WTO Appellate Body Reports, WT/DS412/AB/R, WT/DS426/AB/R, 6 May. 2013, paras. 5, 128.

⑤ SCM 协定第 24.2 条规定 1. 成立一个由各成员代表组成的补贴与反补贴委员会……2. 该委员会可以建立适当的下属机构……

⑥ See Thomas Cottier, Garba Malumfashi, Sofya Matteotti-Berkutova, Olga Nartova, Joëlle de Sépibus and Sadeq Z. Bigdeli, Energy in WTO Law and Policy (2010), Working Paper No. 2009/25.

五、可再生能源补贴争端之中国应对

可再生能源补贴政策在全球领域面临挑战，在国内层面，我国亟待形成以《可再生能源法》为主导的法律体系；在国际层面，以区域(跨区域)自由贸易协定为试验区展开可再生能源补贴规则的谈判，在政府采购条款中明确国民待遇原则减损条款的适用条件。

(一)中国有关可再生能源补贴措施可能构成禁止性补贴

2010年，美国钢铁工人联合会(USW)针对中国发起新能源反补贴调查，使中国深陷困境。长达5800页的申诉书指向我国的“乘风计划”与国内成分要求、风力发电设备产业化专项资金补贴、出口产品研究开发资金补贴、出口信贷补贴和出口信用保险补贴。① 虽然指控大多不实和错误，但国内成分要求及专项资金补贴是禁止性补贴的症结。首先，USW申诉书中提到财政部2008年颁布的《风力发电设备产业专项资金管理暂行办法》(下称《暂行办法》)中规定，只有提供满足国内成分要求的证明才能获得补贴。② 因此，《暂行办法》属于SCM协定中的禁止性补贴。虽然国家发展和改革委员会2009年颁布的《关于取消风电工程项目采购设备国产化率要求的通知》取消了国内成分的要求，③ 但财政部的《暂行办法》并没有因为国家发展改革委员会的通知而取消“国产化率”的规定。可见，规范可再生能源的部门规章之间存在冲突，亟待以完善《可再生能源法》来明确可再生能源补贴的国家意志。其次，《暂行办法》将补贴的获得明确限于“中国境内从事风力发电生产设备制造的

---

① 熊灵，周茂荣. WTO视角下中美可再生能源补贴政策比较分析[J]. 国际商务研究，2011(5)：16-18.

② 《暂行办法》第7条规定对满足支持条件企业的首50台风电机组，按600元/千瓦的标准予以补助，其中整机制造企业和关键零部件制造企业各占50%；第4条规定产业化资金支持对象为中国境内从事风力发电设备(包括整机和叶片、齿轮箱、发电机、变流器及轴承等零部件)生产制造的中资及中资控股企业；第9.4条进一步规定，若企业要申请上述补贴，必须提交与叶片、齿轮箱、发电机、交流器即轴承等零部件企业签订的用于首50台风电机组制造的购销合同和销售发票。

③ 2009年11月1日起取消《关于风电设施管理有关要求的通知》有关“风电设备国产化率要达到70%以上，不满足设备国产化率要求的风电场不允许建设”。

中资及中资控股企业",① 这就构成了 SCM 协定第 2.1(a)条的专向性补贴。② 因此，政府应通过竞争性制度安排，避免补贴的专向性。欧盟作为可再生能源行业标杆，近年来因其补贴政策遭到不少争议。欧盟委员会宣布要逐步取消可再生能源补贴，未来的欧盟国家将更多地采取价格政策、产业政策、竞争政策等一系列市场机制来促进可再生能源发展。我国因时制宜，在可再生能源补贴的政策制定中也充分考虑到市场机制作用，根据可再生能源技术和发展阶段的不同，开始建立可再生能源补贴政策的逐步退出机制。③ 这将在一定程度上避免可再生能源领域补贴争议的发生。

(二)我国自由贸易协定中应修正 SCM 协定的缺陷

1. 自由贸易协定中可再生能源补贴规则借鉴《农业协定》模式。多边谈判步履维艰，自由贸易协定成为主流趋势。④ 就中国对外签订的自由贸易协定而言，并未提及可再生能源的发展，补贴规则也是遵循 SCM 协定，并无突破。可再生能源所带来的经济利益以及对新技术的推广作用不可小觑，对环境的保护反而是一种附加利益，其真正的价值在于能源供应。与农业相比，可再生能源同样是一项需要特殊保护的产业。《农业协定》将成员方国内支持农业的措施分为三大类，即人们通常

---

① 《暂行办法》第 6 条规定申请产业化资金的风力发电设备制造企业必须符合下述条件：(f)风电机组配套的叶片、齿轮箱、发电机由中资或中资控股企业制造，鼓励采用中资或中资控股企业制造的变流器和轴承。

② SCM 协定第 2.1 条规定确定补贴对于特定企业是否为专向性，应按照以下原则：(a)如果补贴授予当局或该当局据以行动的立法将补贴的获得明确限于特定企业，这种补贴即具有专向性。

③ 据国家发展和改革委员会能源研究所预测，2020 年后，国内风电价格将低于煤电价格，风力发电价格补贴政策将逐步取消和退出；太阳能发电在 2030 年以后实现规模化发展，可直接参与电力市场竞争。我国《可再生能源发电价格和费用分摊管理试行办法》第 7 条规定，生物质能发电项目自投产之日起 15 年内享受补贴电价，运行满 15 年后，取消补贴电价，直接参与电力市场竞争。

④ "推至多边规则的谈判，因为涉及众多国家，它们之间既不像双边层次的博弈关系那样简单明了，也缺乏区域层次的博弈关系中的各种联结因素，甚至还可能夹入意识形态等障碍，所以各种矛盾错综复杂，博弈成功的难度相当大。"

刘志云. 国际法律制度构建与维持的博弈分析——一种从国际关系理论视角的探讨[J]. 武大国际法评论，2010(1)：46.

所称的“绿箱”、“黄箱”和“蓝箱”。① 这就为可再生能源规则的形成提供了一个模式，但这种借鉴不能仅拘泥于形式，要充分考虑协定中的条款如何转化为可再生能源规则所用。“蓝箱”是最易于被 WTO 成员接受的措施，因其包含较少的贸易限制和市场扭曲，不仅聚焦环境保护，也能带来一定的经济影响。“蓝箱”为发展中国家提供了特殊与差别待遇，《农业协定》允许发展中国家更多地分配其资源。这一措施符合全球规则，也满足了发展中国家促进自身发展的特殊需求。“绿箱”措施关切环境保护，但也聚焦产业发展。中国风能项目基于产业目标的补贴并不符合《农业协定》，但却符合可再生能源的“绿箱”标准。这个变通很关键，因为即使补贴的主要目的并非保护环境，也应鼓励有利于环境的可再生能源项目，这对发展中国家而言也更易履行。可再生能源“黄箱”调整与保护环境无关或严重影响贸易的措施，若可再生能源补贴扭曲贸易超过利益本身，就应将其划定为“黄箱”。对可再生能源补贴问题进行分类规制，不仅有利于贸易自由，也对环境保护大有裨益。

2. 在自由贸易协定中明确国民待遇原则减损条款的适用条件。一方面，我国并非 GPA 成员方，在签订的自由贸易协定中也只与瑞士、冰岛、韩国及澳大利亚列有政府采购条款且仅提及未来双方应在中国加入 GPA 的谈判结束后尽快启动政府采购谈判，并在互惠基础上达成政府采购双边承诺。另一方面，将环境保护作为自由贸易协定中政府采购规则的例外成为各国主流做法。《跨太平洋伙伴关系协定》(TPP)在政府采购条款中重申了有关“为保护人类和动植物的生命和健康”的例外，并对环境保护明确规定。② 在《跨大西洋贸易与投资伙伴协定》(TTIP)的谈判中，欧盟秉承兼顾环境发展的协调论，明确提出政府应以公共采购为环境工具构建区域贸易下的政府采购制度。③ 此外，《京都议定书》还允许国家制定仅采购可再

① “绿箱”是指那些对生产和贸易没有或只有最小扭曲作用而无须减让承诺的国内支持措施，诸如一般农业服务、粮食安全储备、与生产不挂钩的收入支持、自然灾害救济和农业结构调整支持等；“黄箱”是指那些会产生贸易扭曲作用且必须减让承诺的国内支持措施，包括价格支持、营销贷款、按产品种植面积、牲畜数量及种子、肥料、灌溉等投入的各种补贴；而“蓝箱”则指那些虽具有贸易扭曲作用，但在限产条件下无须做出减让承诺的直接支持措施。

陈斌彬，张晨韵. 多哈回合农业谈判“蓝箱”支持政策演变疏议——兼及我国的立场与对策[C]. 中国国际经济法学会 2011 年年会暨学术研讨会论文集. 2011(11)：257.

② TPP 第 15.3 条例外第 1 款规定：(a)……(b)为保护人类、动物或植物的生命或健康所必需的措施；第 2 款规定缔约方理解第 1(b)款包含为保护人类、动物或植物的生命或健康所必需的环境措施。

③ “欧盟把环境保护作为其能源政策的主要目标之一。”

杨泽伟. 欧盟能源法律与政策及其对中国的启示[J]. 武大国际法评论，2007(2)：228.

生能源产品或节能产品的政策。① 可见，政府绿色采购成为世界主流趋势，这对发展可再生能源产业大有裨益。有鉴于加拿大可再生能源案中 WTO 上诉机构对政府采购例外条款与补贴规则的解读，我国在未来加入 GPA 或在区域(跨区域)自由贸易协定政府采购规则的谈判中，更应明确国民待遇原则减损条款的适用情形，即减损条款的适用不应以违反国民待遇原则为前提，仅根据行为是否属于政府采购而援引之。

Dilemmas and Solutions on Renewable Energy Subsidies under the WTO

Abstract: It is not inconsistent with WTO subsidy rules to give financial support to renewable energy for environment protection. However, the discriminatory domestic content requirement is prohibited. The WTO Appellate Body has encountered the problem of incompatibility between subsidy rules and environment protection in the Canada-Renewable Energy case. The incompatibility arises from the facts that: Agreement on Subsidies and Countervailing Measures (ASCM) do not distinguish the desirable subsidies from undesirable subsidies, making the renewable energy subsidy policies in a dilemma; Art. XX GATT cannot be invoked to defend the discriminatory domestic content requirements; and interest groups are positive to lobby the government to take action against foreign subsidies. In response, the non-WTO rules in treaty interpretation could be considered to applicable to the disputes, and Art. VIII ASCM should be revised and the specialised energy subsidy rules should be established in the WTO. In the regional (trans-regional) free trade area, China could establish energy subsidy rules in the model of the Agreement on Agriculture, and define the applicability of national treatment derogation in the government purchase clause.

Key words: Canada-Renewable Energy case; climate change; renewable energy subsidy; SCM Agreement

① 《京都议定书》第 2.1 条规定附件一所列每一缔约方，在实现第三条所述关于其量化的限制和减少排放的承诺时，为促进可持续发展，应(a)根据本国情况执行和/或进一步制订政策和措施，诸如研究、促进、开发和增加使用新能源和可再生能源、二氧化碳固碳技术和有益于环境的先进的创新技术……

TPP 中知识产权执法措施初探*

□ 郝发辉**

内容摘要：《跨太平洋伙伴关系协定》在区域自由贸易协定发展的浪潮中备受瞩目，其知识产权执行措施延续了《反假冒贸易协定》的“超 TRIPs”强保护规则，和《与贸易有关的知识产权协议》相比较在民事执法措施、边境执法措施等方面均具有更高的标准，比我国相关措施更加详细且严格，可能会改变国际知识产权保护制度，同时损害包括我国在内的多方权益。为了保障我国的海外利益，我国应抓住协定还在发展，相关措施并不成熟的有利时机，从对内和对外两方面建立应对机制和策略，书写中国规则。

关键词：知识产权执法　跨太平洋伙伴关系协定　执法措施

目　次

---

* 国家社科基金重点项目“海外安全利益法律保护的中国模式研究”（13AFX028）；中南财经政法大学博士后研究基金“国际知识产权执行措施研究”。

** 中南财经政法大学知识产权研究中心，中南财经政法大学法学博士后流动站博士后，法学博士。

一、引言

(一)国际知识产权制度中执行措施的发展

从1883年的《巴黎公约》、1886年的《伯尔尼公约》到1891年的《马德里协定》，国际条约的缔结对于国际知识产权的保护发挥了重要的作用，使国际知识产权制度趋于成熟，但现有的国际知识产权制度仍有明显的缺陷——即缺乏有效的国际知识产权执法。《与贸易有关的知识产权协议》(Agreement On Trade-related Aspects of Intellectual Property Rights，下称TRIPs)虽然解决了国际知识产权执法的基础性的标准问题，但面对国际贸易领域的知识产权侵权，尤其是假冒和盗版问题，对于医药、软件、影视等领域较强的发达国家，则需要更强的知识产权保护来增加其利益，TRIPs的保护标准达不到其希望的保护水平。在利益集团的推动下他们希望提高知识产权保护标准，建立更加严格的国际知识产权执法措施。这些"知识产权强国"转换着自己的战场，从单边到双边，从多边到区域性，开始多方位多层次的推行其知识产权战略，浮现出由各种多边论坛、区域与双边协定及单边机构所组成的网络，以求在全世界寻找超TRIPs执法的议程。① 这些知识产权执法措施往往超过了TRIPs协议基础执法标准，提高了权利持有人的保护水平并降低权利的限制和例外的范围。因此发达国家适时地推出了《反假冒贸易协定》(Anti-Counterfeiting Trade Agreement，ACTA)，成员国几乎囊括了所有知识产权强国，其贸易量占到全球贸易总量的一半。② 然而ACTA命运多舛，最终的未来走向，不仅取决于发达国家内部不同利益集团之间的较量和力量消长，同时也取决于发达国家与发展中国家之间的博弈，而最终奄奄一息。③ 在日益盛行的区域贸易自由化大潮中，《跨太平洋伙伴关系协定》(Trans-Pacific Parternership Agreement，TPP)以其雄心和目标、较为迅猛的发展态势俨然成为这一浪潮的引领者和"旗手"。④《跨太平

① Vivana oz Tellez, *The Changing of Global Governance of Intellectual Property Enforcement: A New Challenge for Developing Countries*, in Carlos Maria Correa ed. Intellectual Property Enforcement: International Perspectives 10(Edward Elgar Publishing Limited 2009).

② 陈福利.《反假冒贸易协定》述评[J]. 知识产权，2010(5).

③ 詹映.《反假冒贸易协定》(ACTA)的最新进展和未来走向[J]. 国际经贸探索，2014(4).

④ 黄志雄，毛真真. 21世纪贸易协定：TPP对WTO的冲击及我国的对策[J]. 清华法治论衡，2014(2)：41.

洋伙伴关系协定》第十八章中有关知识产权的内容代表了当今世界知识产权保护发展的最新方向，昭示了知识产权国际强保护将更加得到加强。①

(二)过强的 TPP 执法措施对多方权益的损害

奥巴马总统于 2009 年 11 月就任后第一次出访亚洲的演讲中正式宣布，美国加入《跨太平洋伙伴关系协定》的谈判。② 在“美国的大力推动和积极打造”下，源自亚太经济会议成员国发起的 P4 协定变革成为现在的《跨太平洋伙伴关系协定》,③ 并“登上亚太乃至全球贸易自由化进程的舞台”，“扮演引人注目的角色”。④ TPP 由美国引领，反映美国主张，美国引领着 TPP 的发展,⑤ 在现有的国际知识产权制度并不能满足“知识产权强国”所需的更加严格的国际知识产权规则的背景下，对知识产权做了超越现有国际知识产权保护标准的更加严格的规定，对专利进行了更加长期的保护，对原产地提出了更加苛刻的要求，其中最值得关注的就是更高标准和严格的执法措施。TPP 中严格的知识产权执法措施是美国知识产权执法战略的一部分,⑥ 用以推行更加严格的知识产权执法标准。TPP 协定中知识产权章节的执法措施涵盖了民事执法措施、行政执法措施、边境措施和刑事执法措施，具有很强

---

① 陈福利. 知识产权国际强保护的最新发展[J]. 知识产权, 2011(6).

② White House, *http*: *//www. whitehouse. gov/the-press-office/remarks-president-barack-obama-suntory-hall*, visited on 1 November 2015.

③ 参见《跨太平洋伙伴关系协定》的历次谈判情况：Australian Department of Foreign Affairs and Trade, Trans-Pacific Partnership Agreement negotiations, *http*: *//www. dfat. gov. au/fta/tpp/*.

④ 刘中伟，沈家文. 跨太平洋伙伴关系协议(TPP)：研究前沿与架构[J]. 当代亚太, 2012(3).

⑤ See The Office of the United States Trade Representative, The United States in the Trans-Pacific Partnership, available at *http*: *//www. ustr. gov/about-us/press-office/fact-sheets/*2011*/november/united-states-trans-pacific-partnership*; For discussion of the geostrategic consequences; see David Pilling and Shawn Dornan. Transpacific Partnership: Ocean's Twelve, *FIN. TIMES*, Sept. 22, 2013.

⑥ 参见美国的知识产权战略：1、2010 年 6 月美国政府批公告由知识产权执法协调员维多利亚 . 艾斯比奈儿(Victoria A. Espinel) 提出的《知识产权执法联合战略计划》(Joint Strategic Plan on Intellectual Property Enforcement), *htps*: *//www. whitehouse. gov/sites/de-fault/files/omb/asets/intelectualproperty/intelectualproperty_strategic_plan. pdf*; 2、2013 年 6 月 20 日，美国白宫通过知识产权执法协调办公室发布了《2013 年知识产权执法联合战略计划》(Joint Strategic Plan on Intellectual Property Enforcement), *https*: *//www. whitehouse. gov/sites/de- fault/files/omb/IPEC/*2013-*us-ipec-joint-strategic-plan. pdf*.

的操作性和实施性。执法措施仿佛是知识产权保护中具有强制约束力的“牙齿”,①可以帮助达到保护知识产权的目的，但太过严格的国际知识产权执法措施就仿佛过于锐利的“牙齿”，在保护知识产权的同时会损害发展中国家的国家利益和企业利益，同时对国际人权、公共健康、生物多样性、文化多样性造成伤害。

美国和欧盟一直以来都把中国当作国际知识产权执法问题最关注的对象，2007年美国在世界贸易组织框架下向争端解决机构提起有关知识产权执法问题的诉讼，诉中国的知识产权执法制度达不到协定的要求。②欧盟在2009年的知识产权执行报告将中国列为有关假冒和侵权商品相关问题的重点关注对象，指出2008年欧盟边境查扣的涉嫌侵犯知识产权的货物有54%来自中国。③ 奥巴马在达成TPP协议后就发表声明表示，不能让中国等国家书写全球贸易规则,④ 不难推测TPP中严格的知识产权执法规则同样剑指中国。美国在TPP中的要求，将打破现有的利益格局，对中国的国家利益造成最大的威胁；特别是知识产权强执法措施的建立将打破知识产权的世界格局，进一步对中国的知识产权制度造成影响。

TPP正式文本于2015年公布,⑤ 从正式公布到条约的正式生效还将经历一个不短的过程，在这样的一个时间段中，极有必要分析这一新兴的自由贸易协定(Free Trade Agreements, FTAs)中知识产权执法措施相比现有国际知识产权执行措施的异同及与我国相关措施的差异，更严格的知识产权执法措施会损害发展中国家权益甚至是公共利益，我国应采取的积极态度和提出应对策略。

二、TPP知识产权执法措施的跃进

TPP中“知识产权”章节所规定的执法规则可以说是对ACTA的继承和进一步发展，在WTO以外小范围缔结的ACTA知识产权执法规则不仅“超TRIPs”，且比以往任何自由贸易协定中的相关规则更详细和严厉。⑥ ACTA被称为执法协定，不

---

① Tuan N. Samahon, TRIPs Copyright Dispute Settlement after the Transition and Moratorium: Nonviolation and Situation Complaints against Developing Countries 1055(Law & Poly Int'l Bus. 2000).

② WTO Panel Report, *China-Measures Affecting the Protection and Enforcement of Intellectual Property Rights-Report of the Panel*, WT/DS362/R, visited on 26 Jan. 2009.

③ European Commission, *IPR Enforcement Report* 2009, Commission of the European Communities, SEC (2009)1360, Brussels, 2009, p. 5.

④ 参见环球网，*http://news.china.com/international/*1000/20151008/20517715.*html*.

⑤ Office of the United States Trade Representative, *https://ustr.gov/trade-agreements/free-trade-agreements*, visited on 1 November 2015.

⑥ 杨鸿.《反假冒贸易协定》的知识产权执法规则研究[J]. 法商研究，2011(6).

改变实体规则，“改善执法实践”①，TPP 的知识产权规则很大程度上延续了 ACTA 的高标准和高要求，并且更加的全面。

（一）苛刻的民事执法措施

1. 民事损害赔偿数额的确定的差异。TPP 第 18. H. 4 款“民事和行政程序和补救措施”第 2 款中规定“各缔约方应规定，在民事司法程序中，司法机构至少有权令故意从事侵权活动或者有合理依据知道是在从事侵权活动的侵权人就因侵权人对权利人知识产权的侵犯造成的损害向其支付适当的补偿”；第 3 款“侵权人向权利人支付由侵权带给侵权人的利润”及第 4 款“考虑权利人提供的任何合法价值评估方法，这可以包括利润损失、以市场价格或者建议零售价计算的被侵权物品或者服务的价值”的规定，侵权人支付的补偿包含了利润的损失和侵权产品的价值。TPP 规定侵权人除了支付补偿外，需要支付“附加赔偿金”，第 18 条第 7 款“在民事司法程序中，对于侵犯保护作品、表演、录音制品著作权或相关权的侵权行为，各缔约方应建立或维持以下一个或者多个制度。（一）经权利人的选择而给予事先设定的赔偿金；或者（二）附加赔偿金和第 8 款“在民事司法程序，对于假冒商标，各缔约方也应建立或维持以下一个或者多个制度（一）经权利人的选择而给予事先设定的赔偿金；或者（二）附加赔偿金“规定了赔偿金制度。第 18. H. 9 款规定了赔偿金的合理性，“第 7 和 8 款下的事先设定赔偿金应当被设定为一定数额，这一数额能够充分补偿权利人因侵权所造成的损害，并以遏制未来侵权行为为目的”。除了合理性的赔偿金，第 10 款对第 7 款和第 8 款中的“附加赔偿金”做了进一步的补充规定，“在裁决第 7 和 8 款下的附加赔偿金时，司法机构应有权在他们认为合理时，判给额外损害赔偿。这需要考虑到所有相关事宜，包括侵权行为的性质和将来遏制类似侵权行为的需要。”

我国法律所规定的知识产权侵权民事侵权民事损害赔偿数额主要按照权利人实际损害、侵权人的违法所得给予赔偿，附加制止侵权行为的合理开支，相比较之下，TPP 中的附加赔偿金的范围更加宽泛，对侵权的民事赔偿更加严格。《著作权法》第 49 条规定“侵权人应当按照权利人的实际损失给予赔偿；实际损失难以计算的，可以按照侵权人的违法所得给予赔偿。赔偿数额还应当包括权利人为制止侵权行为所支付的合理开支。权利人的实际损失或者侵权人的违法所得不能确定的，由人民法院根据侵权行为的情节，判决给予五十万元以下的赔偿”；并且在《最高人民法院关于审理著作权民事纠纷案件适用法律若干问题的解释》中的第二十四条规

① Margot Kaminski, Recent Development, *the Origins and Potential Impact of the Anti-Counterfeiting Trade Agreement*. *Winter. Y. J. I. L.* 247 (2009).

定了损失的计算方法"权利人的实际损失，可以根据权利人因侵权所造成复制品发行减少量或者侵权复制品销售量与权利人发行该复制品单位利润乘积计算。发行减少量难以确定的，按照侵权复制品市场销售量确定。"

2. 临时措施相关规定的不同。TPP 在知识产权执法的临时措施的规定中，申请人、被申请人及可执行内容的范围都超过了我国的相关规定。在第 18. H. 5 条第 1 款规定"各缔约方的主管机关应依据其司法规则就涉及知识产权的救济请求不做预先通知地快速地做出处理。"TPP 并未对申请人和被申请人的范围作出限制，做出了开放性的、范围较广的规定。相比较我国的知识产权临时措施制度，不论其内容还是申请人和被申请人的范围明显更广，以我国著作权的执行措施为例，我国《著作权法》第 50-51 条及《民事诉讼法》第 100～103 条的规定，对于知识产权中诉前禁令的申请请求仅仅局限于"著作权人或著作权有关的权利人"。同样，对于被申请人的范围，我国《著作权法》及《民事诉讼法》明确规定了"是正在实施侵权或者即将实施侵权行为的人"。

3. TPP 中所规定的民事制裁措施远比我国的更加严格。TPP 第 18. H. 4 条中规定在民事司法程序中："根据权利人的请求，司法机构有权命令将这些侵权货物不做任何补偿地进行销毁"，"司法机构有权下令在侵权产品生产或创造中使用的材料和工具以减少进一步侵权的风险的方式不作任何补偿地以及无不当拖延地销毁或者在商业渠道之外予以处置"，以及"对于假冒商标的产品，除了例外情况外，单纯去除非法粘贴的商标还不足以允许将该产品放行到商业渠道中"。TPP 要求各缔约方应规定"其司法机构应有权责令没收或者保管涉嫌侵权的产品、材料和与侵权有关的工具"，相比我国的司法机构的处理权限更加广泛。我国的民事损害赔偿责任在《民法通则》第 134 条和《侵权责任法》第 15 条有具体的规定，规定中并未包含"销毁侵权商品和生产原料、工具等规定"。和民事制裁不同的是《著作权法》第 48 条规定了对于损害公共利益的特殊规定，在损害公共利益的特殊情况下，可以采取"没收违法所得，没收、销毁侵权复制品，并处以罚款；情节严重的，还可以没收主要用于制作侵权复制品的材料、工具、设备等。"损害公共利益的条件限制是一种特殊的情况，相比 TPP 规定的一般条件而言，范围明显更小。

（二）更强大的边境执法措施

1. TPP 海关监管范围较广，包含了进口、专供出口以及过境产品。第 18. H. 6 条规定了缔约方主管当局启动边境措施的货物包括了"进口"、"专供出口"、"过境产品"三种类型。该条对海关监管的货品进行了明确的规定，赋予了海关当局对于过境货物的监管的权利，对于假冒产品、混淆性相似的商标、盗版产品货物具有中止放行和扣押等权利。这相比我国的知识产权的边境措施，TPP 中规定的海关监管范围明显更加广泛，在我国《海关法》和《知识产权海关保护条例》的相关条款规定了我国海关的监管范围，《海关法》中规定了“海关依照法律、行政法规的规定，对于进出境货物有关的知识产权实施保护。”可见过境货物并不包含在我国的海关监管范围之内，除此，《知识产权海关保护条例》做出了“国家禁止侵犯知识产权的货物进出口”的规定，进一步明确了过境产品不属于我国海关的审查范围。

2. TPP 要求各缔约方规定主管当局更加广泛的职权。第 18. H. 6 条第 1 款“各缔约方应提供申请以中止放行或者扣押”侵权产品，规定了权利人可依申请启动监管程序，第 7 款中规定“各缔约方应规定其主管当局可依职权启动边境措施”，可见，监管程序的启动有依权利人申请和主管当局主动启动两种方式。相比较我国，《中华人民共和国知识产权海关保护条例》第 12 条规定：“知识产权权利人发现侵权嫌疑货物即将进出口的，可以向货物进出境海关提出扣留现已货物的申请。”权利人的申请是我国海关监管知识产权侵权的启动方式，在《条例》的其他条款中也并无相关主管部门可以主动启动边境措施的规定，我国相关主管当局并没有主动启动中止和扣押货物的权利。早在 2008 年美国在世界贸易组织诉中国影响知识产权保护和实施措施的争端解决案中，就明确地强调“中国没有给予海关官员所需职权以处置假冒和盗版的进口货。”时至今日，TPP 边境监管措施的提起方式相比于我国的申请的方式的提出而言，主管当局有了更大的职权和更多的主动性。也同样表明了发达国家强调知识产权保护的一贯趋势和立场。然而发达国家出于经济利益的考量加大海关监管的负担，减少了权利人的相关义务，公权力介入私权利的知识产权的保护似乎颇有不妥。

缔约方主管当局判断过境货物的侵权条件时，从 TPP 的条约文本和我国相关法律的条文来分析，TPP 所提供的门槛明显地比我国的相关规定更低。TPP 第 18. H. 6 条第四款要求启动程序的权利人要提供充分证据“以使依缔约方法律提供该程序的主管机关能够初步推定权利人的知识产权受到侵犯”。我国《知识产权海关保护条例》第 13 条规定“知识产权权利人要求海关扣留侵权嫌疑物货物的，应当提交申请书及相关证明文件，并提供足以证明侵权事实明显存在的证据”。将两个条款的规定相比较，“初步推定知识产权受到侵犯”和“足以证明侵权事实明显存在”的判断标准在程度上是明显不同的。TPP 所规定的启动程序的门槛更低，较低的门槛带来的是对侵犯知识产权产品的更加严格的监管和检查。

（三）门槛更低的刑事程序和处罚

TPP 第 18. H. 7 条规定“各缔约方应规定至少将适用于具有商业规模的故意假冒商标或者故意盗版案件的刑事程序和处罚。”条款对侵犯知识产权的行为启动刑事程序和处罚用“商业规模”作了限定。对于以“商业规模”侵犯知识产权来作为刑事措施的起诉和定罪在 TRIPs 就已经出现，TRIPs 第 61 条规定“各缔约方提供刑事程序及刑事处罚，尤其是对于有意以商业规模假冒商标或者盗版的情况更是如此”。然后 TRIPs 并没有对“商业规模”作进一步的解释，直接导致了美国在 2007 年向世界贸易组织争端解决机构诉中国影响知识产权保护和实施措施。① 美国在该案中的两次书面陈述和口头陈述都针对“商业规模”问题指责中国对侵犯知识产权的刑事制裁不符合 TRIPs 要求。② 中国官方和学者都做出了反驳③，在世界贸易组织知识产权争端的专家组报告中，“商业规模”被解释为“典型或通常的商业活动的量的大小或程度”。④ 可见专家组认可了商业规模具有定性上的规定，同样也有定量的含义，可以说在一定程度上肯定了中国对商业规模的规定。然而 TPP 本身对“商业规模”做出了进一步的解释“(一)出于商业利益或经济利益而实施的行为；和(二)并不是出于商业利益或者经济利益而实施的重大行为，该行为对市场版权或相关权的权利人的利益造成实质性的破坏。”⑤TPP 对“商业规模”仅从性质上进行了限定，即只要符合定性的要求，可见 TPP 对侵犯知识产权刑事处罚的范围已经明显地超过了 TRIPs 协议的应有之意。

三、TPP 知识产权执法措施的困境

(一)发展的阻力

不可否认的是，TPP 代表了国际法律发展的趋势，改变了以往两极或者多极的格局而成为一个多中心的国际法律结构，这种多中心的结构使国际法律制度更加的

---

① WTO Panel Report, China-Measures Affecting the Protection and Enforcement of Intellectual Property Rights, WT/DS362/R, *https://www.wto.org/english/tratop_e/dispu_e/cases_e/ds362_e.htm.*

② 案件相关陈述参见：*Oral Statement of the United States of America at the First Substantive Meeting of the Panel*, April 14, 2008. *Closing Statement of the United States of America at the First Substantive Meeting of the Panel*, April 16, 2008. Executive Summary of the Second Submission of the United States of America, June 6, 2008.

③ 张乃根. 论中美知识产权案焦点的“商业规模”——对美国书面及口头陈述的剖析[J]. 世界贸易组织动态与研究，2008(9).

④ WTO Panel Report, China-Measures Affecting the Protection and Enforcement of Intellectual Property Rights, WT/DS362/R, Para. 7.577.

⑤ 参见《跨太平洋贸易伙伴关系协定》第 18.H.7 条第 1 款。

多元化。① 在 TPP 发展的过程中不仅本身的发展需要内部机制的建立和成熟，同样受到在结构变革过程中原有体制等各方阻力。

TPP 从谈判结束到生效实施要走的路还很长，首先需要经过至少 90 天的程序之后才能开始批准程序。90 天包含了各国对草案细节进行最后调整的 30 天，以及之后的 60 天的公示期。以美国为例，60 天的公示期内，国会和公共机构、行业协会等将会对 TPP 的相关权利和义务进行探讨。一方面，国会授权的各委员会就 TPP 向总统、国会和美国贸易代表办公室(USTR)提交各自领域的评估报告；另一方面，美国国际贸易委员会(USITC)将会对 TPP 对美国经济造成的影响进行评估。根据美国贸易代表办公室的要求，美国国际贸易委员会将开展“泛太平洋伙伴关系协议：对美国经济和相关产业的影响”的调查，旨在评估 TPP 实施后对美国整体经济、特定产业和美国消费者利益等方面的影响。评估报告将于总统正式签署协议的 105 天以内对外公布。美国国际贸易委员会并将于 2016 年 1 月 13 日就此举办听证会。② 不仅仅是美国，各缔约国都要经过 TPP 在实施之前的批准程序，并且修订国内立法来符合 TPP 的规则要求，各国的法律制度不尽相同，但批准和修法的过程并不能一蹴而就地完成。

从其自身发展看，不论是 TPP 的生效实施的程序，还是各缔约国的批准和修法程序都要经历一段时间。TPP 构建了细致的管理框架，包括各类专业委员会的设立、争端解决的程序、专家组组成、期限以及允许使用贸易报复行动等，管理框架的建立和成熟也需要经历一个相当长时期的过程。按照 TPP 规则的要求需要构件精细的管理架构，在 TPP 框架下成立各类专业和协调委员会以发挥协议的职能及促进缔约国的协作和监督。根据 TPP“合作与能力建立”章节中的规定，为了应对欠发达缔约方在实施协定和利用协定所创造的机会方面面临的挑战，建立“合作和能力建设委员会”；第二十二章的“竞争力与商业促进”中规定“设立通过政府之间以及政府与企业、社会之间的对话以检讨 TPP 对缔约方竞争力影响的正式机制”，其中包括“竞争与商业促进委员会”以检讨 TPP 对地区和国家竞争力以及区域经济一体化的影响；为了促进在经济、教育、科学等领域的自愿合作工作和提出的新机会而设立“TPP 发展委员会”；③ 为了检讨 TPP 是否有效服务中小企业，探索提升

① See William W. , Burke-White, *Power Shifts in International Law: Structural Realignment and Substantive Pluralism*, (56)1*Harvard I. L. J.* (2015).

② 中国国际贸易促进委员会，*http://www.ccpit.org/Contents/Channel*_3429/2015/1124/505315/*content*_505315.*htm*，2015 年 12 月 15 日访问。

③ 参见《跨太平洋伙伴关系协定》第二十三章。

中小企业利益的方式，检视合作或合作能力建设活动而设立"TPP 中小型企业委员会"。① 除了设立以上的委员会来实现协议的不同职能，基于"鼓励提高透明度、公正性以及缔约方政府之间的协作"，"确保在 TPP 缔约方市场中运作的商业享有开放、公开、可预见的监管环境"，"实现监管政策的一致性"的目的，协议第二十五章规定设立一个委员会。② TPP"行政与制度框架"中规定设立协议最高级别的"跨太平洋伙伴关系委员会"，"在部长级或高级官员层级举行会议"以监控本协议的实施和运行以及指导其将来的发展。③

从外部来看，TPP 对原有国际法律制度的挑战成为了其向前迈进过程中的阻力，其中知识产权执法措施的合法性及对国家主权的超越饱受诟病。过于严苛的 TPP 的知识产权执法规则"超出了 TRIPs 的规定"，相关规则所规定的措施的"合法性也存在疑问"。④ TPP 第 18. H. 6 条所规定的边境措施将"转运"货品列为海关监管的范围，若依据采取边境措施的国家的法律作为准据法，其判定侵权的准据法可能违反 TRIPs 第 52 条第 1 款的规定。⑤ TPP 中对知识产权执法措施的规定不仅包含对于侵犯知识产权的民事措施，以及侵权采取刑事措施的较高标准，甚至对缔约国海关等当局的权利也做出了具体的要求，被认为是"国家政策法规制定和实施的贸易冲突仲裁司法权"，对缔约国的此种标准和要求"超越国家主权"并且"间接主导主权"。⑥

(二)亟需解决的问题

首先，高标准和严要求的协议规则产生了全面而细致的实施性权利义务，然而实施性的权利义务和组织安排之间却严重地失去了平衡。和其他自由贸易协定不同的是，TPP 协定的目标就是全面监管的高标准的优惠贸易协定，其规定的权利义务细致、严格和详尽，需要细致的管理架构，但目前还处于会议模式的 TPP 条约距离全面实施的距离还很远。TPP 设计了各种机制、规定建立各类的委员会，然而却

---

① 参见《跨太平洋伙伴关系协定》第二十四章。

② 参见《跨太平洋伙伴关系协定》第二十五章。

③ 参见《跨太平洋伙伴关系协定》第二十七章第 27.1 条。

④ 梁意. 论"超 TRIPS"边境措施及其合法性问题——以〈TPP 知识产权草案〉为视角[J]. 国际商务(对外经济贸易大学学报)2015(2).

⑤ TRIPs 第 52 条第 1 款规定："任何启动第 51 条下程序(海关中止放行)的权利持有人应提供充分的证据，以使主管机关相信，根据进口国法律，可初步推定权利持有人的知识产权受到侵犯，并提供货物的足够详细的说明以便海关易于辨认。"不能判断出应当以进口国的法律为准据法来判断货物的侵权。

⑥ 郑若麟. TPP 的要害是司法主权[J]. 新民周刊，2015(40)：86.

没有固定的组织，缺少固定的秘书处。面对全面和高标准的规则，仍然没有稳定的人员来实施、监督整套高覆盖的运行。以知识产权执行措施为例，TPP 的执法规则涵盖了民事、刑事，亦或边境执法措施全部的领域，具体的执法规则渗透到了缔约方的国内法律制度和海关监管，尽管第二十五章对“监管环境”和“监管政策的一致性”做了规定，但具体的监管制度和措施并没有建立，面对缔约方在实施中遇到的问题，各缔约方能够执行知识产权执行规则的标准都无法解决。和 WTO 已经形成的成熟的争端解决机制相比，TPP 的第二十八章中对争端解决作出了成立专家组和贸易报复等规定，但专家组成员的来源，专家小组的报告公信力，对于专家组作出报告之后该如何救济，都暴露了 TPP 组织和实施上的严重不足。

其次，条约所规定的实体性权力失衡，虽然 TPP 国家的地缘优势和整体实力强劲，但是 TPP 的缔约国“不论是在地理、语言还是在历史、幅员和发展水平上都很不同”，① 包括了文莱、智利、马来西亚、墨西哥、秘鲁和越南六个发展中国家，这些国家并不能够均沾 TPP 条约的利益。在贸易换规则的博弈中败下阵来，最终就算成为协议的成员国，其更多的是关注从协议中取得的利益，而不是关注付出的代价，不仅如此，协议的成员国也不容易接受协议中增设的义务和新的规范。② 缔约国利益的不平衡将会导致规则的失衡，过度的知识产权条款会对公共健康造成危害，过严的国际知识产权执行措施会削弱国内法院的权威。

四、中国应对 TPP 中知识产权执法措施的策略

从未有哪个 FTAs 像《跨太平洋伙伴关系协定》这般受到全球的瞩目，可见其在地缘政治中的重要作用，它将成为国际社会中再分配国际话语权的新的趋势。这样一个体量大，全覆盖的协议，以高标准为目标和特点配合美国的知识产权执法战略，企图书写知识产权国际新规范。中国在改革开放之后所取得的巨大发展和瞩目成就都是在当下话语权的语境之下，话语权一旦改变，新的国际规则一旦形成，现有的实力和地位将受到挑战，未来的发展前景将会变得不再明朗。中国应积极应对

① 参见美国贸易代表办公室（USTR）公布的官方概要，The Office of the United States Trade Representative，Schwab Statement on launch of the U. S. Negotiations to join the Trans-Pacific Strategic Economic Partnership Agreement，*https：//ustr. gov/schwab-statement-launch-us-negotiations-join-trans-pacific-strategic-economic-partnership-agreement*，Last visited on 1 November 2015.

② Jeffrey J. Schott et al，*Understanding the Trans-Pacific Partnership*，Peter G. Peterson Institute for International Economics，2013，pp. 17-18.

TPP,有学者认为"中国有必要选择合适的时机和方式积极参加TPP谈判",① 然而,"从 TPP 现有的进入'门槛'和美国的动机来看,现阶段中国不可能加入进去"②,不仅如此,TPP 本以遏制中国为指向,"这使中国应该加入 TPP 变成一个没有意义的问题"。③ 在此情形下,中国唯有对外构建自己的 FTAs,应对国际规则的竞争;对内加快改革步伐,推动体制改革,制定一套完善的对内对外战略。

第一,加快对内的改革步伐,积极建立国际规则的应对机制和有利的知识产权执法规则。

美国在其国内通过 337 调查利用知识产权形成壁垒在国际贸易中更多获益,中国涉案企业呈阶段性的上升,并且胜诉率低,损失惨重。④ TPP 无疑将缔约国拉入了美国的贸易同盟,将更严格的知识产权执法规则扩大到了整个缔约国,利用知识产权形成的壁垒对中国的出口贸易进行打压。中国一方面应当建立起包括政府企业等各方的应对机制,另一方面制定有中国特色的国内立法。有学者提出针对 TPP 中严格的知识产权条款,认为我国的知识产权执法水平从国际范围及和其他国家相比较存在差距,对内应该提高执法水平。⑤ 然而在国内层面,应考虑本国现阶段经济、科技、文化的发展水平,遵守"最低保护标准",现行立法不必"攀高",以最大限度地实现法律的本土化与国际化之间的协调,防止"知识产权法律移植中的递减效应"。⑥考虑到我国的经济发展水平和我国企业的特征和性质,严格的知识产权执法水平将会制约中国企业甚至是行业的发展。在知识产权执法规则的要求上,我国现行的执法措施距离 TPP 的标准还有一定差距,但是已经达到 TRIPs 的要求,而无需盲目地追求更严格的执法规范。

第二,积极应对地缘竞争和规则竞争,深化对外开放,构建中国的自由贸易协定。

2015 年 9 月 17 日发布的《中共中央、国务院关于构建开放型经济新体制的若干意见》对构建开放型经济新体制提出了总体要求,确定了"加快培育国际合作和

① 何帆、杨盼盼:《中国不应缺席 TPP》,FT 中文网,资料来源于 *http://www.ftchinese.com/story/*001050933? *full=y*,2016 年 4 月 1 日访问。

② 王联合. TPP 对中国的影响及中国的应对[J]. 国际观察,2013(4):66-72.

③ 王玉主. 显性的双框架与隐形的双中心——冷和平时期的亚太区域合作[J]. 世界经济与政治,2014(10):22-39.

④ 徐全红. 美国对华 337 调查的发展趋势[J]. 集美大学学报(哲社版),2015(2):74.

⑤ 刘雪凤,刘会芳,高兴. TPP 与我国版权执法规则的比较研究[J]. 科技管理研究,2014(24).

⑥ 宋志国. 我国知识产权法律移植中的递减效应原因探析[J]. 政治与法律,2006(5). 转引自吴汉东. 知识产权法的制度创新本质与知识创新目标. 法学研究. 2014(3).

竞争新优势”，“坚持自主开放与对等开放，加强走出去战略谋划，实施更加主动的自由贸易区战略，拓展开放型经济发展新空间。”①应当利用已经和即将签署的FTAs加入到不同的机制当中，分别实现被细分的不同的战略目标，从而全面实现知识产权执法战略的目标。包括TPP在内不断增长的FTAs使各经济体呈现出复杂的“亚洲面条碗”格局，中国在亚太区域内签署的FTAs包括《区域全面经济伙伴关系》(Regional Comprehensive Economic Partnership，RCEP)、中韩自由贸易协定，除此，中日韩自由贸易协定在讨论之中，建立亚太自由贸易区(Free Trade Area of the Asia-Pacific，FTAAP)的倡议被激活。东盟推动的RCEP有应对TPP的意图，② 有学者认为其形成了以TPP为载体的“亚太轨道”和以RCEP为载体的“东亚轨道”之间的巨型贸易协定的竞争和博弈。③ 然而，TPP的目标是用禁止保留和广泛监管的方式建立一个高标准的优惠贸易协定，而RCEP却是有限的需要进行监管的协调。④ TPP中对知识产权执法措施的高标准和严要求与RCEP中的知识产权执法规则基本不在一个层面。中国唯有一方面推动RCEP谈判，另一方面积极推动其他FTAs的发展来实现与TPP的抗衡。目前中韩两国的知识产权法律制度内容基本一致，水平基本相当，已达到或超过了TRIPs规定的最低标准，这将有利于中韩两国之间的知识产权争端的协调。⑤ 2015年12月20日生效的《中韩自由贸易协定》为中日韩FTA的谈判奠定坚实的基础，日本作为TPP的缔约方，中日韩FTA中知识产权执法措施将会影响TPP中的相关措施，成为中国应对TPP的很好的途径。

自由贸易协定中的知识产权执法条款使发达国家避开多边贸易体制，而通过与特定国家之间的谈判巩固和强化多边知识产权协定中的主要内容。⑥ 通过体制转移的战略推行其知识产权执法的标准，从国际关系理论而言，并不是发达国家的专

① 参见新华网，*http：//news. xinhuanet. com/fortune/*2015-09/17/*c*_1116598050. *htm*，2016年1月1日访问。

② See Murray Hiebert & Liam Hanlon, *ASEAN and Partners Launch Regional Comprehensive Economic Partnership*, Center For Strategic and International Studies, available at *http：//csis. org/publica-tion/asean-and-partners-launch-regional-comprehensive-economic-partnership*, visited on 1 November 2015.

③ 盛斌，果婷. 亚太区域经济一体化博弈与中国的战略选择[J]. 国际政治经济学，2014(10).

④ Mark Thomson, Trade Partnership Competition：TPP vs RCEP, *THE STRATEGIST*, *http：//www. aspistrategist. org. au/trade-partnership-comperition-tpp-vs-rcep/*, Last visited on 1 November 2015.

⑤ 周长乾. 论FTA下中韩知识产权法律制度的协调[J]. 东北亚法研究，2014年7卷第3号.

⑥ 廖丽. 后TRIPS时期国际知识产权执法新动向[J]. 暨南学报(社会科学版)，2014(9)：130.

利。它既可以为发达国家所用，也可以为发展中国家所用。① 中国亦应该推行属于中国的 FTAs，建立有利于中国乃至发展中国家的国际规则，书写有利于中国的国际知识产权执法标准。

Study on IP Enforcement Measure of Trans-Pacific Partnership Agreement Hao Fahui

Abstract: *Trans-pacific Parternship Agrement* is high-profile in the wave of the development of the regional free tade agreements, the intellectual property enforcement of which continued the strong protection rules of Anti *Counterfeiting Trade Agreement*. Compared with *Agreement on Trade Realated Intellectrual Property Rights*, it has higher standards in term of civil enforcement measures, border enforcement measures, more detailed and stringent measures than China did in this respect. And it not only changes the international system of intellectual property protection, but also undermines the interests of developing countries in many ways. Of course, the Agreement also encountered resistence in the process of development. As for China, we should seize the favourable opportunity when the system of it is still developing and the relevant measures are not mature to estblish mechanisms and strategies, writing chinese rule in order to protect our interests abroad.

Key words: IP Enforcement; Trans-Pacific Partnership Agreement; Enforcement

① 张惠彬. 后 TRIPS 时代国际知识产权保护新趋势——以《反假冒贸易协定》为考察中心[J]. 国际商务——对外经济贸易大学学报，2013(6).

二、边界问题专题

北极地区大陆架划界争议的法律问题及其应对思路*

□ 章 成**

内容摘要：随着全球气候的逐渐变暖，北极问题正日益引起世人的广泛关注，以潜能巨大的北极资源为直接争夺对象的政治及法律争议日趋升温。在北极问题的重要性背后，既有错综复杂的政治和外交因素，也涉及很多鲜明和独特的国际法问题。而北极地区的大陆架划界问题是近年来北极问题中最具代表性的法律问题，其对于北极地区的资源权属分配乃至该区域的制度安排均具有重大的规范建构意义。尽管北极地区的大陆架划界纷争由来已久，但目前北极地区现存的200海里以内大陆架划界纠纷基本已通过北极国家之间的双边划界谈判自行解决，而超过200海里的北极外大陆架划界问题的影响范围远远超出这一问题本身和北极地域范围的限制，具有高度的战略意义。夯实北极问题国际化的法理基础、扩大北极议题对话圈以及适度参考《南极条约》，或有助于北极地区大陆架划界争议难题的解决。而在此进程之中，中国无论是依据自身在北极地区所享有的合法权利、客观存在的现实利益，还是出于国际道义责任方面的考量，中国均需积极参与与之相关的北极事务，尽力优化北极区域治理的国际合作效果。

关键词：北极　大陆架　《联合国海洋法公约》　划界争议　国际法规制

---

* 本文系教育部哲学社会科学研究重大课题攻关项目“中国参与极地治理战略研究”(14JZD032)、武汉大学自主科研项目(人文社会科学)“中国参与北极治理的法律问题研究”(413000004)。

** 武汉大学中国边界与海洋研究院讲师，法学博士。

目　次

一、引言

在大陆架概念及其法律制度的发展进程中，《联合国海洋法公约》(以下简称为《公约》)奠定了其在当代国际海洋法理论及实践中的基础性制度框架。然而，与其他海域以及海洋划界相比，北极地区的大陆架划界存在明显的特殊性。相关国家北极大陆架管辖边界的扩展程度，与属于国际海底区域的北极“国际公域”部分的面积之间，完全是此消彼长的关系，而各国在北极问题上的利益分歧也造成了其各自的管理策略冲突。尤其是主要北极国家已经对北极提出了排他性主张，这也进一步导致了北极资源在管理和利用上的实质困难。北极区域的上述现状已使作为两极之一的北极很难保有其理应享有的全球公地地位，这就促使人们在谋求回应上述问题时，应妥善寻找一个立足现实但有所创新的研究视角及应对思路。

二、大陆架制度在北极地区的适用争议

北极地区主体区域的地理属性为海洋，故而在国际法的视角下，海洋法的相关法律规则能否在北极地区适用就相当关键。但北极地区的海洋形态与其他海洋海区相比又有其显著特殊性，构成北极主体区域的北冰洋长期处于封冻状态，而且北冰

洋面积狭小，形态封闭，冰封状态下的海洋外缘与周边冰蚀型地貌属性的陆地分界不明，因此在地域特质明显与其他正常海洋形态的海区相异的北极海区，不加区分地适用同一国际海洋法规则的做法显然存在不少疑议。当然，在全球变暖的大背景下，在北极海冰大幅消退之后，大部分北冰洋水域势将恢复其海洋形态的本来面貌。因此可以将所有北极法律问题的实质归纳为——极冰消融后的北极海域能否引入以《公约》为主体的国际海洋法律制度，而这一问题恰恰是引发各方广泛争议的根源。

不惟如此，在《联合国海洋法公约》为主体的国际海洋法律体系中，有关大陆架的法律制度，在大部分情况下被视为是能为相当数量的沿海国家带来巨大利益的一项制度安排——由于面积有限的北冰洋有着非常宽广的大陆架面积，北冰洋的面积虽然在四大洋中排名最末，但其海底的大陆架地形单元面积仅次于总面积是其十四倍的太平洋，因此在北极海域，平坦广阔的大陆架面积有助于各类资源的储藏聚合。故将《公约》体系下的大陆架法律制度无区别地引入至北极地区加以适用，显然有利于环北极各国扩张其资源管辖版图，以圈占和瓜分丰厚的北极资源蛋糕。尤其是《公约》之中有关200海里外大陆架的划界规则，其相关规则的适用标准相对最为模糊，受各种主客观因素的综合影响最为突出，而北极地区相对封闭的地理环境以及北冰洋的海底地质形态，无疑极大地加剧了沿岸北极国家利用，甚至是滥用《公约》及其大陆架划界规则为其自身"渔利"的风险。

在北极地区，大陆架法律制度的引入使该地区存在两类法律问题：一类是北极地区的大陆架划界问题本身；一类是与北极大陆架划界相关的法律问题。这两者都会对相关的国际法规则产生相应的影响。

首先，前者即北极地区的大陆架划界问题本身，会导致北冰洋海底区域法律权属的重大改变，在《公约》所规定的200海里外大陆架划界规则适用于北极地区之前，环北极国家在北冰洋海区海床底土之上的权利边界仅以200海里为限，而在相关国家针对北极海区的200海里外大陆架划界目标实现之后，北冰洋的国际海底区域面积势将遭致严重压缩，广大非北极国家在北极地区的资源期待利益与相关国际法规则的公平性都将受到严重影响，因而引发了关于北极地区是否需要专门化的区域国际立法和修正《公约》现有大陆架划界规则适用范围的持久讨论。

其次，后者即与北极大陆架划界相关的法律问题，涵盖海洋法、资源法和环境法等诸多领域。在北极地区的大陆架边界走向划定之后，北极国家的大陆架权利边界大幅拓展，相关国家按照《公约》第77、79、80、81、85条的规定，在其位于北极地区的新拓展的大陆架权利边界范围内，所享有的《公约》法定权利有：(1)为开发底土权利而开凿隧道；(2)铺设海底电缆和管道，并以勘探开发大陆架之上自然资源以及防控、减少电缆管道所造成的污染为名义，对他国在其大陆架边界范围内的同类铺设海底电缆和管道行为予以合理限制；(3)在大陆架上建立，经营和管理人工岛屿、设施和结构；(4)勘探和开发相关海床底土的矿物及其他非生物资源，利用和养护相关海床底土之上的定居种生物，这一权利在行使上具有主权性和专属性，只有沿海国有权对此类活动进行授权和管理，如未经沿海国明示同意，其他国家和任何人不得从事此类活动。相关北极国家有权在上述领域为维护《公约》赋予其的大陆架权利，制定和颁布相应的国内立法及其他管理办法，并在北极地区 200 海里以内和 200 海里以外的大陆架上覆水域和上空，按照专属经济区和公海的法律地位属性，分别享有《公约》所规定的相应权利内容。

倘若北极地区的大陆架边界全部划定，虽然其国际海底区域的面积会受到严重挤压，但按照不同大陆架划界标准所估算出来的结果，北极地区相关国际海底区域依然存在(后文将有详述)，而不会由环北极国家全部瓜分完毕，因此非北极国家和国际社会仍然保有进入北极海底区域的法律空间，且其在北冰洋上覆水域所享有的权利范围亦相对更大。对于北极地区这一部分的法律规制，势必需在日后按照《公约》第 11 部分所规定的内容加以管理，并有可能为此而制定更详细的具体操作细则，因此由北极地区大陆架划界问题所衍生出来的海洋法、资源法和环境法等诸领域的问题都有进一步细致探讨之必要。可以明确的是，北极地区的大陆架划界问题并不局限于海洋法问题本身，其发展动向之脉络影响应归于国际法的其他层次下，属于全球化时代国际法新发展的重要组成部分和一大主要生长点。

所以说，北极问题在法律层面的实质，是国际海洋法制度引入北极所带来的北极法律秩序大范围变动问题，从而引发多方矛盾之匙，则体现于大陆架法律制度在北极地区的适用问题之中。因此，北极地区的大陆架划界问题是所有北极法律问题中的焦点与核心所在，北极的法律地位将直接取决于北极国家外大陆架外部界限的划定。通观大陆架法律制度在北极地区的适用前景可知，北极海域 200 海里外大陆架划界问题的进展将对北极诸多争端产生“牵一发而动全身”的影响。① 北极国家的数量虽少，但其在北极海域的外大陆架申请势必将影响为数众多的域外非北极国家的长远利益。而且北极国家的群体标签均为发达国家，美国、俄罗斯和加拿大更是国力强大、幅员辽阔的北极大国，它们在北极外大陆架划界进程中咄咄逼人的诉求主张，以及引人注目的强势表现不能不令非北极国家深感担忧。北极国家为了推动北极外大陆架划界工作的进展，而不惜重金投入了大量的人力物力，当前已有俄罗斯(2001 年提交，2002 年被驳回，2015 年 8 月重新提交，待审议)、挪威(2006 年提交，2009 年通过)和丹麦(2014 年提交，待审议)这三个北极国家提交了涉及

① Vladimir Jares. *Continental Shelf beyond 200 Nautical Miles*: *The Work of the Commission on the Limits of the Continental Shelf and the Arctic*, 42 (1) Vand. J. Transnat'l L. 1265-1305 (2009).

北极的200海里外大陆架划界申请案，美国、加拿大和冰岛的申请案也在紧锣密鼓的筹备之中(当然美国欲提交划界案还必须首先批准《公约》，但美国并未因其不是《公约》的缔约国而放松对北极的科考调查工作)。因此，与北极外大陆架划界申请案相关的动态及后续进展值得关注。当然，围绕北极地区大陆架划界而展开的所有讨论，其最大争议问题都不是技术层面的鉴定或法律涵义上的理解，而是北极200海里外大陆架划界申请案通过之后所导致的效果本身。

三、北极地区的大陆架划界现况及其法律争议问题

(一)200海里以内大陆架划界的国际法依据及其在北极地区的实践

对于200海里以内的海洋划界规则，《联合国海洋法公约》规定得较为简单。根据《公约》第83条的规定，"海岸相向国或相邻国家间大陆架的界限，应在国际法院规约第三十八条所指国际法的基础上以协议划定，以便得到公平解决。有关国家如在合理期间内未能达成任何协议，应诉诸第十五部分所规定的程序"。因此缔结划界条约和协定是解决200海里以内的大陆架划界问题的主要途径，如果划界协定无法达成，则应诉诸《公约》第十五部分所规定的争端解决措施及其相应程序，包括国际司法裁判的方式。由于《公约》正式将200海里专属经济区(Exclusive Economic Zone，EEZ)从制度上正式确立下来，在200海里距离范围内取消了自然延伸原则对沿海国(窄架国)大陆架权利边界的限制，因此200海里以内的大陆架划界问题在其空间维度和划界方法上与200海里专属经济区的划界问题趋于一致。尽管两者的内容及其权利基础有着很大的不同，但两者划界所需确定的"权利主张重叠区域"在很多情况下是相同的(当然也有例外存在)，所以有关国家的现实实践通常是在200海里范围内进行大陆架和专属经济区的单一海洋划界。

上述实践可以具体区分为三种不同的情形：

第一，在两个沿海国海岸相邻的情形下，只要在200海里范围内，理论上都可以进行同一大陆架和专属经济区的单一划界。

第二，如果两国海岸相向且不超过200海里，也可进行同时包含大陆架和专属经济区的单一划界，中越之间的北部湾划界即属此例。

第三，如果两国海岸相向且海岸距离在200—400海里之间，两国之间的海洋划界情形则相对复杂，是否可以划设大陆架和专属经济区的单一边界主要受到划界海区的大陆架构造的影响。① 这又可以再往下一层细分为三种情况：

① 黄伟. 单一海洋划界的法律问题研究[M]. 北京：社会科学文献出版社，2011：59.

(1)如果两相向沿海国在大陆架地质构造上是共架国，双方的大陆架和专属经济区“权利主张重叠区域”虽然不完全重合(大陆架部分的权利主张区域更大，包含200海里外大陆架部分)，但双方的等距离中间线重合，因此可以进行单一划界，而且仅需将双方的海岸地理因素作为海洋划界的主要考虑事项即可，中韩之间的黄海划界即属于此种情况。

(2)如果两相向沿海国不共架，但位于双方之间的海槽海沟等海底地质断裂带过宽，从而使得双方的大陆架自然延伸均达不到200海里的距离，则此时由于《公约》第76条第1款关于“窄架国大陆架边界拓展至200海里距离”在法理上的拟制作用，在这种情况下双方将被视为是“拟制共架国”，因此有关海洋划界情形等同于上一种情况，即双方属于海岸相向且海岸距离在200-400海里之间的大陆架共架国，也可以进行海洋单一划界。

(3)与上一种情况相反，如果两相向沿海国不共架，且位于双方之间的海槽海沟等海底地质断裂带宽度有限，从而使其中一国的大陆架自然延伸距离超过200海里，另一国的自然延伸则不足200海里的距离，这种情况下双方的大陆架和专属经济区“权利主张重叠区域”以及双方之间的等距离中间线均不会重合，则此种情况不适于进行单一海洋划界，而需将两国间的大陆架边界和专属经济区边界予以分开划定，中日之间的东海划界、澳大利亚和东帝汶之间的帝汶海划界均属于这种情况。

由此可见，200海里以内的海洋划界问题主要存在于海岸相邻国家之间以及距离不超过400海里的海岸相向国家之间，而距离超过400海里的海岸相向国家之间不存在200海里以内的海洋划界问题。由于200海里专属经济区在《公约》中的制度设置，现如今200海里以内的大陆架划界问题通常都是与专属经济区划界问题一并操作，进而逐渐形成了用一条不间断的边界线来统一划分沿海国之间大陆架和专属经济区的单一海洋划界实践。

通过上文有关沿海国之间不同划界情形的叙述，可以看出大部分200海里以内的大陆架划界问题都适合与专属经济区划界问题一并操作以进行单一划界，但不适宜于进行单一划界的特殊情形也是存在的。这种情形虽然为数不多，但其意义十分重要，说明单一海洋划界并非处理200海里以内的大陆架划界问题所必须采用的强制划界方式。

在200海里以内的大陆架划界实践中，国际司法机构所确立的相关海洋划界原则和划界方法得到了沿海国的普遍认可。当然，各国对于具体划界方法的立场不同，立场相同或近似的划界当事国也可能会对同一划界规则的适用存在不同理解。但随着国际司法机构在近三十年内对相关划界原则，规则和方法的反复阐释、演绎与归纳总结，地质地貌因素和社会经济因素在200海里以内大陆架划界及其他类型海洋划界中的作用越来越低，海洋划界正日益朝着单一化、技术化和平面化的方向发展。这集中表现在：首先，200海里以内大陆架划界与专属经济区划界日趋同一化，单一海洋划界成为海洋划界中的最常态；其次，单一自然延伸标准的划界规则在200海里以内的海洋划界实践中日渐式微，需要耗费大量人力物力对海床底土地质形态进行测绘调查的方式在200海里以内的海洋划界中的作用日趋减弱。与海洋划界本身关联度不高的社会经济因素也是如此，但沿海国海岸表面地理因素的重要差别仍将是构成调整等距离中间线的主要"特殊情况"。

1993年的丹挪(格陵兰/扬马延)划界案已证实了200海里以内海洋划界问题在当前的上述发展趋势。这一发展趋势在世界各地不同区域、不同情况的海洋划界实践中均有体现。自然地，这也会引起国际法学界对于公平原则的内容及其在海洋划界中的地位，等距离/特殊情况划界方法的性质和地位，以及两者间的关系等问题的讨论，不同学者对于公平原则以及等距离/特殊情况划界方法究竟是属于习惯法规则还是一般法律原则，又或者是更下位次的一般法律规则，长期存在不同意见。国际法院等国际司法机构在其裁判意见中，已将公平原则视作是指导海洋划界的国际习惯法。① 一些学者亦持此论。但也有伊恩·布朗利(Ian Brownlie)等国际法名家主张公平原则属于补充具体规则内容缺失的一般法律原则。② 同样，对于等距离/特殊情况划界方法的有关讨论也仍在持续。不过从目前来看，比较明显的趋势是，在200海里以内的一般海洋划界情况下，等距离/特殊情况划界方法与公平原则趋于融合，正确适用等距离/特殊情况的划界方法在专属经济区及单一海洋划界中一般都会产生公平的结果。③ 国际法院在2001年的卡塔尔诉巴林案中更进一步加强了两者之间的融合趋势。④

结合上文所述，再考察北极地区的相关海洋划界实践可知，北极国家之间的200海里以内大陆架划界问题现已解决大半，各国之间大多签署了相应的海洋划界协议，1920年的《斯瓦尔巴德条约》还对有关区域实施了特殊的制度安排。

当前北极国家基本是以"单一划界+等距离/特殊情况"的划界方法完成彼此之间200海里以内的北极大陆架划界谈判，目前已生效的北极地区200海里以内大陆架边界主要有：

---

① The Continental Shelf (Greenland/Jan Mayen), Judgment, I. C. J. Reports 1993, para. 113.

② Ian Brownlie, etc., Principles of Public International Law 28-29 (3rd, Clarendon Press, 1979).

③ The Continental Shelf (Greenland/Jan Mayen), Judgment, I. C. J. Reports 1993, para. 56.

④ 高健军. 国际海洋划界论——有关等距离/特殊情况规则的研究[M]. 北京：北京大学出版社，2005：132.

1. 俄罗斯与挪威在巴伦支海的200海里以内大陆架边界

俄挪两国在巴伦支海的海洋划界争议长达四十余年。1957年2月15日，两国以等距离中间线的划界方法达成了《苏挪瓦朗格尔峡湾海洋划界协定》。① 因为当时国际法仍然采取的是"领海之外即公海"的理论通说，因此两国在瓦朗格尔峡湾划定的仅是双方的领海边界。但在1958年《大陆架公约》通过之后，两国相继扩张各自的海洋边界，由于巴伦支海的总面积只有140.5万平方公里，除去已确定处于两国各自主权管辖之下的内水和领海，以及在距离上相当接近于前者的部分，可供双方大幅拓展各自大陆架外部边界的巴伦支海中央地带的宽度面积有限，因此两国的大陆架权利主张发生了重叠。经过"马拉松式"的僵持对立与反复谈判，2010年9月15日，俄挪两国签署《俄挪巴伦支海和北冰洋海洋划界与合作协定》，实现了对包含多重类型海洋划界争端的巴伦支海事务的一揽子解决。

2. 加拿大与丹麦(格陵兰)的200海里以内大陆架边界

加拿大的北极地区与丹麦的海外自治领格陵兰隔海相望。双方的相向海岸线曲折漫长，南北绵亘一千多公里。在南部的戴维斯海峡到拉布拉多海一带的位置，两国相向海岸的间距较宽，但都没有超过400海里，而在北部巴芬湾和内尔斯海峡(含史密斯海峡)一侧，甚至不足200海里。因此加丹之间的海洋划界问题，大部分属于海岸间距在200—400海里之间的相向划界问题，且无证据显示两国不是位于同一大陆架之上的共架国，小部分则属于200海里以内的相向划界问题，上述情形均有助于双方采取单一海洋划界的处理方式。另外，两国对位于内尔斯海峡(Nares Strait)中心线上的无人小岛汉斯岛(Hans Island)的领土主权归属问题存在争议。总的来说，加拿大和丹麦两国在北极地区的双边关系相对微妙。两国既同属西方阵营和北约盟国，又在北极地区存在着一系列不同类型且互相关联的难解纠纷，以致于近十年间两国在该地区频频动用军事力量来相互"叫阵"，但在该地区200海里以内的海洋划界问题部分，双方很早就达成了相关划界协定。

1973年12月17日，两国根据1958年《大陆架公约》的相关划界规则缔结了《加丹(格陵兰)大陆架划界协定》，按照等距离中间线的划界方法划定了两国从内尔斯海峡到巴芬湾和戴维斯海峡的大陆架边界，这也是《大陆架公约》通过以后国际上出现的第一条大陆架边界线。在《1973年加丹大陆架划界协定》中，双方在戴维斯海峡和巴芬湾的大陆架划界部分，详细确定了从61°00′0″N，57°13′1″W到75°00′0″N，73°16′3″W之间的113个划界定点；在内尔斯海峡的大陆架划界部分，双

① Agreement between the Royal Norwegian Government and the Government of the Union of the Soviet Socialist Republic concerning the Sea Frontier between Norway and the USSR in the Varangerfjord, 1957, Art. 2.

方确定了从 76°41′4″N，75°00′0″W 到 82°13′0″N，60°00′0″W 之间的 14 个划界定点①。该协定第 3 条和第 5 条对可能发现的跨界资源的开采事项做了规定，确定了协商一致合作开发的基本原则。当然在现实中，上述条款尚未得到诉诸实践的机会②。该协定第 4 条还预见到了两国的协定边界可能因科技和人们认识的进步而需要进一步调整的问题。

2012 年 11 月 28 日，加丹两国重新签署了一份《2012 年加丹海洋划界协定》，以取代 1973 年的大陆架划界协定。2012 年的《加丹海洋划界协定》是在新的时代条件下对两国在北极地区的相关海洋边界的重新安排与扩充，也可将其视为 1973 年旧协定在当前大背景下的现代化。1973 年旧协定中的两国 200 海里以内大陆架边界线被继承，同时又在 1973 年协定边界线的基础上进一步划出了两国在隶属于北冰洋主体区域的林肯海范围内的海洋边界线，并将新的林肯海边界线与 1973 年旧协定线连成一体。

3. 丹麦(格陵兰)与挪威(斯瓦尔巴德)的 200 海里以内大陆架边界

丹麦的海外自治领格陵兰与挪威之间存在的海洋划界包括两部分：其一为格陵兰与挪威扬马延群岛之间的划界问题；其二为格陵兰与挪威斯瓦尔巴德群岛之间的划界问题。1988 年 8 月 16 日，丹麦就前一部分的海洋划界问题向国际法院起诉，要求以一条单一边界划分格陵兰与扬马延群岛之间的格陵兰海区。丹麦主张格陵兰东海岸应直接享有 200 海里宽度的专属经济区和大陆架，并否认挪威扬马延群岛拓展 200 海里专属经济区和大陆架的权利，而挪威则要求以等距离中间线的方法进行划界。国际法院于 1993 年 6 月作出判决，对丹麦和挪威的各自主张都作出了一定程度的修正。1995 年 12 月 18 日，丹挪两国缔结了《丹挪大陆架与渔业区划界协定(格陵兰/扬马延)》以执行国际法院 1993 年的判决，并在该协定中以一条单一边界线的形式进一步明确划定了相关划界定点。③ 该协定第 2 条则是对两国在跨界矿业及渔业资源开发利用问题上相互合作的原则规定。

至于后一部分的海洋划界问题即格陵兰和斯瓦尔巴德群岛之间的海洋划界事宜，丹挪两国于 2006 年 2 月 20 日签署了《丹挪大陆架与渔业区划界协定(格陵兰/斯瓦尔巴德)》。该协定按“等距离中间线”的划界方法，对位于格陵兰和斯瓦尔巴

① Agreement between the Government of Canada and the Government of the Kingdom of Denmark Relating to the Delimitation of the Continental Shelf Between Greenland and Canada, 1973, Art. 2.

② Donat Pharand, Polar Regions and the Development of International law 182 (Cambridge University Press, 1996).

③ Agreement on the Continental Shelf and Fishery Between Greenland and Jan Mayen, 1995, Art. 1.

德群岛之间的海域进行单一海洋划界。① 2006 年协定包含 4 个条款。第 1 条由北向南划定了从 83°43′05.93″N、7°59′18.30″E 到 76°54′50.42″N、2°47′22.98″E 的 12 个划界定点，并依据双方的领海基线，协定第 2 条规定了跨界资源的合作开发事项，第 3 条和第 4 条未涉及双方划界的实质内容。从协定内容本身来看，其规定的事项比较简单，属于海岸相向共架国以单一海洋边界划定双方大陆架与专属经济区界限的又一普通事例。但这项协定有可能会对斯瓦尔巴德群岛区域未来的海洋划界工作带来间接的影响。

4. 北极地区尚存的 200 海里以内大陆架划界争议

目前现存的北极地区 200 海里以内大陆架划界纠纷都与美国有关。美国不是《联合国海洋法公约》的缔约国，尚未与其毗邻的加拿大签署任何双边海洋划界协定。因此，美国和加拿大在波弗特海的划界争议也是目前北极地区现存，并且尚未达成任何解决办法的海洋划界纠纷。加拿大在该海区坚持以 141°W 的子午线划界，而美国则要求以相邻国家的等距离中间线方法划界。1988 年两国政府签署《美加北极合作协定》，该协定强调，两国间的北极争议不会影响到双方的“天然盟友、伙伴加邻居”的亲密关系。但这份仅有 5 个条文的协定除了政治色彩的宣示之外，并未就两国的北极纠纷给出实质性的解决办法。对于两国间持续存在的北极航道及波弗特海划界争议，该协定也仅仅提到了双方在北极航道上的原则性合作意向，而丝毫没有提及波弗特海的划界纠纷问题，反而在第 4 条中强调了该协定“不影响双方在波弗特海的各自海洋划界立场以及双方在其他海区各自针对第三方的海洋划界立场”。② 而美国与俄罗斯实际上也存在着海洋划界分歧，但并非没有达成过解决办法。1990 年 6 月 1 日，美苏在经过长达 13 年的海洋划界谈判后完成了《美苏海洋划界协定》及其《执行协定》的签署。两国以一条总长约为 1600 海里的单一海洋边界线划分了从北极附属海域楚科奇海经白令海峡直到白令海南缘的大片海域，在 2012 年加丹两国的海洋新边界出炉之前，这也是国际上最长的一条连续性海洋边界线。但从严格的国际条约法理上来说，《美苏海洋划界协定》尚未完全生效。1991 年 9 月 16 日美国参议院批准了该协定，但继承苏联划界谈判主体地位的俄罗斯认为该协定对俄不尽公平，因此俄国家联邦杜马 1997 年在审议之后宣布拒绝批准该协定。不过从实践情况来看，1990 年《美苏海洋划界协定》基本得到了遵守，俄罗斯虽然否定该协定对自身的约束力，但实际上并无跨越 1990 年协定所确立的边界线的行动。在 2001 年俄罗斯向联合国大陆架界限委员会提交的 200 海里外大

---

① Agreement on the Continental Shelf and Fishery Between Greenland and Svalbard, 2006, Art. 1.

② Arctic Cooperation Agreement between the Government of the United States Federation and the Government of Canada, 1988, Art. 4.

陆架划界申请案中，其提供的俄罗斯大陆架最东端边界线也与1990年协定线完全吻合。由此可以认为，1990年《美苏海洋划界协定》虽未正式生效，美俄两国间在白令海和楚科奇海的海洋划界争议仍然存在，但现阶段这一争议并非北极国家间200海里以内海洋划界问题中的活跃部分。更何况美俄两国的海洋划界争议集中在白令海部分，而白令海一般被认为是北太平洋而非北冰洋的一部分，至于确定属于北冰洋子海域的楚科奇海部分的划界，两国均无异议，因此可以认为北极地区200海里以内的大陆架划界纠纷仅剩美加之间的波弗特海划界问题。近年来北极地区200海里以内海洋划界工作的有序推进，必将为北极问题的最终解决打下一个良好的基础。

(二)北极地区200海里以外的大陆架划界申请概况及其法律障碍简析

1. 2001年和2015年俄罗斯外大陆架划界申请案

2001年12月20日，俄罗斯向大陆架界限委员会提交了涵盖中北冰洋、巴伦支海、白令海和鄂霍次克海的200海里以外大陆架划界申请案，这也是委员会成立以来所受理的第一份外大陆架划界申请案。① 俄罗斯2001年划界案囊括了总面积达158万平方公里的大片海底区域，其中涉及北极部分的外大陆架面积高达120万平方公里。对此，与俄罗斯在海洋划界问题上有冲突的美国、加拿大、挪威、丹麦及日本纷纷向委员会提交了针对俄划界案的照会评论。委员会于2002年6月27日做出回复建议，基本认可了俄划界案中的巴伦支海部分，对北太平洋的鄂霍次克海部分予以原则上的认可，但要求俄另行提交一份更完备的部分划界案资料。俄罗斯于2013年2月28日向委员会提交了在鄂霍次克海的部分订正划界案，并于2014年3月11日获得委员会的审议通过。②

对于俄划界案中最为关键的中北冰洋部分，委员会认为俄罗斯提交的划界信息和数据资料不全，遂要求其重新订正内容，以待日后再行审议。俄罗斯此后多次在圣彼得堡等地召开有关北冰洋底以及罗蒙诺索夫海岭的地质科学国际研讨会，讨论如何在坚持俄北极主张的前提下精确其划界信息。2007年8月，以俄国家联邦杜马副主席奇林加罗夫为首的科考队深潜至北冰洋底的“插旗活动”这仅是俄在此方面长期努力的一部分。经过逾十年的北冰洋底科考数据的搜集工作，俄罗斯于2015年8月3日再次向委员会提交了针对北冰洋中央区域的200海里外大陆架划界

① Submission made by the Government of the Russian Federation on 20 December 2001 to the CLCS, United Nations, New York.

② Report of the Chairman Statement to the Thirty-fourth Session (CLCS/83), para. 40.

申请案。① 俄方称是在2002年委员会建议的基础上丰富和完善了划界所需的相应科考数据，并向委员会提供了109个外大陆架外部界限划界定点的地理坐标和定点间长度间距。与2001年俄划界案相比，俄罗斯对北冰洋底的大面积外大陆架划界诉求基本未变，新变化仅体现在：(1)2015年的新划界案仅对中北冰洋底部分的数据信息做了更新；(2)由于俄罗斯与挪威2010年缔结了巴伦支海划界协定，受协定的相应约束，此次俄方划界案在东南森海盆的相应划界定点有所调整和限缩，部分外部界限定点实际距俄领海基线只有200海里；(3)在潜在诉求份额最大的中北冰洋底区域，俄方大量适用"大陆坡脚外≤60海里"以及"2500米等深线+100海里"的外大陆架划界规则，以便尽可能扩展其外大陆架声索范围。② 目前，委员会暂未对俄罗斯的新划界案进行审议，但丹麦则在2015年10月7日率先对俄新提交的划界案作出反应，要求委员会注意到俄划界案与丹麦2014年底提交的格陵兰划界案之间的重叠部分，并予以公平处理。③

2. 2006年挪威外大陆架划界申请案

2006年11月27日，挪威向委员会提交了涉及北冰洋和北大西洋部分海域的200海里外大陆架划界申请案。挪威划界案的内容包含三部分：北冰洋的"西南森海盆"、巴伦支海的"甜圈洞"区域和挪威海的"香蕉洞"区域。④ 挪威划界案所涉争议区域不多，审议难度不大，委员会于2009年3月27日做出回复建议，完全认可了挪威划界案中的"甜圈洞"部分，无需订正或补充信息。对于挪威划界案中的另两块区域即"西南森海盆"和"香蕉洞"部分，委员会也在挪威提供相关补充信息后予以认可。因此，2006年挪威划界案成为第一份成功通过委员会审议的涉北极地区的外大陆架划界申请案。

3. 2014年丹麦(格陵兰)外大陆架划界申请案

2014年12月15日，丹麦王国政府联合格陵兰自治政府向委员会提交了格陵

---

① Submission made by the Government of the Russian Federation *on* 3 August 2015 *to the CLCS*, United Nations, New York.

② Executive Summary, Partial Revised Submission of the Russian Federation to the Commission on the Limits of the Continental Shelf in Respect of the Continental Shelf of the Russian Federation in the Arctic Ocean of the Government of the Russian Federation on 3 August 2015 to the CLCS, United Nations, New York.

③ Communications received with regard to the submission made by the Russian Federation to the Commission on the Limits of the Continental Shelf made by the Government of the Russian Federation on 7 October 2015 to the CLCS, United Nations, New York.

④ Continental Shelf Submission of Norway in respect of Areas in the Arctic Ocean, the Barents Sea and the Norwegian Sea on 27 November 2006 to the CLCS, United Nations, New York.

兰北部海岸面向北冰洋中央区的200海里外大陆架划界申请案。丹麦划界案请求委员会将包括北极点、横亘北冰洋中央海区的罗蒙诺索夫海岭以及邻接北美洲北部海岸的阿蒙森海盆在内的大片北冰洋中央海区海床认定为格陵兰陆地的自然延伸。①目前委员会暂未对丹麦划界案进行审议，但在环北极五国中，除了非缔约国且与丹麦主张不发生重叠的美国未对丹麦划界案提交评论照会外，其他三国(挪威、加拿大、俄罗斯)都已向委员会提交照会，提醒委员会注意丹麦划界案与其自身主张的重叠争议部分。

4. 北极国家的外大陆架划界申请所面临的法律障碍

同时也需看到，影响北极国家外大陆架划界申请的法律障碍并不少，这些障碍有的源自北极地区的自然地理和气候条件，有的属于北极国家自身的相互掣肘，有的涉及对具体划界方式方法的理解与适用问题，有的则是划设领海基线及选取外大陆架外部界限定点的技术问题。

(1)关于北极地区总体法律地位的持久争议。虽然北极地区的大陆架划界问题直接适用的是《联合国海洋法公约》体系下的相关划界规则，但国际社会中数量占绝对多数的非北极国家始终有将北极地区总体法律地位“特殊化”及“国际化”的声音。尽管通过修改《公约》或直接制订类似于《南极条约》内容的“北极条约”在现时条件下仍然面临着不小的困难，但这种可能并不能被排除。而这种争论的持续存在，又在舆论宣传层面会对北极国家的某些过度主张形成一定的压力和牵制，因此非北极国家在争取并拓展自身的北极事务参与权和发言权时，不可轻易放弃这一有效抓手。

(2)北极国家间200海里外大陆架相邻部分的划界困局。从理论上讲，北极地区的外大陆架划界问题主要是就其外部界限而言。但事实上，如果北极国家均取得相应的外大陆架，它们在彼此之间的外大陆架相邻部分也面临着相应的划界问题。现有的国际海洋法制度对此不仅并未给出明确的答案，相反还面临着《公约》制度设置彼此自相矛盾的尴尬。这种自相矛盾的尴尬困局体现在三个方面：其一，根据《公约》，超过200海里的外大陆架划界问题需要经过大陆架界限委员会的技术审议才有效力，但只要相邻国家之间的外大陆架划界主张有冲突，委员会又无法主动进行处理。其二，《公约》项下对于200海里以内的海洋划界问题有明确的规定和丰富的实践，但由于《公约》将200海里外大陆架划界问题归于大陆架界限委员会

① Northern Continental Shelf of Greenland, Partial Submission of the Government of the Kingdom of Denmark together with the Government of Greenland on 15 December 2014 to the CLCS, United Nations, New York.

的审议范畴，而有关外大陆架相邻部分的划界实践迄今很少，并未形成有关该内容及其划界方法的习惯国际法，同时，《公约》也并未明示 200 海里以内的海洋划界方法可以准用至 200 海里以外的大陆架相邻部分的划界。例如美国在研究其与加拿大之间的波弗特海划界问题时，就认为如果采取同一种划界方法划分两国在 200 海里以内和 200 海里以外的大陆架边界，与在不同大陆架部分逐层次适用不同的划界方法，所得到的划界结果是有明显区别的。① 其三，《公约》下的委员会在本质上仍是一个由科学家和专业人士所组成的民间机构，其审议并不具有法律效力，仅是一种技术性建议，因此即使委员会可以主动处理相邻国家的外大陆架划界问题，其审议意见对主权国家也无实质意义上的法律约束力。但倘若各国无法达成类似于俄挪、加丹那样的海洋划界协议来解决其相互间的相邻海洋划界纠纷，北极国家大幅拓展其朝向北冰洋中央区地带的外大陆架外部界限的意图，就将难以在全局意义上如愿以偿。

(3)北冰洋中央区洋底地形属性的认定问题。受限于北极地区的恶劣气象和复杂海况条件，北冰洋中央区洋底地形的属性迟迟得不到正式认定，这是北极地区外大陆架划界工作始终难以取得重大进展的关键所在。如果北冰洋中央的罗蒙诺索夫海岭不被委员会认可为"海底高地"，则有关国家最多只能在北极地区主张不超过 350 海里的外大陆架，那么在北极地区还有望保留一定份额的国际海底区域。但如果罗蒙诺索夫海岭在技术上被认定为属于俄罗斯或加拿大及格陵兰大陆架延伸过来的"海底高地"，则上述三个北极国家中的一国或若干国家可以迅速按照"2500 米等深线+100 海里"的外大陆架划界规则来大幅拓展其外大陆架外部界限，这对于平均水深极浅的北冰洋来说无疑是灾难性的，北极地区的国际海底区域将被史无前例地压缩到不足全部北极海域面积的 3%。

(4)北极国家的领海基线划设规范问题。北极国家普遍采用直线基线来拓展其在北极地区的内水面积，相应地也使其对北极外大陆架的声索范围有了更大的扩张。这方面尤以加拿大为甚，所圈占的内水面积最多，当然俄罗斯亦不遑多让。但北极国家也持有不少对己有利的理由：第一是在《公约》及有关国际实践中，并无关于领海基线具体适用标准的强制性规定，沿海国可以自行选择适用正常基线或直线基线；第二，北极国家面向北冰洋的海岸均是冰蚀型地貌，峡湾岬角星罗棋布，这也有利于北极国家选择直线基线；第三，北极国家之间也大体相互认可各自的直线基线，例如加拿大和丹麦于 1973 年和 2012 年分别签订的大陆架和海洋划界协定就都确认了这一点。

---

① David H. Gray, *Canada's Unresolved Maritime Boundaries*, 48 (2) Geomatica 131, 135 (1994).

通观北极国家外大陆架划界申请所面临的相关障碍可知，上述障碍有的易于解决，有的不易克服，有的在理论上存在不小争论，但已有相应的实践对策。但就北极外大陆架划界的整体走势而言，诸如关于北极地区总体法律地位的持久争议、北极国家领海基线走向的规范程度等问题并不会从实质上阻碍北极国家扩展其大陆架权利边界的步伐，最根本的障碍仍是在于对北冰洋中央区洋底地形属性的技术认定困难。此外北极国家间200海里外大陆架相邻部分的划界困局也会影响北极地区大陆架划界问题的最终解决，而北极地区国际海底区域的具体范围则取决于北极地区200海里外大陆架外部界限的最终划定。

(三)北极地区大陆架划界争议的法律定性

就北极地区的大陆架划界问题而言，根据《公约》的规则设置，北极地区200海里以内大陆架和200海里以外大陆架所适用的具体划界法律规则是有显著差异的，尽管在自然科学属性上，两者并无区别。因此，两者属于不同性质的法律问题，适用内容迥异的划界方法。前者在性质上一般属于海上双边划界纠纷，只对存在大陆架划界争议的北极国家发生影响。而后者既在提交外大陆架划界申请案的北极国家与联合国大陆架界限委员会之间产生双向的事实关系，也包括了北极国家之间的外大陆架相邻部分划界争议，其涵盖的内容更为复杂，问题解决的难度也相当巨大。

对比北极地区200海里以内和200海里以外的大陆架划界实践及其相关争议情况可知，北极地区200海里以内的大陆架划界争议主要体现为北冰洋沿岸国之间的相邻部分海洋划界，并且这部分内容如今已逐渐被并入到统一划分专属经济区和200海里以内大陆架的单一海洋划界之中。加拿大和丹麦先后缔结的1973年《大陆架划界协定》和2012年《海洋划界协定》，就反映了这一划界问题在表现形式上的演化变迁。而北极地区200海里以外的大陆架划界争议则表现在外大陆架外部界限的划定问题，该部分内容不能被目前的单一海洋划界所涵盖，并且在划界规则和管理规定上适用截然不同的法律制度。就北极问题的解决顺序而言，北极地区外大陆架划界问题的解决必须以该地区200海里以内的大陆架划界争议的解决为其基本前提，目前北极各国也基本完成了这一前置步骤。

再从法律争议的内容上看，北极地区大陆架划界争议中最主要的部分是超过200海里的外大陆架划界争议，而外大陆架划界争议中的最大法律障碍又体现在北冰洋中央区洋底地形属性，尤其是罗蒙诺索夫海岭的属性认定问题上。正如前文所述，这涉及到《公约》第76条第3款的适用问题，同时也会对北极地区的外大陆架划界全局造成深远影响。

三、推动北极问题及其大陆架划界争议良性发展的若干建议

由于《联合国海洋法公约》对大陆架界限委员会在功能和职权方面的限制，作为完全由科学家和技术人士组成的专业鉴定机构，委员会的角色和职权仅能体现在科学层面的技术认定，其结论仅具有技术建议的性质，并不产生确定的法律拘束力。委员会对划界案的审理在性质上来说，也不具有类似于国际法院或国际海洋法法庭那样的裁决争端的功能。因此可以说，如果《公约》的相关制度不发生改变，联合国大陆架界限委员会在北极海域200海里外大陆架划界问题上的实质作用，始终是相对有限的，并且将继续恪守其专业性、中立性和被动性的角色地位，而不会主动介入到北极国家外大陆架相邻部分的划界纠纷之中，也不会就可能涉及北极重大权属改变的事项做出具有法律性质的裁决意见。但更为矛盾的是，按照各项既有国际公约和条约文本所确定的制度安排，目前也只有大陆架界限委员会才有权审议并确认涉及200海里外的大陆架外部界限划界主张是否满足《公约》的要求，其他国际组织及国际司法机构并无权处理上述事务的权限，因此关于200海里外大陆架外部界限的划定及位于其上的法律效力赋予问题，实际上仍处于相应法律规范和权威的缺位状态。

由此可见，北极地区的大陆架划界问题的最终解决路径仍在于有关国家的互动博弈。其中200海里以内的大陆架划界问题，可与其他海洋划界问题如渔区和专属经济区划界问题一道，由北极国家内部之间的相互协商来决定；而200海里以外的北极地区大陆架划界问题则需同时兼顾北极国家和非北极国家的利益诉求，并在静态的北极区域制度性合作框架构建及动态的北极地区治理进程中，调整彼此之间的利益诉求，从而实现北极地区大陆架资源权利的公平分配与共享。

而作为在北极问题上利益诉求泾渭分明的两大国家群体，北极国家普遍希望北极地区的大陆架划界问题能始终局限于北极国家群体内部，通过构建一套闭锁性的北极区域法制架构，并片面援引《公约》第76条中对己有利的划界规则来最大限度地瓜分北极，确保其在北极地区的绝对主导地位。非北极国家则期盼北极问题的国际化，来限制北极国家蓄意利用《公约》规则所提出的庞大利益诉求。因此可以说，当前由北极国家主导并大力强化的相对“排他性”的北极区域治理模式，与北极事务治理的“全球性”内在要求之间是存在深层矛盾的。① 虽然目前北极国家与域外非北极国家在北极议题上的对话与合作已有多种形式的渠道，但不难预见，两者之

① 孙凯，张亮. 北极变迁视角下中国北极利益共同体的构建[J]. 国际关系研究，2013(1)：123.

间的深层矛盾并不会随着北极国际合作的进程而自动消弭。北极国家坚持认为，划定200海里以外大陆架外部界限是《联合国海洋法公约》赋予沿海国的主权权利，因此北极国家根据《公约》的有关规定来扩展其在北极的大陆架权的管辖边界的做法，于法有据，不容置喙，且拒绝接受任何针对《公约》适用于北极冰封区域的限制性解释。

综合以上情况不难看出，北极问题的解决之路从长远来看依然漫长，北极问题给国际社会带来的挑战也将长期存在。倘若单纯沿着现有的《公约》体系以及有关大陆架划界的制度安排恐难寻找到理想的路径，相关北极国家、大陆架界限委员会以及整个国际社会依然将陷于各项困境与焦虑之中。为从根本上解决北极地区大陆架划界争端所导致的各种问题，跳出制度合理性及适用实效均不足的现有北极法律框架，或许能破解当前的北极地区僵局。这就在实质内容上涉及到北极区域法制的建构问题，因此笔者就北极问题及其大陆架划界争议朝良性发展方向演绎的可能性，试提出如下建议以供参考：

（一）夯实北极问题国际化的法理基础

北极地区的国际法规制问题属于国际法新兴部门的分支，有关各方在此问题上的争论，反映出当代国际地区议题的核心部分乃是地区秩序的话语权及主导权之争。由于在北极的区域法制建构事务上，北极国家特别是少数北极大国不愿给非北极国家较多的参与空间，极力将北极理事会打造成一个将北极事务全部垄断的闭锁型区域国际组织，非北极国家只能以观察员的身份参加，与北极国家在北极事务上始终不具有平等对话的资格，并且还需要先行接受北极国家单方制定的苛刻条件，反观《南极条约》的加入机制就没有如此有违公平的标准。在北极海洋划界问题上，北极国家又强烈主张在北极海域适用《联合国海洋法公约》的制度体系，尤其是强烈要求在北极海域适用200海里外大陆架的划界规则，而反对国际社会针对北极地区进行单独立法。由此观之，北极国家在北极区域法制和北极海洋划界这两类事项上的诉求在表面上是恰好相反的，既排斥域外国家对北极事务的国际参与，又期待在北极海域划界问题上引入《公约》的体系规则。但其中的深层逻辑却很清晰统一，即在北极地区实现自身的国家利益并最大化地瓜分北极资源。但必须指出的是，北极国家无论是在北极区域法制建构问题上排斥非北极国家的参与权利，还是在北极海域200海里外大陆架划界问题上反对国际社会针对北极地区的单独立法，都没有足够充分的理由。

在北极海洋划界问题上，首先，即使按照对北极国家最有利的外大陆架划界标准，在瓜分大片北冰洋海底区域之后，也依然存在小范围的国际海底区域面积。这至少可以保证国际海底管理局（International Seabed Authority，ISA）在北极地区寻得一块立足之地，国际社会全体成员参与对北极地区的国际管理，也就有了必然正当的理由。而且即便是北极海域的海床底土被确认为归属北极国家的外大陆架，但相应的北极海域上覆水域，由于已经位于沿岸北极国家领海基线200海里之外，根据联合国宪章和《联合国海洋法公约》的规定，因此也必然属于"权利自由"的公海。各国在北极海域的公海部分，自然享有自由航行、飞越和科学考察的权利。所以在这部分上覆水域与海床底土权属有别的北极海区，域外的非北极国家完全有理由享有更大范围的法定权利，如《公约》所规定的"公海六大自由"：航行自由、飞越自由、科考自由、捕鱼自由、海底电缆和管道的铺设自由、人工岛屿和其他设施的建造自由。与此同时，即使是在属于北极国家的外大陆架部分的北极海底区域，非北极国家也享有相应的海底资源开发利用权，毕竟200海里外大陆架在法律制度的法理基础设置和《公约》条文的具体规定上，都与200海里以内的大陆架有着本质区别。

而在北极区域法制建构问题上，广大域外非北极国家也有对北极事务表达参与愿望的正当关切理由。北极气候及环境的变化具有典型的外溢效应，北极新航道的开通则足以影响整个世界海运大格局，这些都会对国际社会和全人类的长远利益带来重大影响。① 北极是全球气候发展动向的指针，北极形势的变化早已超出了区域的局限，少数北极大国力图实现对北极问题的闭门垄断处理，把广大非北极国家完全拒于北极事务大门外的想法既不现实更不合理。

所以说，北极问题应当属于国际法上的"人类共同关切事项"，在理念上坚持这一点并不为过。尽管世界上大多数国家在北极没有领土和领海，但大多数国际社会成员都明显认同通过国际合作来管理北极事务的理念，目前亟需国际社会共同努力的就是将这一理念尽快具体反映于有明确法律约束力的相关国际公约之中。虽然这一构想在实际操作层面面临不小的困难，但倘若排除实践中的障碍性因素，我们必须承认，上述构想仍然反映了国际社会的共同关切及其对北极地区走向的良好期待愿景。

（二）扩大北极议题的国际对话圈

由于目前域外国家在北极理事会等现有北极地区性国际组织平台中所得到的参与机会有限，因此可以考虑通过第四次联合国海洋法大会的形式吸引更多的域外国家关注北极问题。尽管现阶段召开国际海洋法大会的机会并不是很大，但作为一种

---

① William V. Dunlap, *Regional and International Cooperation in the Regulation of Energy Resources in the Arctic*, in Gerald Blake, Martin Pratt, Clive Schofield and Janet Allison Brown, et al., Boundaries and Energy: Problems and Prospects 297-318 (Kluwer Law International, 1998).

具体的解决构想方案，最能对北极问题实现直接、通盘解决的方式，那就是针对北极区域进行专门性的国际立法。虽然已如前文所述，非北极国家无论是在北极区域法制建构还是在北极海洋划界问题上都有参与北极事务的合法权利，但在当前的国际政治现实生态中，非北极国家参与北极事务的愿望受到了北极国家的压制。前者在北极地区理应享有的合法权利及行动自由，受到了北极国家以北极理事会为名义所施加的不公平制约。大多数非北极国家对北极事务的参与权本由《公约》所赋予，但在现实中却变相异化为需要由少数北极国家来决定北极事务参与资格的认定与授予，并且得到北极国家容纳的非北极国家，也必须接受北极国家对其单方开出的各项不平等条件。因此现有的“北极政治生活圈”和北极区域法制建构很难保障广大非北极国家的合法权益，而借助联合国海洋法大会这样的国际造法性平台，非北极国家才有机会以其集体力量对北极国家的诉求实现更有效的制衡。

因此，针对北极问题所进行的所有国际对话，其中最为关键的一个斗争焦点就是对话方数量及代表性的问题，这关系到国际话语权的行使与参与权的实现。现在，越来越多的国际法学者关注有关管理成员资格的战略选择能够影响国际法规的有效性。成员身份是一种此消彼长的平衡，成员数目多，共同规则运用领域就会变得宽广，不过也会因此而面临着复杂性和不确定性情况。① 在北极问题上，北极国家自然想尽可能排斥非北极国家的参与，以便其闭门决定北极的归属与未来，但更多的域外非北极国家则渴望北极对话平台的扩大。如果以获得机会成功召开联合国第四次海洋法大会为构想的前提，则借助国际海洋法大会的场合，在《公约》的框架下协商订立一揽子的北极海域多边划界解决方案及后续合作安排的设想或将是可行的。这种构想如果付诸实施，所得到的最后结果不外乎两种：

一种是因为参与谈判方太多，受不同目标的利益驱动的各方争议太大且头绪繁杂，这种情况下有关多边对话将旷日持久，且最终达成利益妥协的难度极大，谈判很有可能将无果而终。这虽不至于阻碍北极国家在北极地区占据优势的事实地位，但北极国家力图以合法手段瓜分北极大陆架，以及实现北极地区法律地位整体改写的目标也将变得遥遥无期。事实上，只要能召开这样具有普遍代表性质、由众多国际社会成员广泛参与的国际海洋法大会，并且在会上实现对北极问题的共同讨论目标，非北极国家维护自身及国际社会共同利益的斗争就已属于初步的胜利。因为现在北极国家不是害怕相关国际磋商的失败，而是根本不愿意开展这样具有普遍意义的国际会谈与磋商。“全球舞台拥有的权威场域及其操纵体制越多元、密集，它们

① 王明国. 失衡的对话：国际法学与国际制度理论的发展[J]. 武大国际法评论，2013(2)：117.

中的任何个体或联盟就越难以主导事件进程"。[①] 除了采取各种措施来强化现有北极理事会权力结构的闭锁机制之外，北极国家极力将关于北极问题的任何讨论纳入其内部的小圈子里，而不愿意将关于北极事务的研讨摆上更具广泛性的国际平台，更不必说北极国家已用实际行动证明其拒绝任何形式的北极问题国际化方案。因此实现对北极问题的更广泛讨论，目前为止基本也只有借助重新召开联合国海洋法大会一途。

另一种情况就是各方对北极海洋划界的多边讨论最终能够达成一揽子协议，则这种专门性的划界协议及其后续合作安排将有可能一劳永逸地实现北极地区所有海洋划界问题的最终解决。如果上述情形出现，则这种妥协的结果必然是在多方各自让步的基础上实现的，那就将在最大限度内维持北冰洋的国际海底区域的面积，这对于非北极国家而言也是相对最佳的结果。当然，在这种情形的设想中，有关国家在划设北极外大陆架外部界限的问题上，仍需遵循《公约》所规定的向大陆架界限委员会提交申请案的制度。有关各方也可在多边划界谈判中，考虑在《联合国海洋法公约》的框架下建立各方之间的相应协商机制，并完善北极国家之间、划界案申请国与委员会之间的联系与对话渠道。

另外，借助最广泛性质的国际平台，非北极国家完全可以考虑凭借集体力量的共同努力，来推动《联合国海洋法公约》有关条款的修改进程，进而实现专门的"极地条款"的制订目标，同时明确该条款的适用范围以及其与《联合国海洋法公约》第76条大陆架划界规则之间的关系。这将是非北极国家所能争取到的最理想结果，有利于非北极国家收获在北极地区的集体制度化权力，当然该设想的实现难度也是最大的。

(三)适度参考《南极条约》模式

综观各类管理国际公共资源的国际法律制度的发展路径，其模式主要有两种：一是先有一些针对具体国际公共资源的国际条约，最后促成一个综合性国际条约的出现。采取这种路径的基本思路是，先就范围有限的具体问题展开谈判，容易取得突破。[②]《联合国海洋法公约》即以此种路径形成。二是先有通适的框架性国际条

① ［英］戴维·赫尔德，安东尼·麦克格鲁．治理全球化——权力、权威与全球治理［M］．北京：社会科学文献出版社，2004：92．转引自何亚非：《对全球治理的一些思考——从二十国集团峰会谈起》，载王缉思主编：《中国国际战略评论 2013 年卷》，世界知识出版社 2013 年版，第 7 页。

② 徐崇利．国际公共产品理论与国际法原理［G］//刘志云．国际关系与国际法学刊（第二卷）．厦门：厦门大学出版社，2012：45．

约，然后在这样的框架内，发展出有关以问题为导向的具体国际条约。只有各国就有关原则事项达成一致，具体问题才可能展开谈判。①《南极条约》即属此例，先通过1959年的框架性的《南极条约》，而后通过各类具体条约、协定和议定书逐步形成了完整的南极条约体系。因此在针对北极问题的国际立法上，与上一种在《联合国海洋法公约》的框架下解决北极问题的构想相对应，另一种思路是仿效《南极条约》的模式制订“北极条约”，来抑制北极国家对北极的大面积主权性权利诉求。

由于《南极条约》集合了当代世界有能力在南极地区进行相关活动的国家群体，在此基础上建立起来的《南极条约》体系，无疑对国际社会在其他法律权属有争议的地区创制专门化的制度安排具有标志性的规范引导效力。鉴于北极地区是自然地理和气候条件最接近南极的地域，南北极常作为“极地”范畴下内涵相对应、并立的概念子集，因此《南极条约》的创制与有效运转，对于当前的北极区域法制建构进程无疑具有启发意义。且与上文所提到的召开全球范围内的国际海洋法大会的构想相比，参考《南极条约》体系拟制一部专门化的“北极条约”，无疑是更加现实，内容重点和缔约谈判各方代表性均更加突出的可行选择。况且在北极区域的国际立法问题上，《南极条约》确属国际法意义上的法律渊源。《南极条约》自1961年生效以来，已成为习惯国际法的一部分。② 虽然《南极条约》仅是“冻结”而不是“终止”有关国家对南极的主权声索，但正是因为《南极条约》在实在法层面上构成了相关国家私自占有南极的最基本法律障碍，因而目前国际法上的主流理论观点均认同南极应视为“全人类的共同财富或由全人类共同继承的区域”。这一点对北极区域国际立法的参考价值，也正是北极国家所极力否认和力图避免的。因此在针对北极地区的国际立法问题上，北极国家主张在传统的联合国海洋法公约体系之下来解决北极问题，而非北极国家更倾向于应参照《南极条约》的模式在北极地区建立一个类似的“北极条约”体系。③

实际上，对北极地区进行一些特殊的法律限制在实践中早有先例，例如挪威对斯瓦尔巴德群岛和扬马延岛的主权行使就附有非军事化和开放自由科考等自我主权限制。不过与1920年《斯瓦尔巴德条约》仅在一个较小的局部区域对北极地区进行特殊化法律调整的做法相比，《南极条约》无论是在条约调整的地域范围还是在条

---

① 徐崇利. 国际公共产品理论与国际法原理[G]//刘志云. 国际关系与国际法学刊(第二卷)，厦门：厦门大学出版社，2012：44-45.

② John W. Kindt, *A Regime for Ice-Covered Areas*: *The Antarctic and Issues Invdving Resource Exploitation and the Environment*, in Christopher C. Joyner and Sudhir K. Chopra, et al., The Antarctic Legal Regime 190 (Martinus Nuhoff Publishers, 1988).

③ 刘惠荣，董跃，侯一家. 保障我国北极考察及相关权益法律途径初探[J]. 中国海洋大学学报(社会科学版)，2010(6)：2.

约的监督执行机制安排上，都更加具备完善的区域性国际法规范的制度建构与指导功能。当然，在北极地区仿效《南极条约》的制度安排还要考虑北极地区的特殊性。虽然北极地区的情况与南极有前文所述的各方面差异，照搬《南极条约》的模式并不可取，但《南极条约》中还是有部分内容值得适度参考，比如冻结各国对南极领土主权的要求。如果能以《斯瓦尔巴德条约》或《南极条约》为样本制订相应的北极区域国际法体系，那么这种模式下的北极区域国际法规则显然有利于保障大多数非北极国家在北极地区的合法权利。

当然，除了现有的《南极条约》机制，针对南极地区的新的国际法制建构也还在进一步形成之中。倘若在对南极问题的新的全球规制进程中，南极地区的法律属性被正式明确认定为"人类共同财产"，那么所有国家都将有权利参与南极事务的管理。在这样的全球规制之下，管理南极地区的将是下列主体之一：(1)联合国；(2)某个联合国系统中的机构，如联合国环境规划署(UNEP)；(3)建立在《联合国海洋法公约》之下的联合国国际海底管理局(International Seabed Authority，ISA)；(4)新的类似于国际海底管理局的机构。① 在这一微妙(nuanced)进程中，针对南极地区的大陆架划界主张虽然不至于阻碍该区域国际合作进程的推进，但其同样将角逐南极地区核心玩家(Key Players)的分歧视角交织呈现在了一起，因此南极地区的大陆架划界问题同样是该区域中引发各方联动效应的焦点议题。虽然有关国家在南极申请的200海里外大陆架的划界进程不会改变《南极条约》既有成员国的法律地位，但南极地区资源和环境安全问题正随着大陆架划界工作的开展而受到了更广泛的关注。② 有鉴于此，如果仿效《南极条约》的相关模式并适度参考其内容来创制一部完整的"北极条约"，在大陆架划界特别是200海里外大陆架划界问题上也绝不会比《南极条约》的既有规定更进一步。③ 故而直接要求冻结北极国家的200海里外大陆架划界主张，在现实操作中难度并不甚大的"北极条约"缔约谈判(不代表一定能谈判成功，实现具有正式法律效力的"北极条约"的出炉)之中，是几乎无实现的现实可能的。反观第一种召开国际海洋法大会的构想，虽然转化为现实的难度

---

① John W. Kindt, *A Regime for Ice-Covered Areas: The Antarctic and Issues Invdving Resource Exploitation and the Environment*, in Christopher C. Joyner and Sudhir K. Chopra, et al., The Antarctic Legal Regime 205 (Martinus Nuhoff Publishers, 1988).

② Mel Weber, *Delimitation of the Continental Shelves in the Antarctic Treaty Area: Lessons for Regime, Resource and Environmental Security*, in Alan D. Hemmings, Donald R. Rothwell and Karen N. Scott, Antarctic Security in the Twenty-First Century: Legal and Policy Perspectives 172-196 (Routledge, 2012).

③ Timo Koivurova, *Environmental Protection in the Arctic and Antarctic: Can the Polar Regimes Learn from Each Other?*, 33 (1) International Journal of Legal Information 204-210 (2005).

极大，且即使顺利开启也不一定能使专门化的“极地条款”得到通过，但在第一种构想的场合之下，北极国家所遇到的外部制约显然是最大的。

四、中国应对北极地区大陆架划界问题的思路选择

实现北极资源的和平利用与妥善解决北极地区的大陆架划界争议，对于中国而言也有着相当重要的意义。中国在北极地区也有着日趋重要的国家利益和广泛的战略需求，北极形势的变化与中国未来的发展息息相关。因此，积极参与北极区域的国际事务，增强中国的话语权，是维护中国和广大非北极国家的根本利益的必由之路。2013 年 5 月 15 日，在瑞典基律纳召开的北极理事会第八次部长会议上，中国被批准为北极理事会正式观察员国，这是中国参与北极事务的一次重大制度突破。中国在北极事务中的话语权与制度性参与能力的上升，自然将使有关国家的北极利益诉求受到相应的潜在制约，另外中国从国内法律政策层面应对北极形势挑战的举措也在有条不紊的推进过程中。2015 年 7 月 1 日颁布的新《国家安全法》第 32 条将维护中国在极地的人员、活动、资产和其他利益的安全任务纳入国家安全的范畴，从而为今后中国和平探索和利用北极地区、应对来自北极地区的安全威胁和挑战，以及坚定维护自身在北极及其他“战略新疆域”的现实和潜在的重大国家利益，提供了有效的制度指引和坚实的法律保障。

现阶段中国对北极地区现存的大陆架划界纠纷暂无具体观点，就北极国家向大陆架界限委员会提交的 200 海里外大陆架划界申请案，中国也暂无向委员会提交评论的打算。不过显而易见的是，在各国围绕北极的博弈中维护中国的自身国家利益，同时促进北极争端各方朝着构建一个互利互惠、共同发展、团结合作应对北极气候和环境变化的命运共同体方向相向而行，应是中国面对北极地区大陆架划界问题所带来的北极区域安全形势整体挑战的总体思路选择。正如中国常驻联合国副代表王民大使在 2011 年 12 月 6 日第 66 届联大全会关于“海洋和海洋法”议题中的发言所阐述的那样，“中国政府支持大陆架界限委员会严格按照《公约》及议事规则履行职责，希望外大陆架划界平衡处理沿海国合法权益和国际社会整体利益。海洋是人类发展与进步的重要基础。国际社会应进一步加强合作，团结互助，共同应对海上挑战，共享海洋机遇和财富，共谋海洋永续发展，让海洋永远造福于人类”。①

因此，中国需要以务实的态度不断拓宽自身在北极地区的现实活动空间。坚持自身的原则立场，这与在实践中采取务实的渐进型北极策略两者之间并不矛盾。而

---

① 王民. 中国代表在第 66 届联大全会关于“海洋和海洋法”议题的发言[G]//中国国际法学会主办. 中国国际法年刊 2011 年卷. 北京：世界知识出版社，2012：557-559.

且只有中国坚持在涉及北极法律地位归属这一原则问题上的立场，中国才有可能在现实主义主导下的国际政治博弈中不致丧失国际道义上的号召力，才更有分量地促使北极国家在闭门规划北极问题出路时，不得不给中国预留出以与其实力和立场相匹配的利益共享份额。同时，中国也需要多从国际法的角度密切关注北极地区的大陆架划界进展，以中国的国家利益和全人类所关注的共同利益为导向，加强国际法手段的运用，对北极国家的大陆架划界特别是200海里外大陆架划界申请案施以影响，从而为维护中国在北极地区的国家安全与发展利益提供相对完整的现实策略与观点鲜明的法理思路。

就北极地区大陆架划界及外大陆架划界问题之于中国的现实启示而言，必须确认的一点是，中国绝不能仅仅局限于就《公约》现有的大陆架划界规则进行单纯性的文本分析，否则不具备自足性，并且部分条文内容有行使实效缺憾的《公约》规则，在法律秩序失位的北极地区片面适用的后果就将难以避免。如果无法破解“北极国际公域私有化”所带来的法律、道德及战略意义上的三重困境，几个北极大国就将卡住中国及广大非北极国家在未来发展的命运大动脉，使后者在事关各国未来整体命运的竞争和较量中陷于不利的被动地位。所以针对这部分问题的策略应对构想建议，必须立足于法律规范分析和政治战略运作层次上的结合。既要着重探讨北极形势变化和北极地区大陆架特别是200海里外大陆架划界问题对中国国家利益的影响，又要切实考虑中国保护和增进自身北极利益的途径方式，以及多重手段的综合运用，同时还要设法整合并突出北极区域法制建构作为21世纪国际社会多元化合作共治的重要试验场的功能平台，以优化北极区域治理的国际合作效果，避免北极丰富资源以及北极航道的大规模开发所面临的气候和环境生态风险。

五、结语

目前北极未来的命运将在很大程度上取决于北极地区200海里外大陆架划界问题的具体走向。毋庸置疑，“剪不断理还乱”的北极大陆架划界问题的最终妥善解决还会经历一个充满斗争与妥协的漫长过程。北极问题并不会自动朝着有利于广大非北极国家和全人类共同利益的方向发展，在现实之中甚至恰恰是趋于相反的方向。因此努力制约北极国家在大陆架划界问题上的进展，扭转北极区域进展的消极态势并创造出积极解决北极问题的可行机会，还有赖于域外非北极国家的共同努力，特别是域外大国的积极介入参与。中国参与北极事务，既有合法的权利依据，亦有客观存在的现实利益，更有属于与中国自身实力和地位相匹配的国际道义责任。并行不悖地坚持自身的原则立场与采取务实、渐进的北极战略，应是中国当前参与北极事务所必需的两大主轴。唯有如此，才有能力在现实环境中更有利地推进在北极地区的各项国际合作。同时中国亟待加强的地方，还有与目前北极科考进展相配套的全方位跟进措施，尤其需要加强以国际法工具与战略博弈方式双管齐下的手段运用。

The Legal Issues in the Disputes of Continental Shelf Delimitation in the Arctic Region and Responses

Abstract: With global warming, the Arctic issues are attracting increasing attention of the world. There is a heated debate on the politic and legal topics directly surrounding the huge potential Arctic resources. Underlying the Arctic issues are both the complex political and diplomatic factors, and many distinctive and unique international law issues. The delimitation of the continental shelf in the Arctic region is the most typical legal issue in recent years. It is of great normative significance to construct the ownership allocation and system arrangement of Arctic resources. Although the disputes over the Arctic continental shelf delimitation have existed for a long time, the delimitation disputes of continental shelf within 200nm among Arctic States are mainly settled by bilateral boundary delimitation negotiations. However, the impacts are far beyond the problem itself and the restriction of Arctic regional scope as far as outer continental shelf delimitation disputes concerned, as a consequence, the delimitation of outer continental shelf is of most highly strategic significance. Enhancing the legal basis of Arctic affairs' internationalization, expanding the Arctic issues dialogue circle and taking proper consideration of the Antarctic Treaty, may help solving the Arctic continental shelf disputes. During this process, China should participate in relevant Arctic affairs actively, and optimize the international cooperation effect of Arctic region governance, whether based on China's legal rights and objective interests in the Arctic region, or international moral responsibility considerations.

Key words: the Arctic; continental shelf; the United Nations Convention on the Law of the Sea (UNCLOS); disputes of delimitation; regulation of international law

三、“一带一路”专题

“一带一路”倡议与可持续发展原则
——国际投资法视角*

□　宁红玲**　漆　彤***

内容摘要：当代国际投资法的转型趋势表明，可持续发展理念已逐渐深入人心，正在由抽象原则向具体规则转化。“一带一路”倡议，是可持续发展原则指导下的发展战略，二者在理念与宗旨上存在高度契合。在“一带一路”所涉行业领域及地域范围内，可持续发展问题突出。实施“一带一路”，发展海外投资，只有突出强调沿线各国和地区的可持续发展，才能可持续地获得推进。强调可持续发展，既是保护中国海外投资的有效方式，也将成为中国海外投资者在新时代背景下的盈利模式。国际投资法的转型趋势以及“一带一路”倡议实施的客观背景均要求我国在国际投资协定以及国内法中将可持续发展作为基本指导原则并贯穿始终，以多元平衡的视角对待投资者利益保护与东道国可持续发展，将有关外国直接投资的国内政策和国际政策一体化考虑。同时，由于可持续发展原则内涵的模糊性和不确定性，可持续发展原则容易异化为绿色投资壁垒，需要引起重视并在国际投资协定中采取相应的立法技术。尽管如此，中国的重点仍应放在更加务实地关注提升自身促进可持续发展的能力，如加强政府对本国海外投资企业的监管，引导企业进行可持续和负责任投资。

关键词：“一带一路”倡议　可持续发展　国际投资

* 本文为国家社科基金项目“国际投资仲裁视角下的海外中资利益保护研究”(项目批准号14BFX191)、教育部人文社会科学重点研究基地重大项目“多元平衡视野下的当代国际投资法转型与中国实践”(项目批准号13JJD820007)的阶段性成果。

** 武汉大学法学院，国际经济法专业2015级博士研究生。

*** 武汉大学法学院、武汉大学国际法研究所，教授，博士生导师。

目 次

一、引言

2013年9月和10月，中国国家主席习近平在出访中亚和东南亚国家期间，先后提出共建“丝绸之路经济带”和“21世纪海上丝绸之路”(以下简称“一带一路”)的重大倡议。2015年3月28日，国家发展改革委、外交部、商务部联合发布了《推动共建丝绸之路经济带和21世纪海上丝绸之路的愿景与行动》。“一带一路”倡议产生于可持续发展理念成为广泛共识的国际背景下，作为中国更主动的参与世界经济的姿态，其注重的是互利共赢的长期合作与可持续发展，强调“在投资贸易中突出生态文明理念，加强生态环境、生物多样性和应对气候变化合作，共建绿色丝绸之路”，而非资源掠夺式的发展路径。“一带一路”倡议并非单纯的经济发展战略，而是形成一个经济发展、政治互信、文化交流、文明共鉴等社会和谐的有机系统，要求走出去的企业承担社会责任；“一带一路”倡议并非中国为实现自身的经济利益或形成有利于自身的战略格局而推崇的一种单方称霸战略，而是作为一个负责任的大国促进共同发展的合作共赢之路，旨在打造一个政治互信，经济融合，文化包容的利益共同体、命运共同体和责任共同体。简言之，“一带一路”倡议高度超越了“国家中心主义”，这与可持续发展的人本主义理念不谋而合。然而，当前中国政府和海外投资者的可持续发展能力还亟待提高，“一带一路”倡议实施过程中可持续发展问题突出，能否正确认识“一带一路”倡议与可持续发展的相互关系，能否在国际投资法制中贯彻可持续发展理念，对于“一带一路”倡议的顺利实施具有重要意义。

二、可持续发展原则：从抽象到具体

可持续发展问题产生于经济全球化过程中片面追求经济增长的单一发展内涵而导致环境污染、生态失衡的背景下。1987 年，联合国环境与发展委员会发表的《我们共同的未来》指出，可持续发展是指既满足当代人的需求，又不对后代人满足其自身需求的能力构成危害的发展。① 当前，学界通常认为，可持续发展应包括经济发展、社会发展和环境保护三个密不可分的维度，环境保护是构成任何发展政策的整体组成部分，可持续发展是一种长期的视角，注重国家的代际责任。②

随着国际社会一体化、经济发展全球化日益增强的趋势，人类共同面临严重的危机，国际关系从对抗走向对话、由敌视发展为合作、其重心从政治领域向经济领域不断移动，国际社会需要重建，国际经济需要协调发展，国际法体系需要改造。可持续发展的提出正是适应这种需要而作出的一种努力，它充分反映了当代国际社会发展一体化的主题、趋势和要求，体现了当代国际法的主要特色。因此，一经提出，它就不断得到了越来越多的国际法律文件的承认或者重申，从而确立了其国际法基本原则的地位。

尽管可持续发展作为一种政策取向已在世界范围内获得广泛认可，但关于可持续发展原则的准确定义和适用范围却一直存在争议。③ 比较详细的法律描述出现于 2002 年国际法协会新德里宣言“可持续发展的国际法原则”，它列举了七条原则：(1)国家有义务确保自然资源的可持续利用；(2)公平和消除贫困原则；(3)共同但有区别的责任原则；(4)对人类健康、自然资源和生态系统采取预防措施的原则；(5)公众参与和有机会获取信息和公正司法的原则；(6)良治的原则；(7)人权和社会、经济与环境目标的一体化和相互关联的原则。④

---

① 世界环境与发展委员会. 我们共同的未来[M]. 王之佳，柯金良，等译. 长春：吉林人民出版社，1997：52.

② U. Beyerlin, *Sustainable Development*, MPEPIL (2009), para. 9.

③ P. Sand, Principles of International Environmental Law, 254(2nd ed. CUP. 2003).

④ Giorgio Sacerdoti, Investment Protection and Sustainable Development: Key Issues, p. 4, available at: http: //ssrn. com/abstract = 2445366 or http: //dx. doi. org/10. 2139/ssrn. 2445366, visited on 16Sep. 2015.

从上述文件的描述可以看出，可持续发展原则不是国际法个别领域中的具体原则，而是适用于国际法一切领域的、具有普遍意义的全局性原则，对国际法的各个领域都具有指导作用和拘束力。从近年来的发展看，可持续发展原则尤其在国际投资法领域有着重要体现，已逐渐由国际法中的一项泛泛的抽象理念或原则开始向具体规则层面转化。

联合国贸发会议2012年世界投资报告《迈向新一代投资政策》提出了"可持续发展的投资政策框架"(Investment Policy Framework for Sustainable Development)，由"可持续发展投资政策的核心原则"、"各国投资政策指南"及"国际投资协定要素：政策选项"三部分构成。新一代投资政策突出强调了近年来投资政策框架从偏重保护外资权益向促进东道国可持续发展目标的转变，要求"东道国政府在力求维持一般的有利投资环境的框架内，追求更广泛的和更错综复杂的发展政策议程。进一步开放投资管理体制和促进外国投资，同时建立适当的投资监管规则和机构以实现可持续发展。"①2014年《世界投资报告》明确指出，现有国际投资协定的主旨已发生转变，从保护投资者利益转向平衡东道国公共利益与投资者利益，并将会纳入内容更广泛的发展政策议程以促进可持续发展。

可持续发展元素也越来越多地融入新一代的国际投资协定，具体表现为三个方面：(1)越来越多的IIAs在序言中将可持续发展列入协定目标。例如在序言中一般性提及"可持续发展目标"，或规定"协定不得为促进和保护投资而损害其他重要价值(如环境、劳工、健康与安全等)"。(2)以美国2012年BIT范本为代表，新型国际投资协定在条款设置上更加复杂多元，在进一步强化投资自由和投资保护的同时，以追求环境保护、健康安全、劳工标准、根本安全、金融审慎等非经济价值为目标的"可持续发展条款"逐渐成为常备条款。(3)可持续发展理念还体现在传统BIT保护投资义务的调整，例如，在"征收条款"中强调东道国基于公共利益而享有的合法管制空间，在"合格投资"方面突出投资对于东道国发展的积极作用，在"公平公正待遇"的解释和适用方面通过严格定义或设置例外等方式加以限制。

三、"一带一路"倡议与践行可持续发展

从行业上看，基础建设和能源领域是"一带一路"沿线国家广泛合作的先行重要领域，对满足地区巨大的能源需求及实现繁荣具有非常重要的作用。而基础设施

① UNCTAD, World Investment Report 2012, Towards a New Generation of Investment Policies. available at http://unctad.org/en/PublicationsLibrary/wir2012_embargoed_en.pdf, visited on 16 Sep. 2015.

建设和能源开发是生态环境风险的高发领域，面临着可持续发展的严峻考验。从地域上看，陆上丝绸之路经过欧亚大陆腹地，是全球生态问题突出地区之一，而海上丝绸之路沿岸国家大多是发展中国家，同中国一样，正面临发展带来的环境污染困扰，"一带一路"沿线国家整体上分散在环境脆弱地区。根据中科院科技政策与管理科学研究所对"一带一路"沿线 38 个国家的环境绩效评估：该地区(日本除外)既是发展水平落后区，又是发展方式粗放区；既是自然资源集中生产区，又是自然资源集中消费区；既是人类活动强烈区，又是生态环境脆弱区。在全球 81 个国家资源环境综合绩效排序中，前 10 名中仅有日本 1 个国家为"一带一路"沿线国家，而后 10 名中却有 7 个国家为"一带一路"沿线国家。"一带一路"沿线国家资源环境压力仍在不断加大，可持续发展面临的形势非常严峻。① 与此同时，基础设施建设和能源开发项目周期一般都比较长，资金回流慢，其本身也更容易受到各方面风险包括间接征收的影响。某种意义上可以说海外投资能否促进沿线国家和地区的可持续发展是"一带一路"倡议能否顺利实施的重要因素，中国需要考虑如何将绿色、低碳、环保、负责任投资的可持续发展理念融进去。

(一)可持续发展是保护海外投资的需要

"一带一路"倡议下，中国的海外投资面临着各种风险和不确定性，由于历史和现实的原因，比其他国家的投资者受到更多的监督，可持续发展便是重要的一个方面。以环境保护为例，前期中国的海外投资不顾及环境后果的行为已经引起了反感和微词，给中国政府的声誉和形象造成了不良影响。中国的海外投资被指"掠夺性发展"，"中国环境威胁论"、"中国新殖民主义"、"中国生态倾销论"至今不绝于耳。② 有调查显示，"环境保护问题对中国投资的影响比较严重。中国在五大区域的投资均在较大程度上因此受阻或受损，但受影响最为严重的区域则是东南亚和中亚，应当引起海外投资者和有关方面的高度重视"。③ 可持续发展问题是一个兼具经济、法律和政治维度的复合问题。经济方面，以可持续发展理念为指导的海外投资短期内会增加投资成本，但从长期看，不符合当地可持续发展目标的项目可能会遭到各方的阻挠，影响施工进程，甚至被迫中止和退出投资，尤其是基础设施投资和能源投资，具有资金投入大、风险高、周期长的特点，将会损失惨重。相反，

① 王尔德：《"一带一路"沿线 38 个国家的环境绩效评估》，资料来源于 http：//money.163.com/15/0601/00/AR001RGE00253B0H.html，2015 年 9 月 7 日访问。

② 韩秀丽. 中国海外投资中的环境保护问题[J]. 国际问题研究. 2013(5)：104.

③ 单文华，任翔，贺艳，等. 中国海外资源能源投资法律问题报告[J]. 国际经济法学刊，2012，19(2)：119.

可持续和负责任投资有利于外国投资者与东道国及其居民形成良好关系，从而减少投资争议，减少"暴力征收"的概率，降低投资风险。法律方面，海外投资必须遵守东道国国内法包括环境法、劳动法等，不符合可持续发展的投资可能面临着东道国的行政处罚并承担民事责任和刑事责任。并且，随着卡尔沃主义的复活，澳大利亚等多国相继退出《解决国家与他国国民间投资争端公约》，有关环境规制等公共利益方面的争议只能利用东道国国内的司法救济机制。政治方面，中国海外投资者的行为，尤其是国有企业，代表着中国政府的形象，一旦中国的国家形象受损，将影响中国企业海外投资的整体利益，"一带一路"倡议将会遭遇抵制。可见，促进"一带一路"沿线国家和地区的可持续发展有利于中国的长远经济利益和政治利益，是保护海外投资的有效方式，而绝非是作茧自缚。

(二)可持续和负责任投资是海外投资者的盈利模式

随着市民意识的觉醒，以往通过牺牲环境、劳工权益等方式来获得利润的商业模式越来越行不通。可持续发展的政策目标要求海外投资的企业进行可持续和负责任投资(Sustainable and Responsible Investment)，以实现包容性的发展，它既是当前国际社会的普遍要求，也是新时代背景下海外投资企业的盈利模式。可持续和负责任投资注重投资与环境、社会、人权等利益的良性互动，追求促进经济和社会的可持续发展，其本身就是一种投资理念和盈利模式，因为长期可持续投资回报的产生取决于稳定以及良好治理的社会、环境和经济体系。可持续和负责任投资并不意味着企业将促进可持续发展作为一种负担，而是作为企业核心发展战略的一部分，能为企业带来经济和社会效应。从投资项目本身来看，节能环保产业具有巨大经济的前景，而传统污染严重的产业利润空间则越来越小；从投资的效益来看，跨国公司在其产业链上的不同国家采取一致性的政策(包括促进可持续发展的政策，如统一的减排措施和环保标准)有助于降低生产成本，同时赢得良好的社会声誉，而良好的社会声誉反过来又能为企业带来长期的经济利益。跨国公司重视社会责任有利于其产品的销售，如各国政府在采购时可能考虑公司的社会责任标准，倾向于购买环境友好商品。① 从企业外部角度，可持续和负责任投资理念已经在间接投资领域演变成主流投资策略，2012 年全球范围内的金融证券领域有价值 13.6 万亿美元的专

① UNCTAD, World Investment Report 2011, Non-Equity Modes of International Production and Development, p. 117, available at http: //www. unctad. prg/en/docs/wir2011 _ embargoed _ en. pdf, visited on 13 May. 2012.

业管理资产把环境、社会和治理等可持续发展因素纳入其投资和管理中来。[①] 随着赤道原则成为越来越广泛接受的金融指标，可持续和负责任投资更容易获得银行贷款从而得到发展。

（三）可持续发展：身份混同背景下的中国选择

2014 年中国全年吸引外资 1290 亿美元，较上年增长 4%，首次超过美国成为全球最大的资本输入国。2014 年中国对外投资达 1160 亿美元，较上年增长 15%，仅居美国和中国香港之后，为全球第三大资本输出国。[②] 在"一带一路"倡议下，中国已经发生了资本输入国与输出国的身份混同，此时中国应做出何种战略选择？笔者认为，尽管"一带一路"倡议关注的重点是企业走出去，从资本输出国角度可能不利于海外投资的发展，但在可持续发展日益成为国际投资法共识的时代背景下，在国际投资协定中践行可持续发展原则，追求投资者保护与东道国利益的平衡无疑应成为中国的必然选择。因为国际投资协定是把双刃剑，对缔约方同等适用，试图区分不同类别国家，签订不同保护标准的国际投资协定，既与各国通行的条约实践不符，也违反了非歧视原则和最惠国待遇原则，有违一个负责任大国的形象。[③] 联合国贸发会（UNCTAD）制定的"可持续发展的投资政策框架"（IPFSD）的核心原则（2）"政策一致性"指出，规定外资政策应基于国家的整体发展战略，所有影响外资的国内政策和国际政策应当是协调一致的。

1. 践行可持续发展原则是顺应国际投资法转型的需要

当前，国际投资法正在经历着深刻的转型，"多元平衡"成为当代国际投资法的主旋律。国际投资协定从单纯关注投资者利益保护到兼顾东道国经济、社会和环境的可持续发展，从单纯关注投资自由化到投资自由化、便利化进一步深化与基于公共利益和可持续发展的规制权力的加强二元并行的发展趋势。究其原因，一方面，发达国家和发展中国家发生的资本输入国和输出国的身份混同是推动国际投资法转型的重要原因。国际投资协定最初源于发达国家保护其海外私人直接投资的需要，直到近期发达国家才意识到传统上被标以"发展中经济体"的国家，包括国有企业和主权财富基金，也已经成为海外直接投资的来源，发达国家已经不再是唯一

① 张庆麟. 公共利益视野下的国际投资协定新发展［M］. 中国社会科学出版社，2014：156.

② UNCTAD, WORLD INVESTMENT REPORT 2015, p. 41, available at http://unctad.org/en/pages/DIAE/World%20Investment%20Report/WIR-Series.aspx, visited on 16 Sep. 2015.

③ 张光. 双边投资条约的公益化革新［J］. 当代法学，2013（5）：160.

的投资者母国。① 2014 年，发展中经济体的对外直接投资达到4 680亿美元，所占份额达到全球 FDI 的 35%。② 地位的改变导致了立场的转变，发达国家频频被诉诸投资者，国家争端解决机制的现实导致了国际投资法一贯的主导力量，发达国家也开始在投资保护与东道国可持续发展方面寻求平衡。美国和加拿大等发达国家，在《北美自由贸易协定》引入直接投资仲裁后，不得不将自身也视为投资的东道国，并相应修改了他们的 BIT 模板以确保其通过国内法进行规制的权力，避免仲裁庭对条款进行宽泛的解释。③ 另一方面，国际投资法价值的多元化，是国际投资法转型的深层次原因。20 世纪 80 年代末期以来，新自由主义“华盛顿共识”主导了世界经济的意识形态，它主张贸易和投资自由化以及去规制化的单一价值追求，忽视了东道国国家利益、社会利益的保护。随着健康、环境、人权、社会福祉等受到越来越多的关注，新自由主义的天生弱点如片面追求自由经济和经济增长率，对社会利益过于忽视等逐渐引起了人们的反思，而国际金融危机的爆发更使得新自由主义受到了严重的怀疑和挑战，对新自由主义的反思和摒弃反映在国际投资法领域就是国际投资法从单一价值追求走向多元平衡。④

近年来在条约中纳入可持续发展已经成为主流趋势，最近缔结的国际投资协定中(2008-2013 年)超过四分之三包含“可持续发展”的语言，2012 年和 2013 年缔约的所有的投资协定都包含此类规定，⑤ 2014 年签署的 18 个国际投资协定大部分也都含有确保可持续发展目标的规制权条款。⑥ 这些条款内容包括环境保护、劳工条

① Giorgio Sacerdoti, Investment Protection and Sustainable Development: Key Issues, p. 7, available at: http://ssrn.com/abstract = 2445366 or http://dx.doi.org/10.2139/ssrn.2445366, visited on 16Sep. 2015.

② UNCTAD, WORLD INVESTMENT REPORT 2015, p. 5, available at http://unctad.org/en/pages/DIAE/World%20Investment%20Report/WIR-Series.aspx, visited on 16Sep. 2015.

③ Giorgio Sacerdoti, Investment Protection and Sustainable Development: Key Issues, p7, available at: http://ssrn.com/abstract = 2445366 or http://dx.doi.org/10.2139/ssrn.2445366, visited on 16Sep. 2015.

④ 漆彤，吴放. 论国际投资条约价值多元化之发展趋势[J]. 福建江夏学院学报，2014，4(2)：35.

⑤ Gordon, K., J. Pohl and M. Bouchard (2014), Investment Treaty Law, Sustainable Development and Responsible Business Conduct: A Fact Finding Survey, OECD Working Papers on International Investment, 2014/01, OECD Publishing, p. 5, available at http://dx.doi.org/10.1787/5jz0xvgx1zlt-en, visited on 16 Sep. 2015.

⑥ UNCTAD, WORLD INVESTMENT REPORT 2015, p. 112, available at http://unctad.org/en/pages/DIAE/World% 20Investment% 20Report/WIR-Series.aspx, Sep. 16, 2015, visited on 16 Sep. 2015.

件和标准、反腐败和保护人权等，一般体现为序言条款(154 个条约包含此类条款，占样本的 7.4%)，保留政策空间条款(146 个条约包含此类条款，占样本的 7%)，基于保护公共利益采取非歧视性的环境措施不构成间接征收条款(54 个条约包含此类条款，占样本的 2.6%)，确立可持续发展(负责任投资)事宜与投资者—国家争端解决机制的关系条款，坚持或实施公认的国际标准的条款(即在反腐败，保护劳工条件和标准等方面遵循当事国承诺的标准，28 个条约包含此类条款，占样本的 1.3%)，确立反腐败义务的条款(16 个条约包含此类条款，占样本的 0.8%)，鼓励企业实施可持续和负责任投资的条款(9 个条约，占样本的 0.4%)，其中序言条款和保留政策空间条款是最早出现也是最普遍的条款。①

除了国际投资立法，在国际投资仲裁实践中可持续发展(负责任投资)相关的问题也越来越引起仲裁庭的关注。在某些案件中，仲裁员在考虑国家是否遵守了国际投资协定中投资保护的承诺时可能也会同时参考可持续发展(负责任投资)相关的问题。在被调查的 1113 个裁决中有 287 个裁决至少有一次提及一个可持续发展(负责任投资)相关的问题，其中 165 个裁决提及环境问题，131 份文书中提及人权问题，81 份裁决中涉及腐败问题，29 份文件涉及行贿问题，2 个裁决中参考了“劳动条件”、“劳动标准”和“劳动法”。总之，26%的裁决不只是考虑投资保护的义务，而是超越了“条约的四角”，除了投资保护外，还会有更广泛的考虑。② 此外，在投资者—国家争端解决仲裁实践中，仲裁庭不仅引用、参考国际投资协定，同时也会在某种程度上引用、参考与可持续发展(负责任投资)相关的其他国际协议。在1 113份文书样本中总计有 28 个协议被引用，其中国际环境协议总计被引用 23 次，国际人权协议总计被引用 56 次，国际反腐败协议总计被引用 6 次，其他国际协议被引用两次。但关于劳动条件和标准的国际劳工组织文件则未被引用过。③

① Gordon, K., J. Pohl and M. Bouchard (2014), Investment Treaty Law, Sustainable Development and Responsible Business Conduct: A Fact Finding Survey, OECD Working Papers on International Investment, 2014/01, OECD Publishing, pp. 15-18, available at http://dx.doi.org/10.1787/5jz0xvgx1zlt-en, visited on 16 Sep. 2015.

② Gordon, K., J. Pohl and M. Bouchard (2014), Investment Treaty Law, Sustainable Development and Responsible Business Conduct: A Fact Finding Survey, OECD Working Papers on International Investment, 2014/01, OECD Publishing, p. 23, available at http://dx.doi.org/10.1787/5jz0xvgx1zlt-en, visited on 16 Sep. 2015.

③ Gordon, K., J. Pohl and M. Bouchard (2014), Investment Treaty Law, Sustainable Development and Responsible Business Conduct: A Fact Finding Survey, OECD Working Papers on International Investment, 2014/01, OECD Publishing, p. 24, p. 25, available at http://dx.doi.org/10.1787/5jz0xvgx1zlt-en, visited on 16 Sep. 2015.

2. 践行可持续发展原则是化解中国外资管制风险的需要

改革开放以来，中国的重心始终在于吸引外资以发展经济，忽视了经济、社会的全面发展，引发了可持续发展的危机，社会的整体发展到了一个瓶颈期。以环境为例，近年来中国的环境资源压力与日俱增，根据中科院科技政策与管理科学研究所对“一带一路”沿线38个国家的环境资源综合绩效排名，日本的资源环境综合绩效最高，越南资源环境综合绩效最差，中国排在倒数第二，其资源环境绩效指数是世界平均水平的5.0倍。2011年6月4日起中海油和美国康菲石油公司合作开发的渤海湾蓬莱19-3号油田发生漏油，给渤海生态带来灾难性的破坏，康菲石油作为国际知名油企，却因中国缺乏强有力的环保约束而犯下低级错误。① 随着非政府组织和民间力量的推动，以及生态安全事件的频发，中国对可持续发展逐渐重视，可以预见中国将实施越来越严格的公共利益领域的政府管制，这必将会出现对外商投资企业利益有影响的争议。

在中国签订的第一代BITs(1982年至1989年)中仅接受临时仲裁庭对征收补偿额的管辖权，第二代BITs(1990年至1997年)仍然“留权在手”，1998年(以中国—巴巴多斯BIT为开端)之后签订的第三代BITs普遍接受了ICSID对几乎所有投资争端的管辖权，而且放弃了用尽当地救济原则等安全阀。② 以2010年BIT范本草案为代表的第四代BITs增加了间接征收例外等条款，试图平衡投资者与东道国利益。③ 虽然如此，中国在国际投资规则制定中缺乏明确和一贯的立场，同时期签订的BITs差异较大。④ 目前，已经生效的中外BIT有100多个，除“征收”条款外，仅有4个BIT规定了有关公共利益保护的实体条款，即2005年中国-芬兰BIT、2005年中国-马达加斯加BIT、2006年中国-印度BIT和2011年中国-乌兹别克斯坦BIT。⑤ 这对我国实施基于可持续发展的外资管制权力构成了极大限制，蕴藏着巨大的风险。当前，投资仲裁的风险已经开始显现，2011年ICSID秘书处对马来西亚Ekran Berhad公司对中国提起的申诉案件进行登记，这是中国加入ICSID以来首次被诉的案件，2014年韩国Ansung Housing公司对中国提起申诉成为中国加入

---

① 专家：《康菲石油因中国缺乏强有力环保约束而犯低级错误》，资料来源于http://finance.ifeng.com/a/20110808/4363156_0.shtml，2015年9月7日访问。

② Norah Gallagher & Wenhua Shan, *Chinese Investment Treaties: Policies and Practice*, 35-40 (Oxford University Press, 2008).

③ 韩秀丽. 后危机时代国际投资法的转型——兼谈中国的情况[J]. 厦门大学学报，2012(6)：22.

④ 肖军. 国际投资条约的复杂化与多元化——晚近国际投资条约发展趋势之辨与我国应对策略[J]. 法学评论，2014(5)：167.

⑤ 张光. 双边投资条约的公益化革新[J]. 当代法学，2013(5)：159.

ICSID 以来第二起被诉的案件。这就要求中国政府高度重视可持续发展原则，平衡投资保护与东道国公共利益，预留必要的政策空间。

综上，可持续发展原则在国际法和国际投资法中已经发展成为一项基本的法律原则，越来越普遍的体现在晚近签署的 BIT 和 FTA 等国际投资相关的法律文件中。同时在"一带一路"倡议下，可持续发展原则的践行对于保护中国的海外投资具有现实意义，中国政府应在海外投资的各个环节将可持续发展作为基本指导原则之一。然而，如前所述，当前国际投资法的发展趋势是促进投资自由化、便利化与加强在公共利益和可持续发展方面的规制二元并行。在某些领域和行业，投资保护主义抬头，可持续发展原则容易被异化为阻碍外国投资的绿色壁垒，这种投资壁垒具有极大的隐蔽性，不利于我国"一带一路"倡议下海外投资的顺利推进，应当引起重视。

四、警惕可持续发展向绿色投资壁垒转化

当前，国际投资法的主流趋势仍然是促进投资自由化、便利化，2014 年 37 个国家和经济体所采取的 63 项涉及外国投资的政策中有 47 项是促进投资自由化、便利化的，占 84%。① 采取传统的"当地成分要求"、"出口实绩要求"等投资壁垒越来越行不通，为了避免被投资者认为投资环境恶化，东道国在特定情形下，如金融危机，可能更容易以行使公共利益和可持续发展方面的规制权的名义采用隐蔽的非正式壁垒以保护本国产业。OECD 的一份文件提醒人们要特别注意环境措施，以及与环境有关的国家援助措施等可能被异化为"绿色投资保护主义"措施，对外国投资构成歧视。② "一带一路"倡议下，由于投资领域集中于基础设施和能源等敏感行业，投资区域集中于法治程度和政策透明度参差不齐的发展中国家，投资壁垒问题更为突出。

（一）可持续发展原则的边界：与国际直接投资的关系

对于可持续发展原则与国际直接投资的相互关系应有正确的认识，这对于合理

① UNCTAD, WORLD INVESTMENT REPORT 2015, p. 102, available at http://unctad.org/en/pages/DIAE/World% 20Investment% 20Report/WIR-Series.aspx, Sep. 16, 2015, visited on 16 Sep. 2015.

② Investment Division, Directorate for Financial and Enterprise Affairs of OECD, Harnessing Freedom of Investment for Green Growth, Freedom of Investment Roundtable, 14 April 2011, p. 2; Green-Investment Protectionism: What Is It and How Prevalent Is It, Background Paper for Harnessing Freedom of Investment for Green Growth, pp. 7-12.

界定可持续发展原则的边界，防止可持续发展原则转化为绿色投资壁垒具有重要意义。一方面，国际直接投资是构成任何发展的关键因素，将根本影响和促进可持续发展。① 自提出伊始，可持续发展的概念并不旨在限制经济活动，而是旨在重新定向发展以确保实现长期的可持续的利润。②《21 世纪议程》强调，在不耗竭支持发展的资源基础的情况下，投资对于发展中国家以可持续的方式达到所需的经济增长能力从而提高人民福利，满足人民基本需求是至关重要的。在此意义上，可持续发展与国际投资紧密相关，并被视为国际投资法律和政策的核心原则。将可持续发展与国际投资活动对立起来不符合可持续发展原则的本意。另一方面，可持续发展并没有唯一的标准和模式，而应该因地制宜，根据不同的社会发展阶段、发展目标和不同的国情赋予其不同的内涵和侧重点。在国际直接投资协定中，发达国家不应该将自己在环境、人权等领域的高标准强加给发展中国家，限制发展中国家发展经济的权利。2012 年联合国贸发会制定的“可持续发展的投资政策框架”之“协定要素”提出“特殊与差别待遇”条款，倡议发达国家承担起共同但有区别的责任，使发展中国家的责任水平适合其发展水平，从而实现实质公平以推动全球范围的可持续发展。所以，尽管可持续发展作为国际社会一个崇高的、美好的指导原则，仍然要与国际投资法其他的发展目标尤其是国际投资法促进投资的初衷相互配合，而不能将可持续发展神圣化、绝对化，那样就会将可持续发展原则演变为国际投资的绿色壁垒，阻碍和破坏国际投资。

(二)可持续发展绿色投资壁垒重要成因：概念的模糊性和不确定性

1. 上位概念：投资壁垒的界定

相较于贸易壁垒，投资壁垒更具有复杂性。除投资者—国家间争端解决机制外，国际投资领域尚不存在实体性的多边投资公约，这使得投资壁垒更加难以辨别。中华人民共和国商务部《国别投资经营障碍报告制度》(2004)第 7 条对投资壁垒做出了界定：东道国政府实施或支持实施的违反多、双边协定，对我国企业开展投资经营和服务贸易造成或可能造成不合理的阻碍、限制或损害的措施，视为投资壁垒或服务贸易壁垒。该界定主要从法律层面，而事实层面也可能构成投资壁垒。

---

① Mihaela Kardos, The Relevance of Foreign Direct Investment for Sustainable Development: Empirical Evidence from European Union, p1354, available at http://creativecommons.org/licenses/by-nc-nd/3.0/, visited on 16 Sep. 2015.

② Markus W. Gehring &Marie-Claire Cordonier Segger, *Sustainable Development in World Trade Law*, in Markus W. Gehring &Marie-Claire Cordonier Segger, Sustainable Development in World Trade Law 189(Kluwer Law International, 2005).

而关于绿色壁垒的定义和内涵，目前还没有达成广泛共识。笔者认为：从实体上，是否超越合法或合理的限度，是否存在公共利益是衡量是否构成投资壁垒的两个重要指标；从程序上，是否符合正当程序及透明度原则，是否存在歧视是衡量是否构成投资壁垒的两个重要指标。

2. 可持续发展概念的模糊性和不确定性

虽然可持续发展获得了国际社会的一致认可，但是可持续发展原则的概念只是一个模糊的界定，其内涵和外延仍在随着社会的发展而持续演进，它是一个动态的、演化的、辩证的概念。"可持续发展是指既满足当代人的需求，又不对后代人满足其自身需求的能力构成危害的发展"，这是当前最为流行的可持续发展的概念。这一基于人类中心主义的描述留给人们太多自由解释和发挥的空间，如对于什么是"需求"没有明确的界定。另外，可持续发展没有明确提出限制增长的问题，而是强调在环境承受能力范围内来恢复增长，甚至加快经济的增长。而环境承受能力本身就是一个不确定性问题，它涉及自然资源是否具有可替代性，为此出现了两种可持续性范式的争论：强可持续性范式和弱可持续性范式。弱可持续性范式认为自然资源在本质上是可以替代的，强可持续性范式认为自然资源在本质上是不可替代的。① 总之，可持续发展的内涵包含着各种各样的争论，并且这些争论在短期内不会达成一致，从而不同的利益相关方都努力使自己的主张能够在可持续发展的领地上占有一席之地，可持续发展的意思处于激增状态。② 从逻辑上来看，可持续发展是一个含糊不清的概念，我们无法给它一个明确的定义，因为它是一种辩证性概念，正如公平正义一样。概念在边缘上的模糊性正是其变化与演进的条件，它是一个引领的目标，同时也是一个达到这个目标的过程。③ 正是由于可持续发展原则的概念存在模糊性和不确定性，很多情况下东道国正当行使基于可持续发展的规制权与超越可持续发展原则的合理边界不正当的行使规制权的界限并不清晰，这是可持续发展异化为绿色壁垒的重要原因。

由于可持续发展绿色投资壁垒的上位概念"投资壁垒"在当前的国际投资法制中并没有清晰的界定，可持续发展原则在国际层面还难以进行统一的和明确的界定，其模糊性和不确定性难以在短时间内消除，在双边投资协定中纳入详细的可持续发展条款，并对基于可持续发展或公共利益的规制权进行详细的规定，是防范可

① ［英］埃里克·诺伊迈耶. 强与弱：两种对立的可持续范式[M]. 王寅通，译. 上海：上海译文出版社，2006：1-2.

② Dryzek, J. The Politics of the Earth, 124(Oxford University Press, 1997).

③ 赵闯. 对可持续性问题的再思考：概念辨析与范式阐论[J]. 经济问题探索，2011(3)：178.

持续发展异化为绿色投资壁垒的有效方式。当前，国际投资协定范本主要分为欧洲模式和美国模式，欧洲模式条文简约，有利于提高谈判的成功率，美国模式以2012年范本为代表，共37个条款，对“间接征收”、“透明度”等方面进行了澄清与细化，其精细化的立法技术有利于规制权的合理行使。2012年联合国贸发会提出了可持续发展导向的“协定要素”，汇集了各种政策选项供各国各取所需。鉴于中国的BIT长期借鉴欧洲模式，条文规定过于简单，操作性不强，笔者认为，中国可以借鉴美国模式的精细化立法技术和联合国贸发会提出的“协定要素”，制定中国版的可持续发展导向的BIT范本，以保障可持续发展的规制权的充分和正当的行使。

五、结论与建议

(一)结论

当前国际投资法的转型趋势以及“一带一路”倡议实施的客观背景均要求我国在国际投资协定以及国内法中将可持续发展作为基本指导原则贯穿始终，以多元平衡的视角对待投资者利益保护与东道国可持续发展，将有关外国直接投资的国内政策和国际政策一体化考虑，加强政府对本国海外投资的监管，引导企业进行可持续和负责任投资。可持续发展原则已经发展成为国际投资法的基本原则，在此背景下，在“一带一路”倡议推进过程中，可持续发展原则是中国在国际投资协定及投资实践中无法回避的重要问题。由于在“一带一路”倡议下中国的海外投资以基础设施和能源为主，且沿线国家多为生态环境脆弱区，可持续发展问题突出，从某种程度上讲，海外投资能否促进沿线国家和地区可持续发展是“一带一路”倡议能否顺利推进的重要因素。从长期的和全局的视角看，促进沿线国家和地区可持续发展的负责任投资能够最大限度的减少投资风险，是海外投资自我保护的有效方式，也是新时代背景下的盈利模式。在当前中国资本输入国和输出国身份混同的背景下，可持续发展应当成为中国必然的战略选择，这既是顺应国际投资法转型的需要，也是中国自身转型发展，化解外资监管风险的需要。所以，在“一带一路”倡议下，中国在海外投资中践行可持续发展原则具有现实利益，应当将可持续发展作为基本指导原则贯穿始终。同时，由于可持续发展绿色投资壁垒的上位概念“投资壁垒”在当前的国际投资法制中并没有清晰的界定，以及可持续发展原则内涵的模糊性和不确定性，可持续发展原则容易异化为绿色投资壁垒，需要引起重视并在国际投资协定中采取相应的立法技术。

(二)建议

尽管如此，在当前中国政府和海外投资者还未很好的践行可持续发展的情形下，应当更多地关注提升自身的可持续发展能力。尽管可持续发展是全社会包括国家、投资者、非政府组织、市民等共同的责任，但可持续发展的首要责任在于政府，应由政府提供的国内和国际的良治是可持续发展的必要条件，如良好的国内经济、社会和环境发展政策，符合正当程序的法治，反腐败措施，劳工保障和基于可持续发展的适当监管等，都是可持续发展的基础。本文仅从加强政府监管、引导投资者进行可持续和负责任投资两方面提出自己的建议，以抛砖引玉。

1. 主动履行投资者母国的监管责任

全球化使得人类成为一个复杂的全球命运交叠共同体，而民族国家由于各种主客观因素却无法对全球化的不对称和复杂性的影响做出充分有效的回应，在这种背景下，全球治理理念应运而生。① 可持续发展面临的诸多问题如气候变化等，都需要通过全球治理来解决。世界范围内的直接投资是由市场机会、成本效率、不同层次的生产力和投资回报率等因素所驱动，单个的东道国对其几乎没有影响力，单边的、非协调的规制努力所起的作用微乎其微，反而可能引发投资仲裁，投资者可以根据不同市场的多样的激励措施和内在优势改变投资区域。② 所以，尽管国际投资领域的可持续发展问题主要是东道国规制的范围，投资者母国的密切配合必不可少。目前虽然没有明文规定母国对于东道国的可持续发展的国家责任，可是母国作为其海外投资者的"国家监护人"，③ 有责任也有能力对其海外投资是否符合可持续发展原则进行初步筛选并进行有效规制。2005 年国际可持续发展研究院的《可持续发展国际投资协定范本》就是使投资者及其母国也承担公平责任的尝试性规定，它要求母国要对海外投资的环境影响评估提供技术或资金支持，就投资者的责任而言，母国有义务利用其司法程序追究投资者的民事责任。

鉴于母国对海外投资进行监管本身也是保护海外投资、引导企业转型的一种方式，建议中国政府对海外投资者及投资项目进行基于环境保护和可持续发展的筛选和监管，这种监管应当是动态的。根据《境外投资管理办法》(2014)，目前我国对

---

① 漆彤，吴放. 论国际投资条约价值多元化之发展趋势[J]. 福建江夏学院学报，2014(2)：36.

② Giorgio Sacerdoti，Investment Protection and Sustainable Development：Key Issues，p. 3，available at：http：//ssrn. com/abstract = 2445366 or http：//dx. doi. org/10. 2139/ssrn. 2445366，visited on 16Sep. 2015.

③ 韩秀丽. 中国海外投资的环境保护问题研究——国际投资法视角[M]. 北京：法律出版社，2013：143.

境外投资的管理实行核准和备案两种方式。笔者认为，无论哪种方式，都应当进行基于环境保护和可持续发展的筛查和监管。筛查阶段，应当要求投资者建立环境管理体系或内部行为守则，提交环境影响评估报告，评估标准和程序应当同时符合东道国法律和母国法律。中国政府应要求投资者在运营阶段继续进行环境监测，履行信息披露和报告义务。主管部门应当建立企业社会责任信用档案，持续动态地监督海外投资者和海外投资项目。在此过程中，母国可以对海外投资地的环境影响评估提供技术或资金支持。除了对外投资的主管行政部门，还可以要求政策性银行在海外投资贷款中遵守“赤道原则”，要求政策性保险公司在承保海外投资项目时考察投资项目对于东道国环境保护与可持续发展的影响，要求证券交易所严格监管上市企业履行海外投资项目环境责任等重大事项的披露责任，这些措施对海外投资者的影响会更为明显和直接。除此之外，在可持续发展投资相关的其他领域，如劳工保护等，都可以考虑将海外投资企业的行为纳入政府监管的范围。

2.“软硬结合”，引导投资者进行可持续和负责任投资

可持续发展的政策目标要求企业进行可持续和负责任的投资，即进行海外投资的企业不仅要关注自身的盈利，也要兼顾所应承担的社会责任，如环境保护、劳工权益保障等，以实现包容性的发展和各利益相关方的互利共赢。当前，国际投资协定中直接规定投资者责任的实践还处于初步尝试阶段。但在这种情况下，“软法”的积极效果应当引起重视。“软法”一般被称为“标准”，传统意义上它们并不能称为法律，因为它们对国家或个人并没有正式的约束力。但实际上“软法”却可能拥有相当的法律和政治权威，因为代表着广泛期待的标准，从而以各种方式影响着经济和政治参与主体的实际行为。“软法”一般有两种类型，第一种是基于国家通过的没有法律约束力的国际文件，如联合国大会的决议或国家的正式宣言，第二种存在于有正式约束力的法律文件，如国际条约中的条款，这种条款不产生严格的法律义务或权利，典型的如以某种方式“尽最大努力”，“尽力”去做。“软法”的主要作用是重新组织广受期待的标准并通过不断创新和恰当的使用以达到具有约束力和可实施性规则的地位。另外它还可以给政府提供各种可能的方案而具有教育的作用。①

根据社会法学派和现实主义学派所采取的实用主义的现实论证方法，法律的效力不仅仅包括法律规范自身所具备的逻辑意义上的效力，也包括其在社会实践上的外部效力。尽管行为守则和指南等“软法”不具有强制性，在投资者不自愿履行时形同虚设，然而即便是具有强制性的硬法，依然无法逃脱法律监管的真空，其发挥

① Rafael Leal-Arcas, International Trade and Investment Law-Multilateral, Regional and Bilateral Governance, 204, 205(Edward Elgar Publishing Limited, 2011).

作用的理想状态依然是依靠投资者主动自觉履行，而非单纯依靠处罚等来实施，尤其是环境保护等可持续发展问题，重在预防。所以，若能引导投资者将行为守则等"软法"内化为自身的行为规则，则可能发挥比硬法更好的作用，尤其是在东道国本身法律制度不健全，对投资者没有严格的环境和可持续发展的法律责任的情况时更是如此。

同时，鉴于国际法规大部分都属于软法性规范的现实，在国际投资活动中通过引入"软法"来引导投资者进行可持续和负责任投资具有可行性。《美国—新加坡自由贸易协定》便要求缔约方鼓励其企业自愿将包含可持续发展和环境保护要求的公司良好治理原则纳入其内部政策。由于履行社会责任本身能够为跨国公司带来经济利益和社会声誉，超过四分之三的大型跨国公司都有关于社会和环境问题的内部政策。进入21世纪以来，国际社会出台了一系列行业准则如"赤道原则"、"负责任投资原则"、"企业社会责任与环境管理认证标准"等，以及《联合国全球契约》和《经合组织跨国公司投资指南》等，对于规范投资者改善环境，促进可持续发展发挥了重要作用。目前，中国各部门、非政府组织已经制定了《中国企业境外可持续森林培育指南》(2007年)，《中国企业境外森林可持续经营指南》(2009年)，《对外承包工程行业社会责任指引》(2012年)，《对外投资合作环境保护指南》(2013年)等。除了制定指南，还可以通过各方面的优惠政策引导企业积极承担社会责任，促进可持续的投资。

由于资本的逐利性，只有当社会责任成为资本获取财富的必经之路，甚至成为能给其创造新财富带来机会的手段、工具时，才会为资本所认可并自觉追求。由于资本运行的社会背景不同，资本在好的市场经济中会对道德法则与规范不得不尊重，而在坏的市场经济中则往往会对道德法则与规范不屑一顾，① 即便是跨国公司也不例外。所以光靠软法和引导是不够的，基于投资者权利与义务的平衡，在国际投资协定中纳入投资者促进东道国可持续发展的义务也是大势所趋，时机成熟时可以考虑将软法"硬化"，②《欧盟—加勒比国家经济伙伴关系协定》便开创了立法的先河。尽管如此，软法并非仅仅是通向硬法发展道路上的一个中转站，鉴于软法相对于硬法的超前性、灵活性和预见性，软法仍然具有较大的独立发展空间。③ 鉴于中国目前大多数海外投资企业没有订立内部的行为守则，也没有设立专门的环保部门，环境保护与可持续发展观念淡薄，笔者认为，应通过软法和硬法结合的方式引导企业积极承担社会责任，践行可持续发展原则。

---

① 高兆明. 跨国公司：财富与社会责任[J]. 道德与文明，2006(5)：22.
② 漆彤. 国际金融软法的效力与发展趋势[J]. 环球法律评论，2012(2)：157.
③ 漆彤. 国际金融软法的效力与发展趋势[J]. 环球法律评论，2012(2)：159.

The “One Belt One Road” Initiative and Sustainable Development: A Perspective of International Investment Law

Abstract: The transition of international investment law indicates that sustainable development has gradually been accepted worldwide, from abstract principles to specific rules. The One Belt One Road Initiative is a strategy guided by sustainable development, with very similar ideas and purposes. In the relevant areas and industries under the One Belt One Road Initiative, sustainable development is a prominent problem. Thus only when promoting sustainable development of the countries and regions along the Belt and Road is highlighted during oversea investment can the One Belt One Road Initiative be sustainably carried forward. It can both protect China's oversea investment in an effective way, and will also be a model of making profit in the new era. Both the transition of international investment law and the background of implementing the One Belt One Road Initiative require that sustainable development should be viewed as a fundamental guidance throughout the whole process of international investment in both domestic policies and international agreements and a multifaceted and balanced perspective should be taken while protecting the interests of investors and the interests of the host. While, it should be aware that sustainable development may be abused as green investment barriers due to its vagueness and uncertainty, so measures should be taken while drafting IIAs. Nevertheless, China should pay more attention to improving the ability of promoting sustainable development during international investment, for instance, strengthening supervision over enterprises investing abroad and channeling them into sustainable and responsible investment.

Key words: the “One Belt One Road” Initiative; sustainable development; international investment

“一带一路”背景下泛亚欧经济伙伴关系研究

□ 谭秀杰*　周茂荣**　蒯　娣***

内容摘要：“一带一路”倡议是跨区域经济合作的重大战略构想，中亚处于实施该战略的关键区域。但是，我国尚未与任何中亚国家签署自贸协定，而俄罗斯主导的欧亚经济联盟已经启动。为落实丝绸之路经济带战略，实现与欧亚经济联盟的对接，加深与中亚的经贸关系，本文提出可构建一个由中、俄、印及中亚国家组成的泛欧亚经济伙伴关系，旨在依托上海合作组织和欧亚经济联盟打通中亚。相比上合组织自贸区，泛亚欧经济伙伴关系实现了与欧亚经济联盟的兼容，多方制衡的结构也有助于缓解相互戒备。相比欧亚经济联盟，泛亚欧经济伙伴关系在经济带动力、贸易潜力和互补性等方面更具优势，有助于两者相互借重和共同发展。

关键词：泛亚欧经济伙伴关系　丝绸之路经济带　欧亚经济联盟　上海合作组织

目　次

* 谭秀杰，武汉大学国际问题研究院讲师、法学博士。
** 周茂荣，武汉大学国际问题研究院教授、博士生导师。
*** 蒯娣，武汉大学国际问题研究院2013级硕士研究生。

一、引言

金融危机以来，国际形势经历了深刻而复杂的变化，我国在政治、经济方面都面临着严峻挑战。政治上，美国积极推动亚太再平衡战略，我国和美、日在东海持续紧张，同时南海争端也在不断升温；经济上，发达国家掀起了新一轮的区域主义浪潮，美国极力推动“跨太平洋经济伙伴关系”(TPP)和“跨大西洋贸易和投资伙伴关系”(TTIP)，力图挽回其国际经济地位相对下降的趋势，主导21世纪经贸规则的制定。在此背景下，习近平主席于2013年提出了共建丝绸之路经济带和21世纪海上丝绸之路(简称“一带一路”)的重大战略构想，实施更加积极主动的开放政策。该战略“旨在促进经济要素有序自由流动、资源高效配置和市场深度融合，推动沿线各国实现经济政策协调，开展更大范围、更高水平、更深层次的区域合作，共同打造开放、包容、均衡、普惠的区域经济合作架构”。①

中亚地区位于欧亚大陆的心脏地带，是丝绸之路经济带建设的关键区域，也是现阶段的切入点和突破口。这是因为：第一，中亚是沟通东西方的陆路桥梁，丝绸之路经济带重点建设的三条国际大通道有两条需经过该区域；第二，中亚油气资源丰富、地缘政治地位重要，而且中亚各国对建设丝绸之路经济带热情高涨；第三，我国与中亚国家的双边关系加速发展，经贸往来日益密切，已经成为部分国家第一大贸易伙伴和重要的投资来源地；第四，上海合作组织(Shanghai Cooperation Organization, SCO)加强了我国与中亚及周边国家的相互信任及和平稳定，并推动了区域经济的合作与发展。然而，目前我国尚未与任何中亚国家达成自由贸易协定，2003年我国曾提出SCO自贸区的倡议，但因俄罗斯及部分中亚国家的戒备而

① 国家发展改革委、外交部、商务部《推动共建丝绸之路经济带和21世纪海上丝绸之路的愿景与行动》，2015年3月，第1条。

始终停滞不前。与此同时，2015 年 1 月，俄罗斯主导的欧亚经济联盟(Eurasian Economic Union, EAEU)已正式启动，原有 SCO 自贸区的设想更难以实现。

当前国际形势正在经历深刻而复杂的变化，这为我国与中亚地区的经济一体化提供了新的契机。俄罗斯在乌克兰危机后面临欧美经济制裁的巨大压力，我国也遭受来自美国主导的 TPP 的严峻挑战，双方在欧亚经济合作上的意愿加深。2015 年 5 月，中俄发表《关于丝绸之路经济带建设和欧亚经济联盟建设对接合作的联合声明》，提出研究推动建立中国与欧亚经济联盟自贸区这一长期目标。① 那么，如何落实丝绸之路经济带与欧亚经济联盟的对接、化解相关国家对我国的戒备、整合中亚及周边区域内已有的机制和制度、切实推动该区域的经济一体化进程，就成为丝绸之路经济带建设中的一个重要议题。为此，我们提议由中国、俄罗斯、印度及中亚国家组建一个区域性经济一体化组织——“泛亚欧经济伙伴关系”(Trans-Asia-Europe Economic Partnership, TAEEP)。

二、泛亚欧经济伙伴关系及其战略意义

TAEEP 在地理上以中亚地区为中心，以俄、印、中为三角。其中，后三者均为“金砖国家”，而且中、印无疑是当今世界最具活力与潜力的新兴经济体。据统计，TAEEP 成员国 2013 年的贸易总额占全球贸易的 14.8%，GDP 合计为 13.6 万亿美元，占全球 GDP 的 17.9%，人口合计 28 亿人，占全球人口的 39.6%。更重要的是，TAEEP 的建设将依托 SCO 和 EAEU，在两个方面具有创新：一是借 SCO 扩容之际引入印度，形成三方相互制衡的结构，有助于化解部分国家的顾虑和戒备；二是借鉴东盟中日韩“10+3”建设的经验，打造“EAEU+中、印、土、乌”创新合作模式，从而实现不同一体化制度安排的兼容。TAEEP 的组建，既是支撑丝绸之路经济带和寻求与 EAEU 对接的关键制度安排，也是争取 21 世纪新经贸规则话语权的重要平台，因而具有重要的战略意义。

(一) 打造关键地区的一体化组织，为丝绸之路经济带建设提供制度保证

贸易畅通是“一带一路”建设的重点内容，对于如何促进投资贸易合作，国际经验表明，如果缺乏制度安排的保障和约束，经贸合作往往收效甚微。SCO 在贸易投资便利化进程中“行动迟缓”，也表明仅有长远目标但缺乏约束力的区域经济安排难以推动贸易投资便利化和自由化。相反，建立区域经济一体化组织后成员国

---

① 参见《中华人民共和国与俄罗斯联邦关于丝绸之路经济带建设和欧亚经济联盟建设对接合作的联合声明》，2015 年 5 月 8 日，第 2 条。

会做出经济、制度等方面的调整，为组织内价值链-生产链-供应链的形成提供制度保证，大大促进内部贸易和投资的扩展，进而不断强化经济一体化合作。因此，"一带一路"倡议在强调开放性的同时，在关键地区更需要制度性安排作保证。2013年12月5日，习近平总书记在中央政治局第19次集体学习时强调要"加快实施自由贸易区战略，既要谋子更要谋势，逐步构筑起立足周边、辐射'一带一路'、面向全球的自由贸易区网络，积极同'一带一路'沿线国家和地区商建自由贸易区"。

"无论从西出的两条陆上通道首先跨越的地区来看，还是从中方计划率先合作的区域来讲，中亚都是丝绸之路经济带建设的首要目标区，是更宏大规划的基石和关键节点。"①为推动丝绸之路经济带建设，我国有必要跟中亚国家积极商讨自贸区建设。TAEEP正好可以成为整合欧亚地区经济一体化的关键制度安排，一方面促进贸易和投资便利化、自由化，共享集团内成员国尤其是中、印等金砖国家经济增长的利益，夯实丝绸之路经济带的经济基础。另一方面提供区域内经贸合作的制度支撑，持续发挥推动规则谈判和贸易投资自由化的平台作用，深化区域内的经贸关系和互利合作，提高丝绸之路经济带的凝聚力。

(二)避免与欧亚经济联盟的竞争，建设性推动欧亚经济一体化

俄罗斯近来在中亚地区经济一体化建设上取得积极进展，俄、白、哈在关税同盟的基础上于2015年启动了EAEU，并已经吸引亚美尼亚和吉尔吉斯等国加入。"对俄罗斯而言，维持和巩固在独联体地区的势力范围、提高自身国际地位、为经济发展创造有利的周边环境以及保护海外同胞的利益，是其推动建立该联盟的主要动机；对于联盟其他国家而言，从联盟中获得国家安全与社会稳定的可靠保障，以及最大限度获得经济利益，是其主要战略考量。"②虽然EAEU在保障地区安全、稳定上与我国利益保持一致,③ 但是EAEU、SCO和丝绸之路经济带三者相互独立，呈平行发展之势，不排除未来存在某种程度的竞争。

为避免成员国的摇摆，集中精力推进欧亚地区经济一体化，寻找三大项目之间"对接"就显得尤为重要。然而，EAEU的建立使得原有SCO自贸区的设想难以实现，只有另辟蹊径来实现对接。TAEEP以SCO为谈判平台，围绕EAEU促成"EAEU+中、印、土、乌"模式，增强亚欧国家的经济实力和经贸联系，并最终在

---

① 袁胜育，汪伟民．丝绸之路经济带与中国的中亚政策[J]．世界经济与政治，2015(5)：21.

② 王海滨．欧亚经济联盟及其世界影响[J]．现代国际关系，2015(8)：42.

③ 李新．中国与俄罗斯在中亚的经济利益评析[J]．俄罗斯东欧中亚研究，2012(5)：48.

广阔的欧亚地区开启新的、大规模的、有影响力的经济一体化进程。这样以TAEEP为经济一体化的“契合点”，三大项目能相互支撑，相互促进，从而避免某个项目被边缘化、被吞并或中俄关系恶化等情况，进而推动欧亚地区多层次、协调互利的经济一体化。

(三)应对TPP和TTIP的挑战，争取新世纪经贸规则的话语权

自2001年启动多哈回合以来，由于地区小多边体制的扩散和对发展中国家利益的失调，WTO新一轮谈判一直饱受挫折。① 2008年金融危机以来，发达国家掀起了新一轮区域主义浪潮，美国极力推动TPP和TTIP，几乎囊括了所有发达国家。其主要动因是在WTO之外通过组建超级经济集团，以解决日益突显的“边境线后”的贸易壁垒问题，并为21世纪的国际经济制定新规则。② 但是，TPP和TTIP将中、印、俄及中亚地区排除在外，这不仅会对其造成贸易—投资—服务的转移效应，而且将使他们在国际经济规则制定中处于劣势。还应看到，TPP是美国实现其“亚洲再平衡”战略的重要一环，将构筑一个排斥中国的经济合作俱乐部，以便给中国制造“二次入世”的障碍，由此达到制衡中国崛起的战略目的。③

面对新一轮区域主义的严峻挑战，我们在主动深化国内改革的同时必须主动出击。中、印、俄和中亚国家同处于新一轮区域主义浪潮的真空地带，TAEEP在该范围内构建经济一体化组织可以“抱团取暖”，有助于缓解TPP和TTIP的压力。而且TAEEP更加适合我国目前的经济发展水平，我国正好利用这一平台提出国际经贸规则的新主张、新倡议、新方案，从而提升对国际经贸规则制定的影响力和塑造力，引导国际秩序及国际规则向有利于发展中国家的方向发展。

三、泛亚欧经济伙伴关系的政治基础

自2003年中国提出组建SCO自贸区倡议以来，历经10多年而未取得实质性进展，主要原因在于：该倡议未能准确认识成员国希望得到的经济利益，而在政治

---

① 余敏友等. WTO多哈回合与中国贸易政策和法律的新挑战[J]. 武大国际法评论，2009(1)：395.

② 周茂荣. 跨大西洋贸易与投资伙伴关系协定(TTIP)谈判及其对全球贸易格局的影响[J]. 国际经济评论，2014(1)：81.

③ 李晓，李俊久. 美国体系内的东亚全力转移：性质及前景[J]. 世界经济与政治，2014(11)：47-48.

上俄罗斯将中亚视为自己的“后院”，不愿看见中国提升在中亚的影响力。① 可见TAEEP构想是否可能实现，其中各国的政治意愿是关键，为此下面将依次分析俄、印、中亚三者对于建立TAEEP的政治意愿。

(一)俄罗斯参与泛亚欧经济伙伴关系的可能性分析

唯有获得俄罗斯的支持TAEEP才能顺利发展，因此化解俄罗斯的担忧至关重要。王树春和万青松研究上海合作组织与欧亚经济共同体的关系发现：这两个原本存在某种程度竞争的组织，非但没有展开竞争，反而启动了合作进程，这种合作关系取决于两组织主导国的合作关系、美国在中亚对中俄构成的压力和两组织面临区域经济一体化的共同任务等三个因素。② 类似因素同样存在于TAEEP，即中俄关系处于历史最好时期，俄罗斯由于乌克兰危机而面临巨大压力以及TAEEP与EAEU都肩负着经济一体化重任，因此俄罗斯应该能够支持TAEEP的建设。

2013年11月以来的乌克兰危机，引发了冷战后东西方最严重的对峙。这场危机使得俄罗斯面临严峻的政治、经济挑战：其一，乌克兰战略上倒向西方，使其拉拢乌克兰加入EAEU的构想彻底化为泡影；其二，急剧扭转了俄欧关系向好的趋势，转而在中东欧展开激烈的地缘政治争夺；其三，美俄成为战略敌手而导致双方关系长期紧张，美国主导的制裁严重影响了俄罗斯经济，尤其重创了俄欧之间的经贸联系。③ 但与此同时，中俄关系处于历史最好的时期，并在良性发展中不断深化合作。在此背景下，俄罗斯“向东看”加强与中国的战略合作，双方加大了相互政治支持力度，并在能源、航天、税务、金融、投资等领域展开合作。更具标志性的事件是，2015年5月，中俄双方发表了《关于丝绸之路经济带建设和欧亚经济联盟建设对接合作的联合声明》，声明提出“研究推动建立中国与欧亚经济联盟自贸区这一长期目标”。这表明中俄双方的政治互信达到新高度，一定程度化解了俄罗斯对中国在中亚的戒心，从而为构建TAEEP奠定了良好的政治基础。

从经济推动力和制度设计来看，TAEEP不仅有助于俄罗斯和EAEU的发展，而且能够进一步化解俄罗斯的担忧。其一，自苏联解体以来，俄罗斯在独联体内先后建立了多个区域经济一体化组织，但大多未能实现预期目标。TAEEP有助于切

---

① 王维然，陈彤. 关于建立上海合作组织自由贸易区的回顾与反思[J]. 俄罗斯东欧中亚研究，2014(6)：49-50.

② 王树春，万青松. 上海合作组织与欧亚经济共同体的关系探析[J]. 世界经济与政治，2012(3)：20.

③ 张文宗，薛伟，李学刚. 试析乌克兰危机的战略影响[J]. 现代国际关系，2014(8)：21.

实推进 EAEU 的经济发展，加强与欧亚地区的经贸联系，避免其成为又一个不成功的一体化方案。其二，TAEEP 在经济一体化水平相比 EAEU 要低，俄罗斯已通过 EAEU 建立了与中亚国家更紧密的联系，因而在 TAEEP 未来发展中占据了先机。而且，TAEEP 有助于提高 EAEU 在国际经济中的地位，符合俄罗斯的战略利益。其三，EAEU 已经在一定程度上放缓了深化一体化合作的步伐，转而在更广阔的发展空间寻找合作伙伴。① TAEEP 将启动 EAEU 与中、印、土、乌的经济一体化进程，正好为 EAEU 提供一个拓展合作广度的平台。其四，TAEEP 借 SCO 扩容之际引入印度，从而在中亚国家外形成中、俄、印三方相互制衡的结构，俄罗斯不必担心中国在中亚的势力"一股独大"。

(二)印度参与泛亚欧经济伙伴关系的可能性分析

印度正积极涉足中亚事务，提出了"连通中亚"的新构想，寻求与中亚国家建立更强的政治经济关系。中国可借印度加入 SCO 之机，将其纳入到 TAEEP 框架下发挥积极作用。

近年来，印度多管齐下提升在中亚的影响力。Saferworld 研究报告认为，驱动印度进入中亚的因素包括：保证能源供给多样化、避免极端伊斯兰势力的安全威胁、发掘中亚地区的商业潜力、注重中亚对印度的地缘政治意义。② 2012 年，在第一次"印度—中亚对话"非官方机制上，印度提出了"连通中亚"的新构想。新规划涉及的内容十分广泛，除加强政治关系、战略安全、重点行业、"国际北南通道计划"(INSTC)、旅游文化交流等领域的合作外，印度提出一项建设性建议：发挥现有多边机制的协同作用，如上合组织、欧亚经济共同体、俄白哈关税同盟，建立印度与中亚国家的多边接触，并倡导全面经济合作协议，整合印度市场和欧亚统一经济空间。③ 该建议与 TAEEP 颇为类似，只是未表明是否包括中、俄，但考虑到印度在中亚的影响力还非常有限，这项建议肯定无法绕开中、俄两国。因此，TAEEP 与印度自身的战略构想十分契合，应该能够获得其支持。

这里需要讨论的问题是，中国是否应该同意将印度纳入 TAEEP。当前，中、印两国虽努力改善双边关系，但政治互信仍然缺乏，边界摩擦时有出现。印度对于

① 顾炜. 欧亚经济联盟的新动向及前景[J]. 国际问题研究，2015(6)：49.

② See Ivan Campbell, India's Role and Interests in Central Asia, Saferworld, adopted on Oct. 2013, available at http：//www. saferworld. org. uk/downloads/pubdocs/indias-role-and-interests-in-central-asia. pdf, visited on 28 June. 2015.

③ See Shri E. Ahamed, India's "Connect Central Asia" Policy, available at http：//www. mea. gov. in/Speeches-Statements. htm? dtl/19791/Keynote+address+by+MOS+Shri+E+Ahamed+at+First+IndiaCentral+Asia+Dialogue, visited on 28 June. 2015.

"一带一路"战略也并不积极，担心其挑战印在南亚的传统影响力，甚至提出了反制海上丝绸之路的"季风计划"。我国对印度在中亚的活动也存有疑虑，在印度利用与俄罗斯的紧密关系积极申请加入 SCO 的同时，中国也积极支持巴基斯坦加入以制衡印度。但是，我国应认识到印度所处的独特地理位置，决定了其在"一带一路"战略中的重要性。事实上，2011 年美国在提出所谓"新丝绸之路"计划时就充分认识到印度的作用，并帮助塑造了印度的新丝路规划，主要包括打造从印度通往中亚的能源和贸易通道。① 更重要的是，TAEEP 同时纳入了中、印两国，有助于两国的加强互信、相互尊重，也能发挥印度在其中的积极作用。首先，TAEEP 主动给印度提供了进入中亚的平台，有利于中、印在"一带一路"战略中寻找更多共识，缓解印度对该战略的戒备；其次，TAEEP 通过纳入印度，在中、印、俄之间构成三角关系，大国之间相互制衡有助于消除俄、印及中亚国家对中国的顾虑与防范，深化成员国在经贸发展上的合作；再次，有助于拉开印度与美国"新丝绸之路"的距离，"国际北南通道"计划也可以纳入"一带一路"的框架，避免美国拉印度构筑南部对华围堵圈。

（三）中亚国家参与泛亚欧经济伙伴关系的可能性分析

苏联解体后，中亚国家对于周边大国主导的经济一体化存在矛盾心理，既希望通过加强相互经济合作带动本国发展，又担心成为周边大国的"附庸"，危及其主权独立。但是，丝绸之路经济带倡议不附带任何条件，对中亚国家产生越来越大的吸引力，哈萨克斯坦的"光明之路"新经济政策、乌兹别克斯坦的 2015 年发展规划、土库曼斯坦 2030 年经济发展战略规划、吉尔吉斯斯坦 2013—2017 年发展规划、塔吉克斯坦 2000—2020 年发展规划都主动与该倡议对接。② 在此背景下提出的 TAEEP，一方面提供区域性公共产品，有助于中亚国家将地缘优势转变为实实在在的经济利益，另一方面又通过中、印、俄相互合作，相互制衡的制度设计，减轻中亚国家的"大国恐惧症"。

哈萨克斯坦是中亚五国中最重要的国家，也是当前丝绸之路经济带向西拓展的第一站，该国的态度对其他国家也有着示范效应。哈奉行"多角度主义"外交政策，即不疏远任何一个域外大国，并积极互动以获利，其中俄罗斯是优先方向。③ 在区

---

① 甘均先. 中美印围绕新丝绸之路的竞争与合作分析［J］. 东北亚论坛，2015(1)：109.

② 王海燕. "一带一路"视域下中亚国家经济社会发展形势探究［J］. 新疆师范大学学报(哲社版)，2015(5)：85.

③ 周明. 地缘政治想象与获益动机：哈萨克斯坦参与丝绸之路经济带构建评估［J］. 外交评论，2014(3)：140.

域经济合作上，哈是欧亚一体化最坚定的支持者，参与了中亚几乎所有的一体化进程，在推动SCO经济合作上也非常积极。作为优先方向，哈支持俄罗斯主导的独联体一体化，是EAEU的首倡者之一，纳扎尔巴耶夫总统1994年就提出“欧亚国家联盟”的构想。不过，哈对EAEU发展前景与俄认识不同，哈希望将EAEU限于纯粹的经济联盟，避免政治一体化。不难预料TAEEP将获得哈方支持，理由如下：其一，EAEU利益分配不匀，哈萨克斯坦获益较少，甚至可能受损。TAEEP引入了中、印两国，不仅有助于促进经贸发展，也可以减轻哈对俄的疑虑。其二，随着实力的增长，哈在政治上强化其地区主导地位和影响力，争取成为中亚甚至国际事务中有分量的博弈者。而TAEEP将为哈提供更广阔的平台，有助于提高哈在EAEU和中亚的话语权。其三，哈对于本国处于欧亚心脏的地理位置有着清醒认识，希望成为一个“欧亚”国家。“一带一路”战略背景下的TAEEP，有助于哈发挥其地理优势，这也契合了哈的地缘政治设想。

吉尔吉斯斯坦和塔吉克斯坦是中亚经济发展最落后的国家，对中、俄的经济依赖较大，在区域经济合作中表现积极。两国是欧亚经济共同体的成员国，也是独联体自由贸易区的首批签署国。在欧亚经济共同体升级为EAEU后，吉也迅速加入并已成为正式成员，而塔也正在积极准备加入。从政治上看，两国奉行大国平衡外交，曾经不惜为此与俄关系紧张，因此TAEEP中相互制衡的设计更符合两国的利益；从经济上看，吉已经成为中国在中亚的转口贸易平台，TAEEP会带来更多投资和更大市场，不过两国对中国强大经济实力有所顾忌。整体来看，如果TAEEP对弱小国家适当倾斜，而其他EAEU成员国又同意的情况下，两国极有可能一起加入。

乌兹别克斯坦和土库曼斯坦较为独立，在经济上采取摆脱俄罗斯的政策，对区域经济合作表现较为谨慎。其中，乌遵循“重双边轻多边合作”的原则，在中亚一体化上表现反复，土奉行中立国和全方位外交政策，未加入任何中亚多边一体化组织。两国对俄主导的经济一体化组织持有戒心，曾将俄白哈关税同盟视为俄罗斯的地缘政治工具，认为其不具备明显的经济效果，而且担心失去经济控制权。① 对于俄白哈关税同盟的升级版EAEU，乌兹别克和土库曼也已经明确表示了拒绝。不过，EAEU客观上加速了中亚经济一体化的进程，若两国消极应对则可能在未来中亚经济合作中被边缘化。TAEEP正好提供了新思路和新平台，两国可在不加入EAEU的情况下参与中亚经济合作，并分享“一带一路”战略带来的发展机遇，因此，TAEEP预计将受到两国的欢迎。

综合上述分析，TAEEP致力于打造“EAEU+中、印、土、乌”的创新合作模式，

① 张弘. 独联体经济一体化中的认同困境[J]. 俄罗斯东亚中亚研究，2014(3)：24.

实现了与EAEU的兼容，这充分保证了俄罗斯的利益。同时印度和巴基斯坦即将成为SCO新的正式成员，TAEEP以此为契机将印度引入到中亚经济一体化进程，这将形成相互制衡，相互合作的结构，而这些都有助于缓解俄罗斯以及中亚国家在政治和经济上的顾虑与戒备。并且，随着国际经济、政治形势的发展，尤其是乌克兰危机后，俄罗斯对欧亚经济合作的态度也出现了积极转变。因此，整体而言，TAEEP相比SCO自贸区更具优势，而且顺应了国际局势发展，因而具备良好的政治基础。

四、泛亚欧经济伙伴关系的经济影响

EAEU面向独联体国家，成员国以俄罗斯和中亚国家为主，是中亚地区经济一体化程度最高的制度性安排。① EAEU的目标是实现商品、服务、资本和劳动力的自由流动，并实行协调一致的经济政策。② EAEU所定目标虽然很高，但独联体国家间一体化的历史经验表明，凡是不能给其成员带来经济增长的一体化安排最终都将被抛弃。毫无疑问，TAEEP未来发展的关键也在于其经济表现，为此本文将从经济一体化推动因素、区域贸易紧密度、竞争性和互补性等方面出发，对比分析EAEU和TAEEP的经济影响。

(一)经济一体化推动因素的比较分析

EAEU的主导力量无疑是俄罗斯，其不仅在谈判中发挥了关键推动作用，也将在未来建设中起到至关重要的作用。俄罗斯竭力推动EAEU的政治考量大于经济因素，这必然要求俄罗斯更多扮演经济一体化的赞助者。俄罗斯著名经济学家格林别尔格就认为，短期内俄罗斯需要为一体化进程“买单”。③ 事实上，俄罗斯在谈判过程中，也确实提供了十分诱人的“胡萝卜”，包括财政援助、关税分配、油气价格折扣等。正是由于俄罗斯的绝对主导地位，EAEU的发展前景很大程度上也取决于俄罗斯，但俄罗斯在面临内外挑战情况下对EAEU的推动力量有限。其一，俄罗斯自身经济实力不足，在资助成员国发展上较为吃力。早有学者担心俄罗斯对EAEU的投入远大于回报，一方面需要维持EAEU运作，并提供各种补贴和优惠，

① EAEU初始成员国为俄罗斯、哈萨克斯坦和白俄罗斯，目前，亚美尼亚和吉尔吉斯斯坦也已经加入，塔吉克斯坦也表示准备加入。考虑到TAEEP围绕中亚展开，因此本文在研究EAEU经济基础时仅考虑俄、哈、吉、塔四国。

② See ДОГОВОР О ЕВРАЗИЙСКОМ ЭКОНОМИЧЕСКОМ СОЮЗЕ. Статья 1(1).

③ See Руслан Гринберг, Не вижу никакой альтернативы щедрости России при создании Евразийского союза, 24 ноября. 2011 года, available at http://izvestia.ru/news/507566, visited on 28 June. 2015.

另一方面却无法期待在贸易和投资方面收获实质性增长。① 其二，乌克兰危机爆发后，EAEU 在政治经济上都面临严峻挑战。经济上，俄罗斯与欧美展开了制裁和反制裁的斗争，加上国际石油价格的大幅下跌，俄罗斯经济在短期内可能难有起色。政治上，乌克兰危机暴露出来的各种矛盾已影响到 EAEU 的稳定性，虽然俄罗斯将继续推进 EUEA，但由于俄乌关系的影响 EUEA 将面临诸多困难。② 其三，俄罗斯市场化改革滞后、市场规模有限，难以提供广阔市场促进内部贸易扩展。俄白哈关税同盟作为 EAEU 的前身，主要依靠政府强制力推进，缺乏区内经济关联基础，难以产生促使区内国家提升制度化合作的内生需求与动因，这导致深度一体化面临多重制约。③

TAEEP 覆盖 EAEU 以及中、印等国，加上"一带一路"战略的推进，这都将为包括 EAEU 在内的成员提供难得的机遇。首先，2004—2013 年，我国对中亚五国、俄、印的直接投资流量保持增长，其中我国对中亚投资低于俄罗斯，但未来投资前景广阔(见图 1)。2014 年我国对外直接投资达 1231.2 亿美元，首次突破千亿美元大关，同比增长 14.2%。④ 随着"一带一路"战略的实施，沿线国家和地区将成为我国未来投资的重点，将开工建设一批互联互通项目，推动我国优势产业和富余产能转移，并扩大我国对沿线国家制造业、服务业等其他相关产业的投资。2015 年 3 月，中—哈签署了 33 份产能合作文件，项目总金额达 236 亿美元。其次，TAEEP 将帮助中亚国家摆脱贸易"荒漠化"，并尽快融入全球供应链。TAEEP 将为 EAEU 提供更为广阔的市场，而且丝绸之路经济带将使中亚国家从贸易"荒漠"变为沟通东亚经济圈和欧洲经济圈的贸易桥梁。此外，TAEEP 可以促进区域内生产链的形成，有助于 EAEU 更深入的参与国际分工和融入全球供应链。

(二)区域内贸易规模与紧密度的比较分析

2004—2013 年，中、印、俄以及中亚五国之间贸易额保持长期快速增长，仅在 2009 年受金融危机影响而出现下滑(见图 2)。俄罗斯在中亚地区的贸易规模保持增长，但重要性相对下降，一个具有标志性的事件是，中国与中亚的贸易额在 2008 年超过俄罗斯与中亚的贸易额。而且 EAEU 成员国都是原苏联加盟共和国，

---

① See Юлия Вымятнина, Заведомо провальный Таможенный союз, 2 Декабря 2013 года, available at http://www.vedomosti.ru/opinion/news/19464711/beskorystnyj-soyuz, visited on 28 June. 2015.

② 李燕，何婉昱. 俄乌关系演变对欧亚联盟的影响[J]. 国际关系研究，2015(4)：114.

③ 富景筠. 俄白哈关税同盟的历史演进、动因及前景——基于区域内贸易特点的视角[J]. 俄罗斯东欧中亚研究，2014(2)：31.

④ 参见商务部、国家统计局、国家外汇管理局《2014 年度中国对外直接投资统计公报》，2015 年 9 月，第 3 页。

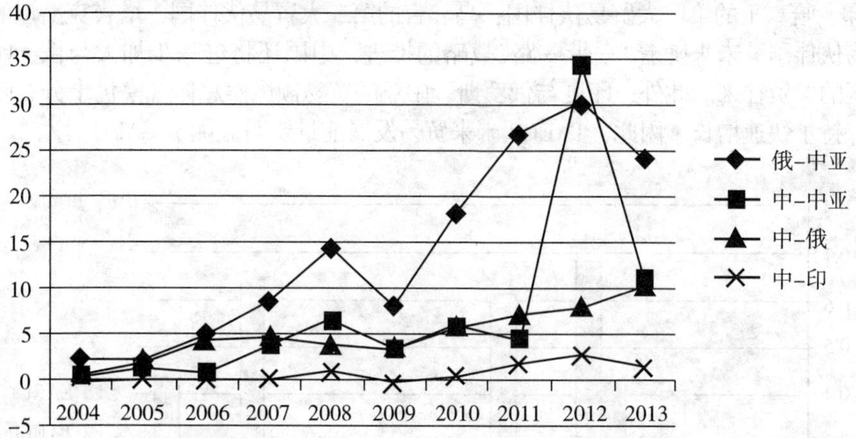

图 1　中国对俄、印、中亚直接投资流量

（数据来源：俄-中亚数据来自 Russia in figures. 2014，其余数据来自《2013 年中国对外直接投资统计公报》。）

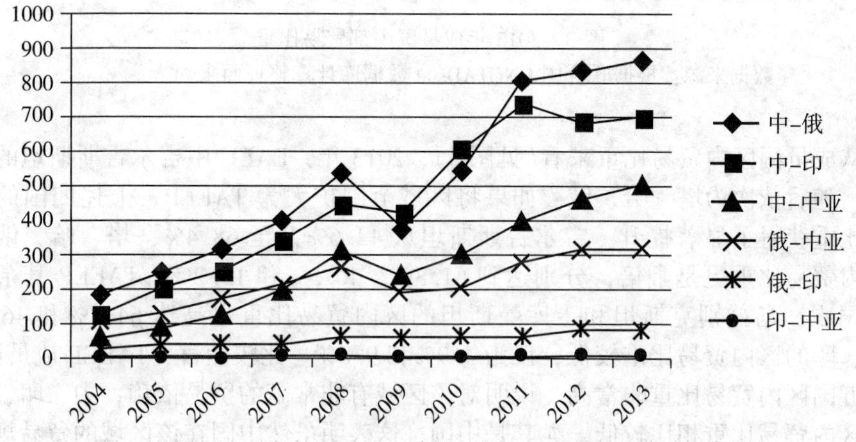

图 2　俄、中、印、中亚五国相互间贸易总额(单位：亿美元)

（数据来源：根据联合国 UNCTADstat 数据库计算整理而来。）

历史遗留的经济发展模式存在严重趋同的问题，使得相互贸易总量有限，远未实现经济一体化的目标。① 与此同时，中国在该区域内贸易的影响力迅速提升，在近三年相互之间贸易额排名中，中—俄、中—印、中—中亚位居前三位。中国已经成为

① 顾炜. 欧亚经济联盟的新动向及前景[J]. 国际问题研究，2015(6)：39.

俄、印、哈、土的第一大贸易伙伴国，乌、吉的第二大贸易伙伴国，塔吉克斯坦的第三大贸易伙伴国。未来随着“一带一路”战略的推进，中国还将进一步加大与俄、印、中亚地区的经贸往来。此外，印度与俄罗斯、中亚的贸易额虽然总体规模仍十分有限，但近期保持了快速增长。因此，TAEEP 未来贸易发展前景要明显优于 EAEU。

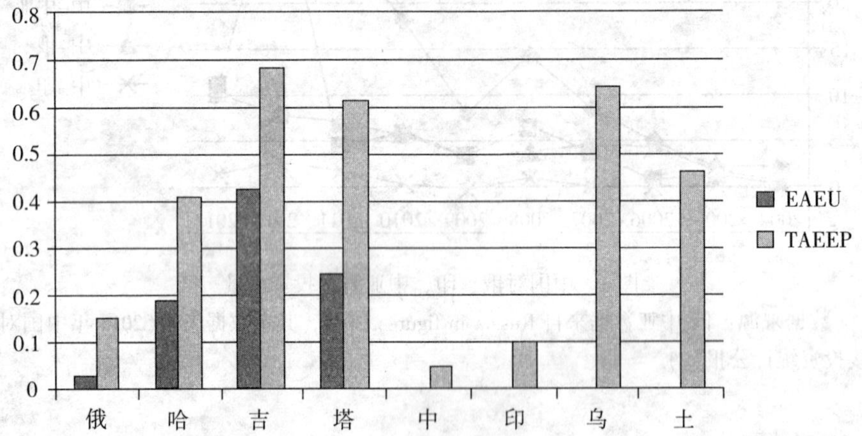

图 3　2013 年成员国内部贸易比重
（数据来源：根据联合国 UNCTADstat 数据库计算整理而来。）

从成员国区内贸易比重来看（见图 3），2013 年，EAEU 中吉尔吉斯斯坦的比重最高，随后依次为塔、哈、俄。如果将区域范围扩大为 TAEEP，上述四国的区内贸易比重获得了显著提升，吉尔吉斯斯坦从 42.6%升至 68.4%，塔、哈、俄三国的区内贸易比重更是翻倍，分别达到 61.3%、40.5%和 15.2%。TAEEP 其余四个成员国中，乌兹别克斯坦和土库曼斯坦的区内贸易比重也高达 64.2%和 46.3%，而中、印的区内贸易比重较低，仅为 4.9%和 9.8%。比较而言，TAEEP 成员国中，中亚五国区内贸易比重非常高，说明对该区域有非常高的贸易依赖；中、印、俄三国的区内贸易比重相比较低，尤其是中国，这表明虽然中国在该区域的贸易规模很大，但未来仍有较大的发展潜力。

（三）竞争性和互补性分析

本文采用显性比较优势指数（RCA）①衡量各国行业的市场竞争力，根据日本贸

① RCA 计算公式是：$RCA_{xi}^{a}=(X_i^a/X_i)/(X_w^a/X_w)$，其中，W 代表世界，a 代表产业，i、j 代表两个国家，X_i^a 为 i 国 a 类产品的出口额，X_i 为 i 国所有产品的出口额，X_w^a 为 a 类产品的各国国际贸易总额，X_w 为世界所有产品的出口额。

易振兴会的标准，当 RCA> 1.25 时表明此类商品在世界市场上具有很强的竞争力。表 1 数据显示，俄、哈、乌、土在化石能源(SITC3)，哈、乌、土、吉、塔在金属矿产资源等(SITC2)，中、印、乌、塔在制成品(SITC6)，吉、印、乌在农产品(SITC0)存在竞争优势重叠的情况。总体来看，EAEU 四国的竞争优势行业重叠现象明显，而中、印两国的竞争优势行业与中亚五国、俄罗斯大多相互错开。

表 1　**2013 年区域内各国的 RCA 指数(SITC0-SITC9)**

	SITC0	SITC1	SITC2	SITC3	SITC4	SITC5	SITC6	SITC7	SITC8	SITC9
俄	0.393	0.3	0.763	3.909	0.712	0.417	0.833	0.126	0.099	0.811
哈	0.461	0.218	1.258	4.201	0.106	0.351	0.817	0.046	0.027	0.128
吉	2.794	2.053	2.728	0.811	0.015	0.413	1.092	0.525	0.968	2.395
塔	1.081	0.244	6.695	0.13	0.005	0.173	4.023	0.072	0.272	0.073
中	0.42	0.149	0.164	0.085	0.053	0.506	1.337	1.466	2.352	0.018
印	1.659	0.496	1.187	1.145	0.621	1.095	2.013	0.427	1.038	0.506
乌	1.517	0.634	3.135	1.196	0.003	1.047	1.908	0.411	0.385	0.936
土	0.019	0.003	1.248	4.859	0.029	0.102	0.243	0.019	0.057	0.416

(数据来源：根据联合国 UNCTADstat 数据库计算整理而来。)

(注：0-食品和活动物；1-饮料及烟草；2-非食用原料；3-矿物燃料、润滑油及有关原料；4-动植物油、脂和蜡；5-未另列明的化学品和有关产品；6-主要按原料分类的制成品；7-机械及运输设备；8-杂项制品；9-其他商品和交易)

下面我们将采用贸易互补性指数(TCI)①来分析成员间贸易互补性，TCI 大于 1 说明两国贸易互补性高，反之互补性较小。表 2 数据显示：作为 EAEU 核心的俄、哈两国，俄对哈出口 TCI 指数为 0.739，哈对俄出口 TCI 指数仅为 0.317，表明两国贸易互补性很差；中国对俄、哈、乌、土出口 TCI 指数均超过 1，印度和中亚五国出口 TCI 指数也都超过 1。整体而言，EAEU 内部互补性较差，而 TAEEP 包含中、印两国，区域内的互补性大大加强。

① TCI 计算公式为：$TCI_{ij}=\Sigma_a(RCA_{xi}{}^a\times RCA_{mj}{}^a)\times(X_w{}^a/X_w)$，其中，$RCA_{xi}{}^a$表示出口国 a 产业的显性比较优势，$RCA_{mj}{}^a$表示 j 国 a 产业参与国际贸易的比较劣势，$X_w{}^a/X_w$为权重。

表 2　**2013 年各国之间的贸易互补性指数**

出口国＼伙伴国	俄	哈	吉	塔	中	印	乌	土
俄		0.739	1.230	1.046	0.957	1.858	0.652	0.423
哈	0.317		1.273	1.105	0.997	1.903	0.631	0.359
吉	1.009	0.940		1.205	1.108	1.011	1.032	0.949
塔	0.923	1.051	0.969		1.400	0.986	1.445	1.219
中	1.249	1.214	0.897	0.943		0.602	1.044	1.244
印	0.970	1.067	1.131	1.194	0.915		1.078	1.018
乌	0.894	0.965	1.077	1.206	1.162	1.173		0.969
土	0.166	0.629	1.257	1.050	1.031	2.076	0.480	

（数据来源：根据联合国 UNCTAD Stat 数据库计算整理而来）

综合上述分析可以发现：俄罗斯在面临内外挑战情况下对 EAEU 的推动力量有限，而"一带一路"背景下的 TAEEP 将为包括 EAEU 在内的成员提供难得的机遇。当区域范围扩大为 TAEEP 后，EAEU 四国在 TAEEP 的内部贸易比重获得显著提升，而且 TAEEP 未来贸易发展前景要明显优于 EAEU。EAEU 四国的竞争优势行业结构同质化严重，俄、哈两国内部互补性较差，其贸易创造效应很难发挥，而中、印两国的竞争优势行业与中亚五国、俄罗斯相互错开，贸易互补性强。因此，TAEEP 的"EAEU+中、印、土、乌"模式，在经济带动能力、内部贸易规模和潜力、竞争性和互补性等方面相比 EAEU 更具优势，有助于 TAEEP 和 EAEU 相互借重、共同发展。

五、泛亚欧经济伙伴关系面临的挑战及建设策略探讨

TAEEP 面临的政治经济形势错综复杂，存在一些潜在风险和挑战。在 TAEEP 的建设中，应秉持包容、开放、灵活的态度，积极推进谈判进程。

(一) 泛亚欧经济伙伴关系面临的挑战

由于中亚地区政治经济发展存在诸多复杂因素，TAEEP 建设面临着一些潜在的风险和挑战。

1. 多个大国在中亚博弈

苏联解体后，中亚地区成为地缘政治影响的真空，很快成为世界各种政治力量竞争的舞台。尤其是新世纪以来，俄、美、中、欧等多个大国在中亚展开博弈，形成众多复杂的双边、多边关系。① 中亚是俄罗斯南部安全屏障和重要市场，俄罗斯将中亚视为大国战略和国家复兴的重要组成部分，因而努力抵制其他大国的影响力。② 与此同时，欧美一直致力于扩大在欧亚大陆的地缘经济空间与政治影响，欧盟2009年启动的“东部伙伴关系”计划以及美国2011年提出的“新丝绸之路”计划，都旨在削弱俄罗斯的影响力。③ 大国博弈将给TAEEP建设产生不利影响，而且TAEEP的建设本身也可能会加剧地缘政治斗争。

2. 内部存在的矛盾和分歧

中、俄在中亚的关系非常紧密也非常微妙，一方面中国与中亚的经贸关系已经超过了俄罗斯，但另一方面在与中亚经济一体化和政治文化交往上则逊于俄罗斯，妥善处理三边关系将是TAEEP的关键。中亚各国的双边关系中也存在一些可能影响TAEEP进程的问题和症结点，比如乌哈之间的竞争和不信任、水资源争端、悬而未决的领土和民族问题等。中印边界争端是横亘在两国关系中的棘手问题，不时出现的边界摩擦会干扰TAEEP的建设。

3. 部分中亚国家基础较弱

中亚部分国家政治制度和社会不稳定，权力过于集中而换届机制不完善，如吉尔吉斯甚至多次发生政变。中亚也是各种极端势力活跃的地区，恐怖主义、分裂主义和极端主义三股势力非常猖獗。在经济方面，部分中亚国家也存在严重问题：基础设施落后，经济发展缺乏活力；市场化改革远未完成，存在较强的计划经济色彩；经济缺乏多样性，内部市场具有垄断性。

4. 对外开放的质量不高

TAEEP部分成员国经济开放程度不高，非关税壁垒、海关、外资管理等制度缺乏透明度。此外，俄、塔、哈在近两年才成功加入WTO，其余乌、土还处于入世谈判过程，这可能不利于成员国在谈判中找到真正的“共同语言”。

(二)泛亚欧经济伙伴关系的建设策略探讨

为应对上述挑战，TAEEP应秉持包容、开放、灵活的态度，巧妙运筹内外各种复杂关系，积极推动谈判进程。

---

① 冯绍雷. 多重三边关系影响下的中亚地区[J]. 俄罗斯研究，2009(6)：7.

② 李永全. 和而不同：丝绸之路经济带与欧亚经济联盟[J]. 俄罗斯东欧中亚研究，2015(4)：6.

③ 王海滨. 欧亚经济联盟及其世界影响[J]. 现代国际关系，2015(8)：47.

1. 协调好内部成员国的关系

俄、哈、吉等国已经是EAEU的成员，受EAEU规则限制成员国无法单独与其他国家商谈自由贸易区。为充分尊重EAEU成员国的利益，也考虑到俄罗斯推动EAEU的雄心，TAEEP谈判中EAEU将作为一个整体参加(包括白俄罗斯)。同时，鉴于部分国家间关系较为复杂，TAEEP也可参考中国—东盟自贸区的“10+1”模式，先达成“EAEU+1”的协议，如“EAEU+中”；在发挥贸易自由化经济效益的基础上，各方再达成“EAEU+中、印、土、乌”的总体协议。

2. TAEEP谈判可以将SCO作为平台

TAEEP内相关国家多为SCO成员国、潜在成员国或对话伙伴国，而且中俄两国在《关于丝绸之路经济带建设和欧亚经济联盟建设对接合作的联合声明》中特别提到可以通过SCO开展合作,① 因此，SCO可以作为TAEEP的谈判平台。SCO内部已经形成元首理事会、政府首脑理事会、外交部长理事会等多层级的合作机制，为推动TAEEP谈判，可设立由各方经贸部长为代表的谈判组，SCO秘书处则可承担组织的协调职责。

3. 充分照顾落后国家的利益

考虑到成员国发展水平和经济规模存在较大差异，TAEEP成员可分为普通成员国和特殊成员国，其中特殊成员国主要是指落后国家，可以享受特殊和差别待遇。例如，普通成员国应尽快以高标准来进行和落实谈判；特殊成员国则可以设置一个缓冲期，在经过一个合理的时期以后再逐步放开国内市场。同时，考虑到仍有部分成员国尚未加入WTO，为了帮助这些国家发展，TAEEP可考虑给予非WTO成员以多边最惠国待遇，即将加入WTO时的承诺适用于这些国家。

4. 先易后难、抓住核心

TAEEP谈判安排可按议题分组同时谈判，也可先达成框架协议再循序渐进谈判，总的策略是先就各经济体容易达成共识的领域达成协议，对于谈判中的阻碍遵循先易后难的原则来解决。此外，为尽快享受到贸易投资自由化的好处并夯实经济基础，TAEEP可制定“早期收获”计划。为寻求区域经济整合的最大利益，早期关税减让货品的优先顺序可视情况而定。

---

① 参见《中华人民共和国与俄罗斯联邦关于丝绸之路经济带建设和欧亚经济联盟建设对接合作的联合声明》，2015年5月8日，第1条。

Trans-Asia-Europe Economic Partnership under the Background of the Belt and the Road

Abstract: The Belt and the Road initiative is a significant strategy to promote trans-regional economic corporation with Central Asia as a key area. However, China has not yet concluded any free trade agreement with any Central Asia country, while the Eurasian Economic Union (EAEU), leaded by Russia, has been officially launched. With the purpose to bring the Silk Road Economic Belt strategy into practice, to realize its integration with EAEU, and to deepen China's economic and trade relation with Central Asia countries, this paper suggests establishing a Trans-Asia-Europe Economic Partnership (TAEEP). With Central Asia, Russia, India and China as members, TAEEP aims to promote China's communication and interaction with Central Asia with the support of EAEU and Shanghai Cooperation Organization (SCO). In contrast with SCO Free Trade Area, TAEEP is compatible with Eurasian Economic Union and the system of checks and balances is beneficial to decreasing vigilance against each other. Compared with EAEU, TAEEP has the edge in economic driving ability, trade potential and complementarity. Thus EAEU and TAEEP can rely on each other and seek common development.

Key words: Trans-Asia-Europe Economic Partnership; Silk Road Economic Belt; Eurasian Economic Union; Shanghai Cooperation Organization

论海上丝绸之路沿线的海盗威胁与中国对策

□ 王竞超*

内容摘要：近年来，推进"21世纪海上丝绸之路"建设已成为我国的一项重大战略决策。然而应该看到的是，目前"海丝路"外部安全环境较为严峻，沿线除了存在相关国家间的军事冲突、政局不稳等传统安全问题外，还面临着以海盗犯罪为代表的海上非传统安全问题的严重威胁。目前，沿线打击海盗面临着地理与自然环境复杂、海盗组织不断蜕变、现有国际法律制度框架存在严重缺失、海盗产生的根源依然没有得到充分治理等短期内难以解决的现实困难。我国既是"海丝路"倡导国，也是遭受海盗危害最为严重的国家之一。着眼于以上困难，我国今后应从国内、国际两个层面采取对策，深化与沿线国家合作，加强对海盗的打击和威慑能力。

关键词：21世纪海上丝绸之路　海盗　国内措施　国际合作

目　次

* 武汉大学中国边界与海洋研究院讲师，国家领土主权与海洋权益协同创新中心研究人员，政治学博士。

一、引言

近年来，我国经济日益成为高度依赖海洋的开放型经济。据统计，我国经济对外贸易运输量的90%是通过海上运输完成的。其中，尤其值得关注的是，一些关乎我国社会经济发展乃至国家战略安全的重要资源，如原油、天然气、铁矿石等等的进口几乎全部依赖海运。因此，海上运输通道的安全直接关乎我国经济社会的可持续发展。

另一方面，以海洋为纽带的国际合作也日益为我国所重视。2013 年中国国家主席习近平在出访中亚和东南亚国家期间，提出共建“丝绸之路经济带”和“21 世纪海上丝绸之路”(以下简称“海丝路”)的重大倡议。此后，2015 年 3 月 28 日，国家发展改革委、外交部、商务部联合发布了《推动共建丝绸之路经济带和 21 世纪海上丝绸之路的愿景与行动》(以下简称“愿景与行动”)，推进“海丝路”建设正式成为我国的一项重大战略。

然而，需要看到的是，目前“海丝路”沿线的安全局势并不乐观，面临着一些前所未有的挑战。其中，除了沿线相关国家间的军事冲突、政局不稳等传统安全元素，以海盗、海上恐怖主义为代表的海上跨国犯罪问题在近几年中产生的危害性日益上升。为了让“海丝路”真正成为“促进共同发展、实现共同繁荣的合作共赢之路”，最大程度地促进我国与沿线各国的贸易往来及跨境合作，其要义在于各国原料及产品能顺利地“运出去”、“拿回来”。在此背景下，研究如何应对沿线日益严重的海盗等非传统安全问题就显得格外重要了。

二、“海丝路”的战略性质与意义

从经济层面来看，“海丝路”是一条连接沿线各国的一条互惠共赢的纽带，而从国家海洋战略层面来看，则可以将其视为数条海上战略通道的集合体。

何谓海上战略通道？李兵在《国际战略通道研究》一文中认为，“在漫长的海上运输中，起决定性作用的只有一两处咽喉要地，即具有战略意义的海峡，人们通常把这些重要的海峡称做海上战略运输通道，简称运输通道。”①可以看出这一定义相对狭义，仅仅将国际重要海峡作为战略运输通道。而另一种观点则认为，海上战略通道是一个较为广义的概念，是对国家安全与发展具有重要战略影响的海上咽喉要道、海上航线和重要海域的总称，其主要包含三部分：一是特指一些重要的海峡、水道、运河；二是指海峡及海上交通线附近的一些重要的交通枢纽—岛国和岛屿；三是指海上交通线所经过的有特定空间限制的重要海域。②

那么“海丝路”对应的是广义还是狭义的战略通道呢？为了客观评价海丝路的战略性质，必须要厘清“海丝路”的具体地理构成。尽管我国倡导“海丝路”是开放包容的，不设国别范围，也不搞排他性的制度设计，仍可根据我国官方勾勒的路线图，对“海丝路”沿线区域进行大致的梳理。根据“愿景与行动”，“海丝路”沿线包括两个重点方向：从中国沿海港口过南海到印度洋，延伸至欧洲；从中国沿海港口过南海到南太平洋。结合海上战略通道定义以及更具体的地理划分来说，这两大方向主要囊括了以下4条大的战略通道：(1)中国沿海—南海—马六甲海峡(巽他海峡、龙目海峡)—安达曼海—孟加拉湾—印度洋—亚丁湾—红海—苏伊士运河—欧洲地中海沿岸；(2)中国沿海—南海—马六甲海峡(巽他海峡、龙目海峡)—安达曼海—孟加拉湾—印度洋—亚丁湾—东非各国沿岸；(3)中国沿海—南海—马六甲海峡(巽他海峡、龙目海峡)—安达曼海—保克海峡③-印度洋-霍尔木兹海峡-波斯湾；(4)中国沿海-南海-望加锡海峡(巴拉巴克海峡、龙目海峡)-南太平洋。当然，以上这些通道划分只是一个大致梳理，船舶在很多情况下由于航行安全或成本原因，可能会选择绕行其他海域或是利用其他海峡，在此也就不一一赘述了。基于以上梳理，笔者认为“海丝路”作为4条战略通道的集合体，由不同的地理形态构成，应属于较为广义的海上战略通道，即涵盖了沿线重要海域、群岛与群岛水域、海峡。

具体来说，首先，“海丝路”涉及一些重要海域如南海、孟加拉湾、安达曼海、印度洋、红海等；其次，“海丝路”也经过了一些重要的群岛及群岛水域，如苏门答腊岛、加里曼丹岛、爪洼岛、苏拉威西岛等等；再次，重要海域与群岛之外，“海丝路”沿线涉及众多用于国际航行的海峡(参见表1)。这些海峡在国际海运中具有重要价值，是“海丝路”沿线最为重要的战略通道与核心组成部分。

这四大战略通道的前三条是我国最为重要的国际贸易和能源运输线，也是我国80%以上的商船、油轮的必经之地，为我国的海上交通命脉。而第四条战略通道主要涉及到我国一些原材料进口，如澳新的铁矿石、羊毛、锰以及东南亚各国的木

① 李兵．国际战略通道研究[D]．北京：中央党校出版社，2005.

② 梁芳．海上战略通道论[M]．北京：时事出版社，2011：11.

③ 该海峡吃水较浅，大型船舶许多情况下会直接取道印度洋。

材、橡胶、锡、天然气等等。因此，“海丝路”沿线对于我国经济社会发展、对外交流合作乃至国家的长治久安都具有重大意义。

表1　“海丝路”沿线主要国际海峡

海峡(按“海丝路”所经区域排列)	所属区域/国家	最小宽度
台湾海峡	东亚/中国	74
琼州海峡	东亚/中国	10
巴布延海峡	东南亚/菲律宾	15
马六甲海峡	东南亚/马来西亚、新加坡、印尼	8
望加锡海峡	东南亚/印尼	62
巽他海峡	东南亚/印尼	12
龙目海峡	东南亚/印尼	11
保克海峡	南亚/印度、斯里兰卡	36
霍尔木兹海峡	西亚/伊朗、阿曼	21
曼德海峡	东非、西亚/吉布提、也门	14
博斯普鲁斯海峡	东欧、西亚/土耳其	0.75
达达尼尔海峡	东欧、西亚/土耳其	1.5
莫桑比克海峡	东非/莫桑比克、马达加斯加	208
直布罗陀海峡	北非、西欧/西班牙	8

(资料来源参照陈德恭:《现代国际海洋法》,海洋出版社2009年版,第79-85页制表)

三、“海丝路”沿线面临的海盗犯罪现状

(一)海盗的定义

目前国际社会围绕海盗行为，使用最广的定义来自《联合国海洋法公约》(以下简称《公约》)。《公约》第101条规定，海盗行为指以下任何行为：(1)私人船舶或私人飞机的船员、机组船员或乘客为私人目的，在公海或任何国家管辖范围以外的地方对另一船舶或飞机，或对另一船舶或飞机上的人或财物所从事的任何非法的暴力或扣留行为，或任何掠夺行为；(2)明知船舶或飞机成为海盗船舶或飞机的事实，而自愿参加其活动的任何行为；(3)教唆或故意便利(1)或(2)项所述行为的

任何行为。①

值得注意的是，在领海、港口等区域发生的暴力劫掠、扣押等非法行为，国际社会原本称其为“海上武装抢劫”或“武装抢劫船只”。本文拟参照近年来国际学界整体研究趋势与“海丝路”沿线海盗犯罪区域特点，将海盗与“海上武装抢劫”统称为海盗进行探讨。

（二）近年来“海丝路”沿线不同区域海盗犯罪情况

上文已对“海丝路”沿线主要海上战略通道做了梳理，巧合的是，这几条战略通道几乎完全覆盖了全球主要海盗多发区。全球历史的五大海盗多发区有东南亚海域、南亚（孟加拉湾及印度洋沿岸）、红海与亚丁湾、索马里沿岸以及西非（几内亚湾等），其中四个几乎完全被“海丝路”覆盖。因此，海盗犯罪已对“海丝路”战略的推进造成了严重威胁。笔者对2010年以来，“海丝路”沿线各区域及总体海盗犯罪情况②做了详细统计（参见表2）。

表2　　**“海丝路”沿线海盗案件数量变迁（2010—2014年）**

年份／区域	2010		2011		2012		2013		2014	
	犯罪既遂	犯罪未遂	犯罪既遂	犯罪未遂	犯罪既遂	犯罪未遂	犯罪既遂	犯罪未遂	犯罪既遂	犯罪未遂
东亚										
中国	1		1		1					
次区域总数	1		1		1					
南亚										
阿拉伯海	5	7		4						
孟加拉国	21	3	14		11		6		15	
孟加拉湾	3			1					2	

① 傅崐成. 海洋法相关公约及中英文索引[M]. 厦门：厦门大学出版社，2005：37.

② 以上统计数据只能大致反映海盗案件发生情况。一些海盗案件中，由于船东一方面已获得保险赔付，另一方面，其也担心通报之后相关国家对海盗缉拿、审理等，会导致交货日期延误、船舶安全声誉受损而选择不报案。而一些海盗发生地区的政府和港口执法部门基于维护其作为海上航运安全区的声誉，防止国际保险公司提高经过其海域的保费等考虑，很多情况下也不愿透露在本国海域发生的海盗犯罪次数。

续表

区域＼年份	2010		2011		2012		2013		2014	
	犯罪既遂	犯罪未遂	犯罪既遂	犯罪未遂	犯罪既遂	犯罪未遂	犯罪既遂	犯罪未遂	犯罪既遂	犯罪未遂
印度	5	2	7	2	8	1	11		11	2
次区域总数	34	12	21	7	9	1	17		28	2
东南亚										
泰国湾	1									
印度洋										1
印尼	37	10	47	2	66	6	83	7	41	5
马来西亚	18		14	3	11		6		4	1
缅甸			1							
菲律宾	5		4	2	3		5		5	
新加坡	2		3		2					
南海	17	8	12	6	7		10	1	40	2
马六甲海峡	5	3	24	2	12	1	12		44	4
泰国	1									
越南	13		8		3	1	8	1	6	
次区域总数	99	21	113	15	104	8	124	9	140	13
红海与亚丁湾、索马里海域①										
次区域总数	219	237	75	15	11					
海丝路沿线区域总数	386	394	208	165	194					
世界海盗犯罪总数	445	439	297	264	245					
"海丝路"沿线海盗犯罪数量占世界比例	86.7%	89.7%	70%	62.5%	73.2%					

资料来源：ReCAAP ISC Annual Report 2014，IMB Piracy and Armed Robbery Against Ships: Annual Report（2010—2014）

① 包括周边的亚丁湾与红海等海域。仅统计到海盗案件总数，未区分犯罪既遂与犯罪未遂案件。

由表 2 可以看出，东亚区域海盗案件数一直较少，属于航行安全海域。而南亚目前则是海盗问题的一个较高发区域，印度、孟加拉国的海盗案件数居高不下。尤其值得注意的是，孟加拉国最大港口吉大港附近海域海盗频发，是孟加拉湾沿岸的重灾区。

在东南亚，海盗犯罪形势日益严峻。域内传统的海盗多发区马六甲海峡，海盗犯罪在 2004 年之后一度受到遏制，近年来再次死灰复燃，2014 年达到 48 件，反映了该海峡打击海盗犯罪依然任重道远，不可懈怠。而海峡沿岸三国中，新加坡海域海盗犯罪得到很大抑制，近两年都没有海盗犯罪报告，海盗基本销声匿迹。马来西亚自 2010 年以来，海盗犯罪问题也逐年改善，从 18 件到近两年的 5 件左右。而另一个马六甲沿岸国家—印尼情况则不容乐观，45 件以上的海盗案件数表明其仍然是全球海盗犯罪最为猖獗的地区。东南亚海域内，除了以上传统的海盗高发区域外，南海海域近年来海盗案件的激增尤为值得关注。2010 年、2011 年，南海海盗发生数(包括未遂案件)分别达到了 25、18 件，2012 年、2013 年有所好转，下降到了 7、11 件，然而 2014 年却猛增至 42 件，刷新了历史纪录。

而沿线另外两大海盗频发海域—红海与亚丁湾、索马里海域，在 2012 年以前曾是全球航行最危险海域，2010 年、2011 年海盗犯罪数分别达到 219、237 件，占当年沿线海盗犯罪总数的 56. 7%、60. 2%。近年来伴随着国际社会多国巡航的展开，对索马里海盗海、陆犯罪据点的打击以及各船舶对民间武装的雇佣等举措的实施，海盗案件数量从 2010 年的 219 件急剧下降至 2014 年的 11 件。不过，应该看到的是这一改善具有很大弹性，其对国际社会军事巡航等应急措施具有很大的依赖，一旦军事巡航强度降低，以上海域的海盗犯罪随时会卷土重来。

总之，从各区域的海盗犯罪情况来看，可谓喜忧参半。东南亚区域特别是马六甲海峡沿岸近两年来出现了报复性反弹，南海成为了新的海盗犯罪热点地区；孟加拉国、印度等南亚区域没有出现明显改善；红海、亚丁湾与索马里海域海盗犯罪在 2012 年以后获得了很大抑制。而另一方面，从总体来看，“海丝路”沿线海盗犯罪在 2012 年、2013 年得到很大改善，从 394 件分别下降为 208、165 件，占世界比例由 2011 年的 89. 7% 下降到 70%、62. 5%。然而，2014 年出现明显反弹，重新上升至 194 件，占世界比例达到 73. 2%。因此，沿线海盗问题总体形势依然非常严峻，其已经成为了悬在“海丝路”上空的一柄“达摩克利斯之剑”。若要成功推进“海丝路”建设，就必须对沿线海盗治理问题给予足够的重视。

四、“海丝路”沿线打击海盗面临的现实困难与存在的不足

(一)“海丝路”沿线复杂的地理与自然环境，给打击海盗带来了客观困难

“海丝路”沿线多属热带或亚热带海域，植被茂密，可供隐蔽小岛较多，是海盗理想的藏身之所。特别是水文条件复杂、航道狭窄且航行条件不甚理想的海域，极易成为海盗犯罪猖獗的地区。以马六甲海峡为例，海峡西北口宽，而越往东南其航道越窄，加之水流平缓，泥沙淤积旺盛，久而久之形成了严重的航道淤塞问题。此外，海峡中暗礁浅滩密布，近些年以来船舶相撞事故频发，沉船事故屡见不鲜。而伴随着沉船的增多，航道淤塞的清理不力，航道变得愈发狭窄。马六甲海峡拥挤的航道与欠佳的航行条件降低了通过船舶的航速，这也为海盗伺机作案提供了机会。另一方面，海峡南部偏印尼一侧分布着大量热带岛礁，各岛礁上热带丛林密布，为海盗藏匿提供了天然的屏障。与马六甲海峡类似，亚丁湾、红海附近海域同样存在大致相同的自然环境与航行条件。

而南海、孟加拉湾、印度洋、索马里沿岸等广大海域，则由于海域面积过大，地理水文条件复杂，执法船舶难以跟踪控制海上目标；此外，客观上存在着大量执法“真空地带”，往往使海盗等海上恐怖分子有机可乘。①

(二)海盗组织自身性质的蜕变提高了拿捕难度

首先，与过去传统海盗组织相比，今天的海盗组织有高度专业化、网络化的特点，各大海盗组织从情报搜集、抢劫策划、犯罪实施、谈判乃至销赃等都有明确的分工。很多海盗多发国家，如印尼、菲律宾等东南亚国家政府港口管理部门、海关部门腐败横行，不少官员与海盗勾结，形成了一个利益共同体。② 政府管理人员通过为海盗提供各种船舶停靠信息、航行计划、安保设施及所载货物，从海盗集团获得大量钱物贿赂。而海盗集团通过各种内幕消息，巧妙隐身，伺机而动，让各国海上执法部门、巡逻舰艇防不胜防。一旦抢劫成功，对所劫船舶会通过专门渠道进行再处理，或通过外形改造继续使用，或将其变卖用作他途，而抢劫而来的赃物则会通过专门销赃渠道进行兑现。

其次，近十几年以来各海盗组织的信息化、武器装备水平也得到了显著提高。伴随着冷战的结束，冷战期间被各国囤积的多余武器及军需设备、通信器材都大量

① 李文沛. 国际海洋法之海盗问题研究[M]. 北京：法律出版社，2010：123.

② 李文沛. 国际海洋法之海盗问题研究[M]. 北京：法律出版社，2010：56.

流出，不少海盗乘机大量购入，极大地提高了自身战斗力，扩大了自身行动范围。① 各种现代装备如卫星电话、GPS 卫星导航系统、肩扛式火箭筒火箭弹、AK-47 冲锋枪等被广泛应用，这也使得海盗行动日益灵活，活动范围大为扩大，破坏能力迅速增强，进一步加大了对其缉捕的难度。

再次，更令人担忧的是海盗犯罪与海上恐怖组织有合流的趋向。过去一般认为，两者间犯罪动机区别很大，交集较少。海盗犯罪纯粹出于私人目的，仅仅为勒索财物；而海上恐怖主义则是出于个人或集团的政治目的，意图通过在海上进行恐怖袭击造成巨大社会恐慌心理及经济损失，从而迫使相关国家政府承认其政治主张。② 然而，近年来二者界限已逐渐模糊，联系越来越紧密。从客观上来说，二者具有很强的互补性。海盗犯罪集团可望从海上恐怖主义处获得大量武器装备、通信装备，行动能力与装备水平有望得到大幅提升；而海上恐怖组织则可利用海盗集团的财力，获得“活动经费”，在各危险海域频繁出击。海盗与海上恐怖组织基于以上“优势互补”关系，一旦联手将对未来“海丝路”沿线安全带来不可估量的威胁。

(三)现有规制海盗的国际法律框架存在的缺失

海盗行为作为一个古老的犯罪现象，在 20 世纪前是不受任何条约法规制的，而国际习惯法上对海盗行为的性质也是语焉不详，态度较为模糊。进入 20 世纪以后，由国际联盟发起将打击海盗犯罪的国际习惯法通过立法程序升格为条约法的进程。二战以来，在联合国及国际海事组织(IMO)主导下，国际社会围绕海盗犯罪的国际立法取得一系列成果。若按适用范围、地理范围来分类，主要分为以下几类：(1)全球性、广泛性公约。这类公约适用地理范围为全球，而涉及领域更是以广泛、全面著称，其代表无疑是《公约》；(2)全球性、专门性公约。这类公约多在全球范围内广泛适用、针对某特定领域。在海盗犯罪领域，相关的主要有 1988 年《制止危及海上航行安全非法行为公约》(以下简称 SUA 公约)及其议定书、《海上人命安全公约》(以下简称 SOLAS 公约)及其修正案等国际公约；(3)区域多边公约。目前真正着眼于海盗犯罪的，仅有亚洲国家间于 2004 年签订的《亚洲打击海盗及武装抢劫船只的区域合作协议》(RECAAP)。

尽管目前国际社会围绕海盗进行的国际法立法努力已经取得了很大进展，但由于海盗问题本身复杂多变，希望完全依靠现有国际公约而一劳永逸地规制、解决问题是不现实的。《公约》及其他专门性、区域性国际公约目前还存在各种缺失，这也使得当前国际社会依法打击海盗犯罪效果大打折扣。

---

① 李文沛. 国际海洋法之海盗问题研究[M]. 北京：法律出版社，2010：55.

② 杨泽伟. 中国海上能源通道安全的法律保障[M]. 武汉：武汉大学出版社，2010：8-9.

1.《公约》对打击海盗犯罪的缺失

毫无疑问,《公约》是针对海盗问题适用范围最广、国际接受程度最高的国际公约。然而,其缺失也是不容忽视的。其一,其存在条款内容过于宽泛,模糊的问题。许多条款基本只是一个原则性规定,在现实海上打击海盗犯罪问题上可操作性、解决问题能力有限。其次,尽管《公约》第100—107条围绕海盗问题的定义、对海盗犯罪的构成要件、各国打击海盗犯罪的义务等作出了规定,然而各条款从客观上来讲只是一个国际社会各国间互相妥协的结果,属于彼此都能接受的一个最低限度的共识,许多原本属于海盗犯罪范畴的行为都被过滤掉了。以下拟从《公约》对海盗犯罪的构成要件,即海盗犯罪主体、犯罪行为波及对象、犯罪动机、犯罪地点对《公约》的缺失给予总结。

从犯罪主体来看,《公约》第101条将海盗犯罪主体限定为私人船舶或私人飞机或在其中的船员、机组成员,即军舰、政府船舶或政府飞机在未发生第101条所述情况时,对另一艘船舶或飞机的暴力、扣押、掠夺行为将不属于海盗行为,不受《公约》制约。这将很大程度上助长一些国家为实现特定目的在公海或任何国家管辖范围以外地区,以打击海盗的名义动用军舰、政府船舶或政府飞机对他国船舶或飞机进行攻击的风险。

从犯罪行为主体及行为对象来看,《公约》规定了只能是私人船舶或私人飞机的船员、机组成员或乘客对另一船舶或飞机,或对另一船舶或飞机上的人或财物进行的犯罪。如此一来,如果是同一船舶或飞机内部的船员、机组成员或是乘客发起叛乱、挟持等事件导致原船舶或飞机从事海盗行为则不属于《公约》的规制范围。当然,《公约》也尝试对上述犯罪要件作出补充说明。在第102条中,公约规定"军舰、政府船舶或政府飞机由于其船员或机组成员发生叛变并控制该船舶或飞机而从事第101条所规定的海盗行为,视同私人船舶或飞机所从事的行为。"然而,该条款仅仅规制了政府背景的军舰、船舶或飞机。在现代海上犯罪中,私人船舶或飞机中,船内或机内发生动乱导致的犯罪事件层出不穷,《公约》却对其并无规制的能力。对这一问题的规定,将严重制约对相关犯罪行为的打击、惩处,使很多船内或机内"叛乱型"海盗犯罪成为漏网之鱼。

从犯罪动机来看,《公约》强调只有罪犯出自私人目的而非政治目的才是海盗行为。然而,从当前海上犯罪的实际情况来看,以谋求政治目的的海上恐怖主义和海盗犯罪合流趋势较为明显。许多恐怖主义分子不仅仅供给海盗武器与通信设备,本身也开始频频从事海盗犯罪,以获取恐怖主义活动资金。因此,若仅仅将海盗犯罪动机局限于私人目的,则将会有大量实际海盗犯罪行为得不到制裁,逍遥法外。更为重要的是,从技术上来说,在海上执法中对海上犯罪动机的界定尺度也很难掌控,短时间内对何为私人目的、何为政治目的进行甄别较为困难。

最后，从海盗犯罪地点来看，《公约》规定只有公海或任何国家管辖范围之外的地区发生的犯罪行为才是海盗行为，这就将大量发生于沿海国内水、领海、港口等的海盗犯罪行为排除在外。事实上，近些年来海盗活动范围发生了很大变化，海盗在国家管辖范围内的如领海、港口等区域的犯罪频发，若严格依据《公约》则难以对其进行缉拿。鉴于此，有学者指出《公约》应放宽海盗定罪条件，如对海盗罪的主体范围应放宽，犯罪地点不仅包括在公海上，也包括在某个港口区域，即在领海内船舶等待进港或通过海峡时发生的抢劫、袭击及谋杀行为，都应认定为海盗罪。①

总之，《公约》对海盗犯罪的构成要件、执法方式等方面仍然尚未形成统一的认识，对于公约定义以外的类似海盗行为，应如何处置仍无定论。《公约》的局限让发生于"海丝路"沿线许多事实上的海盗行为得不到法律制约，使得沿线海盗治理的效果受到了很大局限。

2. 国际专门性公约、区域性公约的修正性努力及局限

国际专门性公约和区域性公约方面，相比较《公约》，定义更为清晰，构成要件更为贴近现实，可操作性有了很大程度的提高，是对公约一个很强的补充。国际专门性公约方面，以最具代表性的1988年SUA公约及其2005年议定书为例，SUA公约对海盗犯罪行为进行了详细列举，对《公约》中对海盗犯罪的一些颇具争议的要件，如犯罪主体与客体必须是"船舶或飞机对另一船舶或飞机"，犯罪动机必须基于"私人目的"，犯罪地点"必须是公海或任何国家管辖范围之外"等进行了回避。特别是，SUA公约将发生在一国领海及港口、群岛水域等的海盗犯罪行为也纳入制裁范围，依照公约规定的管辖权规则，沿海国、船旗国、罪犯国籍国、受害者国籍国、受胁迫国都有权进行管辖，这大大加强了对领海内的抢劫、袭击船舶犯罪行为的打击力度，也填补了《公约》留下来的国际法律空白。② 而SUA公约2005年议定书中，则加入了"登临条款"，议定书第8条规定：一缔约国(登临请求国)的执法官员或者其他授权官员，在任何国家领海以外的水域，遇到悬挂另一国国旗或展示其登记标志的船舶时，如该请求国有正当理由怀疑该船舶或船上人员正在实施、曾经实施或即将实施议定书所列罪行，可以向该船的船旗国提出登临的请求。③ 该

---

① 曲波，张丽. 国家主权视角下马六甲海峡海盗的惩治[J]. 社会科学辑刊，2010(4)：116.

② 杨泽伟. 中国海上能源运输通道安全的法律保障[M]. 武汉：武汉大学出版社，2010：79.

③ 王家兵. 海上反恐与登临法律制度的完善[J]. 外交评论，2009(4)：142.

条款强化了对海盗及海上武装抢劫船舶的打击力度，是对《公约》的又一重大发展。① 然而，尽管SUA公约及其后的议定书虽弥补了《公约》中的一些纰漏，但许多海盗多发国家，尤其是东盟国家基于对可能侵犯本国主权的顾虑，一直不肯缔结这一公约。这也让SUA公约对一些海盗多发区域并不适用，可规制的地理范围非常局限。而另一代表性公约SOLAS公约及其修正案则主要是针对带有政治诉求的海上恐怖主义犯罪而制定的，对海盗问题的打击力度比较有限。

而区域性公约方面，2004年11月，亚洲16个国家——包括东盟10国，中、日、韩三国及南亚的印度、斯里兰卡、孟加拉三国在东京缔结的ReCAAP作为全球第一个专门以海盗问题为打击目标的区域公约，具有划时代的意义。与《公约》相比，ReCAAP有继承的一面，也对《公约》一些不完善之处予以了补充。就继承的一面来说，ReCAAP针对海盗犯罪，基本沿用了《公约》第101条的定义。不过，考虑到亚洲特别是东南亚海域的具体情况，ReCAAP规定海盗犯罪对象中仅仅限于"船舶及其船舶上人或财物"，而将飞机排除在外。

其次，针对《公约》中对海盗犯罪构成要件的一些争议，ReCAAP第1条第2款明确并补充了"武装抢劫船只"的相关规定。"武装抢劫船只"对《公约》主要有以下两大修正。首先，在犯罪主体上，"武装抢劫船只"规定只要是"为私人的目的针对船舶，或船舶上的人员或财产所进行的任何非法的暴力行为或扣押行为，或任何掠夺行为"即构成"武装抢劫船只"的犯罪主体②，大大扩展了海盗的犯罪主体范围，这就意味着政府船舶、军舰、军机等在从事私人目的的海盗犯罪时，同样必须接受ReCAAP的规制。其次，针对《公约》将海盗发生的地理位置被局限为"公海"或"任何国家管辖范围以外的地区"所引发的争议，"武装抢劫船只"规定为"缔约国对这些违法行为拥有管辖权的地方"。根据《公约》规定，沿海国对其内水、领海，群岛国家对于其群岛水域享有基于主权的领土管辖权、属人管辖权和普遍管辖权，③ 沿海国对于这些海域的海上犯罪打击自然负有义务。而"武装抢劫船只"条款明确了沿海国对于发生在本国毗连区、专属经济区以及大陆架的海盗犯罪同样享有管辖权，这就增加了沿海国的义务，也避免了个别国家对发生在本国享有管辖权的海域

① 杨泽伟. 中国海上能源运输通道安全的法律保障[M]. 武汉：武汉大学出版社，2010：103.

② 杨翠柏.《亚洲打击海盗及武装抢劫船只的地区合作协定》评价[J]. 南洋问题研究，2006(4)：31.

③ 杨翠柏.《亚洲打击海盗及武装抢劫船只的地区合作协定》评价[J]. 南洋问题研究，2006(4)：32.

的“武装抢劫船只”行为的包庇或纵容。①

鉴于 ReCAAP 及其实体——信息共享中心(Information Sharing Centre, ISC)取得的成果与成功经验，联合国、IMO 等在 2009 年开始着手讨论在索马里及周边国家能否建立一个与其相似的机制，以抑制愈演愈烈的索马里海盗问题。当然，ReCAAP 也并非尽善尽美，其也存在自身局限。首先，ReCAAP 所能规制的地域存在局限。目前，ReCAAP 涵盖的地理范围基本局限于孟加拉湾以东的东亚、东南亚以及南亚海域，对“海丝路”沿线其他区域的海盗治理鞭长莫及。其次，在最为关键的马六甲海峡沿岸三国中，除了新加坡以外，印尼、马来西亚由于担忧域外国家参与马六甲事务危害本国主权完整，不满 ISC 总部设立在新加坡等原因，目前都拒绝缔结 ReCAAP。以上两国的群岛水域及沿海是全球海盗犯罪最猖獗的地区之一，两国的“缺席”将对 ReCAAP 的一些主要工作目标，如海盗犯罪信息共享、成员国打击海盗能力建设、海上跨境追踪与救援等的开展带来很大不便，让 ReCAAP 的效力受到削弱。

3. 各国国内法立法的滞后

除了国际立法外，应该看到各国围绕打击海盗进行的国内法立法努力还远远不够。国际法规范有关海盗行为的相关规定，旨在建立各国合作打击海盗行为的共识与义务，其规范内容着重于厘清海盗行为的定义、管辖权的归属，而对于海盗行为的刑事追诉程序与实体处罚制度并无规定。② 所以，要对海盗实施缉捕、实行审判及进行判罪还是有赖于各国国内法的立法情况。令人遗憾的是，在当今国际社会，除了英国、美国、加拿大等少数国家专门针对海盗立法外，“海丝路”沿线国家，包括中国在内的绝大多数国家尽管加入了《公约》及其他国际公约，却并没有在本国刑法中专门针对海盗犯罪进行立法。这一问题也严重制约了当下我国与“海丝路”沿线国家实践、履行《公约》及其他国际公约中的规定，一定程度上影响了各国对海盗进行审判与处罚，也妨碍了我国与相关国家针对打击海盗犯罪的国际刑事合作。

4. 滋生海盗犯罪的根源性问题依然没有得到改善

纵观“海丝路”沿线各海盗多发国家，政治上的持续动乱和经济上的极度贫困这一滋生海盗犯罪的根源性问题依然严重。1994 年《公约》生效后，各缔约国领海宽度由原来的 3 海里扩展到 12 海里，各国管辖海域范围大幅扩大，海洋权益得到伸张。然而，这也是一柄双刃剑，伴随着领海的扩大，各国对本国海域的海盗打击

① 杨翠柏.《亚洲打击海盗及武装抢劫船只的地区合作协定》评价[J]. 南洋问题研究，2006(4): 32.

② 李文沛. 国际海洋法之海盗问题研究[M]. 北京：法律出版社，2010: 66.

与管控的难度也明显加大了。“海丝路”沿线各国，特别是处于几大海盗多发区沿岸的国家，基本都是欠发达国家，少数国家甚至属于世界最不发达国家，国内经济长期凋敝，政局不稳已成为常态。在这种背景下，相关国家政府对打击海盗犯罪明显力不从心。

以马六甲海峡为例，海峡沿岸三国中，虽然新加坡经济发展水平较高，但国家规模过小，海岸警备力量非常有限。而海峡沿岸另外两国，特别是印尼在1997年亚洲金融危机以后，政坛动荡，经济发展速度出现停滞乃至大幅倒退，导致社会长期不安，民族分裂运动如亚齐独立运动等浮出水面，不断加剧。面对各种纷繁复杂的局势，国力有限的印尼等国难以再将更多资源用于防治海盗等所谓的“低政治”(low politics)问题上了。此外，经济长期低迷、政治的动乱也导致了很多海峡沿岸的渔民或是普通居民迫于生计不得不加入到海盗队伍中去。对此，ISC首任总干事伊藤嘉章曾表示：“20世纪90年代后半期，亚洲金融危机袭击了这一区域(指东南亚)，海盗犯罪开始频繁在马六甲海峡发生，不仅给通过的船舶、船员(的生命财产安全)造成了严重威胁，也导致了保险费用的大幅提高。”①

而“海丝路”沿线其他海盗多发国家社会、经济、政治情况多与印尼相似，甚至问题更为严重。如孟加拉国尽管面临孟加拉湾沿岸猖獗的海盗犯罪，但由于经济发展长期滞后，没有足够能力建立海岸警卫队对海盗犯罪进行打击。而在索马里附近海域，周边主要国家如索马里、也门等长期处于战乱，民不聊生。尤其是索马里在1991年内战独裁者穆罕默德·西亚德垮台以后，曾长时间陷入无政府状态。最近20多年以来，索马里先后并存过6个地方政权和1个过渡联邦政府。2005年成立的过渡联邦政府无力有效掌控政权，多次针对反政府武装发起的军事行动均无功而返，谋求与反政府武装和解并分享权力以建立国内秩序的努力收效甚微。② 在海盗犯罪最为猖獗的2008—2011年，国内各军阀形成了各自割据的局面，并与海盗团伙沆瀣一气，形成了紧密的利益共同体。海盗团伙将勒索的船舶赎金定期向各割据政权进行利益输送，各割据军阀则对其提供各种庇佑。

五、中国应采取的对策

面对“海丝路”中沿线错综复杂的海盗问题，我国应采取什么措施具体应对？笔者认为应从国内与国际两个层面逐一讨论。从国内层面上来看，我国应在立法与

① 伊藤嘉章：《アジアの海賊取締り》，资料来源于 http://www.tkfd.or.jp/research/project/news.php? id=361，2013年3月27日访问。

② 王猛. 索马里海盗问题与国际社会的应对[J]. 现代国际关系，2010(8)：21.

技术层面强化针对海盗防御、打击的能力。而从国际层面上来看，首先，应积极加强与相关国际组织、国际业界的合作。参与完善、健全围绕海盗的国际立法进程，尽可能强化中国在海盗立法及相关国际组织中的话语权。其次，应与沿线国家建立、完善治理海盗问题的国际多边机制。在海盗这类非传统安全的解决维护路径上，与传统安全问题所采取的自助、威慑、结盟、集体安全①等方法不同，其体现出多边安全合作的重要性。中国应根据“海丝路”沿线各区域不同特点，采取不同策略，多管齐下地强化打击海盗的国际合作机制。

(一)国内层面对策

第一，从我国自身来说，当务之急需要在国内刑法中构建针对海盗犯罪的法律条款，加快立法进度。我国虽已加入了《公约》及其他相关国际公约，应承担各公约中规定的相应义务，但由于我国刑法中对海盗罪未有明确规定，导致实践适用过程中存在重重困难。② 此外，随着“海丝路”沿线合作的深化，我国外向型经济有望获得进一步发展，我国在沿线航行的商船数量将进一步增多，来自海盗的威胁也将更加严重。为了做到对海盗犯罪执法时有法可依，加强对其的管辖能力与震慑力，我国也急需加快对海盗犯罪的国内立法进度。

第二，从技术层面上来说，需要从两个方面着手。首先，需要强化船舶安全管理，强化船舶人员安保能力，健全船舶安保体系。现代商船在自动化水平大幅提升的同时，在船船员人数也大幅减少了，这就客观上导致船舶防御海盗能力的下降。③ 2011 年 5 月，IMO 海上安全委员会(MSC)在伦敦召开会议，通过了船旗国在高风险海域雇佣私人保安临时性建议与与暂行指南，肯定了聘请私人海上保安的合法性。目前多国都已在本国船舶上增加了私人保安力量，并起到了积极效果。就我国而言，目前这方面还处于起步阶段，为了能强化船舶抵抗海盗能力，今后在成本可控范围内有必要考虑配备更多的专门海上保安人员。另外，应着眼于提高在船船员应对海盗犯罪应急能力，开展各种海上实用技能培训。

第三，从硬件上来说，首先应严格普及船舶自动识别系统(Automatic Identification System，AIS)与船舶保安警报系统(Ship Security Alert System，SSAS)等

① 余潇枫，潘一禾，王江丽. 非传统安全概论[M]. 杭州：浙江人民出版社，2006：278-288.

② 李文沛. 国际海洋法之海盗问题研究[M]. 北京：法律出版社，2010：153.

③ 李文沛. 国际海洋法之海盗问题研究[M]. 北京：法律出版社，2010：57.

先进的船舶定位跟踪系统。① 一旦船舶面临或已被海盗所劫持，可利用该系统向IMO、IMB、邻近国家海上救援部门乃至附近船舶发出警报，缩短救援时间，提高搜捕海盗效率。同时，也有利于IMO、IMB、ReCAAP、ISC等国际机构将海盗犯罪信息进行扩散与分享，向临近海域船舶发出预警，减少受害船舶数量。其次，应严格要求各远洋船舶设置防海盗安全舱。近年来，我国已有越来越多的大型船舶着眼于保障海上安全，专门设置防海盗安全舱，取得了很好的效果。防海盗安全舱可在一定时间内保障船上人员生命财产安全，也可望提高船舶被成功救援的几率。

(二)国际层面对策

而从国际层面上来说，我国应着力在两个方面进行努力。第一，应积极加强与相关国际组织、国际航运业界的合作，参与国际社会完善打击海盗法律体系的进程。国际组织方面，我国需要在坚持联合国主导国际反海盗事务的前提下，与IMO、国际刑警组织(ICPO)以及国际海事局(IMB)等加强联系，增加合作项目。特别应该指出的是，IMB虽只是国际商会(ICC)下属的一个非政府间国际组织，但其在国际打击海盗事业，特别是海盗数据发布、信息共享等方面发挥着难以替代的作用。而在国际航运业界，国际油轮组织(INTERTANCO)、波罗的海国际航运公会(BIMCO)等巨头同样对国际海洋安全事务有着较强的话语权和影响力。然而，我国目前与上述业界巨头在打击海盗等海上安全方面的合作还较为不足，今后函需加强。其次，针对现有国际社会打击海盗方面国际立法的缺失，我国应在全球、区域组织框架内，积极参与完善、健全围绕海盗的国际立法进程，尽可能强化中国在国际海盗治理立法中的话语权。

第二，应与沿线国家建立、完善治理海盗问题的国际多边机制，这也是我国国际层面对策的重点所在。由于海盗这类非传统安全问题的外部性②超越了一国，为了应对相关问题，必须构建相关国家共同参与的多边治理机制。我国应根据沿线不

---

① AIS系统由岸基(基站)设施和船载设备共同组成，是一种新型的集网络技术、现代通讯技术、计算机技术、电子信息显示技术为一体的数字助航系统和设备，其配合全球定位系统(GPS)将船舶位置、船速资料向附近水域船舶及岸台广播，使邻近船舶及岸台能及时掌握附近海面所有船舶之动态，得以立刻互相通话协调，采取必要避让行动，对船舶航行安全有很大帮助。SSAS系统则可以让国际海域航行的船舶在安装该套保安系统后，在受到威胁或受到攻击时及时向有关方面发出警报。

② 外部性原本是经济学中的概念，指某一产品的生产和消费使该产品的生产者和消费者之外的第三者意外受损或得益，使之受损的称之为负外部性，而使之得益的则称为正外部性。后该概念被引入到国际关系研究中，指某一区域内发生的事件，不仅直接对当事国产生影响，而且往往会使区域之外的第三者得益或受损。

樊勇明. 从国际公共产品到区域性公共产品——区域合作理论的新增长点[J]. 世界经济与政治，2010(1)：150-151.

同区域情况，重点突破、以点带面地强化国际合作。“海丝路”沿线各区域经济发展水平、海盗猖獗程度、对我国战略重要性、海盗多边治理机制发育程度等方面差异较大，需要依据不同区域情况分别制定相应对策。考虑到以上各因素，我国首先需立足周边，重点强化与东盟特别是马六甲海峡沿岸三国的双边合作关系；其次，在亚太范围内，需在现有国际多边治理机制的基础上继续完善其运营架构、提升其行动能力；再次，对沿线其他区域，我国应提供必要援助，继续履行相关国际义务。

1. 强化与东盟及马六甲海峡三国的合作

马六甲海峡及东盟既是“海丝路”两个重点方向的必经之路，也是“海丝路”沿线海盗问题最为严重的区域。据表2统计，东盟区域自2010—2014年5年间，海盗案件数分别为120、128、112、133、153件，占“海丝路”海盗犯罪比例分别为31.1%、32.5%、53.8%、80.6%、78.9%。可以看出，自2008年之后国际社会对索马里海盗进行海上及陆上打击之后，一度最为猖獗的索马里海盗犯罪数出现了大幅下降，东盟遂成为了“海丝路”沿线海盗犯罪最为严重的地区，且近两年呈愈演愈烈之势。因此，就目前沿线各区域海盗问题猖獗程度和“海丝路”的战略重要性而言，我国都应着力强化与周边国家，特别是与东盟的合作，这也是对我国整体外交战略布局的呼应。①

另外，从现实来看，双方合作也有着较好的政治基础。围绕海盗等非传统安全问题，中国与东盟在2002年签订了两个重要合作文件，即《南海各方行为宣言》、《中国与东盟关于非传统安全领域合作联合宣言》。《南海各方行为宣言》除了强调以“《联合国宪章》宗旨和原则、1982年《公约》、《东南亚友好合作条约》、和平共处五项原则以及其它公认的国际法原则”和平解决南海岛礁领土与管辖权争端以外，在第六点中特别对缔约各国打击海盗等跨国犯罪问题、维护海上航行安全方面特别做出了规定。宣言强调在全面和永久解决争议之前，有关各方可探讨或开展合作②，可包括以下领域：(1)海洋环保；(2)海洋科学研究；(3)海上航行和交通安全；(4)搜寻与救助；(5)打击跨国犯罪，包括但不限于打击毒品走私、海盗和海上武装抢劫以及军火走私。为了落实宣言，各国建立了联合工作组会、高官会机制。其中工作组会会讨论宣言中一些具体合作事项，并提交高官会审议。2015年7

① 新中国经过多年的外交实践，形成了“大国是关键，周边是首要，发展中国家是基础，多边是重要舞台”的全方位外交战略布局，而东盟更是我国周边外交与发展中国家外交的核心对象之一。

② 杨泽伟. 中国海上能源运输通道安全的法律保障[M]. 武汉：武汉大学出版社，2010：228-229.

月1日至3日，在吉隆坡举行的第十四次联合工作组会上，与会代表就推进海上务实合作进行了深入磋商，并背靠背举行了“航行安全与搜救”专家和技术官员非正式会议，就落实“中国和东盟国家海上搜救热线平台”进行了深入探讨，决定建立中国和东盟各国搜救部门间的“点对点热线联络”，顺利完成了搜救热线平台第一阶段计划。①

而在《中国与东盟关于非传统安全领域合作联合宣言》中的第二部分“合作重点和形式”中，强调现阶段合作重点为“打击贩毒、偷运非法移民包括贩卖妇女儿童、海盗、恐怖主义、武器走私、洗钱、国际经济犯罪和网络犯罪等”，并强调“在深化其它的多边和双边合作基础上”，推行以下五种合作形式：(1)加强信息交流；(2)加强人员交流与培训，促进能力建设；(3)加强在非传统安全领域的务实合作；(4)加强对非传统安全问题的共同研究；(5)探讨其它合作领域和方式。可以看出，海盗治理依然是双方重点合作领域，体现了双方共同意志。

在立足于以上两个专门性政治文件的同时，中国也应借助现有的合作框架与东盟强化关于海盗问题的对话与合作。从国际关系理论来看，利用现有的合作框架或国际机制开展合作将减少交易成本，克服环境不确定性与信息的不完善性②，减少彼此的战略误判，促进合作的深入。从现实来看，双边业已形成的“10 + 1”机制、“10 +3”机制等合作框架已经提供了很好的海上安全对话平台。此外，在实践方面中国与东盟在海上安全方面建立了多项实务性合作机制，主要包括：(1)海事磋商机制；(2)港口合作机制；(3)海上执法合作机制；(4)与马六甲三国开展人员培训等等。③ 双边应利用这些平台，就打击海盗活动、海洋环境保护、海上搜救及人道主义援助等有关海上通道航行安全等问题展开对话，展开情报与信息交流。

其次，重点强化与几个关键海峡如马六甲海峡、龙目海峡、巽他海峡沿岸国家的合作。特别是印尼既作为三大海峡的沿岸国，又是世界上海盗活动最为猖獗的国家，已成为国际反海盗链条中的“阿喀琉斯之踵”。自亚洲金融危机以来，印尼近二十年都处于经济衰退、社会动荡状态。该国对打击海盗有心无力，导致2000年以来印尼附近海域海盗犯罪案件的井喷式增长。因此，在强化与整个东盟合作的同时，我国应重点强化与马来西亚、印尼等关键海峡沿岸国的合作。另外，我国在与

① 郭君宇：《中方介绍落实《南海各方行为宣言》工作组会成果》，资料来源于 http：//www.chinanews.com/gn/2015/07-06/7387933.shtml，2015年10月25日访问。

② 苏长和. 全球公共问题与国际合作：一种制度的分析[M]. 上海：上海人民出版社，2009：80-84.

③ 杨泽伟. 中国海上能源运输通道安全的法律保障[M]. 武汉：武汉大学出版社，2010：232-234.

这些国家合作的同时，应注意参与方式。长期以来，深受殖民之苦的印尼、马来西亚等国，对任何域外国家介入海峡事务都存有很大戒心，担忧本国主权受到损害。我国应从一些功能性合作着手，在设备上、技术上向其提供力所能及的援助，打消其疑虑。如提供一些实用的打击海盗专用的海岸巡逻艇，向对方提供港湾管理、海事管理人员培训等等。应该看到，中国近年来与马来西亚、印尼等国在海上安全合作方面已取得明显成效。2015 年 9 月，马来西亚与中国海军在马六甲海峡及其附近海域举行了“和平友谊-2015”联合军演，内容涵盖了联合搜救、联合护航、联合解救被劫持船只等。这也是两国首次在马六甲海峡举行联合军演，体现了中国与海峡沿岸国家海上安全合作的进一步深化。

当然，当前中国与东盟国家合作也面临着一些严峻挑战，最大的障碍则是最近愈演愈烈的南海领海与岛礁争端。南海争端不仅造成了大片争议海域缺乏有效管辖，让海盗集团有了可乘之机，不断壮大，也为双边联合打击海盗的合作蒙上了一层阴影。当前，最重要的举措在于双边应区别对待南海争端与南海合作，努力减小争端对联合治理海盗的掣肘。其次，也要努力积累联合治理海盗的功能性合作成果，以此来缓解南海争端的升级。

2. 立足亚太，积极参与国际多边治理机制的运营及完善

除了进一步强化中国—东盟双边合作之外，在亚太区域应着眼于积极参与并完善多边治理机制的建设及运营。目前亚太区域在海盗治理等海上安全领域已建立了一些多边治理机制，其中，最具代表性的是前文已介绍的 ReCAAP 及其附属核心机构 ISC。由于在第三章中已对 ReCAAP 在法律上的意义作了归纳，笔者此处拟探讨其内部运营模式的特点。从成员国数量与范围来看，随着美国 2014 年 9 月的加入，现在 ReCAAP 共拥有 20 个成员国，其中包括 14 个亚洲国家与 6 个域外国家。① 作为世界范围内首个专门以打击海盗及海上武装抢劫为目标的多边治理机制，ReCAAP-ISC 主要有以下三大目标：(1)构建共同信息平台；(2)强化成员国能力建设；(3)强化与国际航运界、相关国际组织合作。② 根据 ReCAAP 要求，成员国有义务采取措施共同对抗海盗活动，同时也负有义务同其他成员国分享海盗活动信息，以更有效制定防范措施。

此处，特别值得一提的是 ISC 及其运营机制。ISC 作为一个中枢与信息平台，

① 14 个亚洲国家包括东盟除去马来西亚、印尼的 8 国，中日韩三国以及南亚的印度、斯里兰卡及孟加拉国；6 个域外国家则包括澳大利亚、挪威、英国、美国、丹麦以及荷兰。

② 依据笔者 2012 年 4 月对 ReCAAP—ISC 研究主管、副总干事 LEE. Yinmui 女士采访所获信息。

在各国都设立有反海盗信息联络点(ReCAAP Focal Points),① 并在其框架内囊括了各沿岸国的海上搜救协调中心(RCC)、海岸警备力量(Security Forces)、国际组织、主要船东、各船旗国以及受害船舶等涉及到打击海盗犯罪的所有参与方。ISC与这些参与方建立了完备的信息联络与共享机制，汇总着各方的即时信息，并对各类信息进行高质量的管理、分析工作。在信息加工之后，ISC 会在第一时间提供给各相关方，特别是危险海域的船舶、相关国家海警部门及 IMO 等国际组织，实现预警，降低各国船舶被海盗劫掠风险。依靠 ISC 完备的信息情报网，成员国间可以顺利且高效地进行进行信息交换和共享，在搜查犯罪嫌疑人、缉拿犯罪船只、搜寻受害船舶及受害船员、乘客等方面加强合作。

ReCAAP 及 ISC 构建后，对马六甲海峡乃至临近海域打击海盗犯罪起到了重要作用，马六甲海峡的海盗案件数量自 2004 年以后出现了大幅下降。亚太国家为主体构建的 ReCAAP 及 ISC 已成为国际反海盗多边机制乃至亚太地区海上安全合作的一个模板，获得了联合国等国际组织高度评价。作为我国，一方面需要依托 ReCAAP 及 ISC 现有平台，积极履行应尽责任，大力参与区域打击海盗的国际合作，充分利用其来保障我国船舶海上安全。另一方面，我国也急需加大对 ReCAAP 及 ISC 的支持力度。目前，新加坡和日本基本承担了主要运营经费，在人员、设施、技术、日常管理等方面也起到了主要作用，在组织内拥有较强的话语权。中国政府目前对其支持力度还很有限，重视程度有待提高。今后，我国应在人员、经费、技术等层面给予 ReCAAP 等亚太区域具有代表性的海盗多边治理机制以更多的支持。

除 ReCAAP 之外，亚太地区还存在若干个多边论坛及对话性海盗合作框架，如东盟地区论坛(ARF)、亚太安全合作理事会(CSCAP)、亚太经合组织(APEC)反盗反恐小组、香格里拉对话等等。这些框架多较为松散，对海盗治理作用还较为有限，但其意义在于给为亚太各国提供了一个海盗治理对话与合作的平台。我国在未来应充分利用以上合作机制，强化多边会议外交，增信释疑，努力消除亚太区域各国之间的政策疑虑与战略误判，促进亚太地区海盗治理多边合作向更高水平提升。

3. 向沿线其他区域国家提供必要援助，继续履行相关国际义务

在亚太区域之外，索马里沿岸、亚丁湾及红海等海域既是“海丝路”的核心组成部分，也是“海丝路”沿线另外两大海盗犯罪多发区。从国际法角度来看，依据国际社会对海盗犯罪的普遍管辖权，对于发生在公海的索马里海盗，包括我国在内的世界各国都可以予以打击。然而，索马里海盗犯罪实际上大多发生于索马里、也门等国领海甚至是领陆范围内，按照《公约》规定，本应由索马里等主权国家按照

① 我国的对应联络点为中国海上搜救中心。

国内法来采取打击行动，别国是无权介入的。令人遗憾的是，由于索马里与邻近的其他国家如也门、厄立特里亚、吉布提、肯尼亚等，或是长年战乱，或是经济发展水平低下，根本无力参与对索马里海盗的打击。为了给予世界各国参与治理索马里海盗以合法地位，联合国在索马里临时政府同意的基础上，自2008年6月起通过了一系列重要决议，夯实了国际社会联合治理索马里海盗的国际法依据。① 自2008年开始至今，国际社会共有近30个国家参与了索马里海域军事护航或是巡逻，并取得了很大成效。索马里海盗犯罪数量在2011年之后出现了大幅度下降，目前海盗年犯罪案件已稳定控制在15件以下。

从2008年底到目前为止，中国海军护航编队在亚丁湾、索马里沿岸海域共开展了20批次的海军护航。据统计，至2014年底为止，我国共护送近6000艘中外船舶顺利通过亚丁湾、索马里海域。② 除了不间断、多批次护航以外，中国海军护航编队也不断创新护航方式，除了伴随护航、区域护航、随船护卫三种基本护航方式外，还有应召支持、慑制海盗、解救船舶三种行动方式，③ 对威慑索马里海盗取得了明显成效。索马里护航不仅打击了上述海域日益猖獗的海盗犯罪，维护了我国乃至整个"海丝路"的海上通道安全，也为国际社会打击海盗事业做出了重要贡献。

我国作为一个国际社会负责任的大国和"海丝路"倡议国，未来首先应在联合国主导下继续积极参与国际护航行动，维护打击索马里海盗的国际法依据。自2008年以来，在联合国的主导下，国际社会进行了卓有成效的护航。今后，应继续捍卫"安理会的相关决议"及"索马里政府的同意"这两大打击海盗的国际法依据，④ 防止一些国家未经联合国和索马里临时政府授权而单方面行动，将护航作为地区扩张、干预索马里内政的口实。其次，从技术层面来看，我国应与其他护航国家一道积极探索索马里附近海域国际联合护航的路径。目前从各国护航情况来看，除了美国则与北约盟国间在护航方面互动频繁，合作较多外，其他护航国家间基本

① 关于国际社会参与索马里海盗治理的国际法依据，参见张建军. 打击索马里海盗中的国际合作问题研究[J]. 现代法学，2009(4)：139.

② 熊利兵等：《中国海军完成800批护航任务6000艘船顺利通过》，资料来源于 http：//mil. news. sina. com. cn/2015-01-02/1147816802. html，2015年7月16日访问。

③ 应召支持主要是船舶通过海盗高威胁区或受到可能的海盗威胁，向护航编队提出支持申请时，编队采取的快速机动、积极支持行动；慑制海盗指船舶已经遇袭但还未被海盗控制时，向护航编队发出紧急求救信号时，编队采取的海空威慑、逐步逼迫行动；解救船舶主要是指船舶已经被海盗劫持，向护航编队发出求救信号或接到上级指示时，编队采取的持续加压、伺机解救行动。参见中新网：《中国多艘商船与护航编队相遇 提供海盗相关信息》，资料来源于 http：//www. chinanews. com/gn/news/2009/01-04/1512518. shtml，2015年7月27日访问。

④ 黄惠康. 军舰护航打击索马里海盗：法律依据和司法程序安排[J]. 中国海商法年刊，2011，22(1)：4.

还是“各自为政”，相互之间的呼应与协作较少，缺乏一个统一的指挥中枢。当然，这其中涉及大量实际问题，如敏感军事资料难以共享、指挥权难以分配、主导国难以确定等等。但鉴于索马里海盗活动区域的扩大，活动隐秘性的提高，国际联合巡航的必要性日益加大。我国可会同沿线各国及国际社会主要巡航国，在各国可接受范围内开展可行性研究。再次，应该看到索马里海盗产生的社会根源依然没有消除，索马里国内无秩序的政治局势与凋敝的经济状况仍然没有得到改善，国际社会今后应努力将索马里海盗国际治理与索马里国内治理结合起来，其中的关键则是需要填补索马里国内因多年内战和政权割据所导致的严重的公共产品“赤字”。在这种情形下，我国应发挥自身优势，重点向索马里及其他相关国家提供基础设施建设及技术援助，恢复索马里国内政治经济秩序等实物类、规则制度类国际公共产品，积极帮助索马里联邦政府稳固国内局势，改善政治经济环境。

六、结语

总体来说，与以往局部的海盗多发区，如马六甲、索马里海域的海盗问题不同，“海丝路”沿线海盗问题涉及区域更多，情况更为复杂，不同区域经济发展水平、政治局势、宗教信仰千差万别，海盗治理也面临着许多短期内难以解决的困难。此处需要指出的是，未来有两大风险是“海丝路”沿线海盗犯罪所特有的。首先，伴随着“海丝路”战略的推进，沿线人员、资本等各种要素流动的加快，各区域海盗集团互相勾结进行犯罪的可能性将进一步加大。如索马里几大海盗集团——“国家海岸警卫队”、“邦特兰卫队”等，由于国际社会在索马里附近海域持续多年的巡航，且在索国内基地基地也几乎被摧毁殆尽，近年来活动范围开始向印度洋腹地转移，而东南亚数个海盗犯罪集团也已将触角延伸至马六甲海峡西北口乃至东印度洋。伴随着这两大海盗多发区犯罪集团活动范围的趋近甚至重合，未来二者是否会沆瀣一气进行跨区域“合作”已成为一个急需关注的问题。因此，未来对“海丝路”沿线海盗的治理应尽可能防控各区域海盗集团的联动犯罪。

其次，伴随着海盗集团与海上恐怖主义分子的合流，“海丝路”沿线的海盗犯罪模式已出现由劫持船只、劫掠财物等向大规模海上袭击转变的端倪。“海丝路”不仅是一条贸易、能源运输大通道，沿线本身也密布众多的油气田、钻井平台等大型设施。① 一旦海盗集团对沿线大型油轮、海上油气田、钻井平台进行直接袭击或

① 以南海为例，西方多家知名大型石油公司如康菲石油、TOTAL公司、皇家壳牌石油公司、BP公司、JAPEX公司、INPEX公司等，在北纬17度以南的南海腹地投放了1000余口钻井，开发了大量油气田，每年在南海开采的油气达到了5000万桶。

李国强．南海油气资源勘探开发的政策调适[J]．国际问题研究，2014(6)：108.

通过控制相关设施及人员勒索赎金，将会造成巨大的生态灾难与经济损失，这一风险也是未来中国与沿线各国特别需要警惕与防控的。

立足我国自身情况，必须着眼于国内、国际两个层次，双管齐下。国内对策方面，首先应强化我国船舶抗击海盗能力建设，如升级船舶安保设施，增加专业海上安保人员的聘用，加强对船员的培训等。其次，目前我国对海盗犯罪有罪不罚、有罪难罚的情况依然突出。为了增强对海盗集团的震慑力，海盗犯罪执法时有法可依，更好地履行国际条约的义务，我国应加速国内刑法中针对海盗犯罪的专门立法。在国际层面，首先，我国在现有国际法律基础上，亟需强化与沿线各国双边、多边刑事合作，完善针对海盗的国际引渡和审判制度。其次，需要依据"海丝路"沿线不同区域特点，因地制宜，重视建立、完善海盗治理的国际多边安全体制。此处应特别指出的是，沿线国家，特别是东南亚国家主权意识较强，加之与我国存在较多的岛礁、领海争端，对中国参与沿线海盗治理难免会存在战略疑虑甚至是战略误判。我国应利用多边外交宣示我国的战略意图，增信释疑，以功能性合作着手，提供更多迫切性较高的国际公共产品。

最后，应该指出的是，海盗是个古老而现代的犯罪现象，其产生有着深刻的社会根源。以上各种对策固然重要，但恢复与保障"海丝路"沿线海盗多发国正常的政治经济秩序，重建各国国内法制体系，改善普通民众生活境况才是杜绝海盗犯罪，实现"海丝路"沿线长治久安的根本大计。

Piracy along the "21st Century Maritime Silk Road" and China's Responses

Abstract: In recent years, the "21st Century Maritime Silk Road" has become one of the significant strategic decisions of China. However, even more noteworthy is the external environment of "Sea-Silk Road" is relatively serious, besides several traditional security issues like military conflict, political instability in countries around the Road, there are serious non-traditional security threats represented by piracy. A number of practical difficulties exist, such as complex geography and natural environment, constant transformation of pirate organization, serious deficiencies of existing international legal frame, and the continuing root cause of piracy without sufficient treatment. As one of the initiators of the "Sea-Silk Road", China is also one of the countries suffering piracy most. Thus China should take both domestic and international responses, by deepening cooperation with countries along the line simultaneously to strengthen strike and deterrence against piracy.

Key words: the 21st Century Maritime Silk Road; piracy; domestic measures; international cooperation

四、国际投资专题

论投资争议中国家安全问题的司法审查*

□　赵海乐**

内容摘要：外资并购国家安全审查与基于国家安全原因的外资管制措施均会对投资者权益带来影响，而能否对此实行司法审查则是当前国际投资法尚未解决的问题。欧盟对此提供了一种解决方案：司法审查当中充分尊重成员国对国家安全的定义，但对实现“国家安全”目标的手段合法性设定清晰的法律标准。与之相对比，在ICSID争端解决实践当中，何为国家安全、能否提交司法审查，以及手段合法性的法律标准均不清晰，针对同一投资措施的五起案件甚至相互矛盾。除此之外，外资并购国家安全审查目前仍游离于司法审查之外。此状况原因在于，欧盟法律能够服务于多元目标，且欧洲法院具有构建区域法制体系的动力，而ICSID项下临时仲裁庭并无上述意愿。中国当前的双边缔约实践当中，外资管理的“国家安全”抗辩条款已经相当科学；同时，为服务于“负面清单”模式的外资准入改革，即便无法对国家安全进行定义，也至少应当列出负面清单，另外，还应对国家安全审查手段的合法性标准进行清晰的制度设计。

关键词：国家安全　外资准入　外资管理　司法审查　投资争议

---

* 本文受吉林省社科基金项目（项目号：2014BS14）与吉林大学种子基金项目（项目号：2012BS035）资助。

** 赵海乐，吉林大学行政学院博士后，吉林大学法学院讲师。

目　次

一、国家安全问题司法审查的必要性分析

目前，与外商投资相关的国家安全问题，正逐渐成为国际投资的制度障碍。此种障碍最明显的体现，是对外资并购的国家安全审查。从中海油并购尤尼克，到“三一公司诉奥巴马案”，再到双汇公司并购 Smithfield，中国企业“走出去”的过程可谓是一波三折。与反垄断审查不同，外资并购国家安全审查首先自由裁量性极强，并无确定的经济、法律标准可供参考；同时，也正是由于法律标准的缺失，外资对此类问题的事前防范手段极为有限。而一旦触碰到“国家安全”这一红线，后果一般较为严重，通常不会存在企业与国家机关的议价，也几乎不会形成所谓的“附条件通过”，而往往体现为全盘拒绝，甚至禁止企业使用其并购资产，导致全部投资付之东流。

然而，国家安全问题对外资的威胁不止于此，它还可能体现为，东道国援引投资条约当中的“国家安全例外”条款，对自己针对外资的征收或歧视性政策进行抗辩。外资并购的国家安全审查通常发生在美国、加拿大、澳大利亚等发达国家，而国家安全抗辩所引发的纠纷通常集中在政治、经济环境较为动荡的发展中国家。这些国家政府的外资政策相对不稳定，且更容易由于内忧外患而朝令夕改，从而导致投资者权益受到侵犯。事实上，基于国家安全抗辩展开的若干起较有影响力的投资

争议，均依据《美国—阿根廷双边投资协定》展开，且基于同一诉因：阿根廷政府为应对经济危机而采取的紧急措施。

综上，国家安全问题对外商投资的障碍，既可能产生在外资准入阶段，也可能产生于准入后的外资待遇当中。且更为严重的是，此问题能否通过法制途径解决，目前并无确定的答案。一方面，东道国法院极有可能以“政治问题”为由，拒绝审理本国政府针对国家安全问题作出的任何行政行为。对此最鲜明的例证，是在“三一集团诉奥巴马案”当中，中国投资者的胜诉仅仅体现在有权获得支持决策的非保密证据，以及有权对此作出回应，但美国总统的决策本身仍然是不可诉的“黑箱”。美国尚且如此，在一些缺乏违宪审查或三权分立并不彻底的国家，司法审查更可能流于形式。

另一方面，投资争议仲裁能否覆盖国家安全问题目前并不确定。外资并购国家安全审查目前尚无提交国际仲裁的先例，其中最主要的原因在于，双边投资条约通常只覆盖准入后国民待遇，并不涉及准入前待遇。外资并购相关问题因而无法得到条约保护。东道国的国家安全抗辩虽然属于准入后国民待遇的范畴，但其可诉性问题在国际经济法学界一直有争议。在美国投资者诉阿根廷系列争议当中，不仅阿根廷政府主张，仲裁庭事后判断主权国家对抗危机的方式是否合法，构成了对主权的侵犯；美国法官与学者也有同样的担忧。①

上述分析共同表明，国家安全问题对投资的障碍已然产生，但法制解决仍然面临政治障碍。此问题游离于法治之外，无异于在当前国际投资自由化的洪流当中埋下暗礁。而将国家安全问题纳入法制轨道，对投资者与主权国家而言均是大有裨益。对投资者而言，东道国法制环境的确定性与稳定性是吸引投资的前提。考虑到“准入前国民待遇”有望成为投资者待遇的一部分，对国家安全问题在投资各个阶段的统一解释，将有利于保证投资者权益不会因此消弭。对于东道国而言，统一解释将有利于划定国家主权与投资者权益之间的边界，化解政界与学界对于投资争议仲裁消减国家主权的担忧。尤其是当“非传统安全威胁”正在侵蚀着传统的国家安全概念，诸如经济安全、信息安全等诸多方面被纳入国家安全的范畴，此种边界的划定就至关重要。②

本文的研究，将分别从国家安全审查与国家安全抗辩两个角度，共同探讨国家安全问题纳入司法审查的可行性。前者并无国际立法，但未必不能进行制度构建；后者已有国际实践，但诸多法律问题仍需澄清。而二者可否汇总在统一的司法审查制度

---

① Jose Alvarez & Kathryn Khamsi, *the Argentine Crisis and Foreign Investors*, in Karl P Sauvant, Yearbook on International Investment Law & Policy 2008-2009 383 (1st ed. Oxford University Press. 2009).

② 杨泽伟. “中国梦”的国际法解读[J]. 武大国际法评论，2014(2)：1-20.

之下，树立统一的法律标准，将是本文探讨的重点。本文的分析，将起步于目前已经对这两方面存在成熟司法审查系统的欧盟法律，分析欧盟条约、指令与判例共同构成的规则体系，并在此基础上探讨此种经验的可复制性，以及对中国的借鉴意义。

二、司法审查实践探析：以欧盟为例

(一)欧盟立法综述

严格来讲，国家安全问题并不属于欧盟法律规制的范畴，作为经济一体化组织，欧盟并不干预其成员国的军事与外交关系。国家安全问题在欧盟法体系内是作为一种抗辩存在的，成员国可以据此豁免履行某些经贸方面的义务。在外商投资领域，此种抗辩同样存在。而欧盟对此的行政与司法审查，就间接导致了欧盟对国家安全问题的干预。

一方面，对于具有“欧盟范畴”的企业并购，欧盟有权审核成员国提出的“国家安全”请求，并决定是否因而将管辖权转移给成员国。所谓“欧盟范畴(Community Dimension)”是指并购金额超过一定数额，或金额略低于前项但影响欧盟多个成员国的并购。① 此部分并购本应由欧盟委员会专属管辖、且纯依据竞争法考量完成批准程序。但如果成员国认为此案会对本国公共利益产生影响，则需向欧盟提出请求，要求将管辖权转移给本国。此处的“公共利益”，在2004年并购条例第21条第4款当中共包含三项内容：公共安全、文化多样性以及金融审慎措施，但这并非穷尽性列举。因此，在成员国以并购案件涉及国家安全为由要求欧盟下移管辖权时，欧盟就有权审核此理由是否成立。这在学界当中被视为欧盟对成员国国家安全审查的司法监督。②

---

① EU, Council Regulation (EC) No 139/2004 of 20 January 2004 on the control of concentrations between undertakings (the EC Merger Regulation), Art. 1. 2(a).

② 需说明的是，此处措辞为“公共安全(public security)”是由于欧盟立法原文如此。西方学者在对欧盟法的研究当中并不对“公共安全”与“国家安全(national security)”进行严格区分。在比较法研究当中更是如此。下文分析也将表明，欧盟法律实践当中被归结为“危害公共安全”的事项，如军事领域的并购、关键产业被外资持股等问题，实际上属于本文所讨论的国家安全问题，反而与传统意义上的投放危险物质、破坏交通设施等“危害公共安全”问题毫无关联。因此，本文行文当中除对法条进行直译之外，对此亦不作区分。典型著述参见：Goldstein, Kevin B., *Reviewing Cross-Border Mergers and Acquisitions for Competition and National Security: A Comparative Look at How the United States, Europe, and China Separate Security Concerns from Competition Concerns in Reviewing Acquisitions by Foreign Entities*, 3(2) Tsinghua China Law Review 215-266(2011). Lawrence Eaker & Sun Tao, *Chinese Investment In The European Union & National Security Review: Is the EU Legal Regime About to Follow The Us Model?* 9(1) Frontiers of Law in China 42-64(2014).

另一方面，对于不具有欧盟范畴的企业并购行为，以及成员国以国家安全为由对外资进行的任何规制行为，欧盟均有权进行司法审查。这是由于,《欧盟运行条约》第63条规定，“对成员国之间，以及成员国与第三国之间的资本自由流动的任何限制都将被禁止”。此处的“资本自由流动”不仅包括保证投资的准入与撤离，在司法实践当中还包括不得对外资进行任何歧视与限制。当然，该条约第65条1(b)款也规定，“第63条规定并不妨碍成员国基于公共政策或者公共安全所采取的措施”。这就意味着，成员国有权基于“国家安全”的原因，对拥有管辖权的并购请求进行审核，并以此为由对本国外资进行规制，但审核与规制均不得有违资本自由流动原则。而一旦投资者对此产生异议，则有权向欧盟委员会进行申诉，从而启动行政乃至于司法审查程序。

上述分析共同表明，欧盟干预的与投资有关的国家安全问题，包括一般意义上的“外资并购国家安全审查”，但远远不止于此。对于具有“欧盟范畴”的外资并购案，欧盟可决定成员国是否有权对此进行国家安全审查；对于成员国管辖范围内的外资并购案，欧盟可基于投资者申诉干预国家安全审查；对于企业正常经营过程当中遇到的以国家安全为名的限制，欧盟同样有权进行干预。而且，更重要的是，不论是对外资准入前和准入后待遇相关的国家安全问题，欧盟司法实践均秉承着相同的“两步走”思路：第一步，对“公共安全”进行认定，即分析成员国所提出的“国家安全”考量是否名实相副。第二步，探讨成员国相关措施的手段合法性。

(二)欧盟司法实践对“国家安全”的认定

一般来讲，欧盟对“公共利益”内涵的审查，通常秉持较为开放的态度，很少否认成员国对此的定义，对“国家安全”也同样如此。通过对判例的汇总可知，目前，欧盟成员国成功援引国家安全抗辩的事由，主要集中在如下几方面：

1. 并购企业本身从事军事生产，这也是最典型的国家安全审查。例如，在1994年英国航空公司并购VSEL公司案当中，两家公司分别从事航空器生产与潜艇、战舰生产。欧盟委员会裁决表明，并购的非军事部分将由欧盟进行反垄断审查，而军事部分将交由英国政府审查。①

2. 并购所涉领域为各国自行定义的“关键领域”。此种关键领域以能源最为典型，且集中了绝大多数案例；② 除此之外，供水、通信、电力、运输、金融领域也

---

① Commission of the European Communities, Case No IV/M. 528 -British Aerospace /VSEL, 1994.

② Carlos Padrós & Endrius E. Cocciolo, *Security of Energy Supply: When Could National Policy Take Precedence Over European Law*? 33(1) Energy Law Journal 31-54(2010).

曾被成员国做出过类似认定。①

3. 在军事基地附近的投资限制。如，在欧盟委员会诉意大利政府案当中，意大利政府允许本国人在某军事基地附近购置不动产，但禁止外国人购买。欧洲法院认可了意大利政府可以基于国家安全原因提出合法性抗辩。②

4. 禁止邪教进入本国。例如，欧洲法院在 2000 年做出的一起判决当中认定，法国禁止山达基教派在本国境内进行任何投资，属于国家安全考量。③

目前，也有少数案件，欧洲法院认定某些考量不属于国家安全或任何一种公共利益。例如，在欧盟委员会诉西班牙案当中，欧盟承认了通讯、电力与能源产业属于“关键领域”，但同时认定，烟草企业与商业银行间的并购，至多只会产生经济上的影响，且涉案企业也并未承担任何公共管理职责，因此，这些企业间的并购对国家安全并无妨害。西班牙政府因而不得基于国家安全考量提出合法性抗辩。④

对上述正反两方面案例分析可知，欧洲法院与欧盟各成员国对国家安全的界定都相对保守。成员国通常仅仅将较为传统的安全问题列入国家安全抗辩，而欧洲法院也将国家安全与经济安全做出了清晰的区分。当然，此种状况更主要的原因在于，国家安全并非成员国偏离欧盟条约义务的唯一抗辩理由。因此，欧盟成员国通常只在确信某种事项的确属于国家安全领域时才会提出此种抗辩。当成员国抗辩的事由为“公共健康”、“促进就业”等“非传统安全问题”时，通常会笼统地提出“公共利益”或“公共政策”抗辩。

(三)欧盟司法实践对手段合法性的审查

与在国家安全认定上的宽松政策不同，欧盟对投资措施本身手段合法性的审查更为严格。从判例上看，多数以国家安全为由进行抗辩的案件均以成员国败诉告终。主要原因如下：

1. 法律缺乏确定性

法律缺乏确定性的直接结果，是当事人因而无法预见自己的行为是否会触犯法

---

① Commission of the European Communities v. Kingdom of Spain, Case C-463/00, Judgment of the Court of 13 May 2003.

② Judgment of the Court (Sixth Chamber) of 13 July 2000, Reference for a preliminary ruling: Corte d'appello di Napoli - Italy.

③ Association Eglise de scientologie de Paris and Scientology International Reserves Trust v. The Prime Minister, Reference for a preliminary ruling: Conseil d'Etat - France, Case C-54/99, Judgment of the Court of 14 March 2000.

④ Commission of the European Communities v. Kingdom of Spain, Case C-463/00, Judgment of the Court of 13 May 2003.

律。在“山达基教派诉法国总理”案①当中，欧洲法院认为，虽然防范邪教属于典型的国家安全问题，但法国第66-1008号法律第5-1(I)(1)条仅仅规定，“如果外资在法国行使其公共职责(即便此种职责是偶尔行使而非一贯行使)会威胁公共政策、公共健康或者公共安全，或该企业从事武器研发与生产，那么经济部长有权禁止此种投资。”根据此法律，投资者根本无法预计，自己的企业是否会对法国带来威胁。因此，此种缺乏确定性的法律不符合欧盟对于资本自由流动的要求。②

2. 手段与目的之间缺乏因果关系

此种裁决大量出现在涉及“黄金股”的案件当中。欧盟相当一部分成员国在将某些关键产业转向私有的同时，仍然由国家持有部分“黄金股”——可一票否决任何并购的特权股，这因而引发了欧洲法院的关注。相关国家对黄金股的合法性的辩护，通常是基于国家安全理由。例如，在2010年欧洲委员会诉葡萄牙案当中，葡萄牙政府声称，在通信产业保留黄金股的目的在于，保证在战争、恐怖袭击等紧急情况之时，国家不至于丧失对电信业的控制。欧洲法院也同样承认，这一目标属于合法国家安全考量。然而，此案葡萄牙政府败诉的原因在于，其无法证明，为何保有黄金股会实现这一国家安全目标。③

3. 违反比例原则

违反比例原则，是欧洲法院否认涉案措施合法性最为常见的理由。欧洲法院对比例原则的经典表述为，涉案措施属于达到国家安全目标所必要(necessary)的措施。而对“必要性”的定义则是，“达到该目标再无对投资限制更小的方案。”在实践当中，涉案法律违反比例原则，又多集中在两类情形当中：

第一类情形是，法律规定虽然清晰，但行政机关享有完全的自由裁量权。例如，在欧盟委员会诉西班牙案④当中，涉案法律规定，如果并购行为导致特定企业当中的国家持股降低一定份额以上，则此种并购必须得到国家的事前批准，而法律本身完全没有界定，国家在何种情况下有权拒绝批准并购。因此，欧洲法院认为，

---

① Association Eglise de scientologie de Paris and Scientology International Reserves Trust v. The Prime Minister, Reference for a preliminary ruling: Conseil d'Etat - France, Case C-54/99, Judgment of the Court of 14 March 2000.

② Association Eglise de scientologie de Paris and Scientology International Reserves Trust v. The Prime Minister, Reference for a preliminary ruling: Conseil d'Etat - France, Case C-54/99, Judgment of the Court of 14 March 2000, para. 21.

③ European Commission v Portuguese Republic, Case C-171/08, Judgment of the Court (First Chamber) of 8 July 2010, paras. 37, 72, 73. 此案当中援引了大量先例支持此结论。

④ Commission of the European Communities v. Kingdom of Spain, Case C-463/00, Judgment of the Court of 13 May 2003.

这就造成了投资者完全无法获知自己的投资何时会被批准。即便西班牙政府对于保证石油、电力、通信的供应具有国家安全方面的利益，此种随意性极强的方式也突破了“保证国家安全的必要手段”。①

与之相对应，在法律对行政机关决策权进行明确限制的情况下，对股权收购的事前批准完全可以符合比例原则。例如，在欧盟委员会诉比利时案当中，欧盟委员会认定，比利时政府虽然规定，涉案石油公司的某些商业决策(如关键资产的转移)必须经过政府许可，但“保障能源供应”属于国家安全的范畴。且比利时立法对需批准的事项进行了详细的穷尽性列举；要求政府批准或拒绝批准某一决策必须提出书面的原因声明；同时，法律还对政府决策提供了司法审查程序。由于欧盟委员会也无法提出对投资限制更小的方案能够实现同一目标，因此，欧洲法院认定，此案符合比例原则。②

第二类情形是，法律构成了不合理的歧视。例如，在意大利拿波里地区上诉法院提请欧洲法院初步裁决的一起案件当中，欧洲法院认为，意大利法律要求外国人在某军事区购买不动产时必须事前申请，但本国人无需申请，此法律本身并不违法，但意大利政府有责任证明，将外国人与本国人一视同仁会带来真实、确定、严重的损害，且此种损害无法通过更温和的手段避免。③ 当然，或许由于国家安全问题原本就与投资者国籍具有千丝万缕的联系，因歧视问题被否定合法性的案例并不多见。

(四)小结

通过对欧盟立法与实践的分析可知，国家安全问题并不因其浓厚的政治属性而丧失其可诉性。恰恰相反，不论是国家安全一词的内涵，还是投资措施与这一目标之间的相称性，都可以形成有操作性的规则，而不会引发成员国对自身安全的担忧。此种状态无疑是双边投资条约所能够追求的最理想状态。而欧盟实践同样表明，统一的国家安全司法审查虽然与欧盟经济高度一体化直接相关，但司法审查的具体标准在实践当中自成一体，并不依赖欧盟统一实体法而存在。因此，欧盟经验在条件具备的情况下，也同样具有移植的可能。

---

① Commission of the European Communities v. Kingdom of Spain, Case C-463/00, Judgment of the Court of 13 May 2003, para. 76.

② Commission of the European Communities v. Kingdom of Belgium, C503-99, Judgment of the Court of 4 June 2002, paras. 46, 49-52.

③ Reference for a preliminary ruling: Corte d'appello di Napoli - Italy, Case C-423/98, Judgment of the Court (Sixth Chamber) of 13 July 2000.

三、国际投资领域国家安全规则现状分析：以阿根廷为例

客观地讲，当前国际投资条约体系并非完全没有触及国家安全问题。相当数量的双边投资协定、自由贸易协定均已对此进行了一定规制，以消解其对投资的阻却效应。然而，与欧盟法律实践相对比，其最大的差别在于，当前的投资条约当中，含有准入前国民待遇的并不多见，同意将国家安全问题提交司法审查的更是寥寥。最典型的例子是美国 2012 年版《BIT 范本》虽然包括了准入前国民待遇，但同时将国家安全问题整体设定为“自裁决条款”，彻底排除出争议解决范畴。① 因此，外资准入阶段的国家安全审查目前尚无条约规则。然而，即使是准入后阶段，少数允许将国家安全问题提交司法审查的投资条约也语焉不详，这直接造成了实践当中争议不断。当前，国际学者对此的研究，多以 2002 年阿根廷金融危机后爆发的五起投资争议为例。考虑到笔者亦未从其他途径搜寻到类似案例，因此，此部分的研究也将建立在对这五起案例进行分析的基础之上，并从中总结国际投资领域国家安全规则的现状与不足。

以阿根廷为被告的五起投资争议，法律基础为《1991 年美国—阿根廷双边投资协定》，而导火索则是 1999—2002 年间的阿根廷金融危机。为实现自救，阿根廷政府先后进行了缩减财政支出、停止偿付外债、取消固定汇率、强制冻结美元定期存款等措施，这因而引发投资者不满，Sempra 国际能源公司、安然公司、CMS 燃气传输公司、LG&E 公司和大陆灾害保险公司先后援引上述双边投资协定，以阿根廷政府违反了“公平公正待遇”为由提起投资争议仲裁。对此，阿根廷政府则援引协定第 11 条进行抗辩。该条款为，“此条约不妨碍缔约国从事为维护公共秩序、国际和平与安全或其自身和平与安全所必要的行为”。这也因而引发了投资措施与国家安全之间关系的争议。

对于阿根廷的抗辩，仲裁庭所需解决的第一个问题是金融危机是否属于条约第 11 条当中所指称的国家安全问题。阿根廷在五起案件当中均主张，此条款属于“自裁决条款”，即援引该条款进行抗辩一方有权自行决定“国家安全”的内涵。此种主张甚至得到了涉案投资者母国——美国的认可，不过，美国与阿根廷之间的此种合意并未得到仲裁庭的认可。五起案件当中，仲裁庭均否认了该条款属于“自裁决条款”，即东道国无权自行定义何种事项属于其核心安全利益，此定义必须由仲裁庭完成。即便缔约国均可对

① 2012 U.S. Model Bilateral Investment Treaty, Art. 3, Art. 18.

此达成共识亦是如此。否则，投资者的正当期待就无法保护。①

事实上，这一裁决结果并不令人意外。对于自裁决性的认定，目前国际通行观点认为，除非条款本身授权东道国自行认定某种投资措施为维护国家安全所必需，否则不得被认定为自裁决条款。典型的自裁决条款措辞为“如果该国认为某行为将有碍于其主权、国家安全”;② “本条约不应阻碍缔约国从事其认为维护国际和平与安全，或其自身和平与安全所必要的行为”③。与之相对应，如果条款并未出现“该国认为(it considers)”的字样，则对涉案行为的认定应当交由仲裁庭完成。此种认定方式，也是与国际法院做出的“尼加拉瓜诉美国”案、“吉布提诉法国案”等一系列判决一脉相承的。④ 鉴于上述第 11 条并未体现任何“该国认为”字样，因此，该条款不属于自裁决条款是毋庸置疑的。

在对第 11 条的性质进行界定后，系列争议的仲裁庭均需对阿根廷金融危机进行定性，分析其是否属于国家安全相关问题。然而，对于同一场金融危机，各仲裁庭的定性却大相径庭：在大陆灾害保险公司案与 LG&E 公司案当中，仲裁庭均认可金融危机能够包含在第 11 条的范围之内;⑤ 但在安然公司案当中，仲裁庭却拒绝对此进行裁决，而是表示“需参照《国家对国际不法行为的责任条款草案》对“危急情况(necessity)的界定进行判断”。⑥ 在 Sempra 国际能源公司案当中，仲裁庭否认阿根廷的经济危机能够上升至“危及国家存亡”的程度。⑦ 在 CMS 公司案当中，仲裁庭则表示，经济问题与军事问题存在本质差异，因此，通常不会引发国家安全问题。⑧

---

① Sempra Energy International v. The Argentine Republic, ICSID Case No. ARB/02/16, Award, para. 385.

② Inter-American Convention on Mutual Assistance in Criminal Matters at see, Art. 9(e).

③ US-Rwanda BIT, Art. 18(2).

④ Nicaragua v. United States of America, I. C. J. Judgment of 27 June 1986. Djibouti v France, I. C. J. Reports 2008.

⑤ LG&E Energy Corp., LG&E Capital Corp., and LG&E International, Inc. v. Argentine Republic, ICSID Case No. ARB/02/1, Decision on Liability, para. 231.

Continental Casualty Company v. The Argentine Republic, ICSID Case No. ARB/03/9, Award, para. 180.

⑥ Enron Corporation and Ponderosa Assets, L. P. v. Argentine Republic, ICSID Case No. ARB/01/3, Award, para. 333.

⑦ Sempra Energy International v. The Argentine Republic, ICSID Case No. ARB/02/16, Award, paras. 348-349.

⑧ CMS Gas Transmission Company v. The Republic of Argentina, ICSID Case No. ARB/01/8, Award, para. 373.

"国家安全抗辩"的最后一个法律问题，是关于行为"必要性"的认定。上述五起案件当中对此的定性方式也完全不同。在 Sempra 国际能源公司、安然公司、CMS 公司诉阿根廷政府案当中，仲裁庭将此处的"必要性(necessary)"审查与《国家对国际不法行为的责任条款草案》当中对"危急情况(necessity)"的界定相提并论，并因而认定阿根廷政府的行为并未满足"必要性"的要求。① 在 LG&E 案当中，仲裁庭则是在肯定了阿根廷有权援引国家安全条款的基础之上，进一步认定其行为符合"必要性"的要求，尽管其法律依据仍然是《草案》当中对危急情况的界定。直至 2008 年，大陆灾害保险公司诉阿根廷案的仲裁庭才首次区分了"必要性"与"危急情况"审查，且参照 WTO 项下对"必要性"的定义，对涉案措施的必要性进行了考量。② 此裁决彻底推翻了此前的法律标准，且激励阿根廷向 ICSID 提出撤销裁决的申请。2010 年，ICSID 以法律标准错误为由，全盘撤销了 2007 年作出的"Sempra 能源公司案"裁决，但并未确定任何新的法律标准。③ 针对同一法律问题的不同仲裁庭裁决尚且混乱至此，未来国际投资法还将如何发展因而也是未知的。

四、欧盟与阿根廷争议解决实践比照研究

同样是对国家安全问题的司法审查，欧盟能够就外资准入与外资待遇两方面问题形成统一的规则，但双边投资协定项下却呈现了相当的混乱。将二者进行比照将会发现，欧盟能够凭借司法实践形成统一的规则，一部分原因在于所有判例均源自于欧洲法院，因而能够保证判决结果前后统一，例如，欧洲法院就"黄金股"相关系列案件的国家安全抗辩，就秉承了相同的态度。而阿根廷作为被告的系列案件虽然均使用了 ICSID 争端解决机制，但临时性的仲裁庭并不足以维护法律标准的稳定。除此之外，更主要的原因还在于，欧盟条约与《美国-阿根廷双边投资协定》的立法目标存在显著差异。欧盟条约体系意在维护经济共同体的稳定与发展，欧洲法

① Sempra Energy International v. The Argentine Republic, ICSID Case No. ARB/02/16, Award. Enron Corporation and Ponderosa Assets, L. P. v. Argentine Republic, ICSID Case No. ARB/01/3, Award.

② Continental Casualty Company v. The Argentine Republic, ICSID Case No. ARB/03/9, Award, paras. 193-195.

③ Sempra Energy International v. The Argentine Republic, ICSID Case No. ARB/02/16, Decision on the Argentine Republic's Application for Annulment of the Award, paras. 196-204. 具体来讲，仲裁庭认为，原裁决所依赖的"一般国际法"——《关于国家对国际不法行为的责任条款草案》实际上与本案毫无关联，该草案第 25 条虽然出现了"necessity"一词，但该词汇的确切含义是"紧急状态"，而非《美阿 BIT》第 11 条当中的"necessary"——"必要"。

院因而更加重视在司法造法的过程当中追求多元目标，以及在共同体内维持法制环境。与之相对，双边投资协定则是以投资者保护为唯一目标，构建区域法制环境的意愿也显著弱于欧盟，甚至还要弱于 WTO。此种立法目标的差异，因而能够解释欧盟司法实践与阿根廷系列案件的两大重要差异：

一方面，关于国家安全一词的外延，欧盟司法实践对此持保守态度，即便是援引国家安全抗辩的国家，也仅仅将"军用物资生产"、"关键产业"、"打击邪教"等传统安全事项纳入国家安全项下。然而，在阿根廷为被告的系列投资争议当中，阿根廷试图将经济问题纳入到国家安全当中，并且其中一起案件的仲裁庭已经支持了此种认定方式。

此种差别很大程度是由于，欧盟法律体系当中包含着广泛的"公共利益"与"公共秩序"例外，因而赋予了成员国广泛的追求多元目标、合法偏离投资自由原则的诸多途径。欧盟成员国若无十足把握，则无需特别提出公共安全例外抗辩，只需概括援引"公共利益"抗辩即可。与欧盟相反，双边投资条约，尤其是较早期的双边投资条约，通常以投资者保护为唯一价值目标。例如《美国-阿根廷双边投资协定》当中，"国家安全例外"是唯一的例外条款，并且其中未提供诸如"保护可用竭的自然资源"、"保护人类、动植物健康与安全"等允许缔约国偏离条约义务的其他例外条款。在此种情况下，为维护本国利益，东道国不可避免地将对国家安全概念进行泛化解释。

另一方面，在国家安全问题的手段审查上，欧盟的实践较之于投资争议仲裁的既有判例更加清晰、严格。欧盟法律要求，对实现公共安全这一目标而言，成员国采取的措施必须具有法律上的确定性、关联性，以及手段上的比例性。这些判断标准更多出现在一国的国内行政法当中，对法治建设的积极意义是毋庸置疑的。此外，欧盟对必要性(necessity)的此种解读，实际上是与其在 WTO 争端解决程序当中解读 GATT 第 20 条例外中的"必需性(necessary)"一词，秉承着相同的限缩解释态度。在阿根廷-皮革案当中，欧盟就曾提出，对"必需性"一词应当理解为"再无其他选择"。① 此种解读也在随后的韩国-牛肉案当中被上诉机构评价为"最严格的解读"。②

与此相对应的是，在上文援引的若干起投资争议仲裁当中，仲裁庭对手段合法性的审查首先出现了法律标准的混乱。直至大陆灾害保险公司诉阿根廷案，才首次

---

① WTO Panel Report, Argentina - Measures Affecting the Export of Bovine Hides and the Import of Finished Leather WT/DS155/R, paras. 11, 304.

② WTO Appellate Body Report, Korea-Measures Affecting Imports of Fresh, Chilled and Frozen Beef, WT/DS161/AB/R, para. 161.

参照 WTO 判决对"必要性"进行解读。事实上，此种混乱也是可以预见的：首先，由一个临时性的仲裁庭构建精细的、有望对未来发生效力的行政规范，原本就已力有不逮。同时，国际投资领域目前并未形成"比例原则"或"必要性"的规范，而简单套用 WTO 规则又问题重重，① 希望此问题在高度敏感的国家安全领域取得突破也并不现实。最后，国际法治归根结底是主权国家的努力。而在阿根廷系列案件当中，美国与阿根廷均竭力主张"国家安全条款"的自裁决性，未必希望在此领域进行精细的法律构建，阿根廷在答辩当中甚至未提出有力的规则架构建议。在缺乏主权国家积极推动的情况下，仅凭数个仲裁员司法造法的可能性并不大。②

五、未来国际规则构建的难点预测与中国的路径选择

前一部分的分析意味着，虽然欧盟法律当中的国家安全司法审查并不依赖欧盟统一实体法存在，但是，统一的司法审查制度能够得以构建，离不开欧盟资本自由流动的总体经济环境、经济一体化组织多元的价值追求，以及高度法制化的司法体系。这些在早期的双边投资协定当中固然不具备，然而，在新一代投资协定的制度构建当中却未必不能成为现实。首先，当前的投资谈判当中，相当一部分国家均已将准入前国民待遇纳入谈判日程，对外资准入的国家安全审查也因而存在接受司法审查的可能。与此同时，当前的投资协定制度设计价值取向，也已从单纯的投资者保护转向国家与投资者利益的平衡。③ 一个典型的例子，就是在美国 2012 版 BIT 范本当中，已经纳入了类似于 WTO 的健康例外与环境保护例外的条款。④ 因此，为防止国家安全问题成为投资自由的又一壁垒，对此进行规则构建势在必行，而当前双边投资协定涵盖范围与价值取向的调整，也为制度构建提供了可能。不过，也正如上文对欧盟与 ICSID 实践的比照分析，国家安全如何定义，谁来定义，手段合法性如何评价，这三个问题无疑将成为未来制度的难点，在中国未来的缔约实践当中均需深入考量。

---

① Ranjan Prabhash, *Using the Public Law Concept of Proportionality to Balance Investment Protection with Regulation in International Investment Law: A Critical Reappraisal*, 3(3) Cambridge Journal of International and Comparative Law 853-883(2014).

② 刘志云. 国家利益、外交政策与国际法[J]. 武大国际法评论，2015(1)：1-26.

③ 单文华. 从"南北矛盾"到"公私冲突"：卡尔沃主义的复苏与国际投资法的新视野[J]. 西安交通大学学报(社会科学版)，2008(4)：1-15.

④ US Model BIT 2012, Art. 8. 3.

（一）中国对外缔约回顾

目前，中国对外缔结的双边投资协定尚未包含准入前国民待遇内容，仅仅包括准入后外资待遇。因此，虽然中国目前已具备了自己的外资准入国家安全审查法律，但这部分内容暂时仅仅处于国内法调整之下，尚未上升至条约义务。而对于准入后外资待遇相关的国家安全例外，当前的条约共包括如下几种情形：①

第一种情形，是条约当中并不包含任何与国家安全相关的内容。其中，一部分协定包含诸如“健康例外”等公共利益条款，但不包含国家安全例外（如《中国-坦桑尼亚双边投资协定》）；而另一部分协定完全不包含任何公共利益条款（如《中国-刚果双边投资协定》、《中国-乌兹别克斯坦双边投资协定》）。

第二种情形，是条约当中包含了国家安全例外，且此条款并非“自裁决条款”。例如，《中国-芬兰双边投资协定》第3.5条规定，“此协定不得妨害缔约方采取在战争、武装冲突或国际关系当中其他紧急情况时保护其核心安全利益所必需的行动。”这意味着，国家安全条款可以作为整个条约项下的例外存在。当然，缔约双方也可以决定，仅就个别条款允许国家安全例外的存在。例如，在《中国-德国双边投资协定》议定书第4.1条当中规定，“因公共安全和秩序、公众健康或道德而采取的措施，不应视为第三条中的‘待遇低于’。”除此之外，协定本身并不包含其他公共安全例外。

第三种情形，是条约中包含了属于自裁决条款的国家安全例外。例如，《中国-加拿大双边投资协定》第33条第5款表示，“本协定中任何规定均不得被理解为：（一）要求缔约方提供或允许获得其认定披露后将违背其根本安全利益的信息；（二）阻止缔约方采取其认为保护其根本安全利益所必要的任何如下措施……”（着重号为笔者所加）这就是典型的自裁决条款。又如，《中日韩投资协定》第18条载明，“各缔约方均可采取以下任何措施：（一）被认为是保护该缔约方的关键安全利益所必需的……”这一表述从字面上看并不足以认定其属于自裁决条款，“被认为”一词究竟意味着谁有权进行认定并不清晰。然而，根据该条约官方版本英文版的描述：“which it considers necessary for the protection of its essential security interests”，此条款应当属于典型的自裁决条款。

上述三种情形在中国于2000年后缔结的双边投资协定当中同时存在，且条款设计方式与缔约时间并无明显关联。同时，必须指出的是，第二种情形之下，未必存在对“公共安全”内涵的详细列举，但在第三种情形之下，具有自裁决属性的公

① 《我国对外签订双边投资协定一览表》，资料来源于 http://tfs.mofcom.gov.cn/article/Nocategory/201111/20111107819474.shtml，2015年11月4日访问。

共安全条款通常伴随着对其内涵的穷尽性界定。例如,《中国-加拿大双边投资协定》将其严格限制在“武器贸易”、“战时措施”、“保证核不扩散”三类情形之下。而《中日韩投资协定》的限制更为严格，仅允许自裁决条款覆盖“战时措施”、“保证核不扩散”两类内容，且条约明确区分，“执行国际维和任务”虽可作为条约例外存在，但此例外不属于自裁决条款。这无疑体现了中国对此类事件的谨慎态度。

(二)未来条约谈判的走向预测

对中国缔约实践的分析表明，当前的双边投资条约，已经为中国进一步解决国家安全问题提供了有利的法律基础。中国能够在缔约谈判中谨慎界定“国家安全”的含义，能够严格限制自裁决条款的覆盖范围，这都有利于防止国家安全例外的泛化。此种条约设计，无疑能够保证中国企业的投资权益不会因东道国的“国家安全抗辩”而随意被征收、扣留。然而，如下两方面原因意味着中国未来的国际投资缔约实践将朝更为广泛的投资自由化而努力，当前与国家安全相关的制度安排因而仍有调整的必要。

第一，中国自身外资管理制度的改革，需要对国家安全条款进行更精细的设计，以保证条约与国内实践相一致。“十三五规划”已然表明，中国未来将建立“准入前国民待遇+负面清单”的外资管理制度。这也因而意味着，国家安全审查制度将成为外资准入的唯一屏障。为配合这一外资管理制度，《中华人民共和国国家安全法》、《关于印发自由贸易试验区外商投资国家安全审查试行办法的通知》、《外国投资法(征求意见稿)》相继出台。这些法律法规当中，对国家安全的定义显然不仅限于武器贸易、战时措施等等。因此，如何使双边投资条约与中国国内立法相协调，这将有待于条约项下更精细的安排。

第二，条约设计还应保证中国企业海外利益与中国政府外资管理需求的相互协调。准入前国民待遇并非中国单方面让步，必将体现为双边投资协定项下互惠互利的安排。① 因此，对外资并购的国家安全审查进行制度设计，不仅会影响到外商投资在中国的权利义务，更会影响到中国企业海外投资的准入门槛。中国未来的双边投资协定当中，国家安全条款如何设计，将同时关系到四方面问题：外资在华准入，中资企业海外投资，外资在华的待遇问题，以及中资企业的海外利益保护。考虑到中国目前既是资本输出国，又是资本输入国，上述四方面问题并无价值高下之分，综合考量基础之上的制度设计将更类似于“无知之幕”背景下的价值选择。

---

① 温先涛. 孰南？孰北？妥协还是共识？——评中国-加拿大投资保护协定[J]. 武大国际法评论，2014(1)：278-306.

(三)未来条约谈判的制度建议

与欧盟模式类似，中国未来缔约中的国家安全条款构建，所需解决的仍然是两个问题。第一，国家安全如何定义？此定义本身可否提交司法审查？第二，如何界定行为手段合法性的司法审查标准？

1. 国家安全的定义方式

在实践当中，对国家安全的定义，又将细化为两方面的问题。第一方面，国家安全一词，在外资并购与外资规制两个语境之下是否应当统一解释。第二方面，国家安全是否应被设计为"自裁决条款"。

对于第一方面问题，欧盟的经验似不宜全盘照搬，中国也完全可以对国家安全一词分别定义。这是因为，欧盟能够将国家安全例外统一解释，是因为其成员国并无对其扩张解释的意愿，且欧盟法当中广义的"公共利益"例外足以满足成员国的需求。然而，即便是中国的立法，在外资准入与外资管理两重语境下，对国家安全的范围界定就并不统一。举例来讲，《关于印发自由贸易试验区外商投资国家安全审查试行办法的通知》当中载明的国家安全审查的范围，就远远高于中国签订的任何一部投资条约对此的明确定义。① 事实上，中国已缔结的投资条约之所以能够将国家安全的范围严格限缩，也是因为上述条约仅仅涉及准入后国民待遇，真正存在国家安全威胁的产业早已在准入之前进行了拦截。但在投资条约覆盖到准入前外资待遇的情况下，限缩定义的前提已不存在。即便中国同意对国家安全进行限缩解释，缔约相对方能否同意此种解释方案尚未可知。

因此，对于"国家安全"的界定需要清晰，但在方式上可以变通：

首先，对于外资管理问题的国家安全抗辩，中国既存的投资条约已经相当科学，对"国家安全"的限制解释、对自裁决条款的谨慎使用均可继续沿用。从理论上讲，将"国家安全抗辩"限制在少数几种情形，的确会导致主权国家在面临经济危机、金融危机时无法援引国家安全抗辩。然而，ICSID 系列案件同样表明，即便采用了广义的国家安全条款，阿根廷也同样难以将金融危机纳入国家安全当中。更何况，当前中国的经济稳定程度已经经得起数次金融危机挑战，因而无需过度强调本国援引此抗辩的权利，反而是中国企业海外投资的相当一部分目的国存在着经济

① 《通知》第 1.1 条表明，国家安全审查的范围包括："外国投资者在自贸试验区内投资军工、军工配套和其他关系国防安全的领域，以及重点、敏感军事设施周边地域；外国投资者在自贸试验区内投资关系国家安全的重要农产品、重要能源和资源、重要基础设施、重要运输服务、重要文化、重要信息技术产品和服务、关键技术、重大装备制造等领域，并取得所投资企业的实际控制权。"

动荡。对外资准入后的国家安全抗辩限制解释，必将有助于保护中国企业的海外利益。除此之外，中国当前的双边投资协定立法已经有意识地照顾到多元价值需求，如纳入了“环境例外”、“健康例外”等等。虽然对多元价值目标的追求仍然无法达到欧盟“公共利益”条款所涵盖的广度，但也应当能够保证，“国家安全例外”不至于成为缔约国免责的唯一出路。

其次，对于外资准入语境下的“国家安全”，可以考虑以负面清单的方式代替穷尽性列举，将产业利益、经济利益、竞争利益、保证就业等内容排除出国家安全之外。如成员国确有现实需要，还可通过负面清单的方式将特定产业列为“关键产业”。负面清单的设计将有助于减少企业投资的不确定性，这在“非传统安全威胁”方兴未艾的今天尤为重要。例如，2013 年，中国双汇公司并购美国 Smithfield 公司通过美国国家安全审查，直接标志着美国外资投资委员会的职权直接涉及至食品安全领域。此案虽然是双汇公司主动提交审查，但从审查前后美国国内学术界与政界反应来看，此并购被以国家安全为由否决的风险是客观存在的，尽管在并购之初，双汇公司就已表明，此交易不会导致中国肉制品向美国的出口。①

最后，外资管理当中的国家安全抗辩可以设计为自裁决条款，但外资准入国家安全审查问题则不然。中国已缔结的投资条约当中少数自裁决条款，均将国家安全限制为少数几种危及国家存亡的情形，即便设计为自裁决条款，也难以对中国企业产生根本性影响。然而，即使外资准入阶段的“国家安全”一词采用了负面清单形式列举，也仍然会存在被他国滥用的可能，因而应当为司法审查留有空间。

2. 手段合法性的界定标准探析

对手段合法性问题的界定，应当成为制度设计的重点。何为国家安全属于政治问题，只能笼统进行定性，但手段合法性则属于典型的法律问题，可以进行精确的定量研究。虽然仅凭双边投资协定并不足以实现欧盟式的区域法制进程，但是，在双边条约当中对法律标准的精细安排，仍然有助于个案审理当中仲裁员能够依规矩，成方圆，从而提升整个争端解决程序的规则导向程度。

首先，关于东道国法律是否具有确定性、是否给予行政机关过高的裁量权，这在欧盟法律体系下可以作为“手段合法性”的评判标准，但在双边投资条约项下，

---

① “DeLauro, From Warren Demand Answers On Shuanghui-Smithfield Foods Deal”, available at https://delauro.house.gov/index.php? option = com _ content&view = article&id = 1328: delauro-warren-demand-answers-on-shuanghui-smithfield-foods-deal&catid = 37&Itemid = 148, visited on 30 Nov. 2015.

Nichola Garver Krebsbach, *Protecting National Security: How the United States Government Put our Nation at risk by Approving the Acquisition of Smithfield Foods by Shuanghui International*, 23 San Joaquin Agricultural l. Rev. 125-158(2014).

未必需要通过争端解决程序处理。毕竟，投资者所着眼的是具体纠纷，真正引发纠纷的，也多为具体行政行为本身而非政府立法。更何况，将这两个问题纳入投资争议解决范畴，极易引发缔约相对方的反感。这些问题完全可以通过在双边投资协定当中进行更细致的安排加以解决，例如要求缔约方保证其法律透明度、行政机关决策透明度等等。此种安排在当前的投资协定当中完全可以实现。即便在这些方面出现了变相的贸易壁垒，通过国家间协商的方式加以处理也更为妥当。

其次，关于比例原则与必要性问题，具体的判断标准有必要在投资协定当中进行更清晰的界定。对"必要性"的界定，欧盟与WTO的态度就明显存在差异，而WTO判例之间同样存在着细微的差别。因此，为保证法律标准的确定性，应当避免将"必要性"审查留待个案裁决，而应当效法WTO，同时，在条约当中明确固化"实质性服务于政策目标"、"行政机关并无其他选择"、"对投资的损害性"等一系列考量因素，尽管其权重仍可留待个案考量。这不仅有利于限制仲裁庭滥权，也能够保证缔约方与投资者的合理预期。

第三，对于目的与手段的关联，有必要设立新的法律标准，而非仅凭"事实上的因果关系"就认定某一投资措施服务于国家安全目标。正如欧盟在处理黄金股系列案件当中所表示的，国家持有黄金股与保护战时通讯安全的因果关系过于遥远。此处的因果关系可以界定为"近因"，从而防止因果关系过于遥远。

最后，对必要性的审查，还需体现一定的司法克制，具体审查方式应当体现为对投资措施本身的适当性考察，而非对行政机关决策过程的事后评估。在欧盟的法律实践中，也从未要求过东道国政府向欧洲法院提供具体决策的相关资料，更从未评价过国家安全审查的程序是否合法。考虑到国家安全审查本身具有极强的保密性，决策本身的程序合法性问题更应当交由东道国本身的司法系统解决。也只有如此，针对国家安全问题的投资争议诉讼才有可能获得缔约方的配合。

The Judicial Review of National Security in Investment Disputes

Abstract: Both the national security review of foreign M&A and "national security" exceptions negatively influence investors' rights, yet judicial review in that regard is still largely absent. The EU solution, while in full respect of member states' liberal definition of national security, adopts a very strict scrutiny against the means to this end. Comparatively, in ICSID cases, the definition of national security, availability of judicial review, and standard of legal means, vary. Five disputes arising from the same investment measure could even achieve different outcomes. While ECJ could focus on more goals than simply investment protection and has the motivation to contribute to better rule of law, ICSID had no such intention. Currently, China's BITs adopt a very recommendable draft of national security exception. It's advisable for future BITs to at least adopt the negative-list method and define the legality standard of the national security review when defining national security is impossible.

Key words: national security; entry of foreign investment; foreign investment regulation; judicial review; investment disputes

论发展权视角下履行要求条款的构建

□ 刘 艳*

内容摘要：履行要求是东道国为了对外资进行管理和引导而对投资者施加的限制性措施，随着投资自由化水平不断提高，更多的管理措施被纳入国际投资协定履行要求条款规制的范围，该条款是由履行要求措施和一系列嵌入式例外构成规则，如果从发展权的视角审视该条款，现有的规制方法远远超越了发展中国家利用外资实现本国发展和战略目标的能力，不仅违背了发展权原则，也缺乏公平正义。文章对履行要求与实现发展权的内在法律关系进行了论证，在此基础上对履行要求措施用三分法分层考察，明晰了不同的履行要求对资本阻碍和发展权保障的法律地位，同时在现有例外基础上提出了纳入“发展例外”立法构想，构建促进发展中国家可持续发展的投资规则。

关键词：外资管辖权　利益平衡　发展权　可持续发展

目　次

---

* 法学博士，中国出口信用保险公司国别风险研究中心，应用经济学博士后。感谢编辑部匿名评审专家的宝贵意见，文章的观点和表达由作者负责。

一、引言

履行要求是东道国对外资的管制措施，是一国进行外资准入控制的重要手段，其规制范围从国际贸易法中的与贸易有关的投资措施，逐步扩大到国际投资协定(International Investment Agreements，以下简称 IIAs)的十余种，履行要求规制范围的扩大反映了投资自由化水平的进一步提高。但是这一国际立法发展趋势对于很多经济起飞阶段的国家而言显失公平正义，因为大量的履行要求在促进国家发展中仍然发挥着举足轻重的作用，发展中国家的 IIAs 基本拒绝将履行要求条款纳入 IIAs 的谈判。在当下的 IIAs 立法实践中，履行要求条款并没有被普遍设定，仅有投资自由水平最高的美式 BIT 不断将履行要求的规制升级翻新，美国 2012 双边投资协定范本(以下称 2012 美国 BIT)第八条不仅继承了北美自由贸易协定(以下称 NAFTA)中履行要求条款的立法内容，而且还作了新的修订，新发布的 TTP 文本也如出一辙。这一条款在美国-中国 BIT 谈判中也不可避免，只要该条生效，再通过最惠国待遇的扩张，无疑将对外资准入制度产生重大影响，让国家陷入诉讼风险之中。

现有研究成果多站在投资自由化的立场，探讨东道国外资管辖权弱化问题。如果从发展权的视角重新审视履行要求规则与国际投资自由化的关系，就会发现，基于国家的生存权和发展权保障的需求，全面禁止国家的管制措施，将给这些国家的发展改革造成阻碍，严重缺乏公平正义。本文将以发展权保障为指导思想，探讨如何构建履行要求条款，以促进国际投资更多流向缺少资本的发展中国家，特别是经济欠发达国家。

二、发展权视角下对履行要求条款规制的再审视

(一)发展权与履行要求的内在联系

发展权是一项集体人权，是个人和国家能够积极自由地参与政治、经济、社会

和文化发展，并公平享受发展所带来收益的权利。发展权的权利享有者与责任承担者具有混同性。发展权来源于个人的经济、社会和文化基本需要，将人之为人的基本需求上升为一项集体性权利，在国际法层面得以确认。个人是发展权的最基本承载单元，但是这一权利主张不是个人提出来并将其法定化的，而是战后国际秩序重构中的国际社会弱势群体——发展中国家，作为一个整体向国际社会提出的权利诉求，这项个体享有的权利只有通过国家、国际社会的共同努力才有可能得到实现和保障。《发展权利宣言》从国内法和国际法两个层面指向主权国家，然而个人视角的分析也应当同样得到重视。“人类负有责任——个人的和集体的，为了发展，促进和保护适当的政治、社会和经济秩序”①

首先，个人作为人权的责任主体。《人权宣言》和《发展权利宣言》的序言都对个人负有责任有所表述。《发展权利宣言》规定“人是发展的主体，因此，人应成为发展权利的积极参与者和受益者。”②每个人都有权利发展其人格，有价值和有尊严地生活。每个人也就有责任帮助他的家庭，乃至更大范围的共同体实现发展。在一国之内，公民个体是发展权的主体，公民与政府之间的关系构成了人权法的基本法律关系。

其次，主权国家是发展权的最重要责任主体。《发展权利宣言》明确了“国家有权利和义务制定适当的国家发展政策，其目的是促进全体人民和所有个人都积极、自由和有意义地参与发展及其带来的利益公平分配的基础上，不断改善全体人民和所有个人的福利。”③国家有义务采取所有对实现发展权的有利措施。④ 因此，推动发展权实现的主要力量是发展中国家。⑤

再次，国际社会成为发展权实现的辅助责任主体，发展权是一种向国际社会提出的人权。发展权属于第三代人权，是一种社会连带权利，“凭借着固有的传统、习惯、文化和发展程度形成共同利益……在很大范围内集合了某一共同历史传统和现实习性的人群。”⑥将一个主权国家之内的公民以及以民族国家为单位的不同单元联结起来，形成了新的国际社会单位，打破了西方个人主义原则为基础的立论基

① The Declaration on the Right to Development, Art. 2(2).

② Ibid, Art. 2(1).

③ Ibid, Art. 2(3).

④ Ibid, Arts 2, 3, 7, 10.

⑤ Report of the Secretary-General on the International Dimensions of the Right to Development, as a Human Right UN ESCOR 35th session paras 152-159, UN Doc *E*/CN. 4/1334 (1979). Also See the Report of the Open-Ended Working Group of Governmental Experts on the Right to Development UN ESCOR 45th session Para. 25, see UN Doc E/CN. 4/1989/10, 1989.

⑥ 汪习根. 发展权主体的法哲学探析[J]. 现代法学，2002(1)：44.

础，发展中国家从整体上集体地享有发展权，是对国际社会提出了一种补偿性权利，国际社会增强了发展权的实施和监督作用，弥补了国家和个人力量的不足。

从保障发展权实现的责任分担来看，发展权主体负有集体的合作义务。集体义务要通过国际合作的方式实现，国际合作构成了发展权责任主体的核心义务，合作就是在博弈基础上的权利让渡。《发展权利宣言》第 3 条和第 4 条集中规定了合作的义务，指出，"国家之间要彼此合作，确保发展权的实现和减少发展权实现的障碍。① "各国有义务单独地和集体地采取步骤，制订国际发展政策，以促进发展权的充分实现。"②合作的责任在国际人权条约中被普遍确认。对于经济和社会权利，《经济、社会、文化权利公约》和《民事和政治权利公约》规定了国家负有集体性的责任，有义务促进社会和经济权利的实现，要最大限度地利用可获取的资源，这包括国家现有的资源和从国际社会获取的两部分。这也明确表明以政府间国际组织为代表的国际共同体，特别是发达国家负有合作的责任。

发展权原则体现了差异中谋求共同进步的发展观。由于种种历史和现实的原因，长期以来的脆弱让不发达的南方国家难以在国际交往中实现实质性的平等，不发达是和脆弱性紧密相联的，相对而言，发达国家拥有应对问题所必要的知识、财富和经验，更有应对未来发展困难的自信心，但在不发达的社会，人们则会感到他们总是面对着无法控制的力量。③ 在制度设计和保护机制中，一般要对弱势群体做出倾斜性的保护安排，在国际法层面表现为赋予发展中国家特殊与差别待遇。因此，履行要求条款也应该体现出差别性保护的灵活机制，给予发展中国家政府对 FDI(Foreign Direct Investment，FDI)更多的政策空间以促进本国的转型和发展。在发展权保障中，经济发展是发展权实现的关键所在。发展权的内涵因素中众多，包括经济发展权、政治发展权、社会发展权、文化发展权。④ 在贫困的所有成因中，经济因素起着基础性的作用，经济发展是减少收入贫困和健康教育等非收入贫困的强大动力，在此基础上平衡保护其它领域的发展权。因此，经济发展在发展权的实现进程中居于核心的地位，经济发展是其它方面发展的前提条件，是实现发展权最为重要的条件，⑤ 显然，如果抽去经济发展这一精髓，发展权也就失去了其本身存

---

① The Declaration on the Right to Development，Art. 3(3).

② Declaration on the Right to Development，Art. 4(1).

③ [美]德尼·古莱. 残酷的选择——发展理念与伦理价值[M]. 高铦，高戈，译. 北京：社会科学文献出版社，2008：78.

④ 汪习根. 法制社会的基本人权——发展权法律制度研究[M]. 北京：中国人民公安大学出版社，2002：83-89.

⑤ S. R. Chowdhunry et al. (eds.)，The Right to Development in International Law，31(Martinus Nijhoff Publishers. 2000).

在的意义。

履行要求又可以称为业绩要求，是基于东道国的经济发展需要对投资者施加的条件限制，以促使投资者做出有关购买、销售或其他生产经营方面的决定,① 是国家运用外资管辖权对 FDI 进行引导，以保障发展权、实现国家经济起飞的必要措施。发达国家和发展中国家处于不同的发展阶段，对相同的投资措施会有截然不同的态度。在发展中国家看来，当地成分要求、当地采购要求、合营要求是国家起步期进行发展的最基本以及最重要的措施，而在一些社会财富积累丰厚、高度自由化的市场经济国家，同样的投资管制措施就显得没有那么紧迫，而且会认为这些措施是对资本自由流动的限制。发达国家所处的已经不是利用履行要求实现其国家基本生存、发展财富积累的阶段，而是进入关注稀缺资源的储备等战略目标的阶段，不断更新规则保持其已经具有的垄断利润。一些经济学家指出，在发达国家发展的早期和中期引入 FDI 的过程中，也使用履行要求，而现在否定发展中国家使用的权利。经验数据表明，发达国家现在试图禁止的履行要求的这种发展战略曾经帮助发达国家达到今日经济的辉煌中起过重大作用。② 因此不能否认发展中国家暂时背离条约义务的权利，不加区分地认定履行要求就是国家对市场的不合理干预是武断的。

首先，对于发展中国家和地区，履行要求依然是实现国家和地区经济转型的主要方式。出口履行要求曾在新加坡、韩国、台湾和香港这样的新兴经济体崛起时发挥过重要作用，这些国家和地区从出口替代转向出口增长的发展战略，给予税收或者其他激励的同时，对外国投资企业实施出口履行要求，通过出口加工业赚取外汇，所以在制定这样发展战略的国家和地区，就应当在一段时期内放松出口履行要求的限制。③ 其次，在发展中国家的非经济利益保障方面，履行要求也发挥着重要作用。股权要求不仅仅出于经济立场的考虑，而且有政治或者其他原因。当地股权要求是一种当地股权参与外国投资的方式，是南非国家常常采用的实现外资本土化的措施，目标是将外国的资产逐渐转向当地土著居民手中。尼日利亚的本土化措施就在外资政策中得到了充分的反应，外国投资要遵守公司的股权结构要求，确保公司股权分散化结构政策的要求。马来西亚在 1970 年发布的"新经济政策"也实施了近 20 年这种政策，要求外国投资的股权只可以占少数。"经济原因可以通过协定

① 余劲松.《TRIMs 协定研究》[J]. 法学评论，2001(2)：97.

② 例如加勒比共同体(Caribbean Community，CARICOM)曾发布过一份标题为《双边条约谈判指南》的文件，指出加勒比共同体国家不接受任何使用履行要求禁止的提案。

③ See M. Sornaraja，The International Law on Foreign Investment，104(3rd ed，Cambridge University Press. 2010).

建立一种平等的利益关系，但是政治上确保外国投资促进国内的弱势群体发展不能无条件对等，仅仅对国家精英有益的政策会加剧国内分层，国家的外资立法会考虑种族平衡发展。"①当地雇员和培训要求是东道国吸收外资生产技术、提升管理技能最直接的方式，是促进当地就业的有效管理手段。最后，某些履行要求在国家发展的特定时期必不可少，例如智利在1991—1998年期间，为了实现向全面金融自由化和浮动汇率转变，对外国投资者实施强制性外汇平衡要求和资本控制要求。马来西亚在实现出口型国家战略的过程中，把出口要求、当地成分要求、合营要求等作为外资进入的前提条件，而培训要求是为了提高马来西亚工厂的技能和相关的生产能力。为了"实现本地化与国际化的平衡，这不仅仅取决于东道国和投资者讨价还价的能力，这种平衡的变化取决于各种因素，例如对生产需求的变动，国家政治的变化，以及全球整体经济的健康状况。"②

（二）履行要求在保障发展权方面的优先效力基础

由上文论述可见，履行要求是东道国利用FDI对东道国发展进程富有贡献的政策工具，是落实贸易政策、筛选和激励的机制，可以加深国内产业基础、促进就业和当地联系、提升出口能力、改善收支平衡，也可以通过技术转移和消化推进当地技术能力的提升。发展权要求国家政府采取促进国家经济社会发展的措施，特别是发达国家和国际社会有义务共同合作。在国际直接投资法律关系中，发展权保障和经济自由化存在着价值冲突，在发展权面前，当两者发生冲突时应当权衡两者。发展权优先获得保护，这从效力等级的角度来看主要有下面几点原因：

第一，人权属于维护公共道德和伦理价值类型的强行法，这类规范对国家间关系、对国际社会的发展有着格外的重要性，这类道德属于国家公共秩序的范畴，需要通过强行法来维护。人权是强行法规定较为集中的领域，无论哪一个国家或地区，均承认对人自身的充分发展是社会发展的终极目标，人类社会的最基本道德底线应当是对人的尊重和保护。人权法是强行性法律规范最为集中的领域，强行法在效力等级上高于其他规范。

第二，人类获得生存和发展是人之为人的内在要求，国家的自保权来自于实在法，是一种习惯国际法的规则，也来自于自然法。"国家自保权涉及与国家利益有关的诸多方面，既可以针对国别的武力攻击，也可能针对其他外来威胁，包括经济、文化、移民等。"③在特殊情况下，国家自保原则在自然法的本来面目下实现，

① Ibid.

② Ibid，p. 106.

③ 张辉. 国际法效力等级问题研究［M］. 北京：中国社会科学出版社，2013：134.

国家为生存而采取的自保措施将依据自保原则而获得合法性，并不受实在法规则的限制。从所保障权力的实质来看，具体 IIAs 的条约义务，与发展权相比，其价值较低，在国家的义务发生冲突时，发展权的保护处于优先地位。

第三，《联合国宪章》及其决议是优先适用的法律规范，具有较高的效力等级。《联合国宪章》第 103 条规定："联合国会员在本宪章下之义务与其他国际协定所负之义务冲突时，其在本宪章之下的义务应居优先。"联合国成员负有遵守宪章，并保障其他国际义务不得与之相抵触的义务，《联合国宪章》序言第 2 句重申基本人权，第 1 条第 3 项指出"增进并激励对于全人类之人权及其基本自由之尊重。"发展权属于第三代人权，而《发展权利宣言》是联合国大会 1986 年通过的第41/128 号决议，"由于第 103 条规定宪章义务具有优先地位，成员国负有遵守联合国决议的义务，在宪章及其相关规范与其他普通的国际法规范冲突时，《联合国宪章》及其相关规范应当优先适用。"①

(三)履行要求对国家发展权政策空间的保障

履行要求是东道国外资管辖权的一部分，外资的管辖权是国家经济主权在国际投资领域的体现，全面的自由化将消除国家的政策空间。政策空间是国际贸易统一规则和各国差异化的宏观经济政策之间冲突与协调的概念范畴。② 尊重国家基于公共政策的管理权是新一代投资协定改革的五大内容之一。③《关于建立新的国际经济新秩序宣言》确认了国家对自然资源的永久主权和经济自决权，经济自决权在后殖民地时代仅限于安排国家的经济结构，对自然资源的永久主权逐渐发展到对国内所有经济活动的权利。④ 经济永久主权在国际投资法中体现为对外资的准入和经营阶段的管理权。国家有权采取引导、管理和限制外国投资的管制措施。履行要求的限制和禁止使用本来并非国家的义务，从 20 世纪 80 年代起，发展中国家对 FDI 的强烈需求，鉴于发展中国家对外资的诸多管制，发达国家致力于将国内投资管理措施纳入 WTO 体制的多哈回合谈判中，最终与贸易有关的 4 种履行要求在多边层面禁止使用，实现了在其他区域协定或者在 BIT 中逐渐扩展到其它措施。

尽管履行要求在各国的使用中呈现出不断下降的趋势，但是国家基于国家战略

① 张辉. 国际法效力等级问题研究[M]. 北京：中国社会科学出版社，2013：156.

② 刘艳. 国际投资协定中东道国政策空间问题研究[J]. 武大国际法评论，2014，17(2)：262.

③ UNCTAD, World Investment Report 2015: Reforming International Investment Governance, 128-133(2015).

④ International Law Association, Report of the Sixty-fourth Congress(1990).

和公共政策考虑，使用履行要求进行管理的可能性依然很高。履行要求经历着一个动态变化的过程，但这并不意味着发达国家彻底放弃了影响投资者行为的外资管制措施，一些新的对贸易有扭曲作用，并且会对其他国家有消极影响的替代性措施，隐蔽地发挥着投资措施的作用。例如原产地规则、① 自愿出口限制措施、反倾销措施，各种策略性的贸易与投资的混合政策大大降低了履行要求的使用率。② 在不具备熟练使用替代性措施的情况下，履行要求仍然是国家政策空间的重要来源。同时，“很多政府，不论是发达国家还是发展中国家，在准入阶段大量地对 FDI 实施履行要求是为了保证外资的运营与国家的发展目标保持一致”。③

履行要求同时也是东道国利用 FDI 克服跨国公司不利影响的法律手段。对于东道国而言，实施履行要求的特定目标主要包括以下 9 种：(1)加强产业基础；(2)创造就业机会；(3)增强国内外企业的联系；(4)促进出口和业绩；(5)贸易平衡；(6)促进区域的发展；(7)技术转移；(8)租金的产生和分配；(9)各种非经济目标，例如政治独立和公共权力分配。④ 基于不同国家的发展目标，东道国结合使用几种相关的履行要求。发达国家曾经在历史上使用履行要求是出于对跨国公司在政治和经济方面的影响的考虑：对宏观和微观经济的影响，对收入分配的影响，保持政治独立，分配政治权利。⑤

对于投资者而言，投资者进入一国投资的目标是利润最大化，其逐利性和自发性可能不利于东道国的需求，需要国家通过对投资者的准入和运营实施一定的管理、引导。除了产业发展、管理收支平衡，东道国使用与 TRIMs 来应对限制性商业惯例问题。跨国公司可能会为子公司提供市场而进口更多，也可能通过进口相关的资源价格转移来转移利润。对跨国公司的当地成分要求，或者外汇中性等措施可

① 原产地规则要求产品的国内成分的比例必须符合一个区域性贸易区内部产品的要求，这就与当地成分要求有相似的效果。例如 NAFTA 要求一件产品投入的实质性部分要在贸易区内产生，而欧盟采用了国内“国内成分”原产地规则，对某些产品采用更加严格的要求。美国发布“购买美国货”政策之后，为了满足国内产品的资格而获得 25%的价格优惠，汽车制造商就会购买美国制造的轴承、发动机等部件，这一贸易政策具有了当地成分要求的异曲同工之效。

② Theodore H. Moran, The Relationship between Trade, Foreign Direct Investment, and Development: New Evidence, Strategy, and Stactics Under the Doha Development Agenda Negotiations, 2002, p. 11. available at http://citeseerx. ist. psu. edu/viewdoc/summary? doi = 10. 1. 1. 201. 2790, visited on 10 Jan. 2016.

③ See Guisinger et al., Investment Incentives and Performance Requirements: Patterns of International Trade, Production and Investment 58(Praeger, 1985).

④ UNCTAD, Foreign Direct Investment and Performance Requirements: New Evidence from Selected Conclutions7(United Nations, 2003).

⑤ Ibid, P. 9.

以调整限制性商业惯例。① 在缺少对跨国公司内部转移定价、限制竞争等行为有效规制的情况下，投资措施还可以用来抵消跨国公司排挤竞争的限制性商业措施。无论是产业的适度保护还是防止跨国公司的消极影响，无论是产业结构调整、经济体制改革还是实现国家经济发展战略目标，都需要国家在外来资本准入、运营的各个环节实施一定的干预和控制，保留某些履行要求满足发展中国家的现实需要，其消除要以渐进的方式逐步实现。②

（四）履行要求的规制限度

履行要求的规制在发展水平不同的国家，应当有规制的限度。从经验数据来看，履行要求对 FDI 流向的限制具有混合性，不同区位表现差异巨大，总体而言，对 FDI 的限制远远小于对东道国发展的促进效应。履行要求对投资环境的影响要依据东道国的潜在优势来判定。如果东道国的市场广阔并有其他优势的话，尽管有履行要求也不会影响其投资意愿。③ 例如，尽管 1990s 很多国家对自动化产业的投资实行了多种履行要求，但是印度的自动化产业吸引了全球主要的自动化企业的投资。④ 履行要求的有效性取决于清晰明确的政策目标、政府的政策能力、市场规模、劳动力和国内企业对技术的吸收能力，以及其他的一些当地优势与政策。⑤ 履行要求对 FDI 流量的负面效应，取决于东道国总体的经济潜力。在法律规制中，履行要求的使用对特定阶段国家发展权的保障具有充分的正当性理由，但是其使用应当基于明确的国家发展规划来开展，而非滥用。这对履行要求条款规制的灵活性提出了要求，履行要求的规制应当是动态的，依据一定条件可调整的，同时对东道国的举证责任也提出了相应的要求。

三、发展权视角下 IIAs 履行要求措施的分类探析

（一）IIAs 履行要求措施的分类探析的意义

下文将对已经纳入国际立法的履行要求措施结合立法实践，进行梳理和分类探

① UNCTAD：Use and effectiveness of performance requirements：What can be learnt from the experience of developed and developing countries? Proceedings of the Expert Meeting Held in Geneva，2002，p. 64.

② 刘笋. 投资条约中的"履行要求禁止规则"［J］. 武汉大学学报，2001(6)：743.

③ UNCTAD：The Development Dimension of FDI：Policy and Rulemaking Perspectives，2003，p. 71.

④ Ibid.

⑤ UNCTAD：FDI and Performance Requirements：New Evidence from Selected Countries，2003，Chapter IV.

析，首先对范围不断扩大的履行要求措施进行立法考察，然后对已有仲裁实践中面临的两难和不确定做简要的评析，最后按照三分法来评价履行要求措施的法律地位。

下文将依据对FDI的负面影响和对国家保障基本生存和发展的程度为标准，从发展权的视角来审视可能纳入国际法规制的14种管制措施，除了按照履行要求实施的强制力分为命令式履行要求(mandatory performance requirement)和自愿性履行要求(voluntary performance requirement)外，参考联合国贸易与发展会议报告对全部投资措施的分类①，将投资措施分为红色措施、黄色措施和绿色措施三个层次进行探讨，相应地，在法律规制时可以分为绝对禁止、附优惠条件允许以及允许三种。"各种TRIMs对贸易和发展的效果可能是不相同的，并非所有的TRIMs都对贸易具有扭曲和限制的效果。国际社会予以禁止的应是那些对贸易具有严重的扭曲和限制作用的TRIMs。"②对其他种类的履行要求在一般情况下予以禁止，特定条件下准予使用。

三分法可以促进履行要求规则的设计更具逻辑性和灵活性，有助于缔约方认识每种措施的效用，从而依据本国的需要做出选择。不同履行要求事实上对发展促进和对FDI限制水平差异很大，绿色措施对保障发展权、促进可持续发展作用显著。这种分款项归类例举的方式满足了对履行要求置于一定的层次下调整的要求，这样使众多的履行要求各归其位，层次清晰。国家在谈判和采用履行要求的过程中，可以辨别不同措施的法律地位。下面的考察将逐渐被纳入国际法规则的履行要求措施中。

(二) IIAs中对履行要求措施规制范围的扩大化

目前，在种类众多的履行要求中选择哪些纳入IIAs，不论是多边还是双边层面都还没有达成一致，但是纳入履行要求规制的范围正不断扩大。TRIMs对履行要求的规制仅仅限于与贸易有关的方面，采用了概括和列举相结合的方式对五种表现形式下的四种履行要求作出了禁止性规定，一是与GATT第3条第4款国民待遇不符的措施，当地含量要求和贸易平衡要求。二是与GATT第11条第1款一般取消数

① 依照TRIMs协议将全部投资措施做了三种分类：一类是"红灯"措施，主要指被TRIMs协议禁止的措施，如当地含量要求、贸易平衡要求、汇兑限制和销售控制；第二类是"黄灯"措施，主要指被一些双边、区域或区域间协定所禁止但尚未被多边协定禁止。第三类是"绿色"措施，除上述两类之外的措施。See UNCTAD, IIA Issues Paper Series, Host Country Operational Measures.

② 余劲松.《TRIMs协议》研究[J]. 法学评论，2001(2)：99.

量限制不符的投资措施，贸易平衡要求，外汇平衡要求，销售限制要求。

经济合作组织(OECD)提出的国际投资协定草案(以下称 MAI)将 12 种履行要求纳入 IIAs 的规制，当这 12 项履行要求作为投资设立、经营的条件时，出口业绩要求、当地含量要求、当地采购要求、贸易平衡要求、限制当地出售要求不得作为限制性措施，其中一些在作为外国投资者获得东道国某些优惠待遇的条件将被允许。其中被允许的有 7 项，包括技术转让要求、公司总部设置地点要求、销售地要求、研究和开发要求、雇佣要求、设立合营企业要求、最低股权要求。①《能源宪章条约》(ECT)第 5 条专门规定了“与贸易有关的投资措施”规则，第(1)款和第(2)款完全采用了 TRIMs 的内容，并且明确指出其目的是为了维护 GATT 第 3 条和第 11 条，禁止成员国政府实施 5 种行为，防止外国投资者在能源投资领域受到歧视性待遇。东盟和韩国、日本、中国、澳新、印度在签订 FTA 时则态度迥异，有的避开了履行要求条款，有的仅仅以遵守 TRIMs 协定中的义务为限。例如，东盟-澳新 FTA 中专门设置了“履行要求禁止条款”，要求在涉及建立、收购、兼并、管理、指导、合作、出售和其他资本处置活动时，各方不得违反 TRIMs 要求。东盟-中国在投资协定中避开了该条款。2015 年生效的中国-韩国 FTA，将履行要求限于 WTO 项下的 TRIMs。

东盟-日本《经济合作伙伴协定》(以下称 EPA)中专门设置了履行要求条款。日本与菲律宾、印度尼西亚 EPA 中列举了 10 种禁止的履行要求行为。日本与新加坡不但列举了 9 种必须禁止的履行要求行为，还指出不得减损 TRIMs 的权利和义务②。这些条款所涉及的履行要求，在 TRIMs 协议所要求的四种绝对禁止的履行要求外，还提出对股东国籍要求的绝对禁止，对于技术转让、总部设立、研发要求、销售地要求、雇佣要求均允许在授予好处的条件下实施。

《北美自由贸易协定》(以下称 NAFTA)第 11 章中第 1106 条专条规制履行要求，NAFTA 对履行要求的规定具有一定的层次性，首先规定缔约方不得在其领土内，对一缔约方或非缔约方投资者的投资的设立、取得、扩展、管理、经营强加任何下列的要求，或强迫任何的承诺或负担，出口要求、当地成分要求、当地采购要求、贸易平衡要求、销售限制③、技术转移要求、制造供应限制，这 7 项可以附随授予

① MAI Draft Consolidated Text, Ⅲ. Treatment of Investors and Investments, Performance Requirements 1.

② 商务部研究院亚洲与非洲研究所. 东盟对外签订自由贸易协定比较研究[M]. 北京：中国商务出版社，2011：126.

③ 根据出口量、价值或赚取的外汇的情况，限制该投资的生产或其提供货物或服务在其境内的销售。

某种好处而使用。其次规定了健康环境要求。再次规定了缔约方对另一缔约方或非缔约方投资者在其境内的投资不得使用的措施，包括当地成分要求，进口替代要求，贸易平衡，境内销售限制，这4项可以视为绝对禁止的履行要求。最后，规定生产厂房区位、提供服务、训练或雇佣工人、建设或扩充特定设施、执行研究和发展的要求。2012年美国BIT第八条履行要求：第1款除了增加第(h)款外与NAFTA1106条第1款完全相同。①

自履行要求纳入WTO体制伊始，在种类上从四种逐渐扩大到十余种，有的研究中称为TRIMs-plus。从适用阶段来看，履行要求条款分为准入前和准入后两个阶段的适用，美式IIAs推行的准入前国民待遇，不仅将TRIMs扩大到十余种，并且适用于准入阶段。准入后TRIMs-plus条款，如2001年印度-科威特BIT第4.4条规定："外国投资一经设立，缔约东道国不得对该投资增加任何限制扩大或维持投资的履行要求，或者采取不利于投资存续的履行要求。"该类条款禁止的仅是投资设立后的业绩要求。下表是对IIAs中TRIMs、MAI 、NAFTA、ECT、东盟-日本EPA、美式BIT为样本做出的统计，采用TRIMs乌拉圭回合谈判例举的14项②履行要求的使用情况(见表1)。

表1　**14项履行要求的使用情况表**

		TRIMs	MAI	NAFTA	ECT	东盟-日本EPA	2012美国BIT
1	贸易平衡要求	×	×	×	×	—	×
2	当地成分要求	×	×	×	×	×	×
3	当地股权/合营要求	—	○	—	—	—	—
4	外汇限制	×	×	○	×	—	—
5	销售地要求	—	○	○	—	○	○
6	技术转让要求	—	○	○	—	○	○
7	国内销售要求	×	×	×	×	×	×

① 新增的一款规定：(h)为了基于国籍给予其投资、投资者，或者对协定方、协定方个人拥有技术给予保护；(ⅰ)在其领域内购买、使用协定方或者协定方个人的技术，或者给予协定方或者协定方个人的技术以优先；(ⅱ)在其领域内阻止购买、使用某种特定的技术，或者阻止给予某种特定的技术以优先。本文将这一款履行要求认定为技术采用限制。第2款与NAFA第3款的规定完全相同。第8条第3款规定与NAFTA第4款规定完全相同。

② 各国实施复杂多样的履行要求，在乌拉圭回合谈判中列举了14项TRIMs，详细解释参见：赵维田.世贸组织(WTO)的法律制度[M].长春：吉林人民出版社，2000：417-418.

续表

		TRIMs	MAI	NAFTA	ECT	东盟-日本 EPA	2012 美国 BIT
8	出口业绩要求	—	×	—	—	—	○
9	当地采购要求	—	×	×	—	—	×
10	研发要求	—	○	✓	—	○	✓
11	当地雇佣/培训要求	—	○	✓	—	—	✓
12	总部/分支机构限制	—	○	✓	—	○	✓
13	技术采购	—	—	—	—	—	○
14	股东国籍要求	—	—	—	—	—或×	—

（注：国际协定中履行要求的使用情况，其中×表示绝对禁止，○表示附优惠条件允许，✓表示允许，—表示为提及，笔者根据国际协定履行要求规则整理。）

（三）IIAs 履行要求规则仲裁的不确定

履行要求规制尚没有太多仲裁实践，为数不多的案件大部分基于 NAFTA 提起争端解决，并且与美国和加拿大有关。这主要是因为除美国和加拿大外，大多数国家签订的 BIT 都没有包括履行要求条款。① 从履行要求仲裁实践看，仲裁庭对该条款的解释方法并不一致，当前该条款的解释已从有利于东道国向有利于投资者发生转变，对东道国管理权的限制进一步加大。

1. 目的解释：Lemire v. Ukraine 案

有关履行要求的投资仲裁实践多集中于 NAFTA 协定第 1106 条。Lemire v. Ukraine 是截至 2013 年唯一一起在 NAFTA 协定之外对履行要求条款作出裁决解释的投资仲裁案件。② 该案中，申诉方美国人 Lemire 是乌克兰一家电台的大股东，申诉方诉称乌克兰《2006 年电视电台法》第 9. 1 条有关每个电台必须提供 50%的播出时间用以播放乌克兰音乐的规定构成当地成分要求，从而违反了美国-乌克兰 BIT 第 2. 6 条履行要求条款项下义务。

仲裁庭依据《维也纳条约法公约》第 31. 1 条，首先采用“通常含义”对美国-乌

① Alexandre Genest, *Performance Requirement Prohibition, Lemire v. Ukraine, and Mobil v. Canada, Stuck between a rock and a hard place*, 47(3) Revue Juridique Themis13(2013).

② Alexandre Genest, *Performance requirement prohibitions in international investment law: complex, constraining and a potential thorn in U. S. -India BIT negotiations*, 56(3) SPIL International Law Journal10(2014).

克兰BIT第2.6条进行解释，认为《2006年电视电台法》第9.1条只要求电台播出音乐的50%是由乌克兰人作词、作曲或创作的，并没有特别强制这些产品或服务在当地采购。因此，这一要求从表面上看并不违反美国-乌克兰BIT第2.6条的规定。其后，仲裁庭采用"目的和宗旨"解释方法，认为该协定第2.6条与贸易有关，该条法律的目的是为阻止缔约方出于保护本地产业免受进口产品竞争冲击而做出的当地成分要求。考虑到《2006年电视电台法》是为了促进乌克兰文化传承，仲裁庭裁定该法律并不违反美国-乌克兰BIT的当地采购禁止规定。仲裁庭没有就《2006年电视电台法》第9.1条是否实际产生违反投资协定的效果进行分析。① 可见，Lemire v. Ukraine仲裁庭对履行要求的理解倾向于采用目的解释方法。只要东道国政府在发布某项业绩要求管理措施时，将其提升到国家生存发展根本利益保护的高度，往往能有效地获得仲裁庭的支持，可以从履行要求禁止性义务中免责。

2. 效果解释：Mobilv. Canada案

Mobil v. Canada是目前为止最全面深入分析履行要求条款的投资仲裁案。在该案中，申诉方美国Mobil以及Murphy公司在加拿大NL二省投资海岸油田开发。油田开发项目受NL两个省级政府和联邦政府的双重管理，由加拿大新大地海岸油田委员会(以下称"委员会")具体负责，为获取开发许可，申诉方向委员会提交开发计划书和利润分成计划书。根据规定，利润分成计划书必须包括两部分内容，一是提供必要经费用于在NL开展研发，二是提供必要经费用于在NL进行培训和教育。委员会有权发布指南解释利润分成计划内容。1986年、1987年和1988年该委员会先后颁布《指南》对研发和培训费用提出原则性要求。但在2004年，委员会颁发的新《指南》强令研发费用从原先的勘探开发阶段延伸到生产阶段，而且第一次提出明确研发经费的确切数额。申诉方认为2004年《指南》强迫申诉方必须在NL从事一定金额的研发活动才能在NL开展石油开采投资，这一规定违反NAFTA第1106条有关履行要求的相关规定。

本案的焦点在于，NAFTA第1106条禁止当地采购产品和服务中的"服务"是否包括2004年《指南》中的"研发"和"培训"，以及2004年指南的义务性特征是否构成NAFTA下的"要求"。仲裁庭根据"服务"的通常意义，认为服务的含义宽泛，足以包括研发和培训。之后，仲裁庭分别从目的和效果两个层面对2004年《指南》下的措施进行了分析，认为政府采取措施的目的与NAFTA第1106条没有关联，只要一项措施要求投资者利用当地的研发和培训资源，就"十分明显(rather clearly)"地

① Joseph Charles Lemire v. Ukraine, ICSID Case No. ARB/06/18. Award. (建议标明para)

构成应禁止的业绩要求。①

上述两起仲裁案件，通过业绩要求条款集中反映出东道国和投资母国在国家主权与投资者保护之间的不同立场。Lemire v. Ukraine 体现出对国家主权的高度尊重，Mobil v. Canada 则高度肯定投资者权利。Lemire v. Ukraine 一案过度强调争议措施的目的，而 Mobil v. Canada 一案过度强调争议措施的影响，这两种裁决方法暴露出截然不同的解释失衡的弊端，加剧了投资仲裁在条约解释方法的合法性争论。②

(四)三类履行要求的界分

第一类是绝对禁止的履行要求，也被称为红色措施，具有强制性。从列表的横向看，对绝对禁止的履行要求主要集中在 TRIMs 协定下的 4 种，包括贸易平衡要求、当地成分要求、外汇限制和国内销售要求。鉴于较多国家已是 WTO 成员方，其负有使国内法符合国际协定的义务，所以这四种类型得到了广泛认同。此外，"当地采购要求"也得到多数 IIAs 的认同。当地采购要求是指购买、使用当地生产的货物或当地提供的服务时，优先购买来自其境内生产者的货物或服务。在推崇投资自由化的 MAI、NAFTA、2012 美国 BIT 中将当地采购要求作为绝对禁止的措施来规制。该措施在其他 IIAs 中没有提及，发展中国家均期望在投资活动中带动本地产品和服务被利用，本文认为在发展水平差异的缔约方之间，仍然不适宜将此种措施纳入全面禁止的范围。

第二类是可以与投资激励伴随使用的自愿性履行要求，在一定条件下不被禁止，可以被视为黄色措施。从列表统计来看，可以将销售地要求、技术转让要求、技术采购要求、出口业绩要求、当地股权/合营要求、股东国籍要求列入自愿性的履行要求范围内。这类措施占所有投资措施的大多数，也是多数 IIAs 谈判的重点。在这六项措施中，销售地要求、技术转让要求、出口业绩要求、当地股权/合营要求是 IIAs 中较为传统的限制使用的投资措施。股东国籍要求是 2009 年东盟 EPA 中增加的自愿性履行要求，③ 本文认为，股东国籍履行要求与当地股权/合营要求本

① Mobil Investments Canada Inc. and Murphy Oil Corporation v. Government of Canada, ICSID Case No. ARB(AF)/07/4.

② Alexandre Genest, *Performance Requirement Prohibition*, *Lemire v. Ukraine*, *and Mobil v. Canada*, *Stuck between a rock and a hard place*, 47(3) Revue Juridique Themis444(2013).

③ 在东盟-日本 EPA 中，日本-菲律宾和日本-印度尼西亚的投资协定中有禁止股东国籍履行要求，日本-越南协定为自愿使用，日本-新加坡等四个国家并未提及此种履行要求，详细参见商务部研究院亚洲与非洲研究所. 东盟对外签订自由贸易协定比较研究[M]. 北京：中国商务出版社，2011：126.

质相同，都涉及外资企业的控制权，与企业的表决权和经营权有关，是根据国家的发展战略和所涉及投资领域的重要性而进行灵活调整的一种政策措施，与投资激励可以伴随使用。

技术采购要求是美国 2012 年美国 BIT 范本修订的内容之一。第 8 条第 1 款新增加一项作为第（h）项，并在这一项的注释中指出，权利范围包括当事方享有所有权的或者当事方个人享有所有权的技术，这种技术采用的限制包括两种情况，第一种是强制要求使用特定来源的技术，第二种是限制使用某种来源的技术。第 8 条第 3(b)“技术采用限制”和第 8 条第 3(a)“技术转移”的例外。“将知识产权纳入 BIT 的保护，意在保护投资者利用知识产权控制东道国市场的竞争优势。”①用市场换技术是发展中国家引进外资的目的之一，通过外资技术转让获取外国先进技术，在消化吸收后形成独立的研发能力。然而，发达国家视技术为其核心竞争力，根本不愿随意转让。

美式 BIT 和欧洲 BIT 在技术转让措施上表现出截然相反的态度，后者将其作为促进可持续发展的国际合作举措。伴有激励性质的，促进技术资源转让的履行要求在发展中国家非常普遍。“其也经历了从早期给予鼓励技术转让的自愿性技术转让，发展为以技术转让为市场准入的前提条件或经营阶段中强制性技术转让为特征的强制性技术转让。”②技术转让在发达国家看来，意味着失去市场竞争力，失去对技术的专用权和垄断地位。在 1994 年《欧盟-斯里兰卡合作协定》第 4 条经济合作条款规定：“缔约方同意经济合作应涉及……（1）通过便利获取欧盟的知识、技术和资本，改善斯里兰卡的经济环境……”该协定还包含关于技术转让的一般性规定。例如，《欧盟-斯里兰卡合作协定》第 9 条科学技术规定：“缔约方将根据相互利益以及双方在这一领域的发展战略目标，促进科学技术合作，以便推动知识转让，鼓励创新。”欧盟缔结的 BIT 都包含关于从发达国家向发展中国家转让技术的规定，这些规定虽然规定得相当笼统，没有具体说明实际促进技术转让的方式和方法，但大多规定应协助技术开发和技术转让，其中某些条款特别强调要让最不发达国家从中受益。从国别 BIT 来看，德国、法国、意大利等国 BIT 都没有确立相关的履行要求禁止。从发达国家的 IIAs 实践来看，是否采取发展合作的态度对待国际投资合作，是否纳入发展权原则指引具体规则的涉及，直接影响可持续发展投资政策的落实。

第三类是不被禁止的措施，又被称为绿色措施，指没有被列入 IIAs 规制的措

① 何艳. 双边投资协定中的技术转让履行要求禁止规则研究[J]. 当代法学，2014(4)：153.

② 何艳. 双边投资协定中的技术转让履行要求禁止规则研究[J]. 当代法学，2014(4)：155.

施。从IIAs的缔约实践来看，主要包括研发要求、当地雇佣要求、总部/分支机构限制。MAI履行要求规则的第3款以脚注的方式提出第三类关于选址、雇佣、培训、扩大特定设施、研发等不受限制的规定。① 2012美国BIT第8条第3款3(a)规定，这些构成履行要求的不排除措施，将研发要求、雇佣和培训要求以及区位选择要求从所有形式的履行要求中排除。

研发要求是指东道国提出的外资吸收当地人员和机构参与投资技术研发的要求。研发要求不被国际协定所限制，但是多数国家对研发要求都与激励措施伴随使用，研发要求所能产生积极效用还取决于当地人才资源、基础设施建设以及先进技术的消化吸收能力。但是当研发要求涉及大量经费以及技术转移问题时，将受到投资者质疑，在前文Mobil v. Canada案中，当加拿大政府2004年将研发和培训费从开发阶段延伸至生产阶段，并提出明确的经费额度要求时，引发了投资者Mobil公司不满，然而，若在发展权原则引入IIAs后，仲裁庭应该会以目的解释角度酌情予以一定程度的减免。

当地雇佣和培训要求主要解决劳动力就业失衡，督促企业进行技能培训和人力资源开发，提高企业的人力资源水平。在东南亚国家运用FDI实现经济发展的过程中，运用不同程度的税收激励措施增加对员工培训的积极性，当质量和与生产相关技能的培训费占到培训支出1/4以上时，有助于提升产品质量和附加值。② 总部/分支机构限制主要是指对总部的设置，是对分支机构和生产厂房的区位选择提出的要求。

四、IIAs中履行要求规则对发展权保障的灵活机制

(一) IIAs履行要求条款中的灵活性法律规则

履行要求条款的结构主要包括两个部分，一部分是对众多的履行要求措施的例举，另一部分是针对履行要求的例外性规定，体现出一定的规则弹性。本文将履行要求义务得以违反的正当法定事由统称为履行要求的灵活性法律机制。MAI、ECT、《TRIMs协议》、NAFTA以及2012年美国BIT对履行要求都不同程度地嵌入例外、不符措施等规定。

第一是保留国家对公共事务的一般管理权。MAI履行要求的第4款指出，绝对禁止的五种履行要求在三种情况下免责：(1)确保与本协定的规定不一致的法律、

① MAI Draft, performance requirement 3, note 29, p. 22.

② See UNCTAD, World Investment Report 2001: Promoting Linkages, 178(2001).

法规得到遵守是必要的；(2)保护人类、动物、植物、生命健康是必要的；(3)保护可耗竭的生命和非生命自然资源是必要的①。以上三种情况不受限制，本文将其称为履行要求的一般例外。

第二是为保持与其他国际协定相一致的例外。首先是遵守 WTO 国际协定的例外，例如 MAI②、NAFTA 和 2012 美国 BIT 中规定了技术转让要求或投资技术采购要求的例外，为了遵守 WTO 下第 31 条强制许可以及第 39 条商业秘密保护的义务，可以背离限制使用技术转移要求的承诺，在 TRIPs 规定的 12 个条件下实施强制许可。美国 2012 年 BIT 中的例外出现在第 8 条第 3 款 3(a)，其中第 1(f)和(h)款③不适用于(i)，当缔约方根据《TRIPs 协定》第 31 条的规定授权使用知识产权，或者落入了《TRIPs 协定》第 39 条的范围，又或者为了遵守第 39 条而披露知识产权的信息；(ii)当被法院、行政仲裁庭在依据国内竞争法由竞争主管当局采取的救济措施时，实施履行要求或者强制实施某种承诺，第(ⅱ)款保障了对国内法的遵守。

第三是某些履行要求在特定领域不被禁止的例外。ECT 第 5 条在第 1 款和第 2 款之外，在第 3 款规定了所禁止的四种履行要求的例外情况。该款规定：缔约方为了扩大出口、外国援助、政府采购、优惠关税或配额项目。NAFTA 第 1108 条的第 8 款是第 1106 条适用例外的条款，根据第 8 款，对出口要求、当地成分和当地优先采购要求的禁止不适用于(a)与出口促进和外国援助项目有关的货物或服务的合格性要求；(b)缔约方或国有企业的采购；(c)进口缔约方采取的与取得优惠关税或优惠配额而必须的与货物的含量有关的强制性要求。④ 援用例外免除国际责任有严格的限制，NAFTA1108 条第 6 款规定在保证非“武断或不公平”的情况下，为确保遵守法律、法规、保护人类、动植物生命和健康、保护有限资源等原因而采取的措施。

第四是保护弱势群体利益的不符措施。在 2012 年生效的美国-卢旺达 BIT 中，美国在附件 2 中规定了对少数族裔事务部门，保留采取或维持赋予社会或经济弱势的少数族裔权力和特权的措施，这些措施将不适用国民待遇、履行要求、高管和董事会等条款项下的国际义务。美国和卢旺达分别列出了关于履行要求不符措施的法律依据——《阿拉斯加土著诉求解决法》，即《美国商法典》第 43 条第 1601 节。⑤

---

① MAI Draft, performance requirement 4, p. 23.

② MAI 第 10 条第 5 款与是 WTO 规则衔接的条款，规定了不适用于政府采购情形、与促进出口项目和外国援助项目相关的履行要求和与优惠关税或优惠配额有关的履行要求。See MAI Draft, performance requirement 5(a)-(c), p. 24-26.

③ 1(f)和(h)是关于技术转移与技术采用限制的条款。

④ See NAFTA, Article 1108(8).

⑤ US-Ruwanda Bilateral Investment Treaty, Annex II-US-4.

整体而言，不符措施附件清单所涉及的免除履行要求义务的措施数量有限，难以满足对发展权发展利益的保护。

除了规定各种目标实现和价值保护的例外，有的国际协定还规定了过渡期，照顾发展中国家为了履行承诺的能力。《TRIMs 协定》为发展中国家提供了较长的过渡期，另外 ECT 第 4 款也规定了过渡措施，即在 ECT 生效的 180 天之前履行要求可以暂时继续，但有义务按照规定通知并逐步取消。

(二)已有灵活性规定对发展权保障之不足

履行要求措施的规制不仅是有层次性，而且在条款中嵌入了多种例外规定。已有的国际立法实践已经注意到投资自由促进经济利益最大化这一政策目标，与实现非经济价值的政策之间的潜在冲突，履行要求投资义务也需要与其他国际协定、国际法与国内法相协调，对特定情况下的外资项目给予了特殊考虑。IIAs 在对国家经济主权进行限制的同时，面对与之并列的人权、自然资源、环境这些重大利益，通过引入例外规定予以平衡，当两者发生冲突时以恢复在追求投资自由化进程中被限制的外资管辖权。

已有的立法实践除了没有对投资措施满足不同层次国家的发展需要而进行明确的分类外，对用以平衡其他利益的例外规定也有一定的局限性，IIAs 对履行要求条款项下例外主要集中在以下方面：(1)一般例外；(2)确保与其他国际义务协调的例外；(3)特定项目约定例外；(4)保护弱势群体的不符措施；(5)延迟履行和保留。这些例外规定基本顾及了投资自由化的政策目标与其他利益保护的协调，保留了必要的公共政策空间。与其他国际协定义务的协调，顾及了追求其他价值的国际协定之间的关系；国内法和国际义务衔接的例外，有助于协调国内法与国际法之间的效力冲突；而履行要求的一般例外是对经济利益之外的如环境权、人权等利益的平衡机制。值得关注的是第三种例外，当地成分要求、出口要求和当地采购要求，这几种绝对禁止的履行要求在东道国特定的外资项目中，可以作为取得项目的强制性措施，这一例外是对东道国吸引 FDI 传统目标的回归——以投资带动出口、当地产品和服务要素的高效利用，通过某种履行要求引导投资，促进当地产业的发展。此外，特定项目例外将某个投资项目的投资者和国家之间的契约上升为国际义务。

从以上例外所平衡的利益来看，除了对土著居民弱势群体的不符措施外，没有充分考虑到发展权诉求，从前文可见，诸多履行要求措施对国家经济起飞、获得自身发展优势以及度过转型发展瓶颈发挥着事关成败的作用，履行要求规定的几种例外尚不能充分体现不同发展层次国家追求发展目标的现实需要。因此，有必要在履行要求项下纳入发展例外或者规定保障发展权的不符措施。

(三)"发展例外"嵌入履行要求条款的尝试

履行要求是一种有用的发展政策工具，WTO 项下的立法讨论也曾经针对如何进行富有弹性的规则提出过立法构想。"如果履行要求作为一种发展政策工具具有重要作用，就必须对发展中国家和最不发达国家引入特殊和差别待遇，在 WTO 项下，TRIMs 协定对于发展中国家，可以运用特殊和差别待遇，在转型阶段排除 TRIMs 义务，可以比发达国家晚 3 年履行承诺。① 而发达国家和发展中国家之间巨大的发展差距难以靠 3 年而抚平。因此，发展中国家需要基于较低的发展水平寻求例外，"TRIMs 第 5(3)可以(could)修订而提供一种例外，该例外与每一单位的制造资本增加值(manufacturing vale-added, MVA)门槛相联系，所有低于 MVA 门槛的国家均可以从 TRIMs 协定下豁免。用这种方法，将可以兼顾到发展维度的考虑和发展能力的培育。"②

本文提出在履行要求条款中引入发展例外的立法思路。发展例外的引入将协调自由化背景下财产权与发展权的冲突：发展中国家在一定时期内将某种投资措施作为实现产业发展目标的主要手段，此时国家的发展权与保护投资者的义务发生冲突，"发展例外"反映了发展中国家在经济上的弱势地位和发展需求，应当给予特殊和不同的对待，这类例外已经出现在一些国家的 BIT 中，如意大利-摩洛哥的 BIT。"③"发展例外"在一些国际组织制定的规则中已有规定，如联合国《跨国公司行动守则(草案)》第 49 条规定："……为促进本国自力更生的发展能力，或为了保护重大的经济利益，本国企业所享有的优惠待遇或特许权无需让跨国公司分享。"在履行要求规则设计中，可以列出与履行要求一般例外并列的一种例外，专门为某些发展中国家和最不发达国家提供使用特定投资措施以实现一定时期发展目标的权利，当一国在某一发展时期将某种产业目标或者发展战略列入国家的发展规划，就可以援引发展例外暂时背离国际义务，允许东道国采用履行要求义务所约束的措施来引导和利用 FDI，当这一时期的发展目标实现，国家应当恢复对履行要求一般义务的遵守，再次加入到投资自由化的进程之中，由此实现动态规制。

在投资争端的司法和仲裁实践中，发展权的保障作为可持续发展投资理念的一部分，司法机构或者仲裁庭应当思量发展中国家特定时期的发展需要，从目的解释的角度出发，赋予发展权保障措施的合法性，为其保留必要的发展政策空间，适用

① UNCTAD, The Development Dimension of FDI: Policy and Rulemaking Perspectives, 73(2003).

② Ibid.

③ 柯新华. FDI 国民待遇若干问题解析[J]. 湖南科学技术学院学报，2006(10)：180.

比例原则考察是否一国所使用措施是实现国家发展目标的主要手段，对东道国使用履行要求措施的强度、范围、时间做相称性考察，衡量所取得的国家发展效果与对FDI带来的扭曲和阻碍的影响。只要东道国采取措施符合必要性原则、比例原则和相称性原则，在非歧视的基础上对所有的外国投资者实施，则应当认定一国的发展较外国投资者的投资利益、母国海外投资的战略目标的实现更具有根本重要性，以及具有保障发展权的合法性，则不应判定是对IIAs履行要求的违反。

五、结论与建议

履行要求是东道国为了对外资管理和引导而对投资者施加的限制性措施，在投资自由化水平提升的背景下，从WTO项下的4项TRIMs日益扩大到十余种，更多的东道国管理措施被纳入国际投资协定规制的范围内，愈加限制了政府的管理权。从履行要求条款的结构来看，主要是由适用条件不同的履行要求措施和一系列例外两部分构成，可以说是具有一定弹性和灵活性的规则。在一定条件下可以平衡保护人类、动植物、生命健康、可耗竭的生命和非生命自然资源等管理权；协调了WTO中保护贸易自由和知识产权强制许可等国际义务，还保障了特定投资项目。从发展权的视角审视该条款，销售地要求、股权要求以及研发合作要求都是发展中国家用市场换外资的主要措施，从某些东南亚国家发展历史可知，这些被规制的履行要求在国家转型和经济起飞中发挥着举足轻重的作用，这些义务性要求可能远远超越发展中国家的履行能力，阻碍发展中国家利用外资实现本国发展和战略目标的能力，这不仅违背了发展权原则，更缺乏公平正义。有鉴于此，依据履行要求措施对自由贸易的扭曲程度和促进发展的效用为标准，可以用三分法对十余种措施分层考察，澄清了有益于发展权保障的履行要求，国家在谈判中可以依据不同的需要作出国际承诺。同时，文章在现有例外的基础上提出了纳入“发展例外”立法建议，发展例外将为东道国政府基于发展权保障提供正当理由。

在我国目前缔约的147项IIAs中，尚未全面规定履行要求条款，我国仅仅将履行要求与WTO协定项下的TRIMs相联系，限定在狭窄的范围内，2012年中国-加拿大FTA，2015年中国-韩国FTA均规定缔约国不得实施TRIMs中的限制措施，依据中国现阶段的发展水平，我国尚不适宜扩大履行要求规制的范围。当下进行的中国-美国BIT谈判，我国对履行要求的立场与美国差异很大，这也构成谈判的重大分歧之一，美国不仅将履行要求扩大到12项，而且适用于准入阶段。我国如果贸然接受该条款，将置我国外资管理于巨大的风险之中，虽然我国《外国投资法》草案已经主张取消三资法，要求统一适用《外国投资法》，但是诸多履行要求对我国某些地区引进外资仍然意义重大。中国-美国BIT谈判达成将对新一代IIAs的变革与扩展产生巨大的示范效应。我国未来主要的对外投资伙伴——广大的发展中国家，亦将难以全面接受12项履行要求的规制。在中国-美国BIT中，在准入前国民待遇的背景下，应仔细衡量每种履行要求对我国未来发展的作用，排除某些履行要求纳入规制，同时，充分利用灵活性法律规则，利用保留、不符措施，排除不得适用履行要求的行业和领域，甚至可以考虑在履行要求条款中嵌入发展例外。在履行要求条款的多种灵活性法律规则之外，还不能忽视一般例外与重大安全例外的联动作用，这些嵌入履行要求条款和非嵌入式的例外，对保障我国的外资管辖权起到了安全阀的作用。从我国对外投资的视角而言，我国提出的互利共赢经济合作理念，在与不发达国家谈判时，考虑到对方国家的特殊国情，可以嵌入"发展例外"，尊重东道国的发展战略计划，在一定的激励或授予好处的条件下接受履行要求，促进东道国的可持续发展。

Reconstruction of Performance Requirement Clause from the Perspective of the Right to Development

Abstract: The performance requirement is restrictive measures by the host country in order to guide and regulate foreign investors. With the liberalization of investment, more and more regulation measures are governed under the clause of performance requirement of international investment regimes. The clause consists of two parts: one is performance measures and the other is a series of embedded exception rules. From the perspective of the right to development, the existing regulation method is far beyond the ability of using FDI by the developing countries to promote their development. The clause not only violates the principle of the right to development, but also lacks of fairness and justice. The article explores the internal legal connection between the performance requirements and the realization of the right to development, then the performance requirement measures are studied by trichotomy with the result of clarifying the different legal status of measures of attracting FDI and safeguarding the right to development. The article suggests putting the "development exception" into the existing legislative regime of the clause, and adopting a fair and equitable investment clause that promotes the sustainable development of developing countries.

Key words: performance requirement; foreign investment jurisdiction; interests balance; the right to development; sustainable development

"拒绝授惠"条款在国际投资仲裁中的适用及发展

□ 王玉苹*

内容摘要：国际投资条约①中"拒绝授惠"条款通常以抵御跨国投资者的"择约适用"行为为目的。基于《能源宪章条约》和美国为缔约一方的投资条约建立的多个仲裁庭对案中涉及的"拒绝授惠"条款的适用及效果作出了不同的解释。而近年来该条款的缔约实践显示，缔约国更愿以明确、具体以及灵活多变的条约文本增加"拒绝授惠"适用的确定性及东道国管理外资的主动性。中国缔结的一些投资条约也已经纳入了"拒绝授惠"条款，未来缔结的投资条约中可以继续纳入该条款，并以明确的条约文本与"投资者"的定义有机结合，以便于中国政府积极管理外资并有效选择投资条约适用范围。

关键词：择约适用　拒绝授惠条款　溯及效力　管辖权

目　次

---

* 西安交通大学法学院讲师，博士研究生。

本文受 2014 年国家留学基金资助，并为 2014 年国家社会科学基金西部项目"上海合作组织能源俱乐部法律机制研究"（14XFX014）和 2015 年教育部青年基金项目"国际投资争端解决机制的多元化改革及推广——以丝路建设为契机"（15YJCZH013）的阶段性成果。

① 本文中"国际投资条约"包括双边投资条约（Bilateral Investment Treaty，BIT）、区域性投资条约以及多边条约及自由贸易协定（Free Trade Agreement，FTA）中的投资部分。

一、对“拒绝授惠”条款的基本介绍

（一）“择约适用”与“拒绝授惠”

国际投资法意义上的“拒绝授惠”条款（Denial of Benefits Clause）被认为最早发源于美国缔结的国际投资条约。虽然早在20世纪50年代，美国同一些国家缔结的友好通商航海条约中已经包含了类似“拒绝授惠”条款的表述。① 但直到本世纪初该条款在投资条约中的作用才因 Plama 诉保加利亚案变得引人瞩目并得以细加讨论。② 究其原因，首先是在20世纪90年代以前，世界范围内投资条约的数量非常有限；③ 其次，随着资本在国际间流动的加快以及企业国籍的频繁变更，投资条约的缔约国，尤其发展中国家开始更加注重投资条约涵盖的投资者与本国间的经济联系。

Dolzer 和 Schreuer 认为，依据“拒绝授惠”条款，“如果某企业与其国籍所在国没有经济联系，则缔约国可以保留拒绝该企业享有条约利益的权利。”其中，“经济联系”可以是国籍国的公民持续地控制或在该国有实质性的商业活动。”④条约实践

---

① 漆彤. 论国际投资协定中的利益拒绝条款[J]. 政治与法律，2012(9)：99.

② Plama 案初裁后，讨论该案有关“拒绝授惠”条款裁决部分的文献主要有：Loukas A. Mistelis & Crina M. Baltag, *Denial of Benefits and Article 17 of the Energy Charter Treaty*, 113(4) Penn St. L. Rev. 1301 (2008); H. Essig, *Balancing Investors' Interests and State Sovereignty: The ICSID-Decision on Jurisdiction Plama Consortium Ltd. v. Republic of Bulgaria*, 4(5) TDM (transnational-dispute-management.com) (2007); L. Shore, *The Jurisdiction Problem in Energy Charter Treaty Claims*, 6(3) OGEL(www.ogel.org) (2008).

③ 1959年至1989年世界范围内的投资条约不足400个，但15年后投资条约数量已经接近2000个。Kenneth J. Vandevelde, *A Brief History of International Investment Agreements*, 12 U.C. DAVIS J. INT'L L. & POL'Y 157, 179 (2005).

④ Dolzer R & Schreuer C, Principles of International Investment Law 55 (2nd ed. Oxford University Press, 2008).

中，投资条约通常会将那些虽与国籍所在国没有经济联系，但通过专门组织和构造，"择约适用"①以在不承担相应的条约利益的情况下获取条约中更优惠的税收或争端解决方面的惠处的跨国投资行为排除在条约适用之外。因为"择约适用"虽不违法或违反道德，但却可能不符合缔约国的缔约目的。② 例如，假设 A 国与 B 国缔结的 BIT 中投资者-国家争端解决条款的适用范围较广，第三国 C 国的投资者可先在 A 国设立一个管道企业，再由该企业到 B 国设立一个目标企业。当目标企业符合投资条约对投资者的国籍要求时，就可以利用该 BIT 中投资者-国家争端解决条款将 B 国诉至国际仲裁。由于管道企业多是"壳公司"或"空壳公司"，对投资所在国的经济发展并无贡献，允许目标公司对东道国提起国际仲裁不但破坏了投资条约的互惠性，投资条约中的投资者-国家投资争端解决条款③也使东道国更大可能地暴露在讼争中。若投资条约涵盖的"投资者"较为宽泛，如不要求投资者与缔约国之间存有经济联系，就会使东道国轻易陷入国际纷争中。Tokios 诉乌克兰案中，申请人 99%的股份为乌克兰国民控制，三分之二管理层人员的国籍是乌克兰国籍，依据立陶宛法律设立。依照该案涉及的立陶宛-乌克兰 BIT，投资者只需依作为缔约国的成立国法律设立即可。对乌克兰政府提出的申请人不属于条约中的"外国投资者"而无权提出投资仲裁申请的主张，仲裁庭认为，"条约中缺少'拒绝授惠'条款是缔约国刻意选择的结果。仲裁庭不应该对于条约中没有规定的条约范围施加限制"，并裁决申请人可以外国投资者的资格适用该 BIT 提起仲裁。④

（二）"投资者"的范围与"拒绝授惠"的条件

不同于立陶宛-乌克兰 BIT，许多投资条约虽并不含有"拒绝授惠"条款，但却通过明确要求投资者与缔约国之间的实质性经济联系，来排除投资者的"择约适用"行为，如要求投资需被缔约国国民控制，或要求企业的管理机构所在地位于缔约国境内等。而当投资条约采用了较为宽泛的"投资者"定义，放弃对投资者的上述要求时，"拒绝授惠"条款就成为抵御"择约适用"的理想方式。"拒绝授惠"条款在美国投资条约中的发展也说明了这一点。1984 年美国 BIT 范本中第 1 条"定义"

① Loukas A. Mistelis & Crina M. Baltag, *Denial of Benefits and Article* 17 *of the Energy Charter Treaty*, 113(4) Penn St. L. Rev. 1301, 1303 (2008).

② Dolzer R & Schreuer C, Principles of International Investment Law 52 (2nd ed. Oxford University Press 2008).

③ 投资者-国家投资争端解决条款允许另一缔约国的私人投资者将其与作为缔约国的东道国政府之间因投资引起的纠纷诉至国际仲裁机构，目的在于避免以外交方式解决投资纠纷，从而对私人投资者提供中立的救济方式。包含该条款是现代国际投资条约的主要特征。

④ Tokios Tokele's v. Ukraine, ICSID Case No. ARB/02/18, Decision on Jurisdiction, para. 36.

条款中放弃了之前对条约中投资者"实际利益"要求,① 规定依据缔约国的法律设立的企业即可成为"缔约方的企业"；但又另外规定：当作为投资者的另一缔约国的企业由第三国国民控制时，若该企业在另一缔约国境内没有实质性的经营活动或东道国与第三国没有维持正常经济关系，则东道国可以拒绝授予该企业条约利益。该内容即被认为是美国在投资条约中第一次正式纳入"拒绝授惠"条款。1994年美国BIT范本中"拒绝授惠"成为独立的一个条款，并在以后的美国缔约实践中不断得以发展完善，在这些BIT范本中的"企业"均以设立地标准定义。②

Plama案涉及《能源宪章条约》(Energy Charter Treaty, ECT)的第3部分"投资促进与保护"，其内容相当于一个多边的投资条约。规定作为企业的"投资者"，只需"依缔约国的法律设立"。③ 该部分的最后一条，即第17条虽名为"第三部分在特定环境下的不适用"，实则赋予了缔约国拒绝授惠的权利。其中第1款规定："任一缔约方都保留有拒绝一个法律实体享受本部分利益的权利，如果第三国的公民或国民所有或控制该实体，且该法律实体在其设立的缔约国境内没有实质性商业经营。"依该条款，由第三国，即非缔约国的国民或企业在另一缔约国设立的空壳公司向作为东道国的缔约国投资之后，东道国有权对其"拒绝受惠"。案中申请人依塞浦路斯法律设立，塞浦路斯和被申请人保加利亚均为ECT的成员国。2002年12月申请人依照ECT投资保护条款和第五部分"争端解决"中的投资者-国家投资争端解决条款，以"投资者"的资格向"国际投资争端解决中心"(International Center for Settlement of Investment Disputes, ICSID)提起诉保加利亚政府的仲裁申请④。保加利亚政府提出申请人的实际控制者并不具有塞浦路斯国籍，且在该国也没有实质性的商业经营。援引第17条第1款，保加利亚政府认为Plama公司不能享有ECT下的投资保护利益，仲裁庭对该争议也无管辖权。

可以看出，相比于要求外国投资者与其母国之间保有真实的经济联系这样的积极排除条件，宽泛的投资者定义更易产生投资者"择约适用"。但在与类似于ECT第17条第1款这样的"拒绝授惠"条款结合后，通过后者设定反向的排除条件对投

① 如1983年的美国BIT范本中，第1条"定义"的b款对"缔约方的企业"定义了两个标准：一是企业须依据缔约方或者其政治组成部分的法律成立或组织；二是具有缔约方国籍的自然人或者缔约方自身必须对该企业有由该缔约方决定的实际利益。

② 该条款在美国2004年BIT范本中得以扩充完善，最新的2012年BIT范本未对该条款作出改变。关于该条款在美国投资条约中的发展，see Kenneth J. Vandevelde, *The Scope of BIT Protection* "*Defining a Company of a Party*" 147-167 (Oxford University Press 2009).

③ 见ECT第1条第6款。

④ Plama Consortium Limited v. Republic of Bulgaria, ICSID Case No. ARB/03/24, Decision on Jurisdiction, paras. 19-21.

资者予以筛选，在扩大投资条约保护范围的同时，赋予了东道国更多的自由裁量权。这也是"拒绝授惠"条款在投资条约中的基本功能，因此投资条约中的"拒绝授惠"条款几乎都含有与ECT第17条第1款相同或相似的内容。其中规定当外国投资者"在其成立的另一缔约国境内无实质性商业经营"而且"该投资由非缔约国国民所有或控制"时，东道国可以拒绝授惠。这种"而且"的表述被多个投资仲裁庭理解为一种并列的关系，二者须同时满足东道国才可拒绝授惠，① 目的就是抵御跨国企业的"择约适用"行为。即便是有少数较为特殊的表述，也仍然不会偏离这个功能。如印度-新加坡《全面经济合作协议》第6章(投资)第9条"拒绝授惠"规定，"如果拒绝授惠方确认：(1)该企业在另一缔约国境内没有实质性的商业经营；或者(2)拒绝授惠方的投资者所有或控制该企业"，则可拒绝对该企业授惠。这种"或"的表达意味着无论该外国投资的真正控制者是否是本国国民，或者进行了返程投资的本国投资者是否与另一缔约国有经济联系，只要投资者满足了两个条件中的任意一个，东道国就可以主张拒绝授惠。但从该条款的基本功能看，仍是为了将对缔约国经济没有贡献的投资者排除在条约的适用之外。

除上述内容，以美国为缔约一方的投资条约中的"拒绝授惠"条款还包括了因国家间的外交关系导致的拒绝授惠，如美国2012年BIT范本中的第17条"拒绝授惠"条款第1款规定："缔约一方可以拒绝将本条约项下的利益赋予作为缔约另一方企业的投资者及该投资者的投资，条件是该企业由非缔约方的人员所有或控制，且拒绝利益的缔约一方：(a)与该非缔约方未维持外交关系；或(b)对该非缔约方或该非缔约方的人采取或维持了措施以禁止与该企业进行交易，或如果将条约项下的利益给予了该企业或其投资，则将导致对该措施的违反或规避。"以美国1994年及以后的BIT范本为内容缔结的BIT以及FTA中的投资部分中的"拒绝授惠"条款都含有此内容。受美式投资条约影响较大"拒绝授惠"条款也多如此，如ECT第17条的第2款。鉴于因此产生的争议多不适用投资者-国家仲裁制度，本文讨论仅限于投资者"择约适用"时"拒绝授惠"条款。

(三)不断增加的"拒绝授惠"纠纷

尽管内容上有很大相似性，但各国投资条约中的"拒绝授惠"条款表述并不完全相同。如在名称上，ECT第17条就名为"第三部分在特定环境下的不适用"，澳

① Plama Consortium Limited v. Republic of Bulgaria, ICSID Case No. ARB/03/24, Award, para. 80; Ulysseas, Inc. v. Ecuador, UNCITRAL Interim Award, para. 167; Anatolie Stati, Gabriel Stati, Ascom Group S. A. and Terra Raf Trans Traiding Ltd v. Republic of Kazakhstan, SCC Case No. V116/2010, Award, para. 717.

大利亚-墨西哥 BIT 中“拒绝授惠”的内容被命名为“本条约的适用”，不过其中的多数仍是以“拒绝授惠”命名；对缔约国以外的国家，有的条约中称为“非缔约方”，有的则为“第三方”或“第三国”；有的东道国“可以”拒绝授惠，有的则“保留”拒绝授惠的权利；在适用范围上，有的“拒绝授惠”只适用于外国投资者的“择约适用”，有的除此之外还适用于本国投资者的返程投资①行为。但总体而言，这种文本差异并不大，也不影响该条款限制跨国投资者“择约适用”的主要功能。

随着世界范围内国际投资条约数量的增加，含有“拒绝授惠”条款的投资条约也有增加的趋势。② 除美国、加拿大缔结的投资条约外，厄瓜多尔、委内瑞拉、智利、秘鲁等拉美国家和澳大利亚、日本、新加坡、印度、韩国、南非等国缔结的受美式条约影响较大投资条约中也多包括该条款。泛太平洋十二国新近达成的“跨太平洋伙伴协议”(Trans-Pacific Partnership，TPP)投资部分，③ 也包括了该条款。传统上，欧洲国家缔结的投资条约因多要求投资者与缔约国之间有经济联系而不设置“拒绝授惠”条款，④ 但近年来也有所改变。2014 年欧盟与加拿大缔结的全面经济与贸易协定(Comprehensive Economic and Trade Agreement，CETA)的投资章中，就包含了“拒绝授惠”条款。⑤

伴随着世界范围内投资条约及“拒绝授惠”条款数量的增加，涉及“拒绝授惠”条款的争议也从无到有，并迅速突破两位数，这只经过了大约十年时间。这些投资争端中，被诉的国家或为前苏联国家，或位于拉美地区。原因是 20 世纪 90 年代包括拉美国家和前苏联国家在内的发展中国家积极缔结了相当数量的投资条约，以吸引外国投资。但这些拉美国家和前苏联国家在上世纪末或本世纪初经历了程度不一的经济危机或政治变革，国家的外资法律政策有所收缩，致使其与外国投资者之间的投资纠纷不断产生，投资者频频利用投资条约中的投资者-国家争端解决机制将

① “返程投资”指境内居民直接或间接通过特殊目的公司对境内开展的直接投资活动，即通过新设、并购等方式在境内设立外商投资企业或项目，并取得所有权、控制权、经营管理权等权益的行为。

② Mark Feldman，*Setting Limits on Corporate Nationality Planning in Investment Treaty Arbitration*，27(2) ICSID Rev 281，298-299 (2012).

③ Available at https：//ustr. gov/trade-agreements/free-trade-agreements/trans-pacific-partnership/tpp-full-text，visited on 19 Nov. 2015.

④ 例如法国 2006 年 BIT 范本、德国 2008 年 BIT 范本、荷兰 2004 年 BIT 范本以及英国 2008 年 BBIT 范本中均不包括“拒绝授惠”条款。

⑤ See CETA，Article X. 15：Denial of Benefit，available at http：//www. international. gc. ca/trade-agreements-accords-commerciaux/agr-acc/ceta-aecg/text-texte/10. aspx? lang = eng，visited on 1 Oct. 2015.

东道国诉至国际仲裁。与此同时，东道国也不断利用条约中"拒绝授惠"条款予以抗辩。由于"拒绝授惠"条款的表述多有一些刻意的留白并存在模糊性，当事人很容易对其适用产生争议，仲裁实践的解释也不一致。涉及 ECT 第 17 条第 1 款的系列裁决与涉及美国为缔约一方的投资条约中"拒绝授惠"条款的系列裁决,① 仲裁庭对"拒绝授惠"条款的解释几近相反。毫无疑问，研究这些案例及其裁决将会使我们更深入地认识"拒绝授惠"条款。特别是鉴于中国近年来缔结的多个投资条约都已纳入了该条款，以相关裁决为分析对象，研究国际仲裁实践中"拒绝授惠"条款的适用条件和效果以及晚近缔约实践对此的反馈就更显得有必要了。

二、"拒绝授惠"条款的适用条件分析

(一)"控制""所有"和"实质性商业经营"的解释及其证明责任

1. 何为"控制""所有"和"实质性商业经营"

"拒绝授惠"条款多规定被拒绝授惠的企业需满足以下条件：(1)被非缔约国国

---

① 除 Plama 案外，ECT 下涉及第 17 条第 1 款的案件还有 Yukos Universal Limited v. Russian Federation(Yukos 案)(由于该案申请人与 Hulley Enterprises Ltd v. Russian Federation 及 Veteran Petroleum Limited v. Russian Federation 案的申请人均为原 Yukos 公司的大股东，三案案情相同并由同样的仲裁员审理，其裁决内容也基本相同，本文只引用 Yukos 案裁决)；Limited Liability Company Amto v. Ukraine (Amto 案)，SCC Case No. 080/2005，Final Award，26 Mar. 2008；Libananco Holdings Co. Limited v. Republic of Turkey，ICSID Case No. ARB/06/8，Award，2 Sep. 2011；Liman Caspian Oil BV and NCL Dutch Investment BV v. Republic of Kazakhstan(Liman 案)，ICSID Case No. ARB/07/14，Excerpts of Award，22 June 2010；Anatolie Stati，Gabriel Stati，Ascom Group S. A. and Terra Raf Trans Traiding Ltd v. Republic of Kazakhstan(AGA 案)，SCC Case No. V116/2010，Award，19 Dec. 2013；Khan Resources Inc. *et al.* v. Government of Mongolia，UNCITRAL，Decision on Jurisdiction，25 July 2012。除 Amto 案和 Liman 案较为中立，ECT 下其他仲裁庭均支持了 Plama 案。以美国为缔约一方的涉及"拒绝授惠"条款的投资仲裁案件主要有：Empresa Electrica Del Ecuador，INC. v. Ecuador (EEDE 案)，ICSID Case No. ARB/05/9 Award，2 June 2009；Caratube International Oil Company LLP v. Republic of Kazakhstan(CIOCL 案)，ICSID Case No. ARB/08/12，Award，5 June 2012；Pac Rim Cayman LLC. v. Republic of El Salvador(PRC 案)，ICSID Case No. ARB/09/12，Decision on Jurisdictional Objections，1 June 2012；Ulysseas，Inc. v. Ecuador(Ulysseas 案)，Interim Award，28 Sep. 2010；Guaracachi America，Inc. and Rurelec PLC v. Plurinational State of Bolivia(GAI 案)，UNCITRAL，PCA Case No. 2011-17，Award，31 Jan. 2014. 其中，EEDE 案、CIOCL 案和 AGA 案中仲裁庭或认为"拒绝授惠"的解释不是该案需解决的问题，或认为被申请人不满足援引该条款的条件，并无进一步分析。其余裁决结果均与 Plama 案相反。Available at http：//www. investorstatelawguide. com/ResearchTools/SubjectNavigator? toc = content&id= 50&kwList = 26562，38531，41656，&exList =，&search = &ci = 41656&searchBranchLevel = #41656，visited on 2 Aug. 2015.

民控制或所有；(2)在其成立的母国境内无实质性的商业经营。但对于这其中何为“控制”“所有”以及何为“实质性商业经营”，多数投资条约并不界定，而主张由仲裁庭基于案中事实“逐案解释”。① 因为在不同的投资争议中，投资者的投资结构和组织结构各不相同，缔约者担心过于清晰的概念反而会使投资者刻意规避相关条件，而条约用语的模糊性则可以减少投资者“择约适用”的可能，并使东道国拥有更大的主动权。② 但另一方面，也由此增加了“拒绝授惠”条款适用的不确定性。

在 Plama 案中，当事人及仲裁庭均认为 ECT 第 17 条第 1 款中“所有”或“控制”中使用的“或”表明二者是替代性的关系，投资者只需满足其一即可；“所有”或“控制”既可以是直接的也可以是间接的，既可以是法律上的控制，也可以是事实上的控制。③ 案中申请人的最终控制人对其施以了复杂的间接控股方式，仲裁庭最终裁定因该控制人具有 ECT 的国籍(非第三国国民)，保加利亚政府不能依据第 17 条第 1 款对其拒绝授惠。而在 Ulysseas 诉厄瓜多尔案中，仲裁庭的解释略有不同。该案涉及的美国-厄瓜多尔 BIT 第 1(2)款“拒绝授惠”规定：“任一缔约方保留将拒绝本条约利益授予任何企业的权利，若该企业被第三国国民控制且作为另一缔约方企业的该企业在另一缔约国境内没有实质性的商业经营……”Ulysseas 公司认为，该条涉及的“控制”只能是法律上的直接控制，但厄瓜多尔政府认为，“控制”既包括直接控制，如对法律实体的管理、运营、董事会或其他管理机构人员的任命等，也包括间接控制，如通过行使合同权利对申请人进行控制。Ulysseas 公司的控股人虽具有缔约国国籍，但其与另一家非缔约国企业之间的合营合同破坏了控股关系，其实际控制人不具有缔约国国籍。但仲裁庭认为案中的合营合同只表明合营方可以控制申请人的商业经营，不能表明其已对企业拥有了“控制权”。很明显，Plama 仲裁庭对上述概念的理解更为宽泛，而且由于案件的事实不同，不同仲裁庭对上述概念的解释重点也不相同。

类似的，“实质性商业经营”也需逐案认定。Amto 诉乌克兰案仲裁庭的解释较有代表性。仲裁庭认为，投资者的“实质性商业经营”不在于投资者商业经营的规模(magnitude)，而在于其物质性(materiality)。“实质性”指的是活动的内容，而非

---

① Brown & Chester ed., Commentaries on Selected Model Investment Treaties 769 (Oxford University Press 2013).

② Michael Waibel, The Backlash against Investment Arbitration: Perceptions and Reality 11 (Kluwer Law International 2010).

③ Plama Consortium Limited v. Republic of Bulgaria, ICSID Case No. ARB/03/24, Decision on Jurisdiction, para. 170; Award, para. 79.

形式。① 基于案中申请人在拉脱维亚境内参与了与投资有关的活动，并长期雇佣了2个人员，且在相关地点租用了办公室，仲裁庭认为这种活动属于"实质性的商业经营"。② PRC诉萨尔瓦多案中，仲裁庭认为案中涉及的多米尼加共和国-中美洲-美国自由贸易协定(以下简称CAFTA)第10.12.2条"拒绝授惠"中适用的"企业"只能是申请人，而不能是其所属的集团公司。因此尽管申请人所属的集团公司在美国有实质性商业经营，但因申请人在美国境内既无雇员，也无银行账户和任何物质的存在，因而被认定在美国境内无实质性商业经营，实质为"壳"公司。③ 上述裁决中，仲裁庭均未用规模衡量企业商业经营的"实质性"。而这毫无疑问将增加东道国援引"拒绝授惠"条款的难度，因为投资者小规模经营的企业活动也可能被视为"实质性的商业经营"。

2. 相关举证责任分配

仲裁实践中，与上述问题相关的另一个问题举证责任如何在当事人之间分配？ECT第17条第2款规定"作为拒绝一方的缔约国保留拒绝对某项投资享有条约利益的权利，若拒绝的缔约方确立(established)此类投资的投资者来自第三国，而拒绝的缔约国与该国未建立外交关系或采取了禁止措施……"这种"确立"的表述被认为是条约将举证责任的分配给了主张拒绝授惠的缔约国，④ 但多数"拒绝授惠"条款并无类似规定。国际仲裁规则中也多不规定当事人的举证责任。对于申请人"所有""控制"以及是否在境外有"实质性商业经营"的举证责任予以分配的难度在于，援引该条款的东道国可能因不了解申请人的具体投资结构和在境外的经营状况而举证不能，申请人虽有举证能力但却没有举证的积极性。Plama案仲裁庭的观点是，在案件的初步管辖阶段，应先接受申请人所述的事实(假设其所述事实为真)，无需就申请人是否符合被拒绝授惠的实体条件展开讨论。⑤ 因此保加利亚政府不能通

① Limited Liability Company Amto v. Ukraine, SCC Case No. 080/2005, Final Award, paras. 39, 40.

② Limited Liability Company Amto v. Ukraine, SCC Case No. 080/2005, Final Award, para. 69.

③ Pac Rim Cayman LLC. v. Republic of El Salvador, ICSID Case No. ARB/09/12, Decision on Jurisdictional Objections, para. 4.7.

④ Gadelshina E. R., *Burden of Proof Under the "Denial-of-Benefits" Clause of the Energy Charter Treaty: Actori Incumbit Onus Probandi ?*, 29(3) Journal of International Arbitration 269-284 (2012). AMTO案仲裁庭同样持此观点，见Limited Liability Company Amto v. Ukraine. SCC Case No. 080/2005, Final Award, para. 64.

⑤ Plama Consortium Limited v. Republic of Bulgaria, ICSID Case No. ARB/03/24, Decision on Jurisdiction, paras. 89, 132.

过援引"拒绝授惠"条款主张管辖异议。上述裁决被认为过分有利于投资者而遭到诟病。① 而在该案的最终裁决中，仲裁庭将上述举证责任分配给了申请人，但并没有解释如此分配的原因。② 而在 PRC 案以及 Ulysseas 案中，仲裁庭都认为东道国作为援引"拒绝授惠"条款的一方，应承担证明投资者是否符合被拒绝授惠条件的责任。③ 较为中立的是同样涉及 ECT 第 17 条第 1 款的 Amto 案，仲裁庭认为国际仲裁中的举证责任由提出主张的一方承担。因此申请人应该首先证明自己满足条约第三部分中"投资者"的条件。按照 ECT 谅解录 3 的要求，投资者应证明自己是否直接或间接控制了条约保护的投资，而被申请人在对申请人抗辩时则应当对相关事实举证。考虑到被申请人证明的难度，仲裁庭建议被申请人可向仲裁庭申请，要求申请人披露相关文件或仲裁庭可直接要求申请人澄清事实。④

应该说中立的解释方法能够更好地平衡投资者和东道国之间的利益，在将"拒绝授惠"的举证责任分配给东道国的同时，强调了申请人对提交争议"可仲裁"的证明责任。作为援引"拒绝授惠"条款并主张权利的一方，东道国应当初步证明投资者已满足被"拒绝授惠"的条件，但申请人也需要证明提交的投资争议是"证据初步成立的案件"(prima facie case)，包括初步证明自己是适格的申请人以及被申请人违反投资条约义务的事实，否则将大大降低投资者提起国际仲裁的门槛。由于当事人的证明责任都仅为初步证明责任，审理程序开始后，当事人还可以进一步举证以抗辩对方观点，申请人对东道国拒绝授惠主张的抗辩和证明，则会补救东道国的举证能力的不足。

(二)援引"拒绝授惠"条款的有效时间及其溯及力

投资仲裁实践中，被诉的东道国多在投资者提起仲裁申请后才主张对其"拒绝授惠"，如在 Yukos 案、Ulysseas 案以及 GAI 案⑤中均是如此。对此，申请人主张案中的"拒绝授惠"条款无溯及既往的效力，东道国的援引是无效的。以 Plama 案

---

① James Chalker, *Making the Energy Charter Treaty Too Investor Friendly: Plama Consortium Limited v. the Republic of Bulgaria*, 3(5) Transnational Disputes Management 1-17 (2006).

② Plama Consortium Limited v. Republic of Bulgaria, ICSID Case No. ARB/03/24, Award, para. 89.

③ Ulysseas, Inc. v. Ecuador, UNCITRAL Interim Award, para. 166.

④ Limited Liability Company Amto v. Ukraine, SCC Case No. 080/2005, Final Award, paras. 61-65.

⑤ 在申请人提出仲裁申请后，Yukos 案中俄罗斯政府在一年以后、Ulysseas 案中厄瓜多尔政府在六个月以后、GAI 案的玻利维亚政府在两年后分别援引了相关条约中的"拒绝授惠"条款。

为代表的 ECT 下的若干裁决支持了申请人的这种主张,① 认为 ECT 第 17 条不具有溯及既往的效力，被申请人在仲裁开始之后，无论被申请人是在管辖权的辩护状中②，还是在仲裁程序开始后给仲裁庭的信件中③援引该条款，都是无效的。Plama 仲裁庭得出以上结论的两个主要理由被广泛接受：(1)ECT 的目标和宗旨在于“建立一个促进能源领域内长期合作的法律框架”，投资者需要在此“法律框架”下规划长期的投资。(2)投资者基于 ECT 第三部分享有合法期待，允许东道国政府在争议发生之后拒绝申请人享有此前的条约利益，就相当于授权其随意改变国内的外资法规，与投资者的合法期待不符。④ Plama 案仲裁庭明确指出，东道国需在投资者投资之前以通知的形式对投资者拒绝授惠;⑤ 追随 Plama 案裁决的 AGA 案仲裁庭则认为东道国需在争议产生之前援引 ECT 第 17 条。⑥

Plama 案的裁决被批评忽视了“拒绝授惠”条款的可操作性并使其失去了实际意义。⑦ 因为投资者发起投资仲裁是为寻求对过往损失的救济，主张“拒绝授惠”条款只有面向未来的效力，等于要求东道国在投资争议未发生时，就用必要的手段追踪境内外国投资者复杂的投资结构，而这几乎是一个“不可能”的任务。在 PRC 案中，美国和哥斯达黎加以“法庭之友”的身份提出了对要求东道国在仲裁程序开始

① Plama Consortium Limited v. Republic of Bulgaria, ICSID Case No. ARB/03/24, Decision on Jurisdiction, paras. 157-165; Liman Caspian Oil BV and NCL Dutch Investment BV v. Republic of Kazakhstan, ICSID Case No. ARB/07/14, Excerpts of Award, para. 227; Anatolie Stati, Gabriel Stati, Ascom Group S. A. and Terra Raf Trans Traiding Ltd v. Republic of Kazakhstan, SCC Case No. V116/2010, Award, para. 745.

② Yukos Universal Limited v. Russian Federation, PCA Case No AA 227, Interim Award on Jurisdiction and Admissibility, para. 458.

③ Plama Consortium Limited v. Republic of Bulgaria, ICSID Case No. ARB/03/24, Decision on Jurisdiction, paras. 19, 31, 158.

④ Plama Consortium Limited v. Republic of Bulgaria, ICSID Case No. ARB/03/24, Decision on Jurisdiction, paras. 161, 162. See also, Yukos Universal Limited v Russian Federation, PCA Case No AA 227, Interim Award on Jurisdiction and Admissibility, para. 458.

⑤ Anatolie Stati, Gabriel Stati, Ascom Group S. A. and Terra Raf Trans Traiding Ltd v. Republic of Kazakhstan, SCC Case No. V116/2010, Award, para. 745.

⑥ Plama Consortium Limited v. Republic of Bulgaria, ICSID Case No. ARB/03/24, Decision on Jurisdiction, paras. 157-65; Anatolie Stati, Gabriel Stati, Ascom Group S. A. and Terra Raf Trans Traiding Ltd v. Republic of Kazakhstan, SCC Case No. V116/2010, Award, para. 716.

⑦ Michael Waibel ed., The Backlash against Investment Arbitration: Perception and Reality 26 (Kluwer Law International 2010); Zachary Douglas, The International Law of Investment Claims 470 (Cambridge University Press 2009).

之前主张拒绝授惠的反对意见，认为“在 CAFTA 中的拒绝授惠条款没有规定时间的情况下，要求东道国政府在仲裁申请注册之前援引该条款，意味着缔约国必须对自己境内的其他六个缔约国的投资者的不断变化的投资，包括将要进行，正在进行和已经进行的投资进行连续的监督，这将给被申请人带来难以承受的负担。而为了配合缔约国的监管，投资者还可能要提供自己的商业秘密或其他无需被审查的商业信息。这必将削弱该条款的效力”。① “拒绝授惠”条款的目的是纠正投资者在形式上符合来自另一缔约国的条件，而实质上并不符合的情况。对东道国援引该条款施以时间限制不符合条约的目的和宗旨。”②仲裁庭接受了上述理由并裁决被申请人在仲裁开始后对案中的“拒绝授惠”条款的援引是有效的。

与前述 ECT 下系列裁决相比，在涉及美国为缔约一方的投资条约引发的投资仲裁中，仲裁庭的观点完全相反。不但认为案中的“拒绝授惠”条款具有溯及既往的效力，东道国也可在仲裁程序开始后有效援引该条款。原因是“一个谨慎的投资者在作出投资的时候就知道其条约利益可能被东道国拒绝，东道国行使拒绝权并不会破坏投资者的合法期待，没有理由排除该条款的溯及效力”。③ “拒绝授惠”条款的目的就是给东道国一个撤销其授予给投资者的条约利益的可能，一旦当事人主张，这种“拒绝权”就会被“激活”。④ GAI 案仲裁庭遵循同一思路，驳回了案中申请人所主张的“被申请人不能溯及既往的适用拒绝授惠条款”的观点，认为“任何美国-玻利维亚 BIT 下的投资者，……都应该意识到‘拒绝授惠’条款的存在，并了解一旦投资者满足了该条款的条件，东道国随时可以援引该条款。投资者应该采取措施避免被拒绝授惠的风险。投资者接受了东道国提交仲裁的要约，就自动就接受了条约中的‘拒绝授惠’条款，其合理预期不受该条款影响”。(东道国)即使在提出管辖异议的时间援引该条款，也是有效的。对于缔结前已经进行投资的投资者，因为“当时条约中的利益并没有影响申请人投资的决定”，而不存在其对条约利益的预期。⑤ 因此，Ulysseas 案、PRC 案以及 GAI 案三案仲裁庭在发现涉案“拒绝授惠”条款都没有规定时间后，认为应依据案件适用的仲裁规则来决定东道国援引“拒绝授

---

① U. S. Article 10. 20. 2 Submission (May 20, 2011). para. 5. 6, available at http://www.state.gov/s/l/cafta6/c33258.htm, visited on 3 May. 2015.

② Pac Rim Cayman LLC. v. Republic of El Salvador, ICSID Case No. ARB/09/12, Decision on Jurisdictional Objections, paras. 4. 55-4. 57.

③ Ulysseas, Inc. v. Ecuador, UNCITRAL Interim Award, para. 172.

④ Guaracachi America, Inc. and Rurelec PLC v. Plurinational State of Bolivia, UNCITRAL, PCA Case No. 2011-17, Award, para. 376.

⑤ Guaracachi America, Inc. and Rurelec PLC v. Plurinational State of Bolivia, UNCITRAL, PCA Case No. 2011-17, Award, para. 380.

惠"条款的时间。东道国援引该条款的时间不应晚于仲裁规则要求的提交答辩状的时间。①

从平衡投资者和东道国利益的角度看，Ulysseas 案、PRC 案以及 GAI 案的裁决似乎更有说服力。投资者合法期待应基于条约全部内容，包括其中的"拒绝授惠"条款。要求东道国在争议产生之前就主张拒绝授惠，不仅对东道国政府是一个巨大的且很难实现的监管负担，对投资者而言，将增加其经营的成本。但另一方面，也必须注意到，这种截然相反的解释与条约的文本密切相关。在缔约一方为美国的投资条约中，关于条约目的中确实没有类似 ECT"为促进能源领域的长期合作"这样的表述，而这正是涉及 ECT 第 17 条第 1 款的争议时，仲裁庭更强调投资者的合法预期的重要原因。

(三)行使"拒绝授惠"权的程序性条件

一些投资条约中的"拒绝授惠"条款中明确规定了东道国行使拒绝授惠权之前应当履行的前置程序，如《北美自由贸易协定》(North American Free Trade Agreement，NAFTA)要求主张拒绝授惠的缔约方应先通知另一缔约国并与其就拒绝授惠事宜磋商。② 但更多的"拒绝授惠"条款并未作此类规定，只明确若投资者满足了被"拒绝授惠"的条件，东道国"可以拒绝"投资者的条约利益，或可以"保留拒绝的权利"。除 PRC 案外，迄今已发生的投资争端中涉及的"拒绝授惠"条款都为规定缔约国。Plama 案中，保加利亚政府认为 ECT 第 17 条第 1 款自身就是对投资者的通知，一旦投资者满足了被拒绝授惠的条件，东道国就可以拒绝其享有条约利益，但仲裁庭并未被说服。基于 ECT 第 17 条第 1 款的文本，仲裁庭对比《东盟服务业框架协议》第 6 条"拒绝授惠"中"缔约国'应当拒绝'服务供应商本协议下的利益，如果……"的表述，认为其中"应当"的表述带有某种强制性，而 ECT 第 17 条第 1 款中缔约国"保留拒绝的权利"，仅表明了拒绝权的"存在"，只相当于半个通

① Ulysseas 案与 GAI 案认为，根据适用的 UNCITRAL 仲裁规则第 21 条，管辖异议不晚于答辩状(Statement of Defense)即可，因此被申请人在此之前援引拒绝授惠条款均为有效。见 Ulysseas，Inc. v. Ecuador，UNCITRAL Interim Award，para. 172-174；Guaracachi America，Inc. and Rurelec PLC v. Plurinational State of Bolivia，UNCITRAL，PCA Case No. 2011-17，Award，para. 382. PRC 案认为，根据适用的 ICSID 规则，被申请人的援引不应晚于答辩状(Counter-Memorial)。Pac Rim Cayman LLC. v. Republic of El Salvador，ICSID Case No. ARB/09/12，Decision on Jurisdictional Objections，para. 4. 92.

② 第 1113 条第 2 款规定，对于由非缔约方投资者拥有或控制且无实质性商业活动的另一方投资者，在遵循第 1803 条通知程序和第 2006 条磋商程序的前提下，缔约一方可以拒绝给予利益。

知。保加利亚政府应以"具有公共性或者是能够让投资者通过合理方式获知的通知"的形式积极地"行使"拒绝权。为此，"一份官方公报中的一般性声明，缔约国投资法中的某个法律条款，甚至是与特定投资者或某类投资者的信函往来都可满足该条件"。①

俄罗斯政府在 Yukos 案中批评了 Plama 案的前述观点，提出 ECT 第 17 条第 1 款中并没有像 NAFTA 第 1113 条那样规定了缔约国的通知程序，要求缔约国提前通知投资者拒绝授惠对缔约国"施加了不可能的标准"，它把"那些有关投资者知悉的其是否在其成立国有实质性经营，是否为第三国国民所有或控制"的信息转化成了缔约国的负担。② 此外，在参与 ECT 的谈判时，俄罗斯政府批准并颁布了与欧盟签订的《伙伴关系合作协定》，该协定的第 30(h) 条中规定"在缔约国有办公场所的企业不能视为'企业'，除非该企业与后者的经济有真实而连续的联系"。该"协定"从批准之日起就被公布在俄罗斯和欧盟成员国的官方公报中。俄罗斯政府认为，这即是其拒绝授惠权利的行使，欧盟成员国内的投资者应该认为都已经被通知。③ 但仲裁庭却未被说服，仲裁庭再次重申"ECT 第 17 条第 1 款并非简单地拒绝投资者的利益，相反，它保留了缔约国"拒绝授惠"的权利。该权利必须被积极行使。上述"协定"与 ECT 没有在条约文本中提及对方，"协定"的相关内容不能被理解为俄罗斯政府依照第 17 条第 1 款行使了拒绝授惠权。④

上述裁决看似表明"拒绝授惠"条款的措辞和拒绝权的具体行使具有密切关系，如果仅是赋权式表述，需要东道国进一步地积极地拒绝授惠。不过在之后的 Ulysseas 案和 GAI 案中，上述结论并未得到支持。两案涉及的"拒绝授惠"条款⑤都同样规定"缔约方保留对另一缔约国的任一企业拒绝授予本条约利益的权利，如果……"仲裁庭均未对其中"保留……拒绝的权利"予以解释，而是从投资者的合法预期角度认为，BIT 中的"拒绝授惠"条款的存在使投资者在投资时就知道或应当知

① Plama Consortium Limited v. Republic of Bulgaria, ICSID Case No. ARB/03/24, Decision on Jurisdiction, paras. 71, 72, 155, 156, 157.

② Yukos Universal Limited v Russian Federation, PCA Case No. AA 227, Interim Award on Jurisdiction and Admissibility, para. 444, 451.

③ Yukos Universal Limited v Russian Federation, PCA Case No. AA 227, Interim Award on Jurisdiction and Admissibility, para. 447, 451.

④ Yukos Universal Limited v Russian Federation, PCA Case No. AA 227, Interim Award on Jurisdiction and Admissibility, para. 456, 457.

⑤ 两案分别涉及美国-厄瓜多尔 BIT 中第 1 条第 2 款与美国-玻利维亚 BIT 第 12 条。

道在 BIT 提供保护的期间有被拒绝授惠之虞，东道国随时可能行使这种权利。① GAI 案仲裁庭更明确道："拒绝授惠"条款相当于缔约国就是否同意将其与特定投资者之间的争议提交仲裁对投资者发出的要约，属于缔约国"有约必守"的"约"的一部分内容。一旦投资者满足了被拒绝授惠的条件，从缔约国签字并批准 BIT 开始，投资者就应当知道有被玻利维亚政府拒绝授惠的可能性。因此，对于东道国拒绝授惠的方式，"缔约国检查那些尚未与其发生争议的投资者是否满足第 12 条的要求很奇怪"，"通知拒绝授惠既无根据也不友好，与条约促进投资的目的相反"。② 依照这种逻辑，投资条约中的"拒绝授惠"条款本身就是一种通知，一种对与投资者的争议有条件国际仲裁的要约，东道国在仲裁程序总的援引即为一种"积极"的权利的行使。

迄今发生的投资争议中，唯一明确要求缔约国在拒绝授惠之前履行对其他缔约国的通知和磋商程序的是 PRC 案涉及的 CAFTA 中的第 10.12.2 条"拒绝授惠"。与 NAFTA 规定的拒绝授惠方式类似，CAFTA 在第 10.12.2 条之外以专门的条款规定，若缔约一方采取的措施将影响条约的实施或其他缔约国的实质利益，该缔约国应当尽最大可能通知其他缔约国；在涉及可能影响条约实施的措施时，可以请求与另一方书面磋商。③ 被申请人萨尔瓦多在申请人递交仲裁申请的一年以后才通知了美国政府自己欲适用 CAFTA 中的"拒绝授惠"条款，并随后向仲裁庭提交了管辖异议。对此，仲裁庭赞同美国和哥斯达黎加的观点，认为要求东道国在仲裁程序开始之前通知并援引该条款会增加该条款的操作困难，被申请人在不晚于答辩状之前援引该条款即可。

上述裁决结果似乎大为不同，但若就此得出仲裁庭过于"任性"的结论还为时尚早。有评论者就认为，由于 ECT 是一个有 52 个成员国的多边条约，第 17 条第 1 款要适用于各成员国对壳公司的政策及法律，投资者对其一一加以区别较有难度，

---

① Ulysseas, Inc. v. Ecuador, UNCITRAL Interim Award, para 173; Guaracachi America, Inc. and Rurelec PLC v. Plurinational State of Bolivia, UNCITRAL, PCA Case No. 2011-17, Award, para. 378.

② Guaracachi America, Inc. and Rurelec PLC v. Plurinational State of Bolivia, UNCITRAL, PCA Case No. 2011-17, Award, paras. 374-379.

③ CAFTA, Art. 18.3(1): To the maximum extent possible, each Party shall notify any other Party with an interest in the matter of any proposed or actual measure that the Party considers might materially affect the operation of this Agreement or otherwise substantially affect that other Party's interests under this Agreement; CAFTA, Art. 20.4(1): Any Party may request in writing consultations with any other Party regarding any actual or proposed measure or any other matter that it considers might affect the operation of this Agreement.

要求缔约国对投资者提前通知是合理的。① 确实，在 Yukos 案中，James Crawford 代表申请人发表的专家意见也认为，ECT 是能源行业的一般性法律框架，第 17 条第 1 款并非是为了逐案的建立投资者与缔约国的双边关系。② 尽管没有明确地表述这种观点，但 Plama 案仲裁庭确实有类似“实践中投资者需要区分不同缔约国不同实践”的考虑，③ 这也解释了为什么 ECT 下的仲裁庭普遍认为东道国应当给所有的投资者一个清晰准确的事前通知。此外，ECT 的第三部分只适用能源行业的投资，东道国对该行业投资者的投资监管较为密切，这也有助于东道国通知义务的履行。反之，在涉及美国为缔约国方的投资条约中，除 CAFTA 有六个缔约国，其他的都是两个缔约国，适用于所有的投资领域。也就是说，涉及“拒绝授惠”问题时，投资者只需考虑特定国家针对壳公司的法律政策即可，但东道国却很难对本国境内所有行业外国投资的相关信息了如指掌。在这种情况下，要求东道国以另行通知的形式行使拒绝权，且内容公开、具体明确，自然会再一次降低“拒绝授惠”条款的可操作性并减损其在投资条约中的功能。正如 GAI 案仲裁庭所认为的，是否被拒绝授惠的条件并非是静态的，而是在不断改变中。只有当争议产生之后，东道国才能够评价投资者是否符合该条件并决定是否拒绝投资者享有条约利益。④

三、“拒绝授惠”条款的适用效果

“拒绝授惠”条款的适用在投资仲裁中多被视为是审理的先决问题。东道国多主张通过拒绝投资者的条约利益而否认仲裁庭对相关争议的管辖，而投资者则主张相关的争议属于实体问题，不影响仲裁庭的管辖权。Plama 案中，保加利亚政府认为，根据 ECT 第 26 条争端解决条款，投资者只能将因缔约国违反“第三部分义务”引起的投资争端递交国际仲裁，而第 17 条题为“特定环境下第三部分的不适用”。因此一旦 Plama 公司被“拒绝授惠”，保加利亚政府对其就不再负有 ECT 第三部分

---

① Lindsay Gastrell & Paul-Jean L. Cannu, *Procedural Requirements of ‘Denial-of-Benefits’ Clauses in Investment Treaties: A Review of Arbitral Decisions*, 30 ICSID Review 95 (2015).

② Yukos Universal Limited v. Russian Federation, PCA Case No AA 227, Interim Award on Jurisdiction and Admissibility, para. 447.

③ Plama Consortium Limited v. Republic of Bulgaria, ICSID Case No. ARB/03/24, Decision on Jurisdiction, para. 157.

④ Guaracachi America, Inc. and Rurelec PLC v. Plurinational State of Bolivia, UNCITRAL, PCA Case No. 2011-17, Award, para. 379.

的投资义务，申请人自然也不能依据条约中投资争端解决条款提起仲裁。①而Plama公司主张，第26条为投资者提供的投资者诉国家的救济方式是ECT赋予投资者的重要权利和利益，若投资者不能获得该种救济则与ECT对能源投资提供长期保护的目的不符。仲裁庭支持Plama公司的上述理由，认为若投资者没有诉国家的救济方式，就相当于允许东道国自己做争议的法官；对于当事人争论的焦点——申请人是否满足了被拒绝授惠的实体条件，由于仲裁庭认为该问题应留待实体审理阶段，不影响仲裁庭管辖权；此外，仲裁庭的另一个重要理由是，第26条争端解决条款位于第五部分，第17条却位于第三部分，说明缔约国可以拒绝的条约利益仅限于"第三部分"，并不包括第五部分中的程序权利。这种表述是"不模糊的"的。② 因此，第17条第1款引起的争议是一个实体问题，而非管辖权问题。上述观点，尤其是第三点，几乎得到了ECT下所有涉及该条款争议的仲裁庭的支持。如Yukos系列案中，仲裁庭就明确表示："第17条第1款只提到第三部分，没有提及第五部分。申请人是否有权享有第三部分利益的问题不是管辖权问题，而是实体问题"。③

不过ECT之外的其他"拒绝授惠"条款并不存在类似"拒绝授惠"条款与争端解决条款分处于条约不同部分的情况。东道国能否援引这些条款阻碍仲裁庭的管辖权？答案并不一致，具体解释也有所不同。一类将因"拒绝授惠"引起的争议视为管辖权问题。Waste Management诉墨西哥案中，仲裁庭认为NAFTA第11章规定了投资者依照其下条款发动仲裁的细节条件。若投资者满足1113条第2款"拒绝授惠"条款的条件，NAFTA提供的投资保护可以因此被撤回。④ 不过仲裁庭的讨论却仅止于此处。而在GAI案中，仲裁庭详细讨论道："只要BIT中有'拒绝授惠'条款，东道国'同意'将争议提交仲裁是有条件的；如果投资者符合被拒绝授惠的要求，该'同意'也可以被否决的"，"缔约国通过BIT给予投资者的利益是一揽子的(a package of benefits)，也包括同意投资者将争议提交国际仲裁。不过该同意伴随着可以拒绝这些利益的权利的提前保留：如果投资者是被成立于第三国的企业所控

① Plama Consortium Limited v. Republic of Bulgaria, ICSID Case No. ARB/03/24, Decision on Jurisdiction, paras. 139, 140.

② Plama Consortium Limited v. Republic of Bulgaria, ICSID Case No. ARB/03/24, Decision on Jurisdiction, paras. 141, 128, 132, 147.

③ Yukos Universal Limited v. Russian Federation, PCA Case No. AA 227, Interim Award on Jurisdiction and Admissibility, paras. 440, 441.

④ Waste Management v. United Mexican States, ICSID Case No. ARB (AF)/00/3, Award, para. 80.

制的壳公司”。① Ulysseas 案也明确认为该案中“东道国可拒绝的利益包括了仲裁，东道国有效行使拒绝权可以剥夺仲裁庭对 BIT 下争议的管辖权”。② 上述裁决似乎也从另一方面印证了 Plama 裁决的重要理由：ECT 的实体条款与程序条款处于条约不同部分。而在前述案例中，则不存在该种情况。但在 PRC 案中，尽管仲裁庭在分析案中的“拒绝授惠”条款之初，就发现 CAFTA 第 10.12.2 条“拒绝授惠”中的利益包括了缔约国在第 10 章之下赋予投资者的所有利益：包括 A 部分“投资”中的实体利益和 B 部分的“投资者-国家争端解决”中的程序利益。并认为该条款涉及的管辖权问题与 ECT 并不相同，而和 NAFTA 中的相关问题类似。③ 但仲裁庭并未采纳 Waste Management 诉墨西哥案的思路，而是认为 CAFTA 的投资争端解决条款已经要求被申请人在援引“拒绝授惠”条款之初须先“同意”将争议提交 ICSID 仲裁，因此仲裁程序启动后被申请人援引该条款不能被视为被申请人对发起国际仲裁的“同意”的单方面的撤回。仲裁庭的管辖权不受该条款的影响。④ 按照这种解释，“拒绝授惠”条款以及投资条约的实体条款和程序条款所处的位置似乎难以影响仲裁庭的管辖权，但矛盾的是，当投资者符合被拒绝授惠条款的条件时，仲裁庭又重新将该问题视为管辖权问题。由于案中萨尔瓦多政府得以证明申请人满足了被拒绝授惠的条件，仲裁庭最终认为投资者在 CAFTA 下的利益已被拒绝，因而对当事人在 CAFTA 下的投资争议无管辖权。不过当事人在其他投资条约下争议的管辖权并不受此影响。⑤

PRC 案的合理解释似乎应该属于第二类对“拒绝授惠”问题的处理，将其视为可受理(admissibility)问题。关于投资争议的可仲裁性与可受理性的清晰界限，理论和学术界并未达成一致观点。但总体而言，管辖权涉及仲裁庭是否有能力对提起的争议予以裁决，而可受理性则是在仲裁庭确定有管辖权的基础上，判断案中争议是否因为某种缺陷而不能进入实体审理阶段。⑥ Generation Ukraine 诉乌克兰案仲裁

① Guaracachi America, Inc. and Rurelec PLC v. Plurinational State of Bolivia, UNCITRAL, PCA Case No. 2011-17, Award, paras. 372, 373.

② Ulysseas, Inc. v. Ecuador, UNCITRAL Interim Award, paras. 164, 172.

③ Pac Rim Cayman LLC. v. Republic of El Salvador, ICSID Case No. ARB/09/12, Decision on Jurisdictional Objections, para. 4.4.

④ Pac Rim Cayman LLC. v. Republic of El Salvador, ICSID Case No. ARB/09/12, Decision on Jurisdictional Objections, para. 4.90.

⑤ Pac Rim Cayman LLC. v. Republic of El Salvador, ICSID Case No. ARB/09/12, Decision on Jurisdictional Objections, paras. 4.90, 4.92.

⑥ Cameron A. Miles, *Corruption, Jurisdiction and Admissibility in International Investment Claims*, 3(2) J Int. Disp. Settlement 329-369 (2012).

庭就认为，“（‘拒绝授惠’条款）并不能阻碍申请人提起仲裁，反之当被申请国援引它时，它更像一个处理案件可受理性的潜在的过滤器。”①在 Yukos 系列案中当事人也都将 ECT 第 17 条第 1 款的适用视为可受理问题。② 排除类似 ECT 条约结构及“拒绝授惠”条款文本的特殊性，笔者也赞同该种解释。将“拒绝授惠”的援引视为管辖权问题，会与仲裁庭主张的管辖权（Kompetenz-kompetenz）③原则不符；而视为可受理问题，不仅解决了上述问题，还解除了因投资者不能获得国际仲裁救济，由东道国裁决纠纷给投资者带来的不公。仲裁庭可以基于投资条约的争端管辖条款对争议的主张管辖，并考察投资者是否符合可被“拒绝授惠”的条件，一旦得以确认，就可裁定案件不具有受理性。在投资者获取正当救济的同时，“拒绝授惠”条款“过滤器”的功能也可得以体现。

再次回头检查 Plama 案的裁决，会看到当然不能排除 ECT 的条约结构和“拒绝授惠”条款的文本表述对裁决结果的影响，但另一方面，该案仲裁庭并没有在裁决中对保加利亚政府关于“一旦投资者被拒绝享有投资的实体利益，自然也就无法以东道国政府违反投资保护条款为由提起仲裁”的观点予以反驳。而且由于“拒绝授惠”条款中不包含任何缔约国的实体义务，将其引起的争议放于实体阶段，东道国并不能通过援引该条款对申请人的主张予以抗辩。此外，“拒绝授惠”条款在条约中的功能在于减少外国投资者的滥诉行为，将对相关争议放置实体阶段，就会大大削弱该功能。正如批评者指出的，Plama 仲裁庭只重视条约的文本，对第 17 条第 1 款从“通常含义”进行了解释，却没有从条约整体出发考虑该条款的上下文，这样单纯的文义解释将使第 17 条在条约中的目的无法实现。对于“拒绝授惠”条款的解释，首先应使其产生效力，并在使投资者获得允许提交仲裁的惠处和确保投资者履行相关义务的前提下，确保投资者与东道国之间的利益平衡。④

四、“拒绝授惠”条款的近期发展及中国的缔约实践

如前所述，在新近各国缔结的投资条约中，包含“拒绝授惠”条款的条约有增

① Generation Ukraine v. Ukraine, ICSID Case No. ARB/00/9, Award, para. 15. 7.

② Yukos Universal Limited v. Russian Federation, PCA Case No. AA 227, Interim Award on Jurisdiction and Admissibility, para. 443.

③ 仲裁庭能够自行决定自己的管辖权，包括决定对仲裁协议中的何种事项予以仲裁。

④ Jordan Behlman, *Out on a Rim: Pacific Rim's Venture Into CAFTA's Denial of Benefits Clause*, 45(2) Inter-American Law Review 413-414, 424 (2014).

加的趋势。① 这些“拒绝授惠”条款的文本大多采取了美式投资条约的表述，对于东道国拒绝授惠的细节并不多加规定。但各国欲以明确的条约语言增加“拒绝授惠”条款的确定性，且内容更加灵活多变的特点已经显现。尽管这一特点表现得并不明显，② 如日本-伊拉克缔结BIT(2012)就以注释的形式在“拒绝授惠”条款后解释了何为条约中的“所有”及“控制”。③ 更多的“拒绝授惠”条款中增加了要求缔约国在行使拒绝权之前通知及与另一缔约国磋商的义务，④ 而印度-日本全面经济合作协议(Comprehensive Economic Partnership Agreement, 2011)中的“拒绝授惠”条款除了要求作为东道国的缔约国在拒绝授惠之前，要通知并与另一缔约国磋商，还须与“确认”(establish)投资者被非缔约国国民控制或所有以及其在母国无实质性商业活动的事实；⑤ 此外，关于缔约国行使拒绝授惠权的时间在一些投资条约中也被明确规定。以中国-加拿大缔结的BIT(2012)为例，其中的“拒绝授惠”条款包括三款内容，每一款都明确缔约国可在任何时间包括在仲裁程序开始之后，行使自己的拒绝权。⑥ 甚至有些“拒绝授惠”条款已经突破了传统的内容和表述，在条款的文本设计中力图更加凸显缔约国的缔约意愿，并消除该条款适用中的不确定性。如2015年印度的BIT范本第20条“拒绝授惠”条款规定：为了更大的确定性，东道国可以在依据条约第6章组建的仲裁程序开始之后的任何时间拒绝下列投资者和投资享有条约利益，如果：(1)投资者和投资由非缔约国或者东道国的人直接或间接控制；(2)如果该投资者或投资组建或重建的根本目的是试图获取本条约的争端解决机制。⑦ 该条款不仅仅对

① Mark Feldman, *Setting Limits on Corporate Nationality Planning in Investment Treaty Arbitration*, 27(2) ICSID Rev 281, 298-299(2012). UNCTAD在2015年10月的投资政策观察中指出，2015年世界各国新缔结的投资条约中，仍继续了包括“拒绝授惠”条款在内的有助于国家维护管制权力的条款。http://unctad.org/en/PublicationsLibrary/webdiaepcb2015d14_en.pdf., visited on 30 Oct. 2015.

② 最明显的例子是美国面对这些解释各异的裁决没有改变其条约文本，2012年BIT范本中的“拒绝授惠”条款同2004年保持了一致。

③ 日本-伊拉克BIT第23条“拒绝授惠”条款后的注释解释道：“拥有”是指被投资者持有超过50%以上的股权利益，“控制”是指投资者有对多数董事的提名权或有权直接指导其行为。

④ 较早有此类规定的是NAFTA第1113条第2款，要求缔约方依照条约履行通知及磋商程序之后才可以行使拒绝授惠的权利。以后如日本-印度全面合作经济协议、泰国-澳大利亚FTA、新加坡-澳大利亚BIT及CAFTA中的“拒绝授惠”条款中均规定了类似的通知及磋商程序。

⑤ 见印度-日本全面经济合作协议第11条第7款。新加坡-澳大利亚FTA第8章“投资”第20条，新加坡-巴拿马FTA中9.11条，土耳其-韩国FTA(2013)第70条中均有类似规定。

⑥ 见中国-加拿大BIT第16条“拒绝授惠”。

⑦ “Model Text for the Indian Bilateral Investment Treaty”, available at: http://www.bilaterals.org/IMG/pdf/model_text_for_the_indian_bilateral_investment_treaty.pdf, visited on 5 Aug. 2015.

缔约国行使拒绝授惠权的时间以及“控制”等问题予以了更明确的规定，重要的是它明确了该条款的目的就是为防止投资者的“择约行诉”，摒弃了“实质性商业经营”等模糊的用语。2014年欧盟和加拿大缔结的CETA更为特别，在第10部分“投资”的定义条款中要求“缔约方的企业”应与缔约国之间应保持真实的经济联系的同时，① 另又独立设置了“拒绝授惠”条款，规定该条款只适用于政治原因，即当非缔约国的国民控制或所有在本国境内的来自另一缔约国的投资，且该非缔约国未与东道国保持良好的政治关系时，东道国才可依据该条款对另一缔约国的投资者拒绝授惠。不仅如此，传统“拒绝授惠”条款中“维持外交关系”的表述也被“涉及国际和平安全”的表述所替代。② 这样，CETA投资条约中的“拒绝授惠”条款就不具有抵御投资者“择约适用”行为的功能，这不仅因为该条约已经通过对企业国籍的要求实现了这一功能，也因为它并未包含针对“壳公司”的内容。这似乎可被看作是欧式投资条约和美式投资条约在限制投资者享有投资利益的模式上的折中，一方面以美式投资条约中的“拒绝授惠”条款赋予缔约国一定范围的自行判断权，另一方面又通过传统欧式投资条约中对“企业”的国籍要求拒绝了条约对“壳”公司的投资保护。

同传统大陆法系国家一样，一直以来中国缔结的投资条约都以“注册成立地”、“住所地”、“控制权”以及“实质性商业经营”等多个标准或其结合来界定条约中“投资者”的国籍。③ 这要求外国投资者应对缔约国有一定的经济贡献。不过，面对全球化背景下资本在国家间更加频繁的流动以及跨国公司日益复杂的投资结构，上述标准对国籍的确定既不易明确，又限制了投资条约的保护范围。Mark Feldman的研究表明，要求投资者与母国之间保持“真实联系”的要求，对投资者择约适用行为的限制不易确定。而投资条约中的“拒绝授惠”条款，却可以对企业的此类行为提供更为清晰的指南。④ 尤其是近年来我国海外投资的剧增更凸显了投资条约的保护对投资者的重要性，以及扩大投资条约保护范围的紧迫性。事实上，近年来我国的缔约实践已经作出了调整，在一些投资条约中开始放弃“投资者”与缔约国之间的实质经济联系要求，而采之以宽泛“投资者”与“拒绝授惠”条款相结合。如中国-加拿大BIT第2条规定，企业为“投资者”依据缔约国法律成立的任何实体及分

---

① 第X.3条“定义”条款中要求缔约方的企业在其依法组建的缔约国境内有实质性商业经营，或者其控制或所有人应当是另一缔约国的自然人。

② 见CETA第X.15条“拒绝授惠”。

③ Wenhua Shan & Norah Gallagher ed., Chinese Investment Treaties: Policy and Practice 79-85 (Oxford University Press 2009).

④ Feldman M, *Setting Limits on Corporate Nationality Planning in Investment Treaty Arbitration*, 27(2) ICSID review 281-302 (2012).

支机构。《中国-东盟投资协议》中的"投资者"为"正在或已在其他缔约方境内进行投资的某一缔约方自然人或某一缔约方法人"。在中国与秘鲁、韩国、澳大利亚签订的 FTA 以及中日韩三边投资促进协议中，均放弃了对来自另一缔约国的外国投资者与其母国之间"控制权"、"住所地"、"实质性商业经营"等实体要求。与此呼应，这些投资条约中均出现了"拒绝授惠"条款。但在 2007 年中国-韩国重新签订的 BIT 中，虽然放弃了之前 BIT 中对韩国"企业"住所的要求，只要求投资者依据成立国的法律设立即可，但其中并未包含"拒绝授惠"条款。① 这与中国-韩国 FTA 的投资部分以及中日韩三边投资促进协议中的相关内容并不一致。一方面中-韩 BIT 中的投资者-国家争端解决机制极可能被"择约适用"的投资者滥用，另一方面还可能造成同一个争议、同一个投资者适用不同条约同时向东道国提起多个仲裁的可能。

中国较早缔结的"拒绝授惠"条款中，拒绝授惠的原因都不包括外交因素，只针对"邮箱"公司择约适用的行为，如中国-墨西哥 BIT(2008)、中国-东盟投资协定(2009)以及中国-秘鲁 FTA(2009)、中国-新西兰 FTA(2008)。这些投资条约中，有的在包含 "拒绝授惠"条款的同时，并未放弃对投资者的特定国籍要求。如中国-墨西哥 BIT 第 1 条与"一般性规定"中要求已在缔约另一方投资的缔约一方的企业，应在"根据缔约一方的法律设立或组建并在该缔约一方领土内开展实质性经营活动"。但同时，该条约第 31 条"拒绝授惠"又规定："缔约双方可以共同磋商决定拒绝将本协定之利益赋予缔约另一方之企业及其投资，如果该企业系由非缔约方之自然人或企业拥有或控制。"由于该定义条款已经限制了条约的适用范围，"拒绝授惠"条款可以发挥的功能非常有限，东道国通过"拒绝授惠"条款选择投资者的主动权大大缩小。中国-新西兰 FTA 投资部分中，也有类似上述规定。而最近几年中国缔结 "拒绝授惠"条款中，拒绝授惠的原因除了针对"空壳公司"的内容外，都规定了因外交原因引起的拒绝授惠。如中国-乌兹别克斯坦 BIT(2011)、中国-加拿大 BIT(2012)、中日韩三边投资促进协议(2012)、中国-坦桑尼亚 BIT(2013 年)、中国-澳大利亚 FTA(2015)，以及中国-韩国 FTA(2015)"投资"部分中的"拒绝授惠"条款，都规定如果控制境内外国投资的企业的国籍国是非缔约国且与东道国未保持良好的外交关系，或涉及东道国对该非缔约国的经济制裁措施等，则东道国可对该外资企业拒绝授惠。该内容表明中国政府在投资条约中扩大了对投资相对国施加政治影响力的空间。

总体而言，在中国缔结的投资条约总量中，包含"拒绝授惠"条款的投资条约数量并不多；但另一方面，新近缔结的投资条约中包含有该条款的条约又占了较大

① 见中国-韩国 BIT(1992)第 1 条第 3 款中的"企业"定义及中国-韩国 BIT(2007)第 1 条第 2 款中的"法人"定义。

的比重。从已经缔结的“拒绝授惠”条款的内容看，除少数投资条约包含了若干细节外，多采用类似于ECT或美式投资条约的文本，对拒绝授惠权的行使采取模糊化的方式。如中国-乌兹别克斯坦BIT以及中日韩三边投资促进协定中的“拒绝授惠”条款几乎与美国2012年BIT范本第1条如出一辙。① 但在中国-墨西哥BIT、中国-新西兰FTA、中国-秘鲁FTA以及《中国-东盟投资协定》中，其“拒绝授惠”条款均要求东道国在行使拒绝权之前须履行通知其他缔约国并与其磋商的义务；②《中国-东盟投资协定》还规定，泰国和菲律宾在特殊情况下拒绝投资者及投资条约利益时，应该“确定”相关的事实。③ 包含中国-加拿大BIT中的“拒绝授惠”条款包含的时间细节最多，除了在第1款与第2款中规定缔约国可在“包括仲裁程序开始后的任何时间”行使拒绝权外，第3款又专门规定“为更大的确定性，缔约国可在包括仲裁程序开始后的任何时间依照前两款行使拒绝权”。④ 这种规定应该是对国际仲裁实践中因“拒绝授惠”条款中对东道国援引的时间语焉不详引起的争议的一种应对。

目前中国已经与世界上多数国家签订了投资条约，且正在考虑将更大范围的外国投资者及其投资纳入投资条约的保护中。此外，随着中国境外投资规模的增加，中国在国际投资中的角色已经变成兼具资本输出国和资本输入国的国家。⑤ 综合起来考虑，在我国大力推动企业“走出去”的大背景下，在投资条约放宽“投资者”的范围，将对外国投资者的实质性商业经营规定在“拒绝授惠”条款中，将在扩大条约保护的同时给予我国政府更大的自主权，纳入“拒绝授惠”条款是可行的。但正如Plama案裁决引起的担心，当对“拒绝授惠”条款的文义解释与上下文解释不一致时，“拒绝授惠”条款将失去它的目的和效果，而糟糕的条约起草文本将会产生糟糕的条约解释。⑥ 基于“拒绝授惠”条款的功能及其在适用中已经产生的争议，未来我国缔约时特别需要注意如下问题：1.“拒绝授惠”条款的内容应与条约中其他相关条款的内容有机配合。在对“投资者”与缔约国之间的经济联系有所要求的

---

① 中国-乌兹别克斯坦BIT第10条“拒绝授惠”；中日韩三边投资促进协定第22条“拒绝授惠”。

② 中国墨西哥BIT第31条“拒绝授惠”；中国-新西兰FTA第149条“拒绝授惠”；中国-东盟投资协定第15条拒绝授惠；中国秘鲁FTA第137条“拒绝授惠”。

③ 2009年中国-东盟投资协定第15条“拒绝授惠”。

④ 中国-加拿大BIT第16条“拒绝授惠”。

⑤ 单文华，张生. 美国投资条约新范本及其可接受性问题研究[J]. 现代法学，2013(5)：150.

⑥ Jordan Behlman, *Out on a Rim: Pacific Rim's Venture Into CAFTA's Denial of Benefits Clause*, 45(2) Inter-American Law Review 415 (2014).

同时，又在“拒绝授惠”条款中赋予缔约国对外国“壳”公司的拒绝授惠权，不仅限制了投资条约的适用范围，缔约国通过“拒绝授惠”条款获得的监管外国投资者的主动权也非常有限。2. 为解决该条款适用中的不确定性问题，可以考虑在条约中对其中一些突出问题作出明确规定：如对可拒绝的利益，可以明确是否限于实体利益；对缔约国行使拒绝利益权的时间以及相关的磋商程序等可作出明确规定。3. 可以根据我国与不同缔约国之间的投资与经济交往的具体情况，考虑采取更加灵活多变的条款文本。

五、结论

“拒绝授惠”条款的产生表明东道国希望在扩大投资条约适用范围的同时，也能够以积极有效的方式遏制投资者滥用国际投资仲裁机制的行为。从国际仲裁庭对“拒绝授惠”条款的解释看，为投资者在跨国投资中的损失提供救济是仲裁庭考虑该条款适用的效果的重要因素，而在不同个案中，条约结构、条约目的、条款的文本也是决定仲裁庭得出不同结论的重要原因。仲裁庭对 ECT 和以美国为缔约一方的投资条约下的“拒绝授惠”条款作出的解释看似对立，但却是以有关的条约文本为出发点，也显示了该条款的适用中的诸多不确定性。作为对投资仲裁实践的一种反馈，一些缔约国在“拒绝授惠”条款中使用了更加明确的文本，意欲减少其适用的模糊性并限制仲裁庭的自由裁量权。近年来中国缔结的一部分投资条约放弃了对外国投资者与其母国之间的实质性经济联系的要求，并纳入了“拒绝授惠”条款。在中国海外投资不断增加的大背景下，未来中国的投资条约中可以继续采纳该条款，并在缔约时协调该条款与其他相关条款的关系，同时采用更加灵活以及更加细化的文本表述。

Denial of Benefits Clauses in International Investment Arbitration: Application and Developments

Abstract: The denial of benefits clauses in international investment treaties are designed to counteract treaty shopping by investors. A review of recent investment cases reveals that the Energy Charter Treaty-based investment tribunals and the tribunals based on the investment treaties binding on the US draw different conclusions on the denial of benefits clauses' applicability and effects. Recent treaties shows that drafters would like to employ more certain and detailed treaty texts to reduce its ambiguity and increase the initiative of host countries. Some investment treaties signed by the Chinese Government in recent years have adopted this clause. This article suggests that China government should use more accurate text for the denial of benefit clause combined with proper definition of "investor" to facilitate regulation of foreign investment and determine its applicability.

Key words: treaty shopping; denial of benefits clause; retroactivity; jurisdiction

五、案例评析

尼加拉瓜诉哥伦比亚哥案中的领土争端和岛屿划界评析

□　卜凌嘉*

内容摘要： 尼加拉瓜诉哥伦比亚案反映了国际法院对领土边界条约解释的严谨态度，并且继续巩固和发展了有效控制规则。该案表明在适用等距离/相关情况法对专属经济区和大陆架进行划界时，面积大并拥有大量人口的岛屿应当作为专属经济区和大陆架临时中间线的基点。一个岛屿面积越小，离海岸或其他面积较大的岛屿的距离越远，越不可能作为专属经济区和大陆架临时中间线的基点。此外，该案还强调不能无视海岸地理情况，随意地对岛屿作飞地处理。

关键词： 有效控制　等距离/相关情况法　岛屿海洋划界　南海岛礁

目　次

* 广东财经大学国际学院讲师。

一、引言

2012年11月19日，国际法院作出对尼加拉瓜诉哥伦比亚领土争端和海洋划界案(以下简称"尼哥案")实质内容的判决。该案所涉及的问题不仅丰富多样而且情况复杂，足以使其入选国际法教材的经典案例。该案涉及诉讼请求的变更和可受理性问题、领土主权争端、条约解释、等距离/相关情况划界方法、200海里以外大陆架划界问题①和判决对第三方权利的影响等一系列问题。本文主要从领土争端和岛屿海洋划界两个方面对此案进行研究。

领土争端和海洋划界本是国际法中独立的两个问题，前者适用领土法解决，后者适用海洋法解决。然而，在实践中，这两个问题往往又是互相联系的，因为根据陆地决定海洋的原则，领土归属将直接影响海洋划界结果。涉及领土争端的海洋划界争端的问题比纯粹的海洋划界争端更为复杂，领土争端往往成为解决海洋划界争端的前提。尼哥案中既有岛屿领土问题又有海洋划界争端，与南海岛礁争端中既包括岛屿领土争端，又涉及海域划界争端有一定的相似性。尼哥案解决岛屿领土争端的方法对解决南海岛礁主权争端有一定的参考价值。

值得特别注意的是，尼哥案是一个少见的岛屿面对大陆海岸的海洋划界案例。在以往的许多案例中，岛屿往往作为大陆对大陆的海域划界背景中一个特殊的地理情况予以考虑，例如：2009年的黑海划界案中，蛇岛是乌克兰大陆海岸与罗马尼亚大陆海岸划界过程中出现的一个特殊情况。国际海洋法法庭2012年的孟加拉湾划界案中，圣马丁岛是孟加拉大陆海岸和缅甸大陆海岸划界过程中的一个特殊情况。而在尼哥案中，哥伦比亚所属岛屿远离其本国大陆海岸，与尼加拉瓜大陆形成相对情况。这些远洋岛屿是加勒比海域中重要的海岸地形，在划界过程发挥了不可忽视的作用。尼哥案中哥伦比亚的远洋岛屿与远离我国大陆，在南海海域构成重要海洋地形的南海岛礁有相似之处。因此，尼哥案处理哥伦比亚岛屿的划界实践对于我国南海岛礁划界问题有一定的借鉴意义。

① 黄瑶，廖雪霞. 论大陆架外部界限的确立与200海里以外大陆架划界的关系——以2012年尼加拉瓜诉哥伦比亚案为引子[J]. 当代法学，2013(6).

二、尼哥案的背景事实

尼加拉瓜位于加勒比海西北部。尼加拉瓜北面是洪都拉斯，南面是哥斯达黎加和巴拿马。尼加拉瓜西北方向与牙买加相对，东面则与哥伦比亚大陆相对。哥伦比亚位于加勒比海南部，领土东部与委内瑞拉接壤。

尼加拉瓜和哥伦比亚都曾经是西班牙的殖民省。哥伦比亚于1810年从西班牙独立，尼加拉瓜于1821年从西班牙独立。尼加拉瓜和哥伦比亚曾经于1928年3月24日签订《关于哥伦比亚和尼加拉瓜争议领土问题的条约》(以下简称"1928年条约")。1930年5月5日，尼加拉瓜和哥伦比亚又签署了关于1928年条约的《互换批准书议定书》(以下简称"1930年议定书")。①

在1960年代末，尼加拉瓜对名为基塔苏埃尼奥的岛礁周围海域颁发石油开采许可证，引发哥伦比亚政府的抗议。哥伦比亚政府在1969年6月4日的照会中指出，根据1928年条约和1930年议定书，82度经线是两国的海洋划界线。1969年6月12日，尼加拉瓜作出外交照会否认两国之间存在这样一条海洋边界。因海洋边界争端，两国关系多年来持续紧张。2001年12月6日，尼加拉瓜在国际法院就其与哥伦比亚在西加勒比海的领土主权和海洋划界争议起诉哥伦比亚。2007年12月13日，法院就该案的管辖权作出判决，认定自己对除圣安德烈斯岛(San Andrés)、普罗维登西亚岛(Providencia)和圣卡塔利娜岛(Santa Catalina)以外的海洋地物的主权和双方海洋划界争端拥有管辖权。②

三、尼哥案中的岛屿主权争端及其解决

正如上文所述，在涉及领土争端的海洋划界案件中，解决领土主权争议成为海洋划界的前提。遵循这一思路，该案首先解决领土争端问题。尼加拉瓜和哥伦比亚之间有争议的海洋地物包括阿尔布开克礁(Alburquerque Cays)、新巴霍(Bajo Nuevo)、东-东南礁(East-Southeast Cays)、基塔苏埃尼奥(Quitasueño)、龙卡多尔

---

① *Territorial and Maritime Dispute* (*Nicaragua v Colombia*), Preliminary Objections, Judgment, I. C. J. Reports 2007, pp. 841-843, paras. 15-16, 18, 20.

② *Territorial and Maritime Dispute* (*Nicaragua v Colombia*), Preliminary Objections, Judgment, I. C. J. Reports 2007, p. 876, para. 143(3).

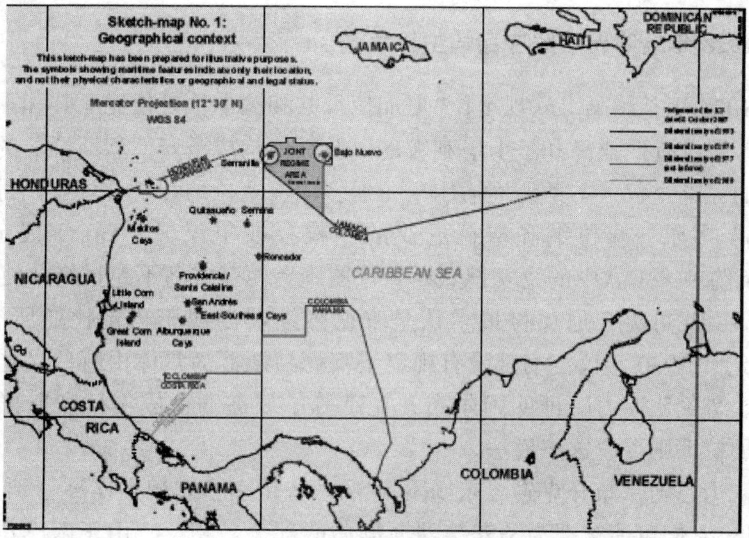

图 1① 尼哥案地理情况示意图

(Roncador)、塞拉纳(Serrana)和塞拉尼亚(Serranilla)。法院指出，在解决这些海洋地物的主权之前，首先要判断这些地物是否可以被占有。根据国际法的规定，无论其面积多么小的岛屿都可以被占有，低潮高地则不能被占有。尼加拉瓜和哥伦比亚均同意阿尔布开克礁、新巴霍、东-东南礁、龙卡多尔、塞拉纳和塞拉尼亚在高潮时高于水面，因此作为岛屿，它们都可以被占有。但是，两国对于基塔苏埃尼奥上的地物是否岛屿有争议。② 由于基塔苏埃尼奥由许多小的海洋地物构成，海洋地质学专家罗伯特·史密斯博士用 QS1 到 QS54 标记基塔苏埃尼奥的这些海洋地物。法院经过审理，认为 QS32 在高潮高于水面，因此属于岛屿，而基塔苏埃尼奥的其他海洋地物是低潮高地。③ 换言之，包括基塔苏埃尼奥在内的上述海洋地物均为岛屿，都是可以由国家所占有的领土。

国际法院先后尝试根据国际条约、保持占有原则和有效控制三种方法解决阿尔

① *Territorial and Maritime Dispute* (*Nicaragua v Colombia*), Judgment, I. C. J. Reports 2012, p. 16.

② *Territorial and Maritime Dispute* (*Nicaragua v. Colombia*), *Judgment*, *I. C. J. Reports* 2012, p. 19, paras. 26-27.

③ *Territorial and Maritime Dispute* (*Nicaragua v Colombia*), *Judgment*, *I. C. J. Reports* 2012, p. 22, para. 38.

布开克礁等岛礁主权问题。

(一)1928年条约无法解决岛屿主权争端

根据1928年条约第1款规定；“尼加拉瓜共和国承认哥伦比亚共和国对圣安德烈斯岛、普罗维登西亚岛和圣卡塔利娜岛以及其他构成圣安德烈斯群岛的岛屿、小岛和环礁的完整主权。本条约不适用于龙卡多尔、塞拉纳和塞拉尼亚，哥伦比亚和美国对龙卡多尔、塞拉纳和塞拉尼亚的主权存在争议。”1930年议定书规定：“1928年条约中第1款中的圣安德烈斯和普罗维登西亚群岛不超过格林威治西经82度以西。”①由此可见，尼加拉瓜承认圣安德烈斯群岛属于哥伦比亚所有，但是，1928年条约和1930年议定书都没有规定圣安德烈斯群岛具体由哪些岛屿、小岛和环礁构成。哥伦比亚力图证明阿尔布开克礁等争议岛屿构成安德烈斯群岛的一部分，而尼加拉瓜则反驳这一说法。

法院认为，阿尔布开克礁、东-东南礁的位置距离圣安德烈斯岛分别为20海里和16海里，它们可能被视为圣安德烈斯群岛的部分。相反，由于新巴霍和塞拉尼亚离圣安德烈斯岛距离遥远，它们不大可能构成圣安德烈斯群岛。然而，在法院看来，无论是根据争议海洋地物的地理位置还是双方所提交的历史资料都没有明确说明哪些地物构成圣安德烈斯群岛。② 因此，法院无法根据1928年条约解决阿尔布开克礁等岛屿的主权归属。

(二)保持占有原则无法解决岛屿主权争端

由于尼加拉瓜和哥伦比亚都曾经是西班牙的殖民省，因此两国都主张根据保持占有原则解决岛屿主权争端。双方均援引殖民地时期的西班牙殖民政府颁布的法令或命令证明争议岛屿属于独立前各自殖民省份所有，因此独立后应当维持其归属。然而法院在考察有关的文件之后指出，两国所援引的殖民法令都没有明确提到争议岛屿。因此，有关的法令均无法说明这些岛屿在两国独立之前，是属于尼加拉瓜殖民省还是哥伦比亚殖民省。所以，尼加拉瓜和哥伦比亚都无法根据保持占有原则证明其对争议岛屿的主权。③

---

① *Territorial and Maritime Dispute* (*Nicaragua v. Colombia*), *Judgment*, *I. C. J. Reports*2012, pp. 22-23, paras. 39-41.

② *Territorial and Maritime Dispute* (*Nicaragua v. Colombia*), *Judgment*, *I. C. J. Reports* 2012, pp. 25-26, paras. 52-56.

③ *Territorial and Maritime Dispute* (*Nicaragua v. Colombia*), *Judgment*, *I. C. J. Reports* 2012, p. 28, paras. 64-65.

(三)根据有效控制规则哥伦比亚拥有争议岛屿

1. 国际法院确定1969年为关键日期

法院指出，在涉及陆地主权的争议中，争议凝结的日期有重要意义。关键日期的意义在于区别在争议凝固日期前发生的主权行为以及在此日期之后发生的行为，在确立和证明主权方面应当考虑在关键日期前发生的主权行为。① 法院认为，在1969年一系列外交照会之前，没有迹象表明两国发生争议。1969年哥伦比亚和尼加拉瓜之间的照会可以体现两国就加勒比海西南地区海洋地物主权的不同看法。而且，哥伦比亚似乎并不反对尼加拉瓜所主张的关键日期。因此，法院认为，1969年6月12日，即尼加拉瓜对哥伦比亚照会予以回应的日期，是有效控制的关键日期。

2. 有效控制行为

哥伦比亚认为，自己对圣安德烈斯群岛中的龙卡多尔、基塔苏埃尼奥、塞拉纳、塞拉尼亚、新巴霍、阿尔布开克礁和东-东南礁行使公开、和平和连续的主权已经超过180年。尤其是，哥伦比亚指出，自己对群岛实施关于渔业、经济活动、移民、研究和救助行动、公共工程和环境保护的法律和法规。它对整个群岛实施刑法。自19世纪中期以来，它对整个群岛实施监管行为。它授权第三方在圣安德烈斯群岛海域勘探石油。为了保护和合理开发圣安德烈斯群岛的自然资源，它对该群岛开展了科学研究。哥伦比亚政府在群岛的岛礁上修建和维护公共工程，包括灯塔、海军分队的住房和设备、渔民所使用的设施以及无线电台的设备。②

尼加拉瓜反驳，哥伦比亚所实施的相关行为都是在1969年关键日期之后发生的。这些行为不能视为之前行为的正常延续，而是哥伦比亚政府为了加强其对尼加拉瓜法律立场而实施行为，因此与法院的判决无关。此外，哥伦比亚政府所称有关圣安德烈斯群岛的法律和行政行为并没有具体提及争议岛屿，因此不能作为对争议岛屿主权行为的证据。③

法院分析哥伦比亚的证据后认为，哥伦比亚的主权行为与争议地物有明确联系。相关证据证明了哥伦比亚数十年来持续和一贯对争议地物实施主权行为。这些

① *Territorial and Maritime Dispute* (*Nicaragua v. Colombia*), *Judgment*, *I. C. J. Reports* 2012, p. 29, para. 67.

② *Territorial and Maritime Dispute* (*Nicaragua v. Colombia*), *Judgment*, *I. C. J. Reports* 2012, pp. 30-31, para. 74.

③ *Territorial and Maritime Dispute* (*Nicaragua v. Colombia*), *Judgment*, *I. C. J. Reports* 2012, pp. 31-32, paras. 76-79.

主权行为是公开的，也没有在关键日期之前受到尼加拉瓜的抗议。而且，与哥伦比亚对这些岛屿的管理行为相比，尼加拉瓜缺乏任何实施主权行为的证据。因此，法院认为上述事实强有力地支持哥伦比亚对争议地物的主权。①

3. 尼加拉瓜对涉及争议岛屿仲裁或条约的态度

法院认为，尼加拉瓜对1900年法国总统就哥伦比亚与哥斯达黎加的边界仲裁的回应表明当时尼加拉瓜不认为自己拥有争议岛屿的主权。该仲裁裁决明确指出阿尔布开克礁和本案中一些争议岛屿主权属于哥伦比亚，但是尼加拉瓜的抗议仅限于玉米岛和尼加拉瓜海岸附近的一些岛屿，而没有对裁决中有关本案争议岛屿的内容提出任何抗议。这一不作为表明尼加拉瓜当时并没有对那些争议岛屿提出主权要求。法院还指出，在1928年条约签订时，尼加拉瓜并没有对哥伦比亚和美国之间存在主权争议的龙卡多尔、基塔苏埃尼奥和塞拉纳这三个岛屿提出任何保留，这表明尼加拉瓜当时并没有对这些岛屿提出主权要求。② 法院认为，尼加拉瓜的行为在一定程度上支持哥伦比亚对于相关岛屿的主权要求。

4. 第三方的立场

哥伦比亚指出，第三方文件或自己与第三国的条约支持哥伦比亚拥有争议岛屿的主权。英国政府的几份报告、备忘录、外交照会和通信表明，“英国政府清楚明白不仅从塞拉尼亚和新巴霍直到阿尔布开克礁，圣安德烈斯群岛作为一个整体属于哥伦比亚，而且群岛的附属岛屿也属于哥伦比亚。”哥伦比亚还指出，所有的邻国都承认哥伦比亚对圣安德烈斯群岛以及岛礁的主权。③ 法院认为，从第三方实践证据整体看来，虽然有关的实践并没有表明第三方承认哥伦比亚对争议岛屿主权，但在某种程度上支持哥伦比亚的主张。④

综合上述证据，法院认为哥伦比亚而不是尼加拉瓜拥有阿尔布开克礁、新巴霍、东-东南礁、基塔苏埃尼奥、龙卡多尔、塞拉纳和塞拉尼亚的主权。

---

① *Territorial and Maritime Dispute* (*Nicaragua v. Colombia*), *Judgment*, *I. C. J. Reports* 2012, pp. 32-34, paras. 81-84.

② *Territorial and Maritime Dispute* (*Nicaragua v. Colombia*), *Judgment*, *I. C. J. Reports* 2012, pp. 35-36, paras. 88-90.

③ *Territorial and Maritime Dispute* (*Nicaragua v. Colombia*), *Judgment*, *I. C. J. Reports* 2012, p. 36, para. 92.

④ *Territorial and Maritime Dispute* (*Nicaragua v. Colombia*), *Judgment*, *I. C. J. Reports* 2012, p. 37, para. 95.

四、对领土争端判决的评析

分析尼哥案中有关岛屿主权争端的上述判决，可以得出以下几点认识：

第一，海洋地物的法律属性将直接影响其主权归属问题。具体而言，岛屿适用领土取得规则，低潮高地的归属则取决于地理位置。根据《1982 年海洋法公约》第 121 条规定，岛屿是“四面环水并在高潮时高于水面的自然形成的陆地区域”；第 13 条规定，低潮高地是“低潮时四面环水并高于水面但在高潮时没入水中的自然形成的陆地”。在卡塔尔诉巴林案中，国际法院指出，“现有的少数规则并不普遍认为低潮高地是岛屿意义上的领土。……在缺乏其他规则和原则的情况下，从主权取得的观点来看，不能认为低潮高地与岛屿或其他领土是一样的”。① 尼哥案重申：岛屿，无论其面积多么小，都可以被占有，而低潮高地则不能被占有。② 换言之，如果双方对于海洋地物属于岛屿还是低潮高地存在争议，那么法院必须首先明确该海洋地物的法律属性才能决定是适用领土法还是海洋法来解决其主权归属。在尼哥案中，尼加拉瓜认为基塔苏埃尼奥并非岛屿而是低潮高地，而哥伦比亚则认为其为岛屿，因此法院必须先判断基塔苏埃尼奥的法律性质才能解决其主权归属问题。法院根据海洋地质专家史密斯博士所撰写的调查报告认定基塔苏埃尼奥为岛屿之后，随即适用领土法规则解决其归属。换言之，卡塔尔诉巴林案和尼哥案均说明：低潮高地不适用领土取得规则。根据现有的国际海洋法规则，如果低潮高地位于一国领海之内，该国拥有此低潮高地。如果低潮高地同时位于两国领海之内，那么须根据领海分界线确定其归属。简言之，岛屿和低潮高地适用不同的规则确定其归属，岛屿适用领土取得规则，而低潮高地则根据其地理位置确定其归属。值得注意的是，尼哥案与卡塔尔诉巴林案还说明了一个重要问题：既然低潮高地不适用领土取得规则，国家就无法通过有效控制占有低潮高地。这意味着以往一些南海周边国家试图通过对一些实为低潮高地的“岛屿”的控制甚至军事占领以取得其主权的做法缺乏国际法依据。

第二，国际法院对国际边界条约的解释持严格和谨慎的立场。国际法院在适用 1928 年条约和 1930 年议定书时指出，由于条约或议定书的规定都无法说明圣安德烈斯群岛的范围，而双方所提供的历史资料也不能明确指出哪些岛礁构成圣安德烈

① *Maritime Delimitation and Territorial Questions between Qatar and Bahrain*, *Judgment*, *I. C. J. Reports* 2001, pp. 101-102, paras. 205-206.

② *Territorial and Maritime Dispute* (*Nicaragua v. Colombia*), *Judgment*, *I. C. J. Reports* 2012, p. 19, para. 26.

斯群岛，因此法院无法根据条约解决阿尔布开克礁等岛屿的主权归属。由此可见，国际法院严格按照领土边界条约文本用语对条约进行解释，如果条约并未直接提及争议岛屿的名字，法院认为该条约无法解决岛屿主权归属问题。不仅如此，国际法院认为用以解释边界条约的历史资料应当具有精确性。2002 年的印度尼西亚诉马来西亚的利吉丹岛和西巴丹岛主权案同样反映国际法院对边界条约的严格解释立场。在该案中，国际法院仔细考察 1891 年《英荷条约》的内容，指出该条约规定的边界线适用于婆罗门岛以东至塞巴蒂克岛，而没有明确塞巴蒂克岛以东的利吉丹岛和西巴丹岛的主权归属，因此该条约无法解决利吉丹岛和西巴丹岛的主权争议。①这说明，国际法院在适用国际条约解决主权争端时，对条约的用语文字持严格解释的态度，避免对条约文字进行推论或演绎。有学者指出，国际法院对领土条约的解释“严格按照文本字面语言的精确性”。②

第三，国际法院在无法通过国际条约或保持占有解决领土争端情况下考虑有效控制规则。尼哥案表明国际法院在适用领土争端规则上存在先后次序：国际条约>保持占有>有效控制>承认>第三方的态度>地图证据。有学者指出，国际法院这一审查进路使得判案规则具有更大的确定性，提高了国际法院的司法权威和公信力。③ 在该案中，国际法院优先适用相关的国际条约，在无法通过国际条约解决争议时，适用保持占有原则解决，在无法适用保持占有原则解决争议时，法院最后通过有效控制规则解决争议。2007 年尼加拉瓜诉洪都拉斯领土和海洋争端案的情况和本案有类似之处。尼加拉瓜和洪都拉斯同为西班牙的殖民省，并且都在 1821 年获得独立。两国均对加勒比海地区的博贝尔礁、萨凡纳礁、皇家港礁和南礁主张主权。国际法院首先适用保持占有原则，但是殖民地时期文件或其他证据都没有明确提及争议岛屿。因此，保持占有原则无法解决争议岛屿的主权归属。最后，法院适用有效控制判决博贝尔礁等岛礁属于洪都拉斯。④ 尼哥案对有效控制规则的适用符合 1986 年布基纳法索诉马里的边界争端案中的相关论述。国际法院在边界争端案中指出：“当主权行为与法律相符，有效管理是保持占有原则的补充，有效控制的唯一作用是确认行使法律权利的行为。当主权行为与法律不相符，争议领土由拥有法律权利以外的国家所实际管理时，应当赋予权利所有者优先权。如果主权行为不

---

① *Sovereignty over Pulau Ligitan and Pulau Sipadan* (*Indonesia v. Malaysia*), Judgment, I. C. J. Reports, 2002, pp. 652-653, paras. 51-52.

② 张卫彬. 国际法院解释领土条约的路径、方法及其拓展[J]. 法学研究，2015(2)：199.

③ 张卫彬. 尼加拉瓜诉哥伦比亚案述评[J]. 现代国际关系，2013(5)：62.

④ *Territorial and Maritime Dispute between Nicaragua and Honduras in the Caribbean Sea* (*Nicaragua v Honduras*), Judgment, I. C. J. Reports 2007, p. 727, para. 227.

和任何法律权利共同出现，则必须考虑主权行为。在法律权利不能准确界定领土的范围的情况下，主权行为将在如何解释这一法律权利的实践中发挥重要作用。"①这一段话表明，只有在没有任何法律上的权利时，有效控制原则才不可避免地必须予以考虑；或当法律权利不能完全确定有关争议领土的范围时，有效控制就会在实践中解释这种权利时发挥其作用。② 在边界争端案中，法律权利指根据国际条约或殖民时期行政区划的法令或地图产生的权利。换言之，有效控制规则不能推翻由条约或殖民时期有关行政区划的法令产生的法律权利。尼哥案就是在既无法通过国际条约也无法根据殖民地法令解决领土争端的情况下，适用有效控制解决岛礁归属问题的一个实例。由此可见，有效控制规则在实践中存在一定的限制，可以说是解决领土主权争端的一种最后手段。尽管如此，有效规则在国际司法实践中的作用似乎正在扩大。有学者指出，国际法院在司法实践中，有偏爱适用有效控制规则而不是原始权利或法律权利解决领土争端的趋势。③

第四，争端国对涉及争议岛屿的仲裁和条约的沉默态度不利于维护其主权主张。1900 年哥伦比亚与哥斯达黎加之间的边界仲裁裁决明确指出阿尔布开克礁和本案中一些争议岛屿主权属于哥伦比亚，但是尼加拉瓜的抗议仅限于玉米岛和尼加拉瓜海岸附近的一些岛屿，而没有对仲裁裁决中有关本案的其他争议岛屿的内容提出任何抗议。尼加拉瓜在 1928 年条约中，并没有对哥伦比亚和美国之间存在主权争议的龙卡多尔、基塔苏埃尼奥和塞拉纳这三个岛屿提出任何保留，这表明尼加拉瓜当时并没有对这些岛屿提出主权要求。虽然法院不认为尼加拉瓜上述行为承认哥伦比亚对于有关岛礁的主权，但这一定程度上支持了哥伦比亚对于相关岛屿的主权要求。这表明法院认为，如果一国认为自己拥有争议岛屿的主权，则应当在各种场合积极地表达自己对该领土主权要求，包括在涉及争议岛屿的条约或谈判中提出保留，以维护自己对该领土的权利。换言之，该国对相关条约的长期沉默可能构成对他国主权主张的默认。

五、尼哥案中的专属经济区和大陆架划界

在解决完岛屿领土主权争端之后，国际法院接下来对尼加拉瓜和哥伦比亚之间

---

① *Frontier Dispute* (*Burkina Faso v. Republic of Mali*), Judgment, I. C. J. Reports, 1986, pp. 586-587, para. 63.

② 江国青，江由由，吕志君. "有效控制"原则在领土与海事争端中的适用动向——以国际法院"领土与海事争端案"(尼加拉瓜诉哥伦比亚)为例[J]. 比较法研究，2013(6)：48.

③ 江国青，江由由，吕志君. "有效控制"原则在领土与海事争端中的适用动向——以国际法院"领土与海事争端案"(尼加拉瓜诉哥伦比亚)为例[J]. 比较法研究，2013(6)：49.

的专属经济区和大陆架进行划界。由于哥伦比亚不是1982年《联合国海洋法公约》的缔约国，因此双方同意根据习惯国际法进行海域划界。国际法院指出，对大陆架和专属经济区重叠区进行划界时，通常使用三步法。第一步是在双方之间划出一条临时分界线。第二步是考虑是否存在相关的情况对临时中间线进行调整或移动。第三步是评估双方根据调整或移动后的中间线所分得的海域与各自海岸线长度是否出现显著的不成比例。① 这一划界方法即等距离/相关情况法，说明国际法院认为等距离/相关情况法已经成为海域的习惯国际法。

(一)国际法院确定两国岛屿为临时中间线的基点

等距离/相关情况法划界法的第一步是在相关的海岸选择适当的基点构建临时等距离线。在黑海划界案中，法院指出在选择等距离线时将"特别注意最接近划界区域的突出的海岸点"。② 选择基点对于临时等距离线，以致最终划界线有重要的意义，因为基点代表了划界海域的海岸地理情况，直接影响临时等距离线的走向。在构建专属经济区和大陆架临时中间线的案例中，尼哥案是罕见的临时中间线基点全部均为岛屿的案例。

法院认为，尼加拉瓜大陆海岸附近的岛屿位于本国大陆东面海域，这些岛屿比大陆海岸更加接近需要进行划界的重叠海域，因此它们可以构成构建临时中间线的基点。法院采用爱丁堡礁、穆埃尔托礁、米斯基托礁、纳托马斯礁、乐卡泰尔礁、小玉米岛和大玉米岛作为基点。③（见图2）

就哥伦比亚而言，由于哥伦比亚大陆海岸远离划界海域不能在本案中获得任何海域权利，所以它不是本案中的相关海岸，因此其不能作为临时中间线的基点。因为尼加拉瓜和哥伦比亚都同意安德烈斯岛、普罗维登西亚岛和圣卡塔利娜岛拥有领海、专属经济区和大陆架，因此这三个岛屿均可以作为临时中间线的基点。法院认为，基塔苏埃尼奥不能作为临时中间线的基点。基塔苏埃尼奥高潮时高于水面的面积非常小，仅有1平方米。如果将非常小的海域地物作为基点会扭曲相关的地形，那么应当在构建临时中间线时忽略这些地物。基塔苏埃尼奥距离圣卡塔利娜岛有38海里，如果将其作为临时中间线的基点，将会使该线大大靠近尼加拉瓜。此外，

① *Territorial and Maritime Dispute* (*Nicaragua v. Colombia*), Judgment, I. C. J. Reports 2012, pp. 71-72, paras. 191-193.

② *Maritime Delimitation in the Black Sea* (*Romania v. Ukraine*), I. C. J. Reports 2009, p. 101, para. 117.

③ *Territorial and Maritime Dispute* (*Nicaragua v. Colombia*), Judgment, I. C. J. Reports 2012, p. 74, para. 201.

塞拉纳也是一个相对小的海洋地物，它距离哥伦比亚任何其他岛屿都有相当遥远的距离，这意味着将其作为基点将会对临时中间线产生明显与其面积和重要性不成比例的效果。因此，法院不选择塞拉纳作为基点。① 因此，哥伦比亚的基点依次为普罗维登西亚岛、安德烈斯岛和阿尔布开克礁。（见图 2）

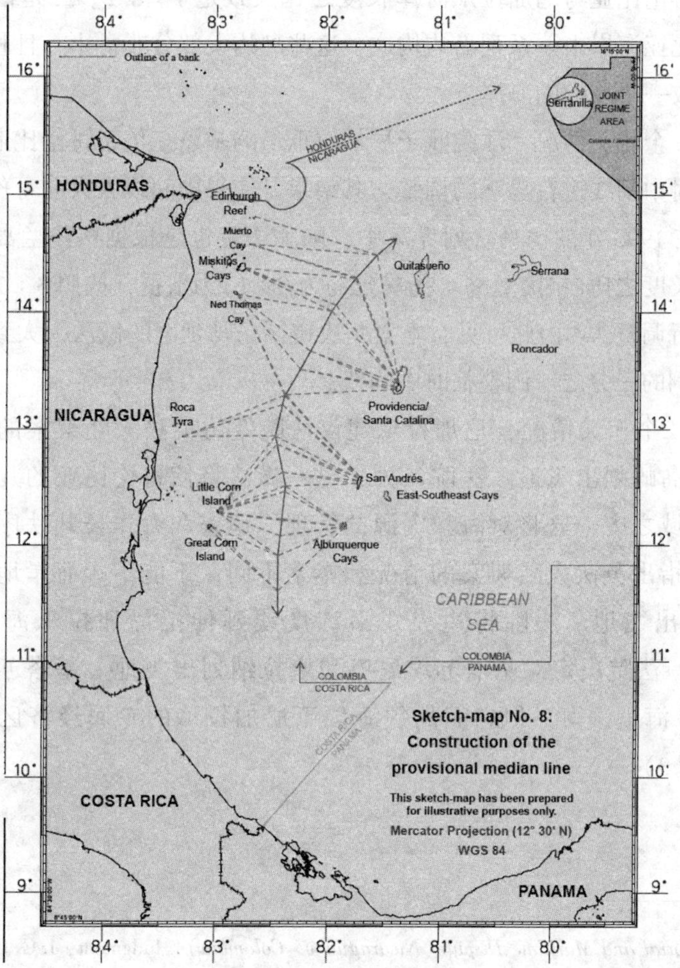

图 2② 尼哥案中的临时中间线示意图

① *Territorial and Maritime Dispute*（*Nicaragua v. Colombia*），Judgment，I. C. J. Reports 2012，pp. 74-75，paras. 201-203.

② *Territorial and Maritime Dispute*（*Nicaragua v. Colombia*），Judgment，I. C. J. Reports 2012，p. 76.

(二)岛屿作为相关情况调整临时中间线

在根据基点划定临时中间线之后，法院需要根据相关情况对临时中间线进行调整。在本案中，存在两个相关情况：一是哥伦比亚和尼加拉瓜相关海岸线长度存在显著差异，哥伦比亚与尼加拉瓜海岸长度之比大致是 1∶8.2。二是该区域的地理环境，哥伦比亚海岸由一系列岛屿构成，这些岛屿大部分非常小，且相互间距离遥远，无法形成一个连续的海岸。

对于第一个相关情况，法院赋予尼加拉瓜岛屿基点三倍于哥伦比亚岛屿基点的效力，对临时中间线进行显著的调整，其结果是使得中间线大大向哥伦比亚岛屿方向靠近。① 在 1993 年的扬马延划界案中，国际法院也是根据格陵兰岛和扬马延岛相关海岸线长度之比(格陵兰岛∶扬马延岛为 9∶1)为根据，按照 3∶1 的比例对临时中间线进行调整。② 由此可见，本案判决遵循扬马延案的做法，大致采取两国海岸线长度比例的三分之一调整临时中间线。

对于第二个相关情况，尼加拉瓜建议法院效仿英法大陆架案的做法对哥伦比亚的所有岛屿划出飞地。法院认为，这一做法将使哥伦比亚的几个飞地位于尼加拉瓜海域之中，这将对海洋资源的管理、巡查和海洋公共秩序产生不利的影响。法院指出英法大陆架案的情况和本案不同，不能不顾海岸地理情况随意地对岛屿划出飞地。法院将边界线沿纬度线延伸至尼加拉瓜海岸 200 海里处。③ 最后，法院决定对基塔苏埃尼奥和塞拉纳划出飞地。基塔苏埃尼奥和塞拉纳均有 12 海里领海，但它们的领海位于尼加拉瓜的专属经济区和大陆架之内。④ (见图 3)

---

① *Territorial and Maritime Dispute*(*Nicaragua v. Colombia*), Judgment, I. C. J. Reports 2012, p. 85, para. 234.

② *Maritime Delimitation in the Area between Greenland and Jan Mayen*, Judgment, I. C. J. Reports 1993, p. 38.

③ *Territorial and Maritime Dispute*(*Nicaragua v. Colombia*), Judgment, I. C. J. Reports 2012, p. 88, para. 236.

④ *Territorial and Maritime Dispute*(*Nicaragua v. Colombia*), Judgment, I. C. J. Reports 2012, p. 90, para. 238.

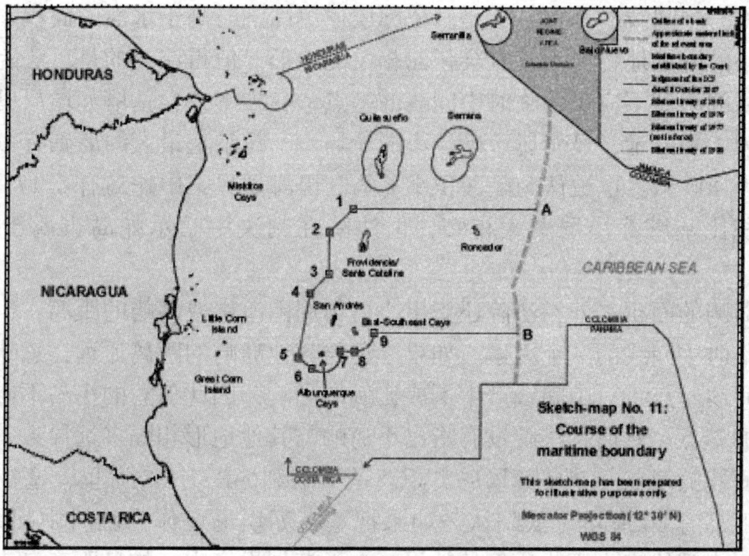

图 3① 尼哥案海域划界图

六、对岛屿在专属经济区和大陆架划界效力的评析

如前所述，尼哥案是一个少见的岛屿面对大陆海岸的海洋划界案例，岛屿在划界过程中发挥了重要的作用。因此，下面主要围绕岛屿在专属经济区和大陆架划界中的作用进行分析。

第一，岛屿的面积和地理位置是决定其能否作为专属经济区和大陆架临时中间线的基点的重要因素。岛屿在专属经济区和大陆架划界作用的重要体现是作为临时中间线的基点。尼哥案表明，面积大且拥有大量人口的岛屿则应当作为临时中间线的基点。安德烈斯岛、普罗维登西亚岛和圣卡塔利娜岛都面积较大，而且是同时拥有大量人口的岛屿。圣安德烈斯岛面积约 26 平方公里，人口超过 7 万。普罗维登西亚岛面积为 17.5 平方公里，有各种植被，有永久人口 5000 人。尼加拉瓜对于法院将这三个大岛作为临时中间线的基点没有异议。

尼哥案还表明，一个岛屿面积越小，离其他较大岛屿的距离越远，越不可能成

① *Territorial and Maritime Dispute* (*Nicaragua v. Colombia*), Judgment, I. C. J. Report 2012, p. 89.

为专属经济区和大陆架临时中间线的基点。法院指出有两个原因导致基塔苏埃尼奥不应作为临时中间线的基点：一是基塔苏埃尼奥高潮时高于水面的面积非常小，如果将非常小的海域地物作为基点会扭曲相关的地形。值得注意的是，法院没有说明多大的面积的小岛不应作为临时中间线的基点。在本案中，基塔苏埃尼奥高潮时出水面积仅为1平方米，显然属于极端小的岛屿。塞拉纳上最大的岛礁有1000米长，平均宽度为400米，也被认为是面积小岛屿。黑海划界案中蛇岛有0.17平方公里，尽管其面积比基塔苏埃尼奥大得多，但法院在判决中暗示蛇岛也属于非常小的岛屿。

除了岛屿的面积之外，法院还指出小岛与周围海岸或岛屿的距离，也是影响其能否作为临时中间线的一个因素。如果小岛与其他岛屿的距离遥远，意味着小岛作为临时中间线基点将对中间线产生不成比例的影响，因此孤立的小岛不应当作为临时中间线的基点。然而，法院没有指出小岛屿与其他地形相隔多远导致其不应当作为临时中间线的基点。基塔苏埃尼奥距离圣卡塔利娜岛有38海里，塞拉纳距离普罗维登西亚岛有80海里。法院认为如果把基塔苏埃尼奥作为临时中间线的基点，将会对临时中间线产生不成比例的效果。在黑海划界案中，蛇岛距离乌克兰海岸约20海里，法院强调蛇岛是位于乌克兰海岸外孤立存在的一个岛屿。蛇岛在乌克兰海岸属于一个孤立的地物。法院认为，如果将蛇岛作为临时中间线的基点，将会扭曲相关地形。① 然而，令人感到困惑的是，法院选择阿尔布开克礁作为临时中间线的基点，但没有作出任何解释或说明。阿尔布开克礁位于圣安德烈斯岛以南20海里，是一个直径为8公里的环礁。既然蛇岛距离乌克兰大陆20海里，阿尔布开克礁距离圣安德烈斯岛也是20海里，法院没有解释为什么蛇岛不能成为临时中间线的基点，而阿尔布开克礁则可以成为临时中间线的基点。国际法院的决定似乎存在前后矛盾之处。

第二，不得对岛屿随意划出飞地。对于岛屿划出3海里或12海里飞地的做法是海洋划界中对岛屿的一种传统做法。尼加拉瓜建议法院效仿1977年的英法大陆架案对哥伦比亚所有岛屿划出飞地，然而国际法院强调不能不顾地理情况随意对岛屿划出飞地。法院指出，英法大陆架仲裁案与本案的三个重要区别：首先，英法大陆架仲裁案是大陆海岸对大陆海岸的划界案件，尼哥案则是岛屿面对大陆海岸的划界案件。其次，英法大陆架仲裁案中，海峡群岛是两国海岸地形中的特殊情况，尼哥案中哥伦比亚的岛屿本身构成独立的海岸地形。英法大陆架仲裁案中，“海峡群岛，不仅位于两国大陆所划出的中间线法国一侧，而且位于法国海岸所形成的海湾

---

① *Maritime Delimitation in the Black Sea* (*Romania v. Ukraine*), Judgment, I. C. J. Reports 2009, pp. 109-110, para. 149.

环抱之中。在英吉利海峡中的这些岛屿，打破了两国在该地区大陆海岸线大体平等所产生的地质情况平衡。”①尼哥案中，哥伦比亚岛屿本身构成海岸地质情况，且仅在一个方向对尼加拉瓜海岸相对。最后，英法大陆架仲裁案中，海峡群岛离法国海岸的距离非常近，其离法国海岸的最近的点不足 7 海里，而哥伦比亚岛屿最西边的岛屿——阿尔布开克礁离尼加拉瓜岛屿最近的点超过 65 海里，圣安德烈斯岛中的大部分岛屿离尼加拉瓜的距离则比这个距离更远。② 因此，不应在本案中效仿英法大陆架仲裁案的做法，对所有岛屿划出飞地。这一分析表明，岛屿在划界中的效力需要结合具体的案情，尤其是地理地貌情况才能得出结论。以往有关划界的案例很多都是大陆海岸对大陆海岸的案例，孤立存在的岛屿与大陆海岸相比，是偶然的地貌，因此往往作为划界中的特殊情况被忽略其划界效力或对其划出飞地。而在尼哥案中，哥伦比亚岛屿本身作为重要的海岸地形，在划界时需要对其给予足够的重视。对于成群出现、分布相对集中的岛屿应当尽量使其海域相连，而不应该随意对这些岛屿划出飞地，这是出于维护岛屿所属国管理相关水域和资源开发的实际考虑。尽管国际社会对一些无人居住的岛屿能否主张专属经济区和大陆架尚未形成一致实践③，但是岛屿无疑对海洋划界具有重要的影响。在本案中，阿尔布开克礁、东-东南礁和龙卡多尔礁都被划入哥伦比亚的水域中，法院仅对基塔苏埃尼奥和塞拉纳这两个面积狭小、距离其他岛屿遥远的孤立岛礁划出飞地，尽量避免因飞地造成水域隔断的不良效应。(见图 3)

总而言之，尼哥案表明，在适用等距离/相关情况法对专属经济区和大陆架进行划界时，岛屿的作用主要体现在两个方面：一是岛屿能否作为临时中间线的基点影响划界。法院主要是从岛屿的面积、地理位置这两个因素来决定是否将其作为构建临时中间线的基点。面积大并拥有大量人口的岛屿应当作为临时中间线的基点。换言之，岛屿面积越小且离海岸或其他岛屿的距离越远，越不可能作为临时中间线的基点，因为国际法院认为以这样的岛屿作为基点，会对中间线产生不成比例的影响。二是岛屿作为一种相关情况调整临时中间线。在尼哥案中，由于哥伦比亚岛屿的相关海岸线和尼加拉瓜相关海岸线长度差异巨大，两者海岸长度之比约是 1 : 8.2，法院实际上采取这一比值的三分之一即 1 : 3 的比例调整临时中间线，减

① *Delimitation of the Continental Shelf between U. K and French* (1977), RIAA, Vol. XVIII, p. 88, para. 183.

② *Territorial and Maritime Dispute* (*Nicaragua v. Colombia*), Judgment, I. C. J. Reports 2012, pp. 84-85, para. 231.

③ 黄瑶，黄靖文. 无人居住岛屿主张专属经济区和大陆架的新近国家实践——兼论对我国主张南沙岛礁权利的启示[J]. 武大国际法评论，2015，17(2)：67.

少哥伦比亚所可能获得水域。岛屿在划界中的相关情况还指需要考虑整体地理地貌情况，尽量避免出现对沿海国海域的截断效应，才能达到公平解决的结果。由于哥伦比亚的岛屿本身构成海岸地质情况，且这些岛屿距离尼加拉瓜海岸或岛屿遥远，因此法院强调不能随意适用划出飞地的方法。

七、结语

尼哥案是一个既涉及领土争端又涉及海洋划界的复杂案件。从该案对领土争端的判决可以得出以下几点认识：第一，该案表明海洋地物的法律属性将直接影响其的主权归属问题。岛屿适用领土取得规则，低潮高地的归属则取决于其与领海的地理位置。根据海洋法规则，如果低潮高地位于一国领海之内，该国拥有此低潮高地。如果低潮高地同时位于两国领海之内，那么须根据领海分界线确定其归属。值得注意的是，由于低潮高地不适用领土取得规则，国家无法通过有效控制占有低潮高地。因此，如果争端国不仅对海域地物的主权归属有争议，而且对海洋地物的法律属性也存在争议，那么法院必须首先明确该海洋地物的法律属性才能进而解决其主权归属问题。第二，国际条约对于解决领土主权争端有优先效力，但国际法院对条约的适用持严格和谨慎态度。如果条约中的文字并未直接提及争议岛屿的名字，则国际法院的实践倾向于认为该条约无法解决岛屿主权归属问题。第三，尼哥案表明适用有效控制规则存在一定的限制，它不能推翻由条约或殖民时期有关行政区划的法令产生的法律权利。尽管有效控制规则在近年的国际司法实践中的作用似乎正在扩大，但它实际上是解决领土主权争端的最后手段。第四，争端国对涉及争议岛屿的仲裁和条约的沉默态度不利于维护其主权主张。尼哥案暗示，如果一国认为自己拥有争议岛屿的主权，则应当在各种场合积极地表达自己对该领土主权要求，尤其是在涉及争议岛屿的条约或谈判中提出保留，以维护自己对该领土的权利。换言之，该国对相关条约长期沉默的态度可能会被国际法院认为构成对他国主权主张的默认。

在海洋划界方面，该案反映了国际法院认为等距离/相关情况法已经成为大陆架和专属经济区划界的习惯国际法的立场。该案表明，一个面积大并拥有大量人口的岛屿应当作为临时中间线的基点。一个岛屿面积越小，离海岸或其他岛屿的距离越远，越不可能作为临时中间线的基点。值得注意的是，以往有关岛屿划界的案例大部分都是大陆海岸相对大陆海岸的划界案例，孤立的岛屿与大陆海岸相比，可以说是偶然的地貌，因此往往作为划界中的特殊情况被忽略其划界效力或对其划出飞地。尼哥案表明，成群出现、分布相对集中的岛屿是重要的海岸地形，需要对这些岛屿给予足够的重视。为避免对沿海国水域造成截断效应和不公平的划界结果，应当注意相关海岸地理情况，避免对集中分布、相互间联系紧密的岛屿随意地进行划出飞地的处理。

Territorial Disputes and the Maritime Delimitation of Islands in the ICJ Case between Nicaragua and Colombia

Abstract: The ICJ case *Territorial and Maritime Dispute* (*Nicaragua v. Colombia*) indicated that the court strictly interprets a territorial delimitation treaty. The effectivités doctrine is further consolidated and developed in the case. With the application of equidistance/relevant circumstances method to delimitate EEZ and continental shelf, it reveals that large islands with a large population should be the base points for a provisional median line. On the contrary, the smaller the island is and the further the distances between it and the mainland or other islands is, the less possibility it could be considered as base points for a provisional median line. The case also emphasize that enclaves should not be recognized without regard to the coastal geography in specific situation.

Key words: effectivités; equidistance/relevant circumstances method; maritime delimitation of islands

